Theologie und Frieden

Herausgegeben vom Institut für Theologie und Frieden
Soltausredder 20, 22885 Barsbüttel
Tel. 040/6701065, Fax 040/67080030

Band 6

Das Institut für Theologie und Frieden ist eine wissenschaftliche Einrichtung in kirchlicher Trägerschaft, die durch das Katholische Militärbischofsamt wahrgenommen wird. Es wurde 1978 vom Katholischen Militärbischof, Erzbischof Dr. Elmar Maria Kredel, gegründet. Erster Leiter des Instituts ist Prof. DDr. Ernst Josef Nagel, der dieses Amt bis heute ausübt.

Aufgaben und Zielsetzungen des Instituts sind:
– Forschung im Gesamtbereich Theologie/Ethik/Frieden
– Aufarbeitung historisch-politischer und sozialwissenschaftlicher Problemstellungen und Themenfelder unter theologisch-ethischer Perspektive
– Kooperation mit nationalen und internationalen Forschungs- und Dokumentationsstellen auf dem Gebiet der Friedensforschung

Theologie im Ringen um Frieden

Einblicke in die Werkstatt
theologischer Friedensethik

Herausgegeben von

Gerhard Beestermöller und
Norbert Glatzel

Verlag W. Kohlhammer
Stuttgart Berlin Köln

Die Deutsche Bibliothek – CIP-Einheitsaufnahme

Theologie im Ringen um Frieden : Einblicke in die Werkstatt
theologischer Friedensethik ; [Jubiläumsschrift 1993 anläßlich
des 15jährigen Bestehens des Instituts für Theologie und
Frieden] / hrsg. von Gerhard Beestermöller und Norbert
Glatzel. - Stuttgart ; Berlin ; Köln : Kohlhammer, 1995
  (Theologie und Frieden ; Bd. 6)
  ISBN 3-17-013177-X
NE: Beestermöller, Gerhard [Hrsg.]; Institut für Theologie und Frieden
  <Barsbüttel>; GT

Jubiläumsschrift 1993
anläßlich des 15jährigen Bestehens
des Instituts für Theologie und Frieden

Ernst Josef Nagel

gewidmet

Inhaltsverzeichnis

Vorwort

Blickt man auf die bescheidenen Anfänge des Instituts für Theologie und Frieden zurück, verwundern die weitgesteckten Ziele seiner Satzung. Heute zeigt sich, daß die Hochgemutheit des Anfangs keinesfalls überzogen war. Inzwischen in einem neuen Gebäude untergebracht und personell und materiell gut ausgestattet, hat sich das Institut für Theologie und Frieden in der Welt der Forschung und darüber hinaus einen Namen gemacht. Sichtbarstes Zeichen hierfür sind die drei Reihen des Instituts: ‚Bibliographie Theologie und Frieden‘, ‚Theologie und Frieden‘ und ‚Beiträge zur Friedensethik‘.

Weniger augenscheinlich, aber kaum von geringerer Bedeutung ist die Tatsache, daß es dem Institut gelungen ist, in seinem Umfeld eine wirkliche Forschungskommunität zu bilden. Durch eine Vielzahl von Symposien, Diskussionsveranstaltungen und Forschungsgesprächen ist es gelungen, eine nicht geringe Zahl von Wissenschaftlern aus dem Fächerkanon der Theologie beider Konfessionen und anderen Disziplinen für Fragestellungen der Friedensethik zu gewinnen und sie zu einem interdisziplinären Dialog zusammenzuführen.

Dies alles ist vor allem einem Mann zu verdanken: Prof. DDr. Ernst Josef Nagel. Er ist der eigentliche Vater des Instituts und bis heute sein spiritus rector. Mit seinem unermüdlichen Einsatz, seinem politischen Weitblick und nicht zuletzt dank seiner überzeugenden Persönlichkeit hat er das Institut zu einer wirklichen ‚Werkstatt‘ theologischer Friedensethik geformt. Ausdruck der Anerkennung, des Danks und der Verbundenheit will die vorliegende Schrift sein.

Als Blick in eine ‚Werkstatt‘ soll hier gerade kein ‚Endprodukt‘ im Sinne der systematischen Entfaltung einer theologischen Friedensethik vorgestellt werden, die eine theologisch ausgewiesene Orientierung für eine ethisch verantwortliche Bewältigung der Herausforderungen der Gegenwart zu geben vermag. Ziel ist es vielmehr – um im Bild zu bleiben – bei der ‚Erstellung der Teile‘ zusehen zu lassen.

Den Anfang bildet die immer wieder notwendige und selbstkritische Reflexion über das, was theologische Friedensethik leisten kann und soll, und wo sie ihr Terrain verläßt. Hierauf folgt ein Kapitel, in dem es um die theologische Rückbindung an Schrift und Tradition in deren Weiterentwicklung geht. Diese Aufgabe kann gerade nicht darin bestehen, irgendwelche Ergebnisse theologischer Reflexion aus ihrem Begründungs- und zeitgeschichtlichen Zusammenhang zu reißen und sie für alle Zeiten zu dogmatisieren. Vielmehr ist gefordert, nachzuvollziehen, wie in der Geschichte der Kirche das überkommene Ethos des Glaubens angesichts neuer Herausforderungen weiter gebildet wurde.

Im Zentrum eines dritten Kapitels stehen Herausforderungen, an denen sich moderne Friedensethik zu bewähren hat: In ihrer systematisch-theologischen Grundlegung, im ökumenischen Dialog über eine gemeinsame theologische Friedensethik und im interreligiösen Dialog über die Bedingungen eines friedlichen Miteinanders sowie in der Argumentation vor dem Forum der säkularen Vernunft im Hinblick auf die ordnungspolitischen Brennpunkte der europäischen Gegenwart.

Die Vielfalt der Fragestellungen und die Pluralität der Aspekte, die eine Friedensethik integrieren muß, um ihrem Problemniveau gerecht zu werden, darf nicht vergessen lassen, daß hinter allem die eine Aufgabe steht: der Verantwortung des Glaubens für den Frieden gerecht zu werden. Daß dies am Institut für Theologie und Frieden nie in Vergessenheit geraten ist, ist vor allem dem Priester Ernst Josef Nagel zu verdanken.

THOMAS HOPPE

1 Friedensethik in der Krise der Gegenwart

Zur Orts- und Aufgabenbestimmung angesichts komplexer politischer Herausforderungen

Mit dem Ende des Ost-West-Konflikts hatte – so schien es zumindest – eine der friedenspolitisch riskantesten Epochen der Menschheitsgeschichte ihren Abschluß gefunden. Das politische Koordinatensystem, das durch den jahrzehntelangen Gegensatz zwischen den beiden Supermächten USA und UdSSR ausgespannt worden war und Anfang der achtziger Jahre nochmals eine Phase besonders intensiver weltpolitischer Spannung mit sich gebracht hatte, wurde durch die Ereignisse im Herbst 1989 fundamental aus den Angeln gehoben. Über vierzig Jahre währte die Aufteilung der Welt in zwei hochgerüstete Blöcke, bei schwankender politischer Grundstimmung zwischen zeitweise vorwiegend konfrontativer, zu anderen Zeiten eher kooperativer Bipolarität. Schließlich erwies sie sich als weit weniger stabil, als es politische Akteure wie Analytiker in Ost und West bis kurz vor der „Wende" in Mittel- und Osteuropa erwartet bzw. befürchtet hatten. Viele in den Kirchen und den verschiedenen sozialen Bewegungen hatten gehofft, mit der Überwindung dieses Systems werde eine neue Phase anbrechen; Frieden könne in Zukunft auf grundsätzlich anderen, anspruchsvolleren Voraussetzungen aufgebaut werden als denen der prekären Abschreckungsdoktrin. Deren Überwindung hatten ja bereits die Beschlußtexte der Ökumenischen Versammlungen in Deutschland und Europa Ende der achtziger Jahre eingeklagt[1].

Der Konflikt um Kuwait 1990/1991 konfrontierte diese Hoffnungen mit der Tatsache, daß sich außerhalb Europas nur relativ wenig an den unfriedlichen Grundverfaßtheiten der internationalen Politik verändert hatte. Im Gegenteil, es deutete sich hier bereits an, was später in Europa selbst, im ehemaligen Jugoslawien, vollends unübersehbar werden sollte: mit der Überwindung des überkommenen Ost-West-Konflikts war der Krieg nicht nur nicht aus der Welt geschafft, sondern es eröffneten sich sogar neue Möglichkeiten, Konflikte gewaltsam auszutragen. Denn die Wahrscheinlichkeit einer Eskalation in eine möglicherweise nukleare Konfrontation der Weltmächte schien deutlich reduziert, vor allem aber hatte der politische Druck innerhalb des bisherigen

---

1 Vgl. die Erklärung von Stuttgart „Gottes Gaben – unsere Aufgabe", Ziff. 3.31; den Beschlußtext Nr. 4 der Ökumenischen Versammlung von Dresden-Magdeburg „Der Übergang von einem System der Abschreckung zu einem System der politischen Friedenssicherung", Ziff. 1; das Abschlußdokument der Europäischen Ökumenischen Versammlung in Basel, Ziff. 86c).

östlichen Lagers abgenommen. Diese Entwicklung hin zu einer Verschärfung regionaler Konflikte stand im diametralen Gegensatz zur sicherheitspolitischen „Grundphilosophie" der Ökumenischen Versammlungen. Diese war davon ausgegangen, daß es nicht nur die nukleare Abschreckung zu überwinden gelte; vielmehr seien zugleich damit Strukturen zu schaffen, die sowohl politisch wie militärisch auf weniger riskanten Wegen einen Krieg verhindern würden[2].

Die folgenden Überlegungen werden unter drei Hauptgesichtspunkten gruppiert sein: eine Diagnose der aktuellen und absehbaren Konfliktfelder und Friedensgefährdungen – ethische Reflexionen über die aufgezeigten Zusammenhänge – eine sozialethische wie politische Aufgabenskizze.

I. Diagnose

(1) Ein Rückfall wenigstens von Teilen des alten, nicht mehr durch eine Systemgrenze gespaltenen Europas in tendenziell anarchische, von blutig ausgetragenen *ethno-nationalistischen Konflikten* geprägte politische Konstellationen ist auch zukünftig keineswegs ausgeschlossen. Diese Konflikte erweisen sich deswegen als besonders schwer einzuhegen, weil es in ihnen nicht nur um klassische Interessenkollisionen geht, aus denen schließlich eine verhandlungstechnische Lösung herausführen könnte. Vielmehr handelt es sich häufig um Identitätskonflikte, in denen grundsätzlich unterschiedliche Lebensentwürfe und z.T. Weltinterpretationen aufeinanderstoßen[3]. Um verläßliche Erfahrungen mit demokratischen Gestaltungsprinzipien einer Gesellschaft sammeln zu können, zu denen auch zivile Austragsformen solcher Konflikte zählen müßten, wären voraussichtlich selbst unter optimalen Bedingungen mehrere Jahrzehnte Zeit erforderlich. Infolge der vielfältig beobachtbaren Bestrebungen zur Sezession aus bestehenden größeren staatlichen Einheiten stellt sich zudem die Frage nach der politischen wie ökonomischen Lebensfähigkeit neuer „mikronationaler"[4] Einheiten; und ebenso wäre zu klären, wie angesichts solcher territorialer Veränderungen in größerem Umfang – und überhaupt eines Trends zur „Renationalisierung der Politik"[5] – jene sicherheitspolitische Stabilität garantiert werden soll, die es in einer europäischen Friedensordnung vor allem anzustreben gilt. Zudem zeigt sich immer wieder, daß in gewalttätig ausgetragenen Konflikten elementarste Standards des *humanitären Völkerrechts* und der Schutz der am

---

2 Vgl. Ziff. 3.321 der Stuttgarter Erklärung; Ziff. 86c) des Basler Dokuments; den Beschlußtext Nr. 4 der Ökumenischen Versammlung Dresden-Magdeburg, bes. Ziff. 12ff.

3 Vgl. *D. Senghaas,* Europa, quo vadis? Neue Aufgaben für eine Politik der Friedensgestaltung, Ebenhausen: unveröff. Ms. der Stiftung Wissenschaft und Politik Januar 1991, 55; ferner z. B. *Imanuel Geiss,* Europa 1991, in: Europa-Archiv 46 (1991) 691–700, hier bes. 699.

4 Vgl. *B. Butros-Ghali,* Abschied vom Eigensinn, in: Die Zeit Nr. 35 / 27. 8. 1993, 10.

5 *E.-O. Czempiel,* Pax Universalis. Variationen über das Thema der Neuen Weltordnung, in: Merkur 46 (1992) 8, 680–693, hier 688.

Kampf unbeteiligten Zivilbevölkerung auf der Strecke bleiben – allen politischen Deklarationen und völkerrechtlichen Konventionen zum Trotz. Dies gilt für die Situation im ehemaligen Jugoslawien, aber *mutatis mutandis* auch für den Golfkrieg, in dem nach neueren Erkenntnissen die Trennung zwischen zivilen und militärischen Zielen keineswegs in dem Umfang gelungen ist, wie es aufgrund früher Informationen den Anschein hatte[6].

(2) Schon innerhalb Deutschlands, erst recht im Blick auf das weitere, vor allem osteuropäische Umfeld lassen die Auswirkungen erschrecken, die jahrzehntelange *politische wie ökonomische Fehlsteuerungen* im Hinblick auf die Chancen für eine rasche Wiedererholung und Konsolidierung der dortigen staatlichen und gesellschaftlichen Ordnung mit sich bringen. Die Sorge drängt sich auf, ob die unvermeidlichen Anpassungsprozesse an grundsätzlich andere verfassungsmäßige wie wirtschaftliche Gestaltungsprinzipien mitsamt ihren sozialen Konsequenzen die Leidensfähigkeit der Bevölkerungen Osteuropas nicht zu überfordern drohen. Bereits die ethische Herausforderung innerhalb Deutschlands wird sehr unterschiedlich wahrgenommen. Die einen kennen die voraussichtliche Arbeitslosenzahl in den neuen Bundesländern vielleicht sehr genau, aber nur aus der Zeitung. Wie anders wird man damit umgehen, wenn man Betroffene persönlich kennt und mit ihnen im Gespräch steht! Um so mehr muß die Frage beschäftigen, wie politische Stabilität in einem Europa gewahrt werden soll, dessen Prosperitätsgrenze für die nächsten zwanzig bis dreißig Jahre am Böhmerwald, an Oder und Neiße oder am Bug verlaufen würde. Wirtschaftliche Prosperität ist zudem nicht denkbar ohne ein Mindestmaß an rechtlich-politischer Stabilität; an beidem fehlt es in ganz Osteuropa, und nur in wenigen Ländern sind die aktuellen Entwicklungen der Ausprägung stabilerer Strukturen günstig. *Defizite an Chancengleichheit und sozialer Gerechtigkeit bleiben nicht nur im Süden der Erde, sondern auch im Norden in vielfacher Hinsicht zu beklagen.*

(3) Konzeptionell wie politisch-praktisch ist das Problem ungelöst, wie sich *wirtschaftliche Entwicklung* im zusammenwachsenden Europa so vollziehen kann, daß sie einerseits *hinreichend effizient und sozial zumutbar* wirkt, andererseits *ökologisch verträglich* bleibt. Für die Geschwindigkeit, mit der sich in den Ländern des Ostens Entwicklungsrückstände aufholen lassen werden, hat die jeweils verfolgte Umweltschutzkonzeption unmittelbare Bedeutung. Dabei kann es leicht zu der Versuchung kommen, das Interesse an raschen Wachstumsraten demjenigen an einer intakten oder wenigstens nicht noch weiter belasteten Umwelt vorzuziehen. Grundsätzlich gilt dies nicht nur für den europäischen Bereich, sondern generell als Problemanzeige, unter der heute

---

6 Vgl. *Th. Hoppe*, Zur ethischen Bewertung des zweiten Krieges am Golf, in: *O. Kimminich u. a.* (Hrsg.), Mit Realismus und Leidenschaft. Ethik im Dienst einer humanen Welt, Graz 1993, 69–79.

jedweder auch global orientierte entwicklungspolitische Neuansatz steht. Wie begrenzen wir Wachstum? Wie reduzieren wir unseren Konsum- und womöglich Produktionsstandard? Was bedeutet „umweltverträgliche Entwicklung" nicht als programmatische Formel, sondern als operationalisierte Handlungsstrategie? Woran bemißt sich ein gerechtes Entwicklungsniveau? Was ist von der eher pessimistischen These zu halten, die Stabilität demokratischer Ordnungen beruhe nicht in erster Linie auf einem erreichten Reflexionsstand der politischen Gesamtkultur, sondern auf hohem Lebensstandard und einer marktliberalistischen Wirtschaftsverfassung?[7] Welche Hoffnungen sind noch erlaubt angesichts einer politischen Entwicklung, die den ohnehin relativ bescheidenen Etat für Entwicklungshilfeprojekte weiter auszudünnen droht?

(4) Überhaupt ist die Diskussion über eine Friedensordnung für Europa eingebettet in die weitere Thematik einer *neuen politischen Weltordnung*, womit die Frage nach dem spezifisch europäischen Verantwortungsgrad für den Aufbau und die Gestalt dieser Ordnung angesprochen wäre. In jüngster Zeit konnte der Eindruck entstehen, dies betreffe besonders die Beteiligung oder Nichtbeteiligung deutscher Streitkräfte an Einsätzen außerhalb des NATO-Gebietes. Deutsche und europäische Verantwortung für weltpolitische Entwicklungen gilt es aber keineswegs primär in dieser militärischen Dimension aufzusuchen. Vielmehr ist angesichts des gegenwärtigen und zukünftig absehbaren Lösungsbedarfs an globalen Problemlagen vor allem dort Phantasie, Erfahrungswissen und innovatives konzeptionelles Denken gefragt, wo es um das Design *nichtmilitärischer* Strukturen des Friedenserhalts geht. Massive Menschenrechtsverletzungen, Hunger, bittere Armut und Überschuldung als nicht versiegende, ja sich weiter verstärkende Quellen einer zukünftigen Nord-Süd- Konfrontation stellen ein entscheidendes Thema *politischer Gerechtigkeit* dar; sie scheinen wesentliche Ursachen für die weltweit zunehmenden Wanderungsbewegungen großer Bevölkerungsteile zu sein, zusätzlich zu den schon bekannten Triebkräften solcher Migration, wie sie in den Folgen von Kriegen, Bürgerkriegen und innerstaatlicher Unterdrückung von Minoritäten allenthalben anzutreffen sind[8]. Zu diesen Flüchtlingsbewegungen könnten sich – falls es nicht gelingt, die ökologische Krise zu steuern und einzugrenzen – leicht neue hinzugesellen, weil Menschen ihrer zunehmend lebensfeindlich werdenden Heimat zu entfliehen suchen. Wie lassen sich solche neuen Verteilungskämpfe und das in ihnen latent enthaltene Gewaltpotential politisch begrenzen?

---

7 Vgl. *E. Weede*, Conflict Patterns in the International System, Ms. 1991, 71; *H. K. Jacobson,* The United Nations system in the nineties: opportunities and challenges, in: International Journal 46 (Autumn 1990) 765–795, hier 771.

8 Vgl. *P. J. Opitz,* Die Flucht ins Ungewisse. Historische und politische Dimensionen des Weltflüchtlingsproblems, in: Universitas 48 (1993) 5, 430–443.

(5) Europäische Mitverantwortung im Weltmaßstab ist auch dort gefordert, wo es um die politische *Steuerung und Kontrolle des Transfers von Rüstung und rüstungsrelevanter Technologien* geht. Das Problematische an der bisherigen auch bundesdeutschen Rüstungsexportpraxis liegt keineswegs allein darin, daß illegale Lieferungen in beträchtlichem Umfang möglich gewesen sind; viel grundsätzlicher gilt es zu fragen, wo die Grenze zwischen legalen und illegalen Praktiken eigentlich verlaufen soll und nach welchen Bestimmungskriterien man dies entscheiden will. Dieser fehlende internationale Regelkonsens, die Abwesenheit hinreichender politisch-rechtlicher Kontrollen sowie die immer erneut sichtbare Bedeutung wirtschafts- und arbeitsmarktpolitischer Rücksichten bei der konkreten Entscheidungsfindung über den Export von Rüstungsgütern werden wohl auch in Zukunft effektive Restriktionen verhindern. Verschärft wird dieses Problem durch die fortschreitende Weiterverbreitung von nuklearen, aber auch chemischen und biologischen Massenvernichtungswaffen, einschließlich der zu ihrem Einsatz erforderlichen Trägertechnologien. Statt einer Zivilisierung der internationalen Politik ist daher heute eher ihre zunehmende *Remilitarisierung* zu befürchten – besonders dann, wenn die Versuche, diese krisenhaften Verwerfungen und Konfliktpotentiale politisch zu steuern und einzugrenzen, nicht hinreichend wirksam werden.

(6) Schließlich werden sich die *Konzepte politischer Rationalität*, unter denen allein eine stabile friedenspolitische Struktur in Europa aufgebaut werden kann, *in Auseinandersetzung mit ihrer grundsätzlichen Infragestellung von seiten fundamentalistischer* und meist radikaler *Politikkonzepte* zu bewähren haben. Kritik am rationalen Diskurs als methodischem Fundament praktischer Philosophie wie politischer Gestaltung, die den Griff zur Gewalt obsolet macht, ist heute zunehmend in Mode. Auch westliche Protagonisten der sogenannten „Postmoderne" scheinen sich dabei nur relativ selten der Gefahr bewußt zu sein, mit ihrer Kritik am aufklärerischen Pathos der Rationalität schließlich letztere *in toto* zu diskreditieren. Damit aber könnte einem Denkstil Vorschub geleistet werden, der die mühsam errungenen humanisierenden Wirkungen des rationalen Diskurses wieder preisgibt, ohne ein akzeptables Äquivalent an ihre Stelle zu setzen. In einer noch unübersichtlichen Ausgangslage, in der sich nicht sicher prognostizieren läßt, ob die neue politische Struktur Europas am Ende Fortschritt oder Rückfall in überwunden geglaubte Konfliktmuster bedeuten wird, erscheint die Zurückweisung rationaler Politikkonzepte doppelt problematisch. Denn sie ist geeignet, der Bedrohung des Konsolidierungsprozesses durch externe Fundamentalismen gewissermaßen eine interne Spielart solchen Fundamentalismus hinzuzufügen, jedenfalls aber einen ohnehin erkennbaren, möglicherweise verhängnisvollen Trend zur *Reideologisierung von Politik* weiter zu befördern.

Gewiß ist das konfrontative Ost-West-Bezugssystem entfallen. Aber es wäre auch gefährlich, mit dem Etikett „fundamentalistisch" wieder neue Feindbilder zu schaffen. Damit könnte das Mißverständnis nahegelegt werden, als sei der „harte Kern" friedenspolitischer Verantwortung unverändert in militärischer Sicherheitsvorsorge zu suchen. Der *„erweiterte Sicherheitsbegriff"*, von dem heute allenthalben die Rede ist, geht demgegenüber davon aus, daß die Gewähr auch außenpolitisch stabiler Strukturen von sozialpolitischen, ökologischen, ökonomischen, kulturellen und gesellschaftspolitischen Rahmenbedingungen entscheidend mitbestimmt wird. Es wäre politisch verhängnisvoll, sich angesichts von Spannungen und z.T. unvereinbaren politisch-rechtlichen Grundorientierungen, wie sie auf der Wiener Menschenrechtskonferenz im Juni 1993 deutlich zu Tage traten, in ein „Festungsdenken" hineintreiben zu lassen, das die Prosperität in Europa vor allem durch Abschottung gegen außereuropäische Kulturen und Religionen zu erreichen bzw. zu sichern suchte. Andererseits dürfen die Gefahren, die in einem Klima wachsender politischer Spannungen zwischen den heutigen Zivilisationen der Welt liegen, nicht ignoriert oder unterschätzt werden[9]. Auch *interkultureller und interreligiöser Dialog* sind wichtige Instrumente, der erheblichen Gefahr einer Reideologisierung von Politik entgegenzuwirken[10].

(7) Im Blick auf die politische und gesellschaftliche Situation in Deutschland stellt sich vor allem die Frage nach einem verantwortlichen Umgang mit den ungelösten Problemen der *Migration* und der häufig auf Migranten bezogenen *Gewalttätigkeit*. Denn einerseits ist niemandem damit genützt, wenn tatsächlich existierende Zielkonflikte verleugnet werden, die zwischen dem Interesse, den Schwächeren in der Gesellschaft auf dem Arbeits- und Wohnungsmarkt Chancen zu erschließen, und dem damit zum Teil konkurrierenden Interesse bestehen, der tatsächlichen Einwanderungssituation und der elementaren Not vieler Migranten durch eine angemessene, nicht ausgrenzende Einwanderungspolitik gerecht zu werden[11]. Man muß sich diesem Zielkonflikt stellen. Aber auch dann wird man oft mit Sorge feststellen müssen, welche große Rolle Voreinstellungen und Voreingenommenheiten gegenüber Fremden spielen. Sie können unter entsprechenden Bedingungen gewaltsame Übergriffe gegen diese Bevölkerungsgruppe bis hin zum systematisch vorbereiteten und durchgeführten Mord begünstigen. Die innere Friedensfähigkeit der bundesrepublikanischen Gesellschaft steht mithin auf dem Spiel, und das Ausland beobachtet mit wachsender Sorge, was sich in Deutschland abspielt. Ob und wie weit es gelingt, jene *Allianzen der Solidarität* stark zu machen, die sich gegen den unterschwellig bereits erschreckend oft propagierten Trend zu rassistischen und nationalistischen Politikvorstellungen zur Wehr setzen, wird für die friedenspolitische

---

9 Vgl. *S. P. Huntington*, The Clash of Civilizations?, in: Foreign Affairs 72 No. 3 (Summer 1993), 22–49.

10 In diesem Zusammenhang verdienen sowohl die Ergebnisse des Interreligiösen Friedenstreffens in Mailand wie des Councils des Parlaments der Weltreligionen, der sich Ende August 1993 in Chicago traf, besondere Beachtung.

11 Vgl. *H. Afheldt*, Sozialstaat und Zuwanderung, in: Aus Politik und Zeitgeschichte B 7 / 12. 2. 1993, 42-52.

Situation im eigenen Land wie in Europa von wesentlicher Bedeutung sein. *Das Problem der Zuwanderung sind nicht die Menschen, sondern ist die Tatsache, daß Not so viele Gesichter hat.*

II. Ethische Reflexionen

(1) Eine sozialethische Reflexion auf diese Tatbestände muß zunächst in dem Sinn „nachidealistisch" konzipiert sein, daß sie nicht kontrafaktisch von einem gesellschaftlich-politischen Harmoniemodell ausgeht, sondern die vorfindlichen Konflikte, ja oftmals die Strukturen des Unrechts und der Gewalt als realitätsbestimmende Faktoren zur Kenntnis nimmt. Oder anders gesagt: ethische Theoriebildung hat sich mit einer prinzipiell durch andere handlungsleitende Kategorien definierten Umwelt auseinanderzusetzen; sie muß zur Kenntnis nehmen, daß es in dieser Welt zunächst und vor allem der Erwerb und die Erweiterung individueller bzw. kollektiver Macht und der Verfügungsmöglichkeiten über materielle Güter sind, auf die menschliches Streben in größeren sozialen Einheiten gerichtet ist. Insofern setzt ethische Argumentation ihr spezifisches Profil dann aufs Spiel, wenn es ihr nur darum zu gehen scheint, von einem vorgegebenen politischen Sachstand aus gewissermaßen nach Art eines mathematischen Optimierungsverfahrens nach besseren Lösungen zu suchen. Zwar kann sie nur dort Überzeugungskraft erwarten, wo sie bereit und in der Lage ist, sich auch in manchem Detail mit den in sozialwissenschaftlichen Disziplinen vorfindlichen Argumentationsständen auseinanderzusetzen. Doch darüber hinaus müßte sie die *Prämissen*, auf denen die gegebenen Sachstände aufruhten, grundsätzlich hinterfragen. Häufig werden bestimmte politische, wirtschaftliche oder militärische Handlungsweisen damit gerechtfertigt, daß es sich dabei um das in der gegebenen Situation geringere Übel handele. Diese Argumentation trifft jedoch solange auf berechtigte Skepsis, wie sie die Entstehungsgründe der Handlungssituation selbst und deren moralische Qualität aus der Betrachtung ausklammert. Nur wo beide Dimensionen thematisiert werden, ist *ethisches Argumentieren sach- und evangeliumsgemäß zugleich*[12].

Die Frage nach den Prämissen führt auf einen entscheidend wichtigen Bezugspunkt jeder sozialethischen Argumentation in praktischer Absicht: die Namhaftmachung, ja die prophetische *Anklage von Unrecht, Gewalt und Friedlosigkeit* gehört zu denjenigen Aufgaben, von denen weder sie selbst sich noch andere sie dispensieren können. Der Protest gegen dasjenige, was das Leben-Können von Menschen und Völkern zerstört, was Sinnperspektiven einreißt und solidarisches Engagement für andere der kalten Trivialität eines unbarmherzi-

---

12 Diese Forderung steht an zentraler Stelle in der Stuttgarter Erklärung „Gottes Gaben – unsere Aufgabe" (Ziff. 1.3): „Das gemeinsame Wort, das Christen und Kirchen zu ethisch wichtigen Problemfeldern finden, hat nur dann einen eigenen Wert und eine Chance, gehört zu werden, wenn es sowohl evangeliumsgemäß als auch sachgemäß ist."

gen Geschichtsverlaufs überantwortet – dieser Protest muß immer wieder gehört werden können, scheinbar gegen alle Hoffnung. Denn nur in der Vergewisserung über das Unerträgliche an menschlichen Daseinsverfaßtheiten wird deutlich, was es mit der vorrangigen Option für die Armen, die Entrechteten, die Opfer von Gewalt und für Gewaltfreiheit als Handlungsmuster wirklich auf sich hat.

Theologie und Ethik sind in ihrem Schweigen so wenig politisch folgenlos wie in ihrem Reden; die Reichweite dessen, was sie zu sagen haben, darf nicht dort enden, wo die Leiden der Menschen beginnen und mit ihnen ihre Verzweiflung. Nicht nur kommt der christliche Glaube vom Hören (Paulus), sondern ebenso ereignet sich Gottesbegegnung nicht neben oder außerhalb der Ebene sozialer Beziehungen, sondern in ihnen und durch sie hindurch. Christliche Solidarität wird besonders dort möglich, wo Christen in ihrer nächsten Umgebung „*Handlungsfelder der Authentizität*" aufsuchen. Ein Beispiel dafür bietet der gesamte Bereich der sozial-caritativen Dienste, in denen es ausdrücklich und nicht nur als „Nebenwirkung" um die Belange jener geht, die zu den Schwächsten der Gesellschaft gehören. Sich für sie zu engagieren, gelingt dann besonders glaubwürdig, wenn damit gerade nicht der sonst allenthalben gesuchte Weg auf die Erfolgsleiter irdischen Ruhmes und Geltungsstrebens eröffnet wird.

Christliche Heilszuversicht kann und darf allerdings – bei allem Hoffnungspotential, das sozialgestalterischer Einsatz in sich trägt – über Strukturen der Unbegreiflichkeit, Widersprüchlichkeit und Aporetik der konkret vorfindlichen Wirklichkeit nicht hinweggehen, -sehen oder -reden: auch das Tun der Christen und ihrer Kirchen vollzieht sich innerhalb solcher politischer Rahmenbedingungen, die sie nicht gutheißen dürfen, die teils als Schuld-, teils als tragische Verstrickungszusammenhänge zu begreifen sind und von denen sie dennoch faktisch und unausweichlich profitieren. Leben nicht ganze Gesellschaften auf der Basis eines Politikentwurfs, der das Motiv der Verantwortung für künftige Generationen nicht nur praktisch, sondern auch theoretisch-konzeptionell allzu häufig nur als Störfaktor eigenen Entfaltungsinteresses wahrzunehmen vermag? Beruht nicht unser Wohlergehen auch auf Formen sozialer und wirtschaftlicher Ungerechtigkeit, deren Auswirkungen vor allem jene Menschen zu ertragen haben, deren Chancen für eine menschenwürdige Existenz schon bei ihrer Geburt verschwindend gering sind und dies in nicht wenigen Fällen ihr ganzes Leben über bleiben?

Christen und ihre Kirchen sind es der Welt, in die hinein sie sprechen und handeln, schuldig, diese Erfahrungen von Tragik und Verzweiflung ernst zu nehmen. Sie sollten zugestehen, daß die Hoffnung, die sie trotz allem trägt, einer Heilszusage entstammt, auf die der Mensch nicht aus sich selbst heraus verfällt. Das Wort der christlichen Erlösungsbotschaft klingt nur dann glaubwürdig und nicht hohl, wenn es von Menschen vermittelt wird, die Trost anders verstehen denn als billige Vertröstung. Die Welt hört sehr genau, wo Christen authentisch Zeugnis geben und wo nicht!

(2) Was heißt all dies in der Anwendung auf die Friedensfrage heute, genauer: für eine Friedensethik „nach Gorazde, Mostar und Sarajewo"? Die Parallele zur Frage von Johann Baptist *Metz* nach der Möglichkeit einer Theologie „nach Auschwitz"[13] ist beabsichtigt: Marek *Edelman*, einer der wenigen Überlebenden des Warschauer Ghettoaufstands von 1943, erhob unlängst den Vorwurf: „In Bosnien gibt es Massenvernichtungen, und Europa verhält sich so ähnlich wie damals gegenüber den Ghettokämpfern"[14]. Welche Themen müßte ein spezifisch ethischer Beitrag angesichts dieser Katastrophe mindestens aufgreifen? Walter *Kerber* hat unlängst beklagt, der klassischen Lehre vom „gerechten Krieg" fehle vor allem „eine eigentliche Ethik staatlichen Handelns", was sowohl ihre Anwendung in konkreten politischen Entscheidungssituationen problematisch werden lasse wie ihren Mißbrauch erleichtere[15]. In einer solchen Ethik staatlichen Handelns, wie sie Kerber vermißt, wäre insbesondere zu zeigen, welche politischen und gesellschaftlichen Voraussetzungen dafür zu schaffen sind, um das Eintreten von Situationen zu vermeiden, in denen es dann allzu oft nur noch um die Eingrenzung von Gewalt geht – und selbst dies häufig mit eher geringem Erfolg. Auch die herkömmliche Lehre vom „gerechten Krieg" enthält in der Substanz ihrer Argumentation viele Elemente, die sich in der Zielrichtung einer *Lehre vom „gerechten Frieden"*, eines Konzepts der Friedensförderung durch die Bekämpfung der Ursachen von Kriegen interpretieren lassen. In dieser Perspektive behält sie eine konstruktiv-kritische Funktion auch für die Gegenwart[16]. So besteht eine der wichtigsten Lehren aus dem Verlauf des Konflikts im ehemaligen Jugoslawien in der Erkenntnis, daß ohne den planmäßigen Ausbau der Mittel und Methoden der Früherkennung von Konflikten, präventiver Diplomatie, friedlicher Streitbeilegung und nichtmilitärischer Konfliktbearbeitung kaum hinreichend wirksame Einwirkungsmöglichkeiten auf ein eskalierendes Konfliktgeschehen gegeben sind. Der Ruf nach Militäreinsätzen als „äußerstem Mittel" wird dort ethisch problematisch, wo im Prinzip verfügbare nichtmilitärische Interventionsmöglichkeiten nicht rechtzeitig oder nur ungenügend genutzt wurden – und dies um so mehr, wenn die Erfolgsaussichten militärischen Engagements bestenfalls unsicher, in jedem Fall aber mit einem erheblichen Eskalationsrisiko behaftet sein würden. Diese Überlegung behält gerade dann ihre Gültigkeit, wenn sich aufweisen läßt, daß „Zivilisie-

---

13 Vgl. *J. B. Metz*, Ökumene nach Auschwitz – zum Verhältnis von Christen und Juden in Deutschland, in: *Eugen Kogon* u.a., Gott nach Auschwitz. Dimensionen des Massenmords am jüdischen Volk, Freiburg i. Br. 1979, 121–144.

14 Zit. nach: *P. Schneider*, Was ist uns die Zivilisation wert? Überlegungen zu einer europäischen Intervention in Bosnien, in: Süddeutsche Zeitung 11. 6. 1993, 13.

15 *W. Kerber*, Der Schutz menschlichen Lebens in der Rechtsphilosophie von Arthur Kaufmann, in: *F. Haft* u.a. (Hrsg.), Strafgerechtigkeit, Heidelberg 1993, 161-175, h.: 173.

16 Vgl. dazu die Stellungnahme der *Arbeitsgruppe „Sicherheitspolitik"* der Deutschen Kommission Justitia et Pax „Vom ‚gerechten Krieg' zum ‚gerechten Frieden' ", Bonn Juni 1992 (= Arbeitspapier 63/92 der Schriftenreihe Gerechtigkeit und Frieden der Deutschen Kommission Justitia et Pax).

rungsversuche und nicht-militärischer Zwang dann, wenn die konkrete Notlage einmal eingetreten ist, oft nur noch schwer greifen"[17].

In einer entfalteten Lehre vom „gerechten Frieden" würde vor allem deutlich, daß es heute – angesichts eines komplexen, vielfach interdependenten, von unterschiedlichen Selbst- und Weltdeutungskonzepten geprägten internationalen Systems – weniger um ein Denken in festgefügten Ordnungsstrukturen gehen kann als um die verantwortliche Mitgestaltung eines „Prozeßmusters Frieden": daß es möglicherweise *Abschied* zu *nehmen* gilt *von den „großen Theorien"*, deren wirklichkeitsverändernde Kraft im Angesicht der Katastrophen, von denen jeden Tag aufs Neue zu berichten ist, in einem eigentümlich ungewissen Licht erscheinen muß. Vielleicht ist das, was friedensethisch tatsächlich geleistet werden kann, die verantwortliche (Mit-)Konzeption von *Strategien kurzer bis mittlerer Reichweite*. Sie müßten vor allem der Tatsache Rechnung tragen, daß konkrete friedenspolitische Handlungs- und Entscheidungssituationen fast immer anders aussehen als in vielen Maximen unterstellt, die mit dem Anspruch auf Einfachheit, Allgemeingültigkeit und -anwendbarkeit vorgetragen werden[18]. Und vielleicht liegt in dieser Erkenntnis, wenn sie denn zum Ausgangspunkt für weiteres genommen würde, der Ansatz zur Erreichung jener Politikfähigkeit, an deren Notwendigkeit gegenüber (sozial-)ethischen Programmen, Konzepten und Manifestationen immer wieder erinnert wird[19]. So kann z. B. das unbedingte pazifistische Nein zu jeder Form der Gewaltanwendung eine klare, wirksame,

---

17 G. *Krell*, Wie der Gewalt widerstehen? Die Frage legitimer Gegengewalt als ethisches und politisches Problem, in: HSFK-Standpunkte/Friedensforschung aktuell Nr. 2/3 (Juli 1993), 8.

18 Vgl. *E.-O. Czempiel* (Anm. 5), 693: „Gefragt sind nicht die großen Konzepte, hinter deren schönem Schein sich oft genug eine konträre Politik verbirgt. Gesucht werden vielmehr die kleinen Schritte, die konkreten Problemlösungen, die zu weniger Gewalt, zu mehr Wohlstand und zu mehr Freiheit führen. Gebraucht wird nicht ... der Realpolitiker, sondern der, der die realen Zusammenhänge benennt und bearbeitet."

19 Z. B. bei *W. Lienemann*, „Gerechter Frieden" als Auftrag der Ökumene, in: *Evangelische Arbeitsgemeinschaft zur Betreuung der Kriegsdienstverweigerer (EAK)* (Hrsg.), Christen und Pazifismus, Bremen Januar 1993, 13: „Es ist nun aber auch nicht zu übersehen, daß besonders unter der Voraussetzung des Ost-West-Konfliktes Pazifismus in erster Linie ein Nicht-Mittun bedeutet hat – eine Verweigerung. Damit soll nicht das Engagement von Pazifisten in der Entwicklungsarbeit, im Nordirland- oder Palästina-Konflikt, in Nicaragua oder Mexiko oder in diesen Tagen vor Heimen von Ausländern verkleinert werden. Es ist dies alles ohne Zweifel ein konstruktives Engagement, aber es bleibt in der Regel auf den Versuch, Schlimmeres zu verhüten und Gewalt zu verhindern, begrenzt. Meine Frage ist: *gibt es eine darüber hinausreichende politische Verantwortung des christlichen Pazifismus für das Ganze einer politischen Ordnung?* Ich könnte auch so fragen: unter welchen Bedingungen und in welcher Form beteiligen sich Pazifisten an der Gewinnung und Ausübung politischer Ämter und damit auch politischer Macht?" Und: „Diese Fragen laufen auf eine These hinaus, die lautet: die ökumenische Bewegung und die pazifistische Bewegung der Christen als einer ihrer wichtigsten Teile müssen durch einen stärkeren Willen zur konstruktiven Gestaltung und durch die Entfaltung klarer Prinzipien für die politisch-soziale Alltagspraxis eine neue Politik- und Mehrheitsfähigkeit zu gewinnen suchen" (21).

unverzichtbare zeichenhafte Funktion haben in der Fluchtlinie des Einsatzes für eine gerechtere, friedlichere Welt – es bringt aber die möglicherweise im Hier und Jetzt gegebenen Zielkonflikte nicht zum Verschwinden und erlöst diejenigen, die unter ihnen entscheiden müssen, nicht aus ihrer Gewissensnot. Sie stehen oftmals vor furchtbaren Wahlen, die, wie immer sie entschieden werden, eine große Zahl unschuldiger Opfer fordern können – auch wenn sie als „kleineres Übel" angesehen werden. Diese Benennung bringt ja das Tragische, Katastrophische so vieler weltpolitischer Entwicklungen nicht ansatzweise zum Verschwinden. Nur im Angesicht dieser realen Verfaßtheiten der Handlungssituationen, und nicht in der gedanklichen Flucht aus ihnen in eine scheinbar moralisch eindeutigere, weil einfacher interpretierte Wirklichkeit, wird eine Sozialethik, die sich als Veränderungsethik versteht, konkret werden und sozial wie politisch relevante Aussagen zu treffen vermögen.

Wer für den *Abschied von den „großen Theorien"* zugunsten bescheidenerer Ziele plädiert, muß mit dem naheliegenden Einwand rechnen, daß sich hierin ein wenigstens teilweiser Verzicht auf eine grundlegende Strukturverbesserung widerspiegele, zugunsten einer Spielart jener von den Prinzipien der Katastrophenprävention und der *Schadensbegrenzung* her entworfenen „Reparatur-Ethiken", wie sie auch im Hinblick auf ökonomische und ökologische Problemstellungen diskutiert werden. Doch scheint Vorsicht angeraten, über diese ethischen Ansätze (die man weit treffender mit positiver Konnotation, etwa als „Solidar-Ethiken zur Abwehr und Linderung menschlichen Leids" bezeichnen könnte) abschätzig zu reden, solange nicht plausibel zu machen ist, welcher andere, weiterreichende Ansatz in der politischen Praxis leistungsfähiger wäre[20].

(3) In diesen Zusammenhängen stellt sich die Frage nach dem *Subjekt*, den *Trägern* und den *Adressaten friedensethischer Argumentation*. Friedensförderung bleibt eine *gesellschaftliche Querschnittsaufgabe*, ihre Konzepte und Strategien greifen nicht allein auf der Ebene der politischen Führungseliten: sie lebt davon, gesellschaftliche Räume zu schaffen, in denen gewaltfreie Strukturen des Zusammenlebens, Vertrauen in Friedfertigkeit und die Antizipation, wenn nicht das Ereignis von Versöhnung unter Gegnern erfahrbar werden. Erinnerungs- und Gedächtnisfeiern an das vergangene Leid anderer, die in den gewaltförmigen Strukturen politischer Unfreiheit, Unterdrückung, wirtschaftlicher und sozialer Notlagen oder kriegerischer Auseinandersetzungen ums

---

20 Wie weit eine solche Wahrnehmung subjektiv überhaupt möglich wird, hängt wiederum vom Ansatz der ethischen Fragestellung selbst ab: „Sind logische Stringenz, formale Eleganz, hoher Erklärungswert und aktueller wissenschaftlicher Standard schon abschließende Kriterien? Oder ist diejenige Analyse besonders ausgezeichnet, die das Leiden der Stimmlosen und derer, die sich nicht wehren können, zum Thema macht und zu erklären versucht? ... Was sind die erkenntnisleitenden Interessen und der perspektivische Standort der Analyse, und was folgt aus ihr für die schwächeren Mitglieder der Gesellschaft?" (*F. Hengsbach*, Der Umbau kirchlicher Soziallehre in eine Ethik sozialer Bewegungen, in: Aus Politik und Zeitgeschichte B 20 / 10. 5. 1991, 16–27, hier 19).

Leben kamen, dürfen keine moralische Alibifunktion erhalten – etwa indem man sich dadurch davon entlastet glaubt, in der Gegenwart die Wiederholung solcher Katastrophen zu verhindern. Entsprechend gilt auch für die Wahrnehmung von Verantwortung im Bezugssystem „Gerechtigkeit – Frieden – Bewahrung der Lebensgrundlagen", daß sie sich nicht auf Symbolhandlungen, auf *symbolische Politik* beschränken sollte: der Protest gegen das, was menschliches Leben gefährdet oder zerstört, sollte ergänzt werden durch die *Ausarbeitung von Modellen konkreten solidarischen Handelns*, und er sollte nicht davor zurückscheuen lassen, in der ethischen Analyse den Zielkonflikten, Dilemmata und Aporien so vieler Handlungsoptionen ins Auge zu sehen. Sehr genau beschreibt der Friedenspreisträger des Deutschen Buchhandels 1992, Amoz Oz, diesen Zusammenhang:

> „Als Erzähler und politisch aktiver Mensch muß ich mir unablässig in Erinnerung rufen, daß es vergleichsweise einfach ist, Gut und Böse voneinander zu unterscheiden. Die eigentliche moralische Aufgabe aber besteht darin, zwischen verschiedenen Grautönen zu unterscheiden; das Böse in seinen Abstufungen wahrzunehmen; zwischen dem Bösen, dem noch Böseren und dem Allerbösesten zu differenzieren."[21]

Nur diese Art von Nüchternheit bewahrt vielleicht vor den sonst unvermeidlichen tiefen Enttäuschungen und läßt Wege finden, die – als „Hoffnung wider alle Hoffnung" – immer wieder mit dem Mut zum Weitergehen beschritten werden können. Denn vor der ethischen Entscheidung, diese Welt menschlicher zu machen oder aber sie mit dem Rücken zu den in und an ihr Leidenden zu akzeptieren, stehen wir jeden Tag neu.

III. Aufgaben

Unter den heutigen und zukünftig absehbaren politischen Randbedingungen ergeben sich aus friedensethischer Perspektive wenigstens die folgenden Desiderate:

(1) Sie wird mit Nachdruck den *Vorrang gewaltfreier bzw. -armer politischer Konfliktlösungen* gegenüber der militärischen Option einklagen müssen. Ist ein Konflikt erst bis zur Gewaltanwendung eskaliert, so werden nach aller Erfahrung Konfliktmanagement und -bewältigung schwieriger, weil Eigendynamiken, emotionale und andere irrationale Faktoren sich verstärkt Geltung verschaffen. Das hauptsächliche Defizit, das nur politisch behebbar ist, besteht heute in der zu schwachen Ausgestaltung der Mittel und Methoden der Krisenprävention, -früherkennung, politischen Kriegsursachenbekämpfung und nichtmilitärischen Konfliktbearbeitung; hier wäre auf politischer wie internationalrechtlicher Ebene mehr erreichbar, wenn nur die Bereitschaft der Nationalstaaten zu

---

21 A. *Oz*, Friede und Liebe und Kompromiß, in: Frankfurter Rundschau 5. 10. 1992, 10.

substantiellen Beschränkungen ihres Souveränitätsanspruchs stärker wäre[22]. Wichtige Überlegungen hierzu finden sich in der „Agenda für den Frieden" des UN-Generalsekretärs Butros *Butros-Ghali*[23]. Diesen Gesichtspunkt könnte kirchliche Friedensethik ins Zentrum rücken: *Wenn eine Weltfriedensordnung auf der Basis des Rechts und der Menschenrechte eine reale Chance erhalten soll, so wird sie sich nur über Zwischenstadien erreichen lassen, die mehr und mehr von der „Grundphilosophie" gewaltfreier bzw. -armer Politikmuster widerspiegeln*[24]. Politisch organisierbar wäre dies in den diversen Strukturelementen eines Systems Kollektiver Sicherheit, das in der Charta der Vereinten Nationen bereits teilweise umgesetzt wurde. Dieses Sicherheitssystem ist von dem Gedanken her entworfen, daß die kollektive Verantwortlichkeit der Staatengemeinschaft eine verläßlichere Grundlage für die Aufrechterhaltung des internationalen Friedens bietet als einzelstaatliche Sicherheitsvorsorge. Denn diese kann allzu leicht Anreize zu Mißtrauen seitens von Nachbarländern und zur wechselseitigen Eskalation von Rüstungsprozessen bieten. Der Hauptaspekt der Friedenssicherung in einem solchen System läge auf der politischen Ebene: Multinationalität, Gewaltenteilung, obligatorische Schiedsverfahren für Konflikte, die Einhegung von Macht und ihre Kontrolle zählen zu seinen grundlegenden Bausteinen. Sie könnten den gewaltsamen Ausbruch eines einzelstaatlichen Akteurs aus den einmal vereinbarten Regeln schwierig, wenn nicht unmöglich werden lassen und schüfen damit dasjenige Maß an Berechenbarkeit des Staatenverhaltens, ohne welches stabile friedliche Beziehungen kaum längerfristig zu garantieren sind.

Dabei bedarf auch ein System Kollektiver Sicherheit solcher Instrumente des Krisenmanagements, die auf Gewaltmittel nicht vollständig verzichten können; man denke nur, z. B. im Hinblick auf die Situation im ehemaligen Jugoslawien, an die Frage, wie man – als Alternative zu militärischen Interventionsformen – ein Embargo so hätte durchsetzen können, daß es seinen politischen Zweck tatsächlich erreicht hätte. Doch die bewaffnete Absicherung von Embargomaßnahmen ist nicht nur in der Quantität, sondern vor allem qualitativ unterschieden von herkömmlichen militärischen Aktionsformen; eine sol-

---

22 Pessimistisch äußert sich *W. G. Grewe* im Rückblick auf die bisherigen Versuche, den Instrumenten rechtlich verregelter Konfliktbearbeitung Wirkung zu verleihen: „Aus ... dem Mißerfolg der schiedsgerichtlichen Streitschlichtung hätte man lernen können, daß die Möglichkeiten des Rechts überschätzt werden, wenn man glaubt, das machtpolitische Kräftespiel der Staaten lasse sich juridifizieren, in ein System verbindlicher Rechtsnormen einfangen und durch gerichtsförmige Verfahren zum Austrag bringen" (Friede durch Recht?, in: ders., Machtprojektionen und Rechtsschranken, Baden-Baden 1991, 369–391, hier 382). Gerade wenn man diese resignative Feststellung hinsichtlich der Realisierungschancen eines „Friedens durch Recht" nicht teilt, sieht man sich genötigt, nach politischen und gesellschaftlichen Akteuren Ausschau zu halten, die das Modell eines durch eine Rechtsordnung garantierten Friedens demjenigen einer rein machtpolitisch definierten globalen Ordnungsstruktur vorziehen.

23 Vgl. Blätter für deutsche und internationale Politik 37 (1992) 9, 1130–1150.

24 Vgl. *E.-O. Czempiel* (Anm. 5), 684: „Sicherheit besteht nicht darin, daß die Konflikte beseitigt, sondern daß sie gewaltfrei bearbeitet werden."

che Absicherung dient ja gerade dem Ziel, die Chancen politischer Krisenbewältigung zu maximieren, den gesamten Prozeß also in der Logik des Friedens zu halten und gegen sein Abgleiten in kriegerischen Austrag zu stabilisieren[25].

(2) Realistischerweise wird man allerdings damit rechnen müssen, daß für die absehbare Zukunft militärische Mittel auch über die Absicherung von wirtschaftlichen Sanktionen hinaus eine Rolle spielen werden. Auf politischer wie rechtlicher Ebene stellt sich zunehmend das Problem, wie auf *schwerwiegende Menschenrechtsverletzungen*, z. B. sogenannte „ethnische Säuberungen" (was nur ein Euphemismus für massenhafte Vertreibungen ist) oder Versuche direkten Genozids, seitens der internationalen Staatengemeinschaft zu reagieren sei, wenn alle Versuche nichtmilitärischer Intervention, vor allem in Form politischen und wirtschaftlichen Drucks, fehlschlagen. Einerseits geht es nicht an, derartiges einfach hinzunehmen und damit zu demonstrieren, daß ab einer bestimmten Stufe der Brutalität staatliche Macht sanktionslos ausgeht. Die Verpflichtung auf die Menschenrechte ist – unbeschadet vieler in diesem Zusammenhang klärungsbedürftiger Einzelfragen – mehr als ein moralisch begründetes Desiderat; sie erhalten im Kontext der Vereinten Nationen und regional geltender Menschenrechtskonventionen eine auch rechtlich herausgehobene Bedeutung für den Charakter und die Organisation der internationalen Staatenwelt. Ihre massive Verletzung zu akzeptieren, wäre gerade angesichts des Präzedenzfallcharakters solcher Ereignisse nicht zu verantworten – auch dann

---

25 *G. Krell* (Anm. 17, 8) stellt zwar zu Recht fest: „Entgegen dem Augenschein ist nicht von vornherein ausgemacht, daß militärische Zwangsmaßnahmen in jedem Fall mehr Schaden anrichten als nichtmilitärische. (Eine wirksame militärische Drohung mit deeskalierendem Effekt z. B. wäre weniger gewaltsam als langwierige und harte Wirtschaftssanktionen. Freilich ist bei der Güterabwägung das Eskalationsrisiko zu berücksichtigen)." Aber gerade auf den letztgenannten Aspekt kommt es an: wie stellt man sicher, daß die Drohung tatsächlich deeskalierend wirkt, anstatt herausgefordert zu werden und dann womöglich wahr gemacht werden zu müssen? Im Grundsatz stellen sich hier kaum andere Anfragen, als sie gegen die nukleare Abschreckung aus ethischer Sicht geltend gemacht werden konnten. Ich stimme Gert Krell zu in seiner These: „Das ausschlaggebende Kriterium auf der Mittel-Ebene ist ... nicht die Wahl des Instruments, sondern die Frage des Gewaltcharakters der Einmischung: sie soll möglichst gewaltarm erfolgen und zugleich die vorhandene (bzw. drohende) Gewalt wirksam mindern. Die Entscheidung für oder gegen eine bewaffnete Intervention wird damit zu einer Frage der Güterabwägung, nicht der Ideologie" (11). Auch *K. Koppe*, der Krells Argumenten „Anmerkungen eines praktizierenden Pazifisten" gegenüberstellt, konstatiert (ebd., 13f.), daß „jedes politisch einzusetzende Mittel in irgendeiner Weise Gewalt bewirkt, beispielsweise auch ein Embargo ... Deshalb fordern Pazifisten, Embargos so zu verhängen, daß die Versorgung einer Bevölkerung in betroffenen Staaten mit Medikamenten und Grundnahrungsmitteln gewährleistet bleibt, um das Risiko des Hungertodes auszuschließen – eine Einschränkung, die natürlich von der boykottierten Regierung erpresserisch mißbraucht werden kann, indem sie die Lieferung von Medikamenten und Nahrungsmitteln wiederum von der Lieferung auch strategischer Güter abhängig zu machen versucht. Insofern stößt auch die pazifistische Option – nicht anders als die militärische – immer wieder auf Dilemmata, mit denen fallweise umgegangen werden muß."

nicht, wenn es sich um einen innerstaatlichen Vorgang handelt, der nicht als Bedrohung des internationalen Friedens aufgefaßt werden kann. Auf der anderen Seite zeigt historische Erfahrung, daß unter der Berufung auf ein Recht zur *„humanitären Intervention"* häufig schlichte Interessenpolitik dominierender Mächte mit militärischen Mitteln betrieben wurde. Diejenigen, in deren Gebiet interveniert wurde, haben daran in den meisten Fällen wenig positive Erinnerungen.

Als unmittelbare Konsequenz daraus wird sich fordern lassen, daß zum einen der *völkerrechtliche Tatbestand,* der eine Intervention legitimieren könnte, *äußerst präzise bestimmt wird,* um politischen Mißbrauch so schwer wie möglich zu machen[26]. Darüber hinaus sollte *jede Form der Intervention von außen unter der bleibenden politischen Kontrolle eines inter- oder supranationalen Organs* stattfinden. Die Charta der Vereinten Nationen sieht dies bereits vor, doch ist es – nicht zuletzt wegen der eingangs angesprochenen Problematik starker Machtasymmetrien – faktisch bis heute nicht gelungen, in Fällen einer von den UN legitimierten bewaffneten Aktion über eine reine Ermächtigung von UN-Mitgliedsstaaten hinauszugelangen, die dann den weiteren Verlauf der Ereignisse bestimmten. Insofern ginge es hier weniger um das ehrgeizige (wenngleich gut begründbare) Ziel einer Reform der UNO als darum, erst einmal umzusetzen, was diese in ihrer Satzung längst anvisiert. Und schließlich *wäre sicherzustellen, daß die Auswirkungen solcher Interventionen nicht kontraproduktiv sind* – weder kurzfristig, im Hinblick auf die humanitäre wie politische Situation im Interventionsgebiet selbst, noch längerfristig, im Blick auf das Ziel einer globalen Friedensordnung, die mehr auf der freien Zustimmung der Beteiligten als auf erzwungenen Strukturen beruht[27]. Damit ist ein sehr restriktiver, auf Gewaltminimierung zielender Anspruch formuliert.

In jüngster Zeit entwickelt sich unter Friedenswissenschaftlern eine Diskussion über die Frage, ob und wie weit *„internationale Polizeikräfte",* die vom Gedanken des „Peacekeeping" her konzipiert sind, als Alternative zu (von Pazifisten prinzipiell abgelehnten) klassischen militärischen Kontingenten in Betracht zu ziehen wären. Der Begriff „internationale Polizeikräfte" vermittelt jedoch weniger Klarheit über die gemeinte Sache, als es zu wünschen wäre. Offensichtlich ist dieser Begriff nicht identisch mit der – ihrerseits keineswegs trennscharfen – Unterscheidung zwischen friedenserhaltenden und Kampfeinsätzen, um die sich derzeit der politische Streit in Deutschland dreht. Wenn

---

26 Vgl. *D. Senghaas,* Was sind der Deutschen Interessen?, Ebenhausen: unveröff. Ms. der Stiftung Wissenschaft und Politik November 1992, 26; *Ph. Borinski,* Die neue NATO-Strategie, HSFK-Report 1/1993, III.

27 Auf die hier begegnenden Probleme macht *K.-O. Nass* aufmerksam: „Kurzfristig geplante Nothilfeaktionen ohne Berücksichtigung der Besonderheiten des Landes und ohne ein präzise formuliertes Ziel laufen Gefahr, entweder zu einer Daueraktion zu werden oder ein Chaos, Enttäuschung und Orientierungslosigkeit zu hinterlassen" (Grenzen und Gefahren humanitärer Interventionen, in: Europa Archiv 48 [1993] Folge 10 [25. 5. 1993], 279–288, hier 287).

internationale Polizeikräfte Aufgaben übertragen bekommen könnten, die einer Intervention zum Schutz grundlegender Menschen- und Minderheitenrechte auch gegen den Willen derjenigen Regierung gleichkämen, welche diese Rechte bedroht und verletzt, so wäre damit eine Voraussetzung heutiger friedenserhaltender Maßnahmen bereits überschritten: daß ihr Mandat nämlich einen Konsens der Konfliktparteien über diese internationale Mission erfordert. Zweitens scheint klärungsbedürftig, wie weit die ins Auge gefaßten Polizeikräfte für jedenfalls einen Teilbereich ihres Aufgabenspektrums eine Ausbildung benötigten, die von derjenigen klassischer Interventionskräfte nur wenig unterschieden wäre. Oder meint das Plädoyer für „internationale Polizeikräfte" im Kern, daß der Einsatz von Eingreifverbänden unter inter- bzw. supranationaler Kontrolle stehen müßte und nicht in einzelstaatlicher bzw. bündnisbezogener Zuständigkeit[28]? Dies hätte keine unmittelbaren Auswirkungen auf die Struktur dieser Verbände, aber um so mehr auf die politischen Bemühungen, ein effizientes kollektives Sicherheitssystem zu errichten, das an die Stelle der nationalen bzw. bündnisgebundenen sicherheitspolitischen Planung treten könnte. Um zu vermeiden, daß sich in der friedensethischen Debatte Unklarheiten über Gemeinsamkeiten mit und Differenzen zu herkömmlichen Sichtweisen des Militärischen verfestigen, wäre es sehr wünschenswert, an diesem Punkt weiterzudiskutieren.

(3) Unter dem Gesichtspunkt der *Krisenprävention* bedarf es dringend einer politisch-ethisch reflektierten, auch in der jeweiligen Praxis möglichst *restriktiven Rüstungstransferpolitik*. Während und nach dem Ende des zweiten Golfkriegs schien darüber im Felde der erklärten Politik ein weit größeres Einvernehmen zu bestehen, als hernach in der konkreten Umsetzung in diverse Formen der Rüstungsexportkontrolle noch erkennbar wurde. Zumindest problematisch zu nennen ist es, wenn sich einzelne Staaten oder Staatengruppen einerseits darauf berufen, Nothilfe leisten zu dürfen, wo Dritte das Opfer militärischer Aggressionen werden, andererseits aber offenkundig ist, daß sie selbst solche Akte der Aggression durch ihre Rüstungsexportpraxis erst mit ermöglicht haben. Dies gilt in vergleichbarer Weise für jede Beteiligung an der Proliferation von Massenvernichtungsmitteln. „Es kann nicht als ethisch belanglos angesehen werden, ob eine Situation, in der dann Gegengewalt als letztes Mittel erscheinen mag, vermeidbar gewesen wäre oder nicht"[29].

(4) Geht es um die Schaffung der Voraussetzungen für einen *gerechten Frieden*, so kommt heute besonders in Europa den Fragen der *Minderheitenrechte* und des

---

28 In diese Richtung argumentiert z. B. *R. Marx*, Kein Frieden ohne Menschenrechte – keine Menschenrechte ohne Frieden, in: *amnesty international*, Menschenrechte vor der Jahrtausendwende, hrsgg. von *Heiner Bielefeldt, Volkmar Deile und Bernd Thomsen,* Frankfurt/M. 1993, 185–204, hier 198.
29 Vom „gerechten Krieg" zum „gerechten Frieden" (Anm. 16), 13f.

Minderheitenschutzes eine überragende Bedeutung zu. Minderheitenprobleme resultieren sowohl aus traditionell nachbarschaftlichen Interessenkollisionen wie aus der Tatsache wachsender Einwanderungsminoritäten. Es kann friedenspolitisch nicht wünschenswert sein, die politischen Grenzen innerhalb Europas sukzessive zur Disposition zu stellen; auch wenn im KSZE-Rahmen die friedliche Revision von Grenzen bewußt offengehalten wird, darf man sich nicht darüber hinwegtäuschen, daß damit ein risikoreicher Weg eingeschlagen würde[30]. Worauf es ankommt, ist die politisch-rechtliche Absicherung des Status ethnischer oder religiöser Minderheiten in einer Weise, daß diese kein Motiv zur Segregation aus bestehenden nationalstaatlichen Einheiten mehr sehen[31]. Um dies zu erreichen, läßt sich möglicherweise nicht vermeiden, daß die innere Struktur solcher Einheiten weitreichenden Veränderungsprozessen unterzogen werden müßte; föderalistische, dezentrale Regierungsformen, subsidiäre Machtausübung und großzügige Autonomieregelungen sind Modelle, über die diskutiert wird. Darüber hinaus laufen derzeit auf der internationalrechtlichen Ebene Bemühungen um einen wirksameren Minderheitenschutz; Experten halten in diesem Sinn die Europäische Menschenrechtskonvention für ergänzungsbedürftig, und auf der Ebene des Europarats vollziehen sich wichtige vorbereitende Verhandlungen. All dies verdient nachdrückliche Unterstützung, auch seitens der Kirchen.

(5) Das Pendant zu einem auf friedliche Konfliktbearbeitung und Streitbeilegung im politischen Raum abzielenden Ansatz sind Strategien gewaltfreier Konfliktaustragung im gesellschaftlichen und individuellen Bereich. *Friedenserziehung*, die auf eine *Kultur der Gewaltlosigkeit* gerichtet ist, wird dabei um die Frage nach einer notwendigen Änderung vorherrschender Lebenshaltungen nicht herumkommen. Wenn die Realisierung der faktisch handlungsleitenden Werte vornehmlich in Konkurrenzsituationen mit anderen statt in kooperative Umgangsformen einmündet, ist ein kaltes, ja feindliches soziales Klima bereits gegenüber potentiellen Konkurrenten vorprogrammiert. Vor allem fehlen dann jene Lern- und Einübungsfelder, in denen erfahren werden kann, daß die Qualität menschlichen Zusammenlebens direkt davon abhängt, wie weit es die Ebene solcher offenbar stets besonders naheliegender Konkurrenzbeziehungen mitsamt ihren menschlich so fragwürdigen Folgeerscheinungen in der Form sozialer Untugenden zugunsten solidarischer, lebensfördernder oder überhaupt erst ermöglichender Umgangsformen überschreitet. Nur wo dies wirklich gelernt und erfahren werden kann, wird auch die Problematik bewußt, die sich

---

30 In diesem Sinn vgl. *Ch. Tomuschat* (Int.), Das System einer beginnenden Weltregierung stößt an seine Grenzen, in: Herder-Korrespondenz 47 (1993) 9, 455–460, hier 460.

31 Vor welchen politischen Schwierigkeiten die Bemühungen um eine Verbesserung der rechtlichen Situation stehen, beleuchtet *Ch. Tomuschat* (Anm. 30), 459: „Schon in Westeuropa gibt es vielfältige nationale Ängste, selbst hier ist man nicht bereit, den Minderheiten substantielle Rechte zuzugestehen, weil man immer befürchtet, daß dies der erste Schritt sein könnte, der hin zu Autonomie- und dann zu Sezessionsbestrebungen führt."

auftut, wenn auf höheren Ebenen sozialer Kooperation Solidarität als Zielwert wie als Handlungsprinzip ausfällt. Dem gesellschaftlichen Dominanzstreben der Starken gegenüber den Schwächeren entspricht dann dasselbe Strukturmuster in den internationalen Beziehungen.

IV. Ausblick

Soll vermieden werden, daß „die Welt als Schrecken" (Dieter *Senghaas*) unsere Zukunftsperspektive bleibt, so ist freilich mehr zu tun als in den bisherigen Ausführungen thematisiert werden konnte. Hans *Küngs* Frage nach dem „Projekt Weltethos"[32] ist aufzugreifen und in ihren unterschiedlichen Facetten zu diskutieren; den Dialog der Religionen und Weltanschauungen wenigstens über die Grundelemente einer auch ethisch zustimmungsfähigen internationalen Ordnung gilt es zu befördern. Auch über die Grenzen solchen Unternehmens muß man sich allerdings im klaren bleiben: „Wie glaubwürdig erscheinen die Religionen als Träger der menschlichen Sehnsucht danach, die Logik von Macht und Krieg als eine scheinbare Grundkonstante von Weltgestaltung überwinden zu können? Welche Bausteine eines Weltethos, das geeignet ist, die strukturgewordene Gewalt zu mindern, lassen sich benennen? Sind die Menschenrechte für den Friedensdialog der Weltreligionen und -kulturen Ausgangs- oder Zielpunkt?"[33]

Grundlegende Begriffe der westlich-abendländischen Philosophie, Rechts- und politischen Theorie sind im interkulturellen Dialog keineswegs selbstverständlich; dies betrifft beispielsweise das Verhältnis zwischen staatlicher und religiöser Ordnung sowie den inneren Zusammenhang zwischen Menschenwürde und Menschenrechten. Oftmals gilt es, angesichts differenter kosmologischer und anthropo-theologischer Sprach- und Vorstellungswelten, überhaupt erst ein gemeinsames Vorverständnis der mit diesen Begriffen jeweils bezeichneten Problemlagen zu erreichen. Diese Schwierigkeit einer Konsensfindung über den Bedeutungsgehalt und die „Auslegungsregeln" menschenrechtlicher Forderungen wird auch durch den erfreulichen Umstand, daß viele menschenrechtliche Forderungen bereits in globalen oder regionalen internationalen Abkommen kodifiziert sind, nicht überdeckt.

Im interreligiösen und interkulturellen Dialog muß sich erweisen, wie weit – über eine Bestandsaufnahme des heute Gemeinsamen und (noch) Trennenden hinaus – Fortschritte in der Ziellinie eines Basiskonsenses über minimale materiale Normen eines Weltethos möglich sind. Vermutlich wäre zu diesem Zweck ein schrittweiser Dialog anhand von jeweils einzelnen Fallbeispielen, die menschenrechtlich bedeutsam sind, hilfreich. Ein wichtiges Problemfeld wäre hier z. B. das in den einzelnen Weltanschauungen geltende Verständnis von Toleranz: wie weit können Kreuzzugsvorstellungen oder Varianten des

---

32 Vgl. *H. Küng*, Projekt Weltethos, München 1990.
33 Vom „gerechten Krieg" zum „gerechten Frieden" (Anm. 16) 22.

Paradigmas „Heiliger Krieg" heute als überwunden gelten? Und wie müßte eine Koexistenzform unterschiedlicher Kulturen und Religionen beschaffen sein, die ein friedliches Zusammenleben ermöglicht, ohne in theologischen und / oder ethischen Relativismus zu münden?

Damit sind Fragen angesprochen, deren Bearbeitung hinüberweist in die Zeit jenseits der Jahrtausendwende. Für eine Friedensethik in der Gegenwart wird es darum gehen müssen, die Bedingungen dafür schaffen zu helfen, daß die Welt, in der solche Dialoge geführt werden sollen, überhaupt noch Räume für ethische und religiöse Diskurse bereithält; daß die Frage nach einem „guten Leben" nicht implizit, angesichts der Strukturgesetzlichkeiten der Lebenswelt, als suspendiert gilt; daß Wege gefunden werden, die durch die komplexen Gefährdungen hindurchhelfen, von denen die Situation der Welt nach dem Ende des Kalten Krieges gekennzeichnet ist. Nur indem es sich solchem Nachdenken stellt, bleibt das friedensethische Bemühen „an der Zeit".

2 Friedensethik in der Auseinandersetzung mit Schrift und Tradition

KARL-WILHELM MERKS

2.1 Die Schrift als norma normans der Friedensethik

Wie gehen (wir) Christen mit Krieg und Frieden um? Die Antwort, die die Geschichte uns hierauf gibt, kann nur lauten: kaum wesentlich anders als andere Menschen. Diese Antwort ist in ihrer Kürze brutal, doch vermeidet sie wenigstens den Zynismus, den man besitzen müßte, um den Christen eine besondere Vorbildrolle in der Friedensethik, vor allem in der gelebten Friedenspraxis, zuzuerkennen.

Die Wirklichkeit christlicher Friedensbereitschaft steht jedenfalls in deutlichem Gegensatz zu der Bedeutung, die man dem Frieden in den grundlegenden Urzeugnissen der christlichen Glaubenstradition, der Hl. Schrift des Alten und des Neuen Testamentes, zuspricht.[1] Die Frage entsteht damit, welche Rolle denn diese Urzeugnisse, die ja im christlichen Selbstverständnis Entscheidendes auch zu **normativen** Fragen, zur praktischen Gestaltung eines christlichen Lebens, besagen sollen, in Wirklichkeit spielen. Zunächst: Welche Rolle kommt ihnen de facto zu? Spielt die Hl. Schrift in der Tat die Rolle einer normativen Orientierung christlichen Handelns? Und zweitens: In welcher Weise könnte und sollte sie als normative Instanz eine Rolle spielen? Ausgehend von unsern spontanen Ideen über Hl. Schrift und Frieden – sicher wenn wir, wie es in dieser Frage gebräuchlich ist, die Bergpredigt als normativen Bezugspunkt nehmen – scheint es, daß die erste Frage negativ beantwortet werden muß, jedenfalls im großen und ganzen betrachtet: christliches Handeln ist oft nicht hieran orientiert. Dabei scheint diese Antwort vorauszusetzen, daß offensichtlich zutage liegt, welches die normative Botschaft der Schrift in der

---

1   Es erscheint angebracht, bereits hier darauf hinzuweisen, daß es unangemessen ist, ohne weiteres eine christlich-neutestamentliche Sicht gegenüber einer alttestamentlichen Auffassung zu unterscheiden. Einheit und Zusammenhang beider Testamente mit der darin gegründeten hermeneutischen Spannung bilden die Grundlage für die folgenden Überlegungen zu einer christlichen Friedensethik. Vgl. hierzu unlängst: C. Dohmen – F. Mussner, Nur die halbe Wahrheit? Für die Einheit der ganzen Bibel, Freiburg u.a. 1993.

Friedensfrage ist. Doch ist dies so deutlich? Kann die Diskrepanz zwischen christlicher Botschaft und christlicher Praxis nicht auch darin begründet sein, daß die Botschaft nicht so einfach in die Praxis zu übersetzen ist? Und zwar nicht allein aus Gründen menschlicher Schwachheit, sondern vielleicht auch deshalb, weil eine einfache Beziehung zwischen Schrift und Praxis nicht gegeben ist? Die moderne Moraltheologie ist – übrigens kannte die traditionelle Moraltheologie dieses Problem auch[2] - in einer schwierigen Situation, wenn sie genau sagen soll, was denn die Normativität der Schrift eigentlich bedeutet. Von daher die Frage: welche normative Rolle **kann** und **sollte** die Heilige Schrift spielen?

Zu dieser Frage will ich im Folgenden einige Überlegungen anstellen. Hierbei werde ich als Ausgangspunkt einige Beobachtungen notieren zu der Art und Weise, wie Krieg und Frieden in einem zumindest in früherer Zeit bedeutenden Beispiel liturgischer Praxis, der Allerheiligenlitanei, zur Sprache kommen. Hierbei komme ich zu einigen denkwürdigen Resultaten (1. Krieg und Frieden – ein Schicksal? Einleitende Beobachtungen).

Es läßt sich vermuten, daß die in der Litanei zur Sprache gebrachten Vorstellungen durchaus nicht ohne einen untergründigen Zusammenhang mit Aussagen der Hl. Schrift zu verstehen sind. In einem 2. Paragraphen fasse ich kurz einige wichtige Gedanken der Schrift zu Krieg und Frieden zusammen (2. Notizen zu Krieg und Frieden in der Hl. Schrift). Hierbei werden einige Fragen aufkommen über den Umgang mit der Hl. Schrift als Norm für moralisches Handeln im Allgemeinen und in Fragen von Krieg und Frieden insbesondere (3. Die Hl. Schrift als Norm (norma normans): was will das sagen?). In einem vierten Paragraphen stelle ich einige Schritte vor, die erforderlich sind, um das Sprechen der Hl. Schrift über Krieg und Frieden für unser heutiges Bewußtsein aktuell und relevant zu machen (4. „Säkularisierung" von Krieg und Frieden als Voraussetzung einer tragfähigen Friedensethik).

1. Krieg und Frieden – ein Schicksal? Einleitende Beobachtungen

In der Allerheiligenlitanei, die heute noch in der Osternacht und bei feierlichen Weihen gesungen wird, und die den Älteren, sicher auf dem Lande, vor allem noch bekannt ist von den verschiedenen Flurprozessionen, die im Rhythmus des Kirchenjahres stattfanden (Markusprozession, Bittprozessionen)[3], findet sich im zweiten Teil – nach einleitendem Kyrie und der Anrufung Christi und

---

2 Die klassische Moraltheologie ist wesentlich Naturrechtsethik. Als solche ist sie ihrer Art nach verschieden von einer schriftorientierten Ethik-Argumentation, auch wenn die Schrift unter den Quellen der Moraltheologie (fontes theologiae moralis) einen ersten Rang einnimmt.

3 Derartige Flurumgänge fanden statt am Markustag (25.4.) sowie an den drei Tagen vor Christi Himmelfahrt. Vgl. Art. Bittprozessionen, LThK 2, 518f. (H. Schauerte); die Bittprozessionen werden wegen der zentralen Rolle der Allerheiligenlitanei auch kurz „Litaniae" genannt: vgl. Art. Allerheiligenlitanei, LThK 1, 348f. (B. Fischer).

der Heiligen im ersten Teil – die Bitte „Von Pest, Hunger und Krieg, erlöse uns, o Herr" (a peste, fame et bello, libera nos Domine). Diese Bitte steht in einer Reihe von Bitten um Erlösung von anderen großen Übeln der Menschheit:
– von aller Sünde
– von Deinem Zorne
– von einem jähen und unversehenen Tode
– von den Nachstellungen des Teufels
– von Zorn, Haß und allem bösen Willen
– vom Geiste der Unlauterkeit
– von Blitz und Ungewitter
– von der Geißel des Erdbebens
– von Pest, Hunger und Krieg
– von dem ewigen Tode[4].

In der modernisierten Fassung im „Gotteslob" (1975) sind davon als (Standard-) Bitten (wohl mit der Anmerkung: „Heiligenliste und Fürbitten können ergänzt werden") übriggeblieben:
- von aller Sünde, – von dem ewigen Tode[5]; daran vorabgehend ist eine allgemeine, zusammenfassende Bitte zugefügt: – ab omni malo – von allem Übel – erlöse uns o Herr.

Was auch immer die Gründe für diese Kürzung sind, in jedem Fall handelt es sich um eine deutliche Ent-Konkretisierung oder „Abstrahierung": statt der großen Plagen der Menschheit – hierunter dem Krieg – (beim Erdbeben ist das Wort flagellum, Geißel, zugefügt) wird nur noch allgemein gesprochen von Übel, malum. Der begriffliche Unterschied, der nun deutlich gemacht wird zwischen malum, Übel, und peccatum, Sünde, ist zwar wichtig und lobenswert. Doch fehlt nunmehr der konkrete Bezug, was von den Plagen der Menschheit nun als Übel, und was als Sünde zu beschauen ist. Dies scheint mir für die folgenden Überlegungen nicht unwichtig. Zunächst will ich noch ergänzend darauf weisen, daß das Thema Krieg, bzw. nun positiv gekehrt das Thema „Frieden", auch im dritten Teil der Allerheiligenlitanei noch mehrmals zurückkehrt. So rufen die Bittenden Gott an:
– daß Du den christlichen Königen und Fürsten Frieden und wahre Eintracht schenken wollest... (ut regibus et principibus Christianis pacem et veram concordiam donare digneris)
– daß Du dem ganzen christlichen Volke Frieden und Einigkeit verleihen wollest(ut cuncto populo Christiano pacem et unitatem largiri digneris)... Wir bitten Dich, erhöre uns (te rogamus audi nos). Und dann noch etwas: schon vor diesen Bitten findet sich, in auffällig militanter Sprache, die Bitte:

---

4   - ab omni peccato – ab ira tua – a subitanea et improvisa morte – ab insidiis diaboli – ab ira et odio et omni mala voluntate – a spiritu fornicationis – a fulgure et tempestate – a flagello terraemotus – a peste, fame et bello – a morte perpetua (vgl. Schott [Das vollständige Römische Meßbuch, Ausg. 1956], 1072ff.).
5   - ab omni peccato, – a morte perpetua: libera nos, Domine.

– daß Du die Feinde der heiligen Kirche demütigen wollest (ut inimicos sanctae Ecclesiae humiliare digneris)...

Hiervon ist wiederum in der Neufassung lediglich, die ersten beiden Bitten zusammenfassend, übriggeblieben: Verleihe allen Völkern Frieden und wahre Einigkeit (ut cunctis populis pacem et veram concordiam donare digneris). Soweit zunächst einige Beobachtungen.

Angesichts dieses Befundes können wir zunächst festhalten, daß offensichtlich die Frage von Krieg und Frieden bei Höhepunkten der kirchlichen Liturgie und regelmäßig im Jahresrhythmus[6] ein wichtiges Thema christlichen Bittens bildet. Älter als die Heiligenanrufungen, und mit diesen erstmals im 7. Jahrhundert verbunden, reichen „die Christus-Anrufungen des 2. und erst recht die gleichfalls an Christus gerichteten Fürbitten des 3. Teils für die Anliegen der Kirche (...) in ihren Wurzeln tief in altkirchliche, der Form nach in vorchristliche Frömmigkeit zurück."[7] Der Krieg gehört offensichtlich zu den Grunderfahrungen der eigenen Machtlosigkeit und des Ausgeliefert-Seins an übermenschliche Mächte. Zusammen mit Blitz und Ungewitter, Erdbeben, Pest und Hungersnot genannt, erscheint er selbst als ein elementares Naturereignis, dem letztlich Gott allein wehren kann. Ja, mehr noch: muß der Krieg nicht, wie diese übrigen Katastrophen, als durch Gott selbst geschickt gesehen werden, als Strafe, als Prüfung oder Gott weiß, warum? Der Krieg erscheint so als der durch Menschen gemachten Geschichte letztlich transzendent: ein Geschehen, das zwar in menschlicher Geschichte stattfindet, doch sie zugleich wie etwas Fremdes, nicht Beherrschbares durchzieht. Transzendent in seinem Ursprung, transzendent aber auch in seiner Finalität. Der Krieg wird nicht aufhören, bevor diese Welt aufhört. Gott hat ihn selbst der endzeitlichen Neuen Welt, dem Endsieg des Guten, vorgeschaltet. Der Krieg gehört zu den „messianischen (Geburts-)Wehen"[8], die der endzeitlichen (Wieder-) Ankunft des Messias vorausgehen.

Unschwer können wir in der (auf alttestamentlichen apokalyptischen Vorbildern weiter bauenden) Gestalt der „vier apokalyptischen Reiter" (Apk 6,1–8) die Verwandtschaft zu unseren Litaneibitten feststellen. Diese vier Reiter, auf weißem, feuerfarbenem, schwarzem und fahlem Pferd, bei der Lösung der ersten vier von den sieben Siegeln des verschlossenen Buches erscheinend, sind Symbole[9] für Sieg, Krieg, Hunger und Tod (=Pest[10]):

---

6   Daneben gibt es auch noch eigene liturgische Momente z. B. in den sog. Votivmessen „In der Kriegszeit" und „Um Frieden" (vgl. Schott, a.a.O., [135]-[140]).

7   B. Fischer, a.a.O., 348; unsere Bitte „a peste, fame et bello" ist in dieser Form unter Pius IX. eingefügt (Liturgisch Woordenboek, s.v. Litanie, 1562)

8   Art. Wehen, Bibel-Lexikon (H. Haag (Hrsg.)) 1968, 1872f. (F. Mussner).

9   Vgl. Art. Apokalypse, LThK 1, 690ff. (J. Michl); Art. Apokalyptische Reiter, LThK 1, 706 (J. Michl).

10   Dt. Ausg. der Jerusalemer Bibel, 1783; vgl. Die Bibel, Einheitsübersetzung, 2547: „Die vier Reiter (vgl. Sach 1, 7–15;6,1–8) sind bildhafte Hinweise auf die sog. messianischen Wehen: Völkerkrieg, Bürgerkrieg, Teuerung und Hungersnot, Pest und Massensterben."

„6.2 Und ich sah: Und da! Ein weißes Pferd. Der darauf Sitzende hat einen
   Bogen; und gegeben ward ihm ein Kranz; und er zog aus – ein Sieger und
   um zu siegen.

6.3 Und als es (das Lamm) das zweite Siegel öffnete, hörte ich das zweite
   Lebewesen sagen: Komm!

6.4 Da zog ein anderes Roß aus, feuerrot. Dem darauf Sitzenden ward gegeben: Den Frieden von der Erde zu nehmen, damit sie einander schlach-
   ten. Und gegeben ward ihm ein gewaltiges Schwert.

6.5 Und als es das dritte Siegel öffnete, hörte ich das dritte Lebewesen sagen:
   Komm! Und ich sah: Und da! Ein schwarzes Roß. Der darauf Sitzende
   hat in seiner Hand eine Waage.

6.6 Und ich hörte – einer Stimme gleich – inmitten der vier Lebewesen sagen:
   Ein Maß Weizen um einen Denar; drei Maß Gerste um einen Denar; das
   Öl und den Wein aber schädige nicht.

6.7 Und als es das vierte Siegel öffnete, hörte ich des vierten Lebewesens
   Stimme sagen: Komm!

6.8 Und ich sah: Und da! Ein fahlgrünes Roß. Der darauf Sitzende – sein
   Name ist: Tod. Und die Totenwelt ging mit ihm einher. Ihnen gegeben
   ward Vollmacht über das Viertel der Erde: zu töten mit Schwert und mit
   Hunger und mit Pesttod und durch die Tiere der Erde" (Übers. F. Stier).

Ist der Krieg, sind Kriege also ein (gottgewolltes) Naturgeschehen, göttliche
Straf- und Besserungsaktionen von letztlich gar apokalyptischem Zuschnitt,
sich immer wiederholender Dauerzustand mit endzeitlicher dramatischer
Zuspitzung, bis schließlich ein besseres Jenseits kommt, das aber selbst nicht
anders als durch Kriegsgeschehen hindurch geboren werden kann? Ist der
Krieg unausweichlich, als unabwendbare Implikation menschlicher Defizienz,
ist er als Werk göttlicher Zulassung oder gar göttlicher Veranlassung zu
verstehen?

Es ist nicht zu leugnen: derartige Bilder und Vorstellungen durchziehen
die ganze Christentumsgeschichte und bestimmen die Ideen über Krieg und
Frieden, ja sie scheinen bis tief in die biblischen Grundlagen unseres Glaubens
hinein im Alten und im Neuen Testament die Glaubensvorstellungen zu
prägen: Gott und Krieg haben zutiefst miteinander zu tun. Wenn anderseits der
Friede als Gabe Gottes bezeichnet wird[11] - ein biblisches Thema par excellence
– kann selbst dies, wenn auch in gleich noch näher zu erläuternder Ungleichge-
wichtigkeit zum Krieg, in positiver Formulierung nochmals als eine Bestätigung
der religiösen Interpretation des Kriegsgeschehens gelesen werden.

Bevor wir auf diese Frage weiter eingehen, will ich noch eben auf die
anderen Bitten eingehen, die das Thema Krieg / Frieden entfalten. Zunächst die
Bitten um Frieden; sie werden ausdrücklich zugeschnitten auf die christlichen

---

11 Vgl. Art. Frieden, Bibel-Lexikon, 495–497 (B. Hemelsoet): z. B. Ps 29,11; Is 26,12. Vgl.
   im Anschluß an die Allerheiligenlitanei: „da servis tuis illam, quam mundus dare non
   potest, pacem" (so gib Deinen Dienern jenen Frieden, den die Welt nicht geben kann).

Könige und Fürsten, sowie das gesamte christliche Volk (= die Katholische Kirche? – gleich darauf folgen die Bitten für die Rückführung der Irrenden und die Bekehrung der Ungläubigen). Ferner legen sie einen deutlichen Akzent auf die wahre Eintracht (veram concordiam) und Einheit (unitatem). Streit und Krieg unter den Christen selbst ist natürlich ein Skandalon ersten Ranges in einer Religion, die auf Liebe und Einmütigkeit aufgebaut sein soll. Bitten um Frieden in dieser Hinsicht können sich wiederum direkt auf die biblischen Grundlagen unseres Glaubens beziehen.

Die Frage ist aber, ob mit dieser Zuspitzung und der Verknüpfung von Glaubenseinheit und Frieden die Friedensthematik nicht eine Verschmälerung erfährt. Die Bitten um Frieden zielen hier nicht auf den Frieden einfachhin, sondern auf die „interne" pax christiana, die obendrein nochmals zwischen rechtem Glauben und Irrtum unterscheidet.

Frieden bewahren oder Frieden bringen „ad extra", „nach außen", findet hier keine ausdrückliche Erwähnung. Auch hier läßt sich nicht leugnen, daß eine solche Konzentration christlicher Aufmerksamkeit auf die innere pax und unitas christiana tief bis in die biblischen Wurzeln unseres Glaubens zurückreicht.

Nun wäre diese besondere Aufmerksamkeit für den innerchristlichen Frieden auch nicht weiter tragisch, ginge sie nicht einher mit einer Mentalität militanter Aggressivität „nach außen". Kennzeichnend ist hier die bereits zitierte weitere Bitte: „daß Du die Feinde der hl. Kirche demütigen wollest" (ut inimicos sanctae Ecclesiae humiliare digneris). Diese Spannung zwischen Friedensbereitschaft und Friedensstreben „nach innen" und Aggressivität „nach außen" ist auffällig. Die Bitte zielt ja nicht ab auf eine Herzensänderung der Feinde, oder gar eine eigene Herzensänderung gegenüber den Feinden, sondern auf den Triumph über die Feinde. Es ist der Geist der Militanz und nicht der Friedfertigkeit im Umgang mit der Feindseligkeit. Daß es hierbei um eine geistliche Dimension und eine Art uneigentlicher Rede gehen könnte (die „Feinde der Kirche"), ist relativ naiv gedacht. Nicht nur verquicken sich diese Dimensionen in einer Gesellschaft, die die Staats-Kirchen-Einheit als Ideal kennt, so daß die Demütigung der Feinde der Religion nicht eine rein akademische Angelegenheit bleiben kann. Auch sozialpsychologisch scheint es wenig wahrscheinlich, daß ein Geist von Feindschaft sich auf die Dimension der ideologischen Auseinandersetzung beschränken könnte. Er wird auch in Gewalt ausbrechen.

Die Christentumsgeschichte zeigt ja dann auch immer wieder, wie die „Demütigung der Feinde der Kirche" umschlägt in Krieg, Verfolgung, Unterdrückung und Ausrottung; und wie umgekehrt der Titel „Feinde der Kirche" ausreicht, um zum Krieg überzugehen. Nun, auch eine solche Vorstellung einer Demütigung der Feinde, sei es im wirklichen Kriegsgeschehen, sei es in einem geistigen Konflikt um den wahren Glauben, ist tief in unserem biblisch gespeisten christlichen Bewußtsein verwurzelt. Die Hl. Schrift ist voll von derartigen Texten. Zwar finden wir sie vornehmlich im Alten Testament, doch ziehen sie sich mindestens im Gedankengut der apokalyptischen Vorstellungen bis ins Ende des Neuen Testamentes durch[12] – ganz abgesehen davon, daß sie in den alttestamentlichen Lesungen und vor allem im täglichen Psalmengebet der Kirche präsent gehalten wurden.[13] Hierbei denke ich nicht an die Bitten um Befreiung vom Feind und um Rettung[14], sondern an die ausdrücklichen Passagen, in denen um die Erniedrigung und Vernichtung der Feinde gebetet wird.

Nun habe ich mit meiner Konzentration auf diese Bitten, die direkt Krieg und Frieden betreffen, eine bestimmte, zugespitzte Lektüre geboten. Dies gilt es eigentlich richtigzustellen. Die (herkömmliche) Liturgie kennt auch Aufmerksamkeit für den Frieden in seiner **positiven** Gestalt, z. B. in der Votivmesse um Frieden (wohl stark in Parallelität zu den Bitten der Allerheiligenlitanei als Frieden des eigenen - christlichen - Volkes gedacht), oder gar im Gebet für die Feinde (und die Vergebung ihrer Sünden) bei den Orationen in verschiedenen Anliegen[15], besonders deutlich in der Oration der Liturgie am Feste des hl. Stephanus (26. Dezember).

Auch steht die Plage des Krieges im Kontext nicht allein der teuflischen Nachstellungen, sondern auch von Zorn, Haß und bösem Willen (Allerheiligenlitanei), eigener und fremder Sündhaftigkeit (Gebete im Anschluß an die Allerheiligenlitanei). Was aber auffällt, ist, daß in diesem Kontext nicht die eigene Sündhaftigkeit im Kriegführen, d. h. in der eigenen Unfriedfertigkeit, gesehen wird. Krieg ist eher, wofern nicht eine Folge der Bosheit der Feinde, **allgemein** eine Straffolge für eigene begangene Sünden (Ungehorsam gegen Gottes Gebot, Unglaube, Ungerechtigkeit). Das heißt aber: Der direkte Entstehenszusammenhang zwischen eigener Aggressivität und Kriegsgeschehen wird nicht gesehen oder bleibt jedenfalls ohne deutlich sichtbares Profil. Die Frage, warum Krieg geführt wird, wird nur indirekt mit der eigenen Disposition in Zusammenhang gebracht. Krieg ist Gottes Strafe, wie der Frieden Gottes Werk ist. Er beruht auf dem Anwesendsein oder der Abwesenheit von Aggressivität anderer gegen uns, nicht das An- oder Abwesend-Sein unserer Aggressivität gegen andere wird in Betracht gezogen. Mit dieser einäugigen Sicht geht konsequent eine entsprechende Praxis einher: Zu der globalen „fatalistischen" Haltung den Ursachen des Krieges gegenüber steht in schrillem Gegensatz die Rolle, die Christen selbst im Kriegführen eingenommen haben. Wenn wir uns fragen, wie Christen sich hierin von anderen Menschen unterscheiden, müssen wir zugeben: eigentlich nicht. Im Gegenteil, sie sind oft effektiver als viele andere im Kriegführen gewesen. In der Erfahrung, Schlachtopfer des Krieges zu sein, erinnern wir uns des Krieges als einer übermenschlichen Macht. Diese Erfahrung ist geschieden von der Erfahrung, daß wir selbst für andere diese überirdi-

12 Vgl. z. B. Mt 24,3–8 (Evangelium der Votivmesse in der Kriegszeit).
13 Vgl. z. B. im Anschluß an die Allerheiligenlitanei Ps 69: „Confundantur".
14 Das ist der Haupttenor in der Votivmesse in Kriegszeiten.
15 Schott, a.a.O., [173]: „Deus, pacis caritatisque amator et custos: da omnibus inimicis nostris pacem caritatemque veram; et cunctorum eis remissionem tribue peccatorum, nosque ab eorum insidiis potenter eripe."

sche Macht doch in Szene setzen! Die Frage, die sich angesichts dieses Befundes stellt: Ist nicht die Art und Weise, wie die christliche Botschaft insgesamt und schließlich auch die Hl. Schrift, die ja den Grundpfeiler dieser Botschaft darstellt und die auch als ständiges Muster in die Botschaft eingewebt ist, selbst mit die Ursache für diese theoretische und praktische Blindheit?

2. Notizen zu Krieg und Frieden in der Hl. Schrift

Von Krieg und Frieden wird in der Hl. Schrift viel gesprochen.[16] Hierbei ist es so, daß Frieden (schalom) im AT nur selten einen einfachen Gegenbegriff zu Krieg darstellt.[17] Eigentlich bedeutet der Wortstamm slm „vollkommen, unversehrt, harmonisch sein". Schalom kann daher Wohlbefinden, materielles und geistiges Gedeihen, gute Beziehungen zwischen Menschen, Gruppen und Völkern sowie zwischen Menschen und Gott bezeichnen. Die breite Bedeutung des Begriffs kann sogar dazu führen, daß von der schalom des Krieges gesprochen wird: 2. Sam 11,7 erkundigt sich David mit diesem Ausdruck bei Urija, wie es um den Krieg steht. „Der Gegensatz des hebr. schalom-Begriffs ist daher nicht der Krieg (denn auch ein gut geführter Krieg ist schalom), sondern alles, was dem Wohlbefinden des einzelnen, und dem guten Verhältnis zwischen den Menschen... schaden kann".[18] Ein solcher umfassender Friede ist aber eine Gabe Gottes, Gottes Segen, den das Volk durch Untreue zum Bund zerstören kann. Unheil, Krieg, Exil sind die göttliche Straffolge. In der Endzeit wird der Friede durch den Messias endgültig wiederhergestellt, ein umfassender Friede zwischen Menschen und Gott, Menschen miteinander, auch zwischen Menschen und Tieren sowie in der ganzen Natur (Is 11, 6–9; 35,9; 65,25; Os 2,20). Das Neue Testament steht in dieser Tradition. In der Gestalt des Messias Jesus sehen die frühen Christen Frieden und Versöhnung von seiten Gottes als endgültig in unserer Geschichte angekommen.

Eine solche Friedensvorstellung enthält, wie man zurecht immer wieder notiert sieht, mehr als nur die Abwesenheit von Krieg. Die Ächtung und

---

16 Vgl. Art. pólemos, poleméo, ThWbNT VI, 1959, 501–516 (O. Bauernfeind); Art. Krieg, Bibel-Lexikon, 994 (A. van den Born); Art. milhamah, ThWbAT IV, 1984, 914–926 (H. D. Preuß); Art. Krieg, TRE 20, 1990, 11–55 (P. Gerlitz; J. A. Soggin; H. Hegermann; H.-H. Schrey); Art. Eirene, ThWbNT II, 1935, 398–418 (W. Foerster; G. von Rad); Art. Friede, Bibel-Lexikon, 495–497 (B. Hemelsoet); Art. Schalom, Theol. Hdwb. z. AT II (E. Jenni – C. Westermann [Hrsg.]), 1976, 919–935 (G. Gerleman); Art. Frieden, TRE 11, 1983, 599–646 (H. W. Gensichen; H. H. Schmid; W. Thiessen; G. Delling; W. Huber).

17 Vgl. Art. Frieden, TRE 11, 605; „Der alttestamentliche Friedensbegriff ist im allgemeinen viel umfassender und bezeichnet einen Zustand (in) der Welt, der als vorbehaltlos positiv bezeichnet werden kann. Er kann sich neben dem politisch-militärischen Bereich auch auf die Bereiche des Rechts, des Kultes, der Sozialordnung und sogar der Fruchtbarkeit beziehen. Nur da, wo innerhalb dieser Einzelbereiche und dann auch zwischen diesen verschiedenen Bereichen eine lebensermöglichende Geordnetheit besteht, kann von schalom , ‚Frieden', die Rede sein" (ibid.).

18 B. Hemelsoet, 496.

Abschaffung des Krieges und die Schaffung eines solchen Friedenszustandes sind dann auch keine parallelen Größen. Zwar hängt beides miteinander zusammen, schalom verträgt nicht die Anwesenheit von Krieg. Doch ist umgekehrt Krieg nur eines der Übel, das die schalom zerstört. Dieses Ungleichgewicht zwischen den Begriffen Krieg und Frieden und den Inhalten, die damit zu verbinden sind, hat Folgen für den ethischen Umgang mit dieser Problematik. Angesichts des umfassenden, paradiesisch–endzeitlichen Verständnisses dessen, was Frieden ist, wird Friedensethik sozusagen zu einem identischen Begriff für Ethik überhaupt, als Streben nach umfassender Gerechtigkeit in jeder Hinsicht. Aber dann stellt sich die Frage, ob ein solcher Friedensbegriff überhaupt als normative Richtschnur für unser Handeln dienen kann. Ist er nicht ein unerreichbares Ideal? Und kann er deshalb nicht zwar eine utopische Zielvorstellung, aber eben keine konkreten Regeln für unser Verhalten angeben? Außerdem: wenn ein solcher Frieden als endzeitliche Gabe Gottes vorgestellt wird – erweist er sich nicht dadurch als eigentlich nicht mehr moralisch erwirkbare und damit verbindliche Größe?

Wie wir wissen, hat sich die Christentumsgeschichte ja auch nicht besonders beeinflussen lassen durch eine solche am Frieden Gottes orientierte Vorstellung, die als Norm des eigenen Handelns gedient hätte. Möglicherweise hat gerade die gleichsam jenseitige Größendimension dieses Ideals dazu beigetragen, den Frieden zu verjenseitigen, zu spiritualisieren, und sich im übrigen der Ordnung des Tages zuzukehren, die sich mit einem viel kleineren Friedensideal zufriedengibt und daher dann eben auch mit der Möglichkeit des Krieges rechnen muß. Auf die Frage, welche moralische Bedeutung ein solches Friedensideal gleichwohl haben kann, kommen wir später noch eben zurück.

Zunächst wollen wir einiges zur biblischen Kriegsauffassung notieren. Hierbei müssen wir sofort eine irritierende Feststellung machen. Das große Ideal des Gottesfriedens behindert keineswegs die Anwesenheit kriegerischer Gewalt in der Hl. Schrift, und zwar nicht nur als etwas, das, wie Erfahrung immer wieder zeigt, durch Menschen erlitten wird, in das man sich schicken muß, und das man eventuell interpretiert als göttliches Strafgericht für begangene Sünden. Neben dieser Leidenserfahrung aus der Sicht des passiv Betroffenen finden wir auch in auffälligem Maße eine Deutung, die dem Krieg nicht nur Sinn abgewinnt, sondern diesen auch noch in einer religiösen Dimension zu verankern weiß. Es ist eben nicht nur so, daß, wie B. Häring schreibt, „in allen uns bekannten Kulturen des Altertums ... Friede in ausgezeichnetem Maße ein religiöser Begriff" ist,[19] auch der Krieg ist dies. Hierbei läßt sich zwar ein Gefälle vom Alten zum Neuen Testament hin feststellen, aber nicht so, daß die als „kriegsfreundlich" interpretierbaren Texte des AT im NT durch eine entsprechende Ablehnung des Krieges korrigiert worden wären. Dies hat möglicherweise Folgen für die weitere Friedensethik von Christen.

---

19 B. Häring, Frei in Christus III, Freiburg u.a. 1981, 429.

Das AT ist ein „gewaltträchtiges Buch" [20]. Zwar zeigen sich in den rund 320 Belegen von milhamah (Krieg) deutliche Schwerpunkte in den Büchern, wo Kriegsereignisse und der „Krieg als Mittel göttlicher Geschichtsgestaltung ... besonders thematisiert wird" (1+2 Sam; 1+2 Chr; 1+2 Kön; Jer; Ri; Dtn; Jos; Jes; Num). Auch wenn in einer Reihe anderer Bücher entsprechende Belege fehlen, „wirklich ‚unkriegerisch' sind innerhalb des AT eigentlich nur Ruth und HL."[21] Wir kennen Jes 2,4 (= Mi 4,3) beim Anbruch des ewigen Jahwe-Friedens: „Sie werden umschmieden ihre Schwerter zu Pflugscharen und ihre Speere zu Winzermessern. Nimmer wird Volk gegen Volk zum Schwerte greifen; üben wird man nicht mehr zum Krieg." Daneben findet sich aber auch (Joël 4,10) beim Gottesgericht über die Heiden der Aufruf zum Krieg: „Schmiedet eure Pflugscharen um zu Schwertern und eure Winzermesser zu Lanzen!" Und dies ist nicht die einzige Stelle, die Gott mit dem Aufruf zum Kriege zusammenbringt.

Es wimmelt im AT von Stellen, die Gott als gewalttätig und als Kriegsgott vorführen (wie übrigens ebenfalls die atl. Menschen): im AT sprechen mehr als 600 Stellen über Gewalt und Töten. Es finden sich mehr als 1000 Stellen, die Gott als gewalttätig darstellen, und an mehr als 100 Stellen gibt Gott den Befehl zum Töten von Menschen.[22] Nach der Zusammenfassung von H. D. Preuss ist das AT „mit seinem Reden von Kampf und Krieg... einer gemein-altorientalischen, ja gemein-antiken Kriegspraxis und Kriegsideologie verbunden und verpflichtet" (916). Das gilt namentlich auch bezüglich der religiösen Interpretation des Krieges. Israels Kriege sind in der Darstellung des AT eng mit JHWH verbunden. Dies gilt mit Namen für die Kriege bei der Landnahme und der Landsicherung. So ist es JHWH selbst, der Krieg führt, er ist Kriegsmann, Held im Streit, er kämpft als Gott Israels für Israel. Israel führt „Kriege JHWH's". JHWH rüstet sein Volk zum Krieg, er verleiht den Sieg, hilft im Krieg, ist selbst Heerführer.[23] Das AT enthält über diese Kriege ausgesprochen grausame Berichte. Vor allem was die Ausführung des Kriegsbanns betrifft.[24] Die Idee des Gotteskrieges und darin das definitiv-geschichtsmächtige Wirken Gottes wird durchgezogen bis in die prophetische Vision eines großen endzeitlichen Krieges (Apokalyptik). Krieg im AT ist darum eng mit dem Reli-

---

20 M. Vervenne („een ‚geweldig' boek") in: „Smeed uw ploegscharen om tot zwaarden!" (Joël 4,10). Verkenningen rond geweld en oorlog in het Oude Testament, in: R. Burggraeve & J. de Tavernier (eds.), Strijden op de weg van JHWH, God, Allah!? De ‘heilige Oorlog' in het Oude Testament, westers christendom en islam, Leuven u. a. 1989, 23–68, hier 28.

21 H. D. Preuss, a.a.O., 916.

22 M. Vervenne, a.a.O., 29–32.

23 Stellen bei H. D. Preuss, a.a.O.

24 Art. Bann, Bibel-Lexikon 1968, 164–165 (C. Brekelmans); vgl. z. B. Dtn 13,16: „Aus den Städten, die dir Jahwe, dein Gott als Erbbesitz geben will, sollst du keine Seele am Leben lassen, denn an ihnen mußt du den Bann unbedingt vollstrecken." Vgl. Jos 6,21: „Sie vollzogen den Bann an allem, was in der Stadt war, an Mann und Weib, jung und alt, bis zu Ochs und Schaf und Esel, mit der Schärfe des Schwertes."

giösen verbunden, die Ausrottungskriege im Namen Jahwes sind, auch wenn dieser Name dort nicht vorkommt, „heiliger Krieg"[25].

Nun wird darauf verwiesen, daß jene heiligen Kriege, wie sie vor allem in Numeri und Richter beschrieben sind und die angeblich der Ausrottung ganzer Völker im Namen Gottes dienten, „höchstwahrscheilich nie stattgefunden haben"[26]. Sie gehören in die Theorie des JHWH-Krieges, wie sie im deuteronomistischen Schrifttum entwickelt wurde[27]. „JHWH wurde als aktiv, als lebendig und geschichtsmächtig geglaubt und dazu gehörte bzw. daraus folgte auch die Zuordnung von JHWH und Krieg"[28]. Die Darstellung im chronistischen Geschichtswerk wäre damit Auswirkung einer eigenen „Kriegsideologie"[29], Rückdatierung der Ideen des Deuteronomisten in jene Erzählungen[30], die aber als solche nicht stattgefunden hätten. Nun ist zwar die Frage nach der historischen Wirklichkeit nicht unwichtig, für die Frage der Wirkungsgeschichte der Hl. Schrift ist aber in erster Linie eine solche religiös-ideologische Interpretation wichtig und auch geschichtswirksam gewesen. Jüdisches, vor allem aber christliches Denken über Krieg und Frieden entwickelt sich vor dem Hintergrund derartiger grausamer und kriegerischer Erzählungen mit religiöser Motivation. Diese Erzählungen bleiben bestehen, auch wenn sich zeigen sollte, daß eine solche Interpretation des Krieges durchaus nicht unbedingt identisch ist mit einer Hochschätzung des Krieges in jeder Hinsicht.[31] Auch, wenn sich vor allem in nachexilischen Texten die eschatologische Vorstellung eines definitiven Endes der Kriege und einer allgemeinen Friedensordnung entwickelt, bleibt wie in einer unterirdischen Ader kriegerisches Denken anwesend. Hierzu H. D. Preuß[32]: „Die Vorstellung von einem Völkerfrieden ist weder etwas primär oder gar nur Israelitisches, noch hat sich diese Hoffnung innerhalb des AT als beherrschende allein durchsetzen können, wie das Danielbuch und andere Texte der frühjüdischen Apokalyptik zeigen." Die Idee des heiligen Krieges findet sich ja nicht nur rückwärts projiziert in der deuteronomistischen Bearbeitung erzählender Schriften, worin sie „auf das überlieferte Bild von der Landnahme die Farbe des heiligen Krieges aufgetragen"[33] hat; ebenso wird sie in der Apokalyptik virulent in einem letzten großen heiligen Krieg, der zur Vernichtung der Feinde Israels führen wird.

25 O. Bauernfeind, a.a.O., 507; kritisch zum Begriff 'heiliger Krieg': M. Vervenne, a.a.O., 54.
26 B. Häring, a.a.O., 443.
27 H. D. Preuß, a.a.O., 921.
28 H. D. Preuß, ibid.
29 H. D. Preuß, a.a.O., 918.
30 B. Häring, a.a.O., 443.
31 „Israel war JHWH's Volk und JHWH's Gemeinde – dies war die Voraussetzung der politisch-kriegerischen Theologie des Alten Testaments. Krieg wird damit aber noch lange nicht ethisch hochgeschätzt, sondern auch (David; Königtum) als Instrument menschlicher Machtpolitik entlarvt. Er wird nicht glorifiziert, aber auch nicht verharmlost" (H. D. Preuß, a.a.O., 922).
32 A.a.O., 923.
33 O. Bauernfeind, a.a.O., 508.

Es fragt sich, was dieser Geschichtsbefund für die Zukunft der Friedensethik bedeutet hat. Im Hinblick hierauf scheint es mir wichtig festzuhalten[34], daß das religiöse Verständnis des Kriegsphänomens überhaupt im Alten Testament nicht grundsätzlich problematisert wurde, außer vielleicht durch Überzeugungen zur menschlichen Schuld, der fremden wie der eigenen als Hintergrund. Überhaupt bestand in der allgemeinen Grundhaltung zum Kriege kein wesentlicher Unterschied zwischen außerbiblischer und biblischer Welt. Gehen wir vom AT zum NT über, so ist dort im Grunde von der alttestamentlichen Kriegsthematik im wesentlichen nur das apokalyptische Bild des endzeitlichen Kampfes übriggeblieben.[35] Eine Problematik des „heiligen" Krieges oder des „normalen" Krieges wird nicht erörtert. Zur Beurteilung des Krieges können Christen sich daher denn auch nicht auf eine direkte Weisung des NT berufen. Umgekehrt äußert sich das NT auch nicht zur später dann sich aufdrängenden Frage des Militärdienstes oder der Kriegsdienstverweigerung von Christen. Daß insgesamt das NT einen friedlichen und friedliebenden Geist atmet, wird man kaum bestreiten können. Wie sich dieser Geist aber, kernartig und programmatisch zusammengefaßt in den Aufforderungen der Bergpredigt zur NichtGewalt und zur Friedfertigkeit, ins politische Leben übersetzen müßte, darüber sagt das NT nichts. Wir stoßen hier auf ein Problem, das auch für andere sozial-ethische Fragen gilt: anders als die Aussagen im AT, die jeweils auch eine sozial-politische Dimension haben, sind viele Aussagen des NT in dieser Hinsicht nicht sehr ertragreich.

Die frühen Christen befinden sich nicht in der Situation, eine staatlich-politische Ordnung mitgestalten zu müssen. Damit entsteht eine grundsätzliche Frage, wie sie in späterer Zeit, wo diese Aufgabe auf sie zukommt, das Evangelium übersetzen müssen in sozial- und politisch-ethische Vorstellungen. Inwieweit können sie hierbei auf atl. Ideen zurückgreifen, da ja die Bibel der Christen das – für sie dann – Alte und Neue Testament umfaßt, inwiefern schließen sie hierbei an bei Überzeugungen der eigenen jeweiligen kulturellen Umgebung? E. Nagel merkt hierzu an: „In der biblischen Tradition werden (staats)politische Fragen behandelt, wenn entweder das Volk Gottes maßgeblich Politik gestaltet (Königszeit) oder von ihr im Glaubensvollzug betroffen ist (Makkabäer). Beides war zur Zeit Jesu nicht gegeben: In Palästina herrschten die Römer; dem zelotischen Bekenntniswiderstand gegen Rom schloß sich Jesus nicht an. Sein Ethos richtete sich zunächst auf das Zusammenleben der Jünger, der neuen Sammlung neuer Menschen zu einem neuen Volk Gottes als Kern universaler Mission."[36]

Zum Umgang der Christen mit der Kriegs-Friedensthematik, nachdem sie eine politische Verantwortung mit übernehmen mußten, wenigstens kurz noch einige Hinweise über die eingeschlagene Richtung:

---

34 Vgl. O. Bauernfeind, a.a.O., 509f.
35 O. Bauernfeind, a.a.O., 513.
36 Art. Krieg, Staatslexikon, 7. Aufl., III, 1987, 703–719 (E. Nagel), hier 714.

Die Aufgabe, die sich den Christen auf die Dauer stellte, war die Frage, ob man und wie man mit dem NT „Staat machen" könne. In diesem Kontext bildete neben der allgemeinen Einstellung zur Welt des Politischen die Frage des Krieges ein schwieriges Problem. Die Aufgabe, die sie hier zu bewältigen hatten, war angesichts des Schweigens des NT zu dieser Frage direkt nicht einfach. Dies gilt umso mehr, wenn, was dem Sachverhalt ja auch wohl besser entspricht, den Hintergrund für eine christliche Antwort nicht allein das NT, sondern das Gesamt von AT und NT, das ja die Bibel der frühen Christen bildete, genommen wird. Nimmt man das Gesamt der Schrift, so zeigt sich einerseits zwar eine Linie hin zu Friedfertigkeit und Friedenschaffen, andererseits wird aber weder das Phänomen der heiligen Kriege problematisiert noch das Kriegsproblem überhaupt prinzipiell zur Sprache gebracht. Die Spannungslinie in der Hl. Schrift beschreibt B. Häring[37] wie folgt: „In der Geschichte Israels und auch in den Schriften des Alten Testaments ist wohl das Bedeutsamste für unsere Frage ein tiefgehender Konflikt zwischen der Geistesart der Kriegerstämme, die sich auf Mose beriefen und der großen Linie der Friedenspropheten. Auf der einen Seite finden wir die Kapitel über „heilige Kriege" mit Geschichten über grausame Vernichtung von Feindvölkern, auf der andern Seite eine aufsteigende Linie der Offenbarung, die zu einem wachsenden Bewußtsein führt, daß die Spirale der Kriege, des Tötens und des Hasses ein erschreckendes Zeichen der menschlichen Sündhaftigkeit ist... Die von Gott gesandten und beglaubigten Propheten wecken ein großes Verlangen nach Frieden und Friedfertigkeit und der unzertrennlich damit verbundenen Gerechtigkeit. ‚Das Werk der Gerechtigkeit wird der Friede sein, der Ertrag der Gerechtigkeit sind Ruhe und Sicherheit für immer' (Jes 32,17). Es wird immer deutlicher, daß Gottes Heilsplan ein Friedensplan ist." Aber selbst „in den Evangelien zeigt sich noch die das Alte Testament kennzeichnende Spannung zwischen Kriegertradition und prophetischer Friedensoffenbarung. Jesus war sozusagen umlauert von der Versuchung einer nationalistisch verfälschten Messiaserwartung". Demgegenüber offenbart sich Jesus als der Friedensfürst. „Die Grundverfassung des von ihm verkündeten Gottesreiches weist auf Sanftmut und Friedfertigkeit". Und die Jünger Jesu weisen sich durch Feindesliebe und Friedfertigkeit aus. Die Fragen von Gewalt und Krieg lesen sich für die frühen Christen zunächst eben doch im Prisma dieser Friedensbotschaft des NT und in der zugespitzten Form, in der die Bergpredigt zu Gewalt und Töten ablehnend Stellung nimmt. Folgerungen für die jungen Christen sind etwa „Ablehnung spätantiker Praktiken wie Töten bei den Gladiatorenspielen, Kindestötung, Menschenopfer"[38] sowie ein höchst zurückhaltendes Verhältnis zum Soldatendienst von Christen. Während diese Frage in der Schrift (wegen mangelnder Gelegenheit?) nicht thematisiert wird[39], bildet sie für die folgenden Generationen der Christen ein großes Problem. Hierbei mag man dahingestellt lassen, wieviel diese Proble-

---

37 A.a.O., 436f.
38 E. Nagel, a.a.O., 714.
39 Vgl. O. Bauernfeind, a.a.O., 514f.

matik zu tun hat mit der Verknüpfung von Soldatendienst mit Götzenopfern und Kaiserkult oder mit der Frage von Gewalt und Töten. Jedenfalls führt dies dazu, daß „die frühe Kirche bis zur Zeit Konstantins pazifistisch war"[40]. Mit der wachsenden Einbindung der Christen in die Staatsverantwortung verändert sich die Fragestellung. „Während des ersten Jahrhunderts der nachkonstantinischen Ära begannen die Kirchenväter allmählich, sich mit Theorien vom ‚gerechten Krieg‘ zu befreunden"[41]. Bezüglich ihres Umgangs mit der Kriegsproblematik schließt sich B. Häring dem Urteil R. Baintons für die Zeit nach Konstantin dem Großen an: „die christliche Kriegsethik war nicht spezifisch christlich, sondern entweder hebräisch oder griechisch mit einigen christlichen Anpassungen"[42].

Die Theorie des „gerechten Krieges" hat einen schlechten Namen. Dies mag damit zusammenhängen, daß der Ausdruck „gerechter Krieg" nicht genügend sehen läßt, daß es hierbei eigentlich um die Rechtfertigung eines großen Übels, d. h. um die Festlegung von Grenzen, und nicht um eine Erlaubnis geht[43].

„Das ausgesprochene Ziel der Theorie vom ‚gerechten Krieg‘ bei allen großen Theologen (war) eindeutig die Einschränkung des Krieges"[44]. Dem gleichen Ziel diente auch die Frage nach der Gerechtigkeit, dem gerechten Verhalten während der Kriegsführung selbst (ius in bello). Totale Vernichtungskriege, Angriffe auf die Zivilbevölkerung, Bombardements offener Städte sind nicht rechtfertigbar[45].

An sich verdient die Theorie vom „gerechten Krieg" Beachtung und Achtung. Versucht sie doch, die irrationalen Gründe der Kriegführung zwischen Menschen in ethische Rationalität zu transformieren und damit einzudämmen und mehr regulierbar zu machen. Als solche ist sie nicht nur eine Kritik an der reinen Macht als Rechtfertigung des Kriegs, sondern auch eine Kritik am Phänomen des heiligen Krieges. Freilich hat die Theorie sich auf die Dauer als relativ ohnmächtig erwiesen. Nicht allein Kriege, die aus reinem Machtinteresse geführt wurden, hat sie nicht verhindern können (immer wurde der eigene Krieg als gerecht(fertigt)er Krieg dargestellt); sie konnte auch selbst in Dienst genommen werden für die Führung „heiliger" Kriege.

Es ist vor diesem Hintergrund und im übrigen aufgrund der Einsichten in die Schrecken der modernen Kriegsführung, daß sich mit dem Zweiten Vati-

---

40 So B. Häring, a.a.O., 437, sich dem Urteil R. Bainton's anschließend.
41 B. Häring, a.a.O., 438.
42 A.a.O., 436.
43 Dies ist der Sinn der Bedingungen für den „gerechten Krieg": rechtfertigender Grund (causa iusta), rechte Absicht (intentio recta), Legitimität (auctoritas principis); ferner die Angemessenheit der Mittel und die Beachtung des „ius in bello". Vgl. Thomas von Aquin, STh II-II 40,1; Art. Krieg, in: Lexikon der christlichen Moral, Innsbruck usw. 1976, 919–941 (K. Hörmann); E. Nagel, a.a.O., 715ff.; B. Häring, a.a.O., 439ff. Zu Thomas von Aquin vgl. die gründliche Studie von G. Beestermöller, Thomas von Aquin und der gerechte Krieg. Friedensethik im theologischen Kontext der Summa Theologiae, Köln 1990.
44 A.a.O. 441.
45 B. Häring, a.a.O., 441–443.

kanischen Konzil die Haltung der katholischen Moral und des kirchlichen Lehramtes zur Frage des „gerechten Krieges" wesentlich modifiziert hat.[46]

3. Die Hl. Schrift als Norm (norma normans): was will das sagen?

Gegen Ende seines Artikels polemos (Krieg) konstatiert O. Bauernfeind: „Die Frage nach dem Militärdienst bzw. der Wehrdienstverweigerung des Christen wird im NT nicht gestellt, sie kann von dorther demnach auch nicht unmittelbar – und vollends nicht allein aufgrund der polemos-Aussagen – beantwortet werden; daß sie anderseits nicht unter Ignorierung des NT beantwortet werden darf, ist allgemein zugestanden. Es besteht jedoch kein einheitliches Urteil darüber, was die im NT mittelbar enthaltenen Richtlinien praktisch fordern."[47]

Wie kann die Schrift uns zu einer Frage etwas sagen, die sie gar nicht stellt, z. B. zur Kriegsdienstverweigerung? Wie mit der Schrift umgehen, wenn sich zwischen atl. und ntl. Aussagen deutliche Differenzen zeigen, entweder in den Aussagen selbst oder bei Abwesenheit von Aussagen beim einen oder andern Schriftteil (z. B. zur Einschätzung des Krieges allgemein, zur Einschätzung des hl. Krieges)? Wie umgehen mit Aussagen der Schrift, die nicht direkt auf ein Problem bezogen sind, wohl aber Verwandtes thematisieren (z. B. die Frage der Gewaltanwendung allgemein), oder die anscheinend zwar nicht direkt, so doch mittelbar zu einer Frage etwas sagen? Wann sind solche in der Schrift „mittelbar enthaltenen Richtlinien" konkret relevant? Wie schließlich umgehen mit wohl in der Schrift vorfindlichen, anscheinend einschlägigen Aussagen? Sind sie als allzeit geltende, kontextlose Weisungen zu verstehen? All diese Fragen stellen sich in einer Theologie, die wie die reformatorische, bewußt und möglichst direkt schriftbezogen sein will, natürlich in viel schärferer Weise als in den mit ihrer Naturrechtsethik viel abständlicher mit der Schrift operierenden Hauptströmungen der katholischen Moraltradition. Ob die Lösungen zu bestimmten Fragen darum wesentlich anders aussehen, ist noch die Frage; gerade die Kriegs- und Friedensethik läßt daran zweifeln. Die Notwendigkeit des Schriftbeweises[48] führt wohl zu – jedenfalls für katholische Ohren – manchmal merkwürdigen Argumentationsansätzen: so wenn gegenüber der Ablehnung einer Berechtigung eines Verteidigungskrieges gefragt wer-

---

46 Vgl. E. Nagel, a.a.O., 416ff.
47 A.a.O., 515, Anm. 95. Es folgt dann die Aufzählung einer Reihe gängiger Gesichtspunkte aus der reformatorischen Diskussion, die für und gegen die Möglichkeit von Krieg und Kriegsdienst geltend gemacht werden; z. B. Krieg als „Nothilfe am Nächsten", die Unterscheidung zwischen „unberechtigten Angriffskriegen und berechtigten Verteidigungskriegen". Diese kurze Skizze deutet für den kundigen Leser praktisch alle Probleme an, die sich bei der Frage nach der Hl. Schrift als Norm für unser Handeln stellen.
48 Vgl. Art. Schriftbeweis, LThK 9, 484–487, insbes. 486f. (K. Rahner). Die Typisierung der Schrift als norma normans non normata bietet allererst allein einen hochspekulativen Rahmen. Die konkreten Fragen der Normativität der Schrift finden von hier kaum eine Antwort.

den kann, „ob der Christ das Kriegsgeschehen nicht dennoch als eine von Gott einst gestiftete und durch das NT nirgends geradezu aufgehobene Notmaßnahme gehorsam hinzunehmen und die Verantwortung für kriegerische Maßnahmen vertrauensvoll dem Staat zu überlassen hat"[49]. In einer solchen Argumentation verquicken sich auf merkwürdige Weise einerseits ein starker Bibelpositivismus (u.a. die Bedeutung der gottgewollten staatlichen Ordnung) mit kaum übersehbaren Vor-Überzeugungen und nicht durchschauten, allein im Kontextbezug verständlichen gesellschaftlich – kulturellen Selbstverständlichkeiten, so daß die Schrift schließlich doch sagt, was wir von der Schrift erwarten. Wie sich im weiteren zeigt, verstehe ich dies nicht als Vorwurf. Ein solcher interpretativer Umgang mit der Schrift, in dem sich der Leitfadencharakter unserer Vor-Überzeugungen bei der Schriftauslegung in so deutlicher Weise selbst manifestiert, bedeutet ja noch keineswegs, daß die Schrift nicht umgekehrt gleichwohl auf unsere Vor-Überzeugungen beeinflussend und selbst normierend zurückwirkt. Es ist auch keineswegs ausgemacht, ob eine positivistische, oder gar fundamentalistisch-wörtliche Lektüre wirklich der Normativität der Schrift selbst mehr Raum gibt. Ich wage die, zunächst paradox klingende, Gegenthese zu vertreten: Je größer der Schriftpositivismus, umso weniger schriftgemäß, das heißt um so ich-bezogener und subjektiver die Interpretation. Vermutlich ist die Schrift, wenn wir sie vom Standpunkt einer eigenen festen Überzeugung, aber dann respektvoll, lesen, von nachdrücklicherem moralischen Einfluß, als wenn wir angeblich allein sie zu Wort kommen lassen: wir hören dann doch, was wir schon erwarten, also unsere eigene Selektion. Wie muß man also die Normativität der Schrift verstehen?

Die bisherigen Ausführungen lassen uns sehen, daß eine tragfähige Friedensethik weder – ohne eine gründliche Hermeneutik – rein aus der Hl. Schrift, noch, oder schon gar nicht, aus der Positivität der Christentumsgeschichte gewonnen werden kann. Gerade auch die Verquickung der „christlichen" Praxis, aber auch Theoriebildung bezüglich der Kriegswirklichkeit mit einer bestimmten Schriftauslegung haben uns zurückverwiesen auf die Auslegungsproblematik als Grundvoraussetzung einer normativen Rolle der Hl. Schrift.

Wie also mit der Schrift als Norm umgehen? Bei dieser Hermeneutik geht es **einmal** um ein angemessenes Verständnis des **Gesamtduktus der Hl. Schrift**; das will zweierlei sagen: einmal ein Zur-Kenntnis-Nehmen der **gesamten** Hl. Schrift mit den verschiedenen, auch widersprüchlichen Aussagen zu unserm Problem; sowie eine Einschätzung der **Richtung der innerbiblischen Entwicklungen** in der Frage der Kriegs-und Friedensethik, falls es eine solche gibt. B. Häring ist davon überzeugt: „Es bedarf", so bemerkt er bezüglich der Stellung des NT zum „gerechten Krieg", „auch in dieser Frage einer sorgfältig überprüften hermeneutischen Methode im Gebrauch der Bibel. Dann ergeben sich klare Perspektiven, eine höchst bedeutsame Sichtweise und

---

49   O. Bauernfeind, a.a.O., 515 mit Verweisung auf Künneth.

auch ganz grundsätzliche Prinzipien."[50] Von einer reinigenden Besinnung auf die Grundlagen einer Friedensethik in der Hl. Schrift dürften sich in der Tat solche Perspektiven und grundsätzlichen Prinzipien ergeben. Die Frage ist natürlich deren Übersetzung in konkrete Richtlinien, namentlich auch in konkrete **politisch**-ethische Vorstellungen, die zwar den Horizont des atl., aber nicht den des ntl. Sprechens über Krieg und Frieden (mit-)bestimmen. Andererseits hat aber gerade das AT mit als Anlaß gedient dafür, daß die christliche Friedensethik bis in die jüngste Geschichte hinein eher eine christliche Kriegsethik geblieben ist.

Hier gewinnt nun – neben einem angemessenen Schriftverständnis, das vor allem also auch die Beziehung des AT zum NT ohne „christliche" Einäugigkeit zu besehen hat – ein **anderes Moment** im hermeneutischen Prozeß seine Bedeutung: die Konfrontation mit unsern eigenen Erfahrungen, Einsichten, unserem eigenen Weltverständnis, unserer eigenen Wahrheitserfassung. Eine solche Konfrontation erfolgt bei jeder Textauslegung, sie gilt aber in besonderer Weise bei der ethischen, auch der theologisch-ethischen Frage, was denn nun ein Text uns normativ für unser Handeln wohl zu sagen habe. Hierzu schreibt F. Böckle in einem Beitrag über „Moraltheologie und Exegese heute"[51]: **Moraltheologie läßt sich nicht auf exegetische Aussagen über Moral reduzieren**... denn die evangelische Botschaft bedeutet nicht eine retrospektiv biblische Verkündigung, sondern eine auf das Leben hin. dynamisch orientierte Verkündigung biblischer Aussagen in je neue Zeiten und je neue Gegebenheiten hinein... Sie kann deshalb exegetische Aussagen, die die Moral betreffen, nicht einfach rezitativ wiedergeben, sondern sie muß sie in Form einer argumentativen Theorie sinngemäß einsichtig und anwendbar machen... Ethik trägt die aus dem Selbstvollzug der Welt heraus sie beanspruchenden Fragen heran an die Exegese."

Was hierbei geschieht, ist nicht ein Frage- und Antwort-Spiel im Einbahnstraßen-Verkehr, aktuelles menschliches Fragen auf der Suche nach immer schon gegebener göttlicher Antwort. Neben dem Fragen ist es auch das Herantragen von eigener Erfahrung, Einsicht, Wissen, Wahrheitsüberzeugung, Wirklichkeit an die Hl. Schrift, an die in ihr festgehaltene gläubige Interpretation eben solcher Erfahrungen und Überzeugungen früherer, gläubiger Menschen, wovon wir glauben, daß darin Gotteserfahrung offenbar wird. Weil es aber jeweils Gotteserfahrung in Menschenerfahrung ist, ist sie zugleich auch zeitlich situiert und gebunden, fordert zu stets neuer und eigener Synthese heraus.

Was hier allgemein gesagt ist, gilt es im Hinblick auf ethische Fragestellungen noch etwas zuzuspitzen. Nicht allein hat Moraltheologie es mit immer neuen Fragen in immer neuen Situationen und Kontexten zu tun, die auch stets um neue ethische Antworten fragen. Darüber hinaus ist es die Auffassung der

---

50 A.a.O., 436.
51 In: K. Kertelge (Hrsg.), Ethik im Neuen Testament, Freiburg u.a. 1984, 197–210, hier 199f. (Unterstr. dort).

traditionellen katholischen Moraltheologie (Naturrechtsethik) gewesen, daß Menschen zur Erkenntnis von gut und böse, zur moralischen Wahrheits-Erkenntnis – natürlich ist das nie ohne Gottes gnädige Hilfe gedacht gewesen – selbst im Stande sind. Dadurch ist gläubige Lektüre der Hl. Schrift moralisch gesehen immer auch schon Lektüre im Lichte eigener moralischer Wahrheitser-fahrung. Diese Sicht ist auch die Auffassung der neueren Moraltheologie, die unter Namen wie „autonome Moral" u. ä.[52] figuriert und die mit dem Wort „autonom" zum Ausdruck bringen will, daß Moral ihre eigene Durchsichtigkeit hat und als solche prinzipiell für alle Menschen zugänglich ist. Moral hat eine Erfahrungsdimension, sie ist allgemein menschlicher Erfahrung und Erkennt-nis zugänglich und unterstellt für ihre Wahrheit nicht spezifisch christliche Glaubensvoraussetzungen. Das bedeutet aber: wir lesen nicht allein unsere Erfahrungen im Lichte der biblischen Wahrheit, sondern auch die Schrift im Lichte von Wahrheit, die wir je schon mitbringen. Dies zusammengenommen, das Zeugnis der Hl. Schrift und in ihrer Verlängerung die weitere Christen-tumsgeschichte als geschichtlicher Prozeß von Wahrheitsentbergung, die Geschichtsgebundenheit moralischer Wahrheitseinsicht und die grundsätzliche Wahrheitsfähigkeit menschlicher Moralerfahrung und -einsicht bringen uns zu der Folgerung, daß nicht allein der Schrift für die Auslegung der Moral, son-dern der Moral für die Auslegung der Schrift unabdingbare Bedeutung zukommt.

Christliche Friedensethik ist nicht ohne unsere eigenen moralischen Einsichten denkbar, Einsichten, die nicht notwendig einfach der Glaubenstradi-tion entspringen, sondern sich ebensogut einer „gewöhnlichen" menschlichen Erfahrung verdanken können (und im Lichte der Einsichten einer autonomen Moraltheorie dies selbst auch müssen). „Sollen ... Maßstäbe einer christlichen Friedensethik für heutiges Bewußtsein Geltung gewinnen", so merkt W. Korff zu Recht an, „so können sie nicht aus dem bisherigen Gang der Christentums-geschichte abgelesen, sondern müssen aus dem Grundduktus des Evangeliums selbst im Anspruch eines neuen, mutigen, argumentativen und korrekturoffe-nen Wahrheitsverständnisses erschlossen werden"[53].

4. „Säkularisierung" von Krieg und Frieden als Voraussetzung einer tragfähigen Friedensethik

Welches sind solche Einsichten über Krieg und Frieden, in deren Licht wir die eigene Tradition bis hin in ihre Grundlagen in der Schrift einer Relektüre unterziehen müssen, um so umgekehrt die Wahrheit der biblischen Botschaft

---

52 Vgl. hierzu: K.-W. Merks, Autonomie, in: J.-P .Wils – D. Mieth (Hrsg.), Grundbegriffe der christlichen Ethik, Paderborn u.a. 1992, 254–281.

53 W. Korff, Bedingungen und Chancen für eine universelle Friedensordnung, in: W. Korff, Wie kann der Mensch glücken? Perspektiven der Ethik, München u. a. 1985, 321–359, hier 333f.

selbst heutigentags zum Leuchten zu bringen? Einige Gesichtspunkte will ich abschließend kurz zur Sprache bringen. Ich habe hierfür den Titel gewählt: „Säkularisierung" von Krieg und Frieden als Voraussetzung einer tragfähigen Friedensethik. Es geht hierbei um Einsichten, die sich in gewisser Weise gegen eine traditionelle Kriegs-/Friedensethik absetzen – insofern diese durch bestimmte religiöse Konnotationen bestimmt ist (Entsakralisierung als eine erste Phase der Säkularisierung). Hierdurch werden wir befreit, Fragen nach einer **sach**gemäßen Analyse der Problematik von Krieg und Frieden zu stellen und darauf bezogene Lösungsvorschläge zu entwickeln (Wertung der Dinge in ihrer Eigengesetzlichkeit und Entwicklung darauf bezogener moralischer Lösungen als eine zweite Phase von Säkularisierung). Schließlich können wir von hierher dann versuchen, die eigentlichen, bleibend gültigen Perspektiven und Prinzipien der biblischen Botschaft aufs neue zu bestimmen (eine neue Verhältnisbestimmung zwischen Erfahrungswirklichkeit und gläubiger Sinndeutung als dritte Phase der Säkularisierung). Es versteht sich, daß „Säkularisierung" für Christen nicht **vor** dieser dritten Phase stehenbleiben kann. Ich spreche hier im übrigen bewußt von Phasen von **Säkularisierung** als Grundlage einer tragfähigen Friedensethik, und zwar aus zwei Gründen: einmal als Ehrebezeugung für den Beitrag religionskritischen Denkens für die Ermöglichung neuer Leuchtkraft des Glaubens selbst; in diesem Sinne ist die Säkularisierung des Denkens über Krieg (und Frieden) ein religiöses Anliegen. Zum andern ist es meine Überzeugung, daß wir in unserer vielförmigen Weltkultur mit ihren verschiedenen religiösen Überzeugungen eine tragfähige Friedensethik nur auf der Basis von Säkularität mit ihren verschiedenen hier angedeuteten Phasen als gemeinsamer Basis aufbauen können: auf einer Basis, die in relativer Unabhängigkeit (Autonomie) von den verschiedenen (a)religiösen Überzeugungen als Fundament eines gemeinsamen Weltethos[54] dienen kann. Zunächst gilt es also, die Kriegs-und Friedensthematik aus (verkehrten) religiösen Konnotationen zu befreien.

a) Die kritische Befreiung aus (pseudo-)religiösen Vorstellungen

Schicksal, göttliche Strafe, göttlicher Segen

Nicht nur der Friede, sondern auch der Krieg sind seit alters religiös durchsetzte Begriffe, entweder Ausdruck eines letztlich blind zuschlagenden, jedenfalls für rationale Deutung weiter nicht faßbaren Geschehens; oder es sind Ereignisse, bei denen die Götter selbst engagiert sind. Dies ist bei dem Gott Israels nicht anders. Hierbei geht es nicht um die Vorstellung, daß nichts was geschieht,

---

54 Dies gilt nicht nur für die verschiedenen Religionen untereinander (vgl. H. Küng, Projekt Weltethos, München u. a. 1990), sondern auch für die verschiedenen kulturellen Gestalten des Christentums selbst (vgl. K.-W. Merks, Spezifisch christlich im Plural, in: G. W. Hunold – W. Korff (Hrsg.), Die Welt für morgen. Ethische Herausforderungen im Anspruch der Zukunft, München 1986, 367–378).

außerhalb des (zumindest zulassenden) Willens Gottes geschieht, sondern um das aktive Engagement Gottes selbst. Natürlich wird dieses Engagement anders gedeutet in der Erfahrung des Opfers als in der Erfahrung des Siegers, im ersten Falle legt sich die Idee der göttlichen Mißgunst, im andern die der göttlichen Gunst nahe. Beide Ideen durchziehen die menschliche Geschichte bis auf den heutigen Tag, in der Überzeugung eines göttlichen Strafgerichtes einerseits, einer göttlichen Erwählung anderseits. In all diesen Fällen wird Gott zum eigentlichen Akteur, Menschen sind letztlich Objekte, Instrument göttlichen Handelns. Ihre eigene Verantwortung für das Geschehen von Krieg und Frieden ist zumindest marginalisiert. Offenbar gehen Bewußtwerdung der eigenen menschlichen Verantwortlichkeit und Entsakralisierung hier Hand in Hand. Die Erfahrung der eigenen Verantwortung, so W. Korff, „bedeutet das die Geschichte der Menschheit durchziehende Wechselspiel von Krieg und Frieden nicht mehr länger als unausweichliches Schicksal nach Art von Naturereignissen hinzunehmen, und erst recht nicht die Notwendigkeit von Kriegen als Reaktion des Zornes Gottes auf menschliche Bosheit, als göttliches Strafgericht zu deuten. Jedenfalls nicht so, daß sie dem Menschen den Schein des Rechtes zu geben vermöchte, im Namen Gottes Kriege zu führen und sich damit, wie dies die ältere theologische Lehre vom „gerechten Krieg" nahelegt, als Vollzugsorgan seiner Strafgerechtigkeit zu verstehen... Kriege lassen sich weder kosmologisch rechtfertigen, noch theologisch erklären. Sie bleiben zu überwindende Übel."[55]

„Heiliger" Krieg

Bei der Idee des Heiligen Krieges sind wir geneigt, unmittelbar an den islamischen Jihad zu denken. Doch kennt ebenso der Glaube Israels, wie das Christentum, wie selbst der Atheismus seine heiligen Kriege.[56] Für B. Häring[57] stellt sich die Sache so dar, daß die Christen Gottes Friedenswillen, in Jesus Christus geoffenbart, nicht gehindert hat, auf die atl. Geschichten von den heiligen Kriegen zurückzugreifen (die man nicht als retrospektives Ideal des Deuteronomisten verstanden, sondern für bare Münze genommen habe), um ihre eigenen Kriege damit zu legitimieren. Wie sich dies aber mit dem Gesamtduktus der Hl. Schrift verträgt, scheint mit schwer erklärbar. Die Gutgläubigkeit der Christen, wenn sie denn hier wirklich vorhanden war, verdient aus unserer Sicht nur den Namen Verblendung. Der Kampf gegen Ketzer seit Augustinus' Anti-Donatismus, Kreuzzüge, Religionskriege der Reformationszeit, Eroberung Amerikas[58], die modernen ideologisch motivierten Kriege sind im besten Falle, in Analogie zu Härings Charakterisierung der Kreuzzugstimmung, eine „seltsame Mischung aus barbarischer Lust am Kampf und

---

55 A.a.O., 323.
56 Vgl. R. Burggraeve & J. De Tavernier (eds.), Strijden op de weg van Jahwe, God, Allah!? De ‚heilige oorlog' in het Oude Testament, westers christendom en islam, Leuven u. a. 1989.
57 A.a.O., 443ff.
58 Vgl. M. Delgado, Gott in Lateinamerika, Düsseldorf 1991, 13ff. („Vom Gott Josuas zum Gott Jesu").

einem unerleuchteten Eifer für heilige Stätten" und, könnten wir hinzufügen, für heilige Ideen. Das Bewußtsein des Wahrheitsbesitzes und der eigenen Erwählung macht blind für die damit einhergehenden, sich dahinter verbergenden Motive von Mordlust, Habgier und Machtsucht. Und so wird dann die Überzeugung von der eigenen Wahrheit und ihre Verbreitung mit Waffengewalt allzuleicht ein Alibi für das Streben nach Macht. Doch nicht allein diese Verbrämung anderer Motive durch das Wahrheitsargument, auch die intendierte Durchsetzung der Wahrheit selbst mit den Mitteln der Macht ist dem Wesen der Wahrheit zuinnerst zuwider. Wahrheit kann nur frei angenommen werden, Wahrheit und Freiheit sind wechselseitige Begriffe, erst recht gilt dies für den Bereich der religiösen Wahrheit, des Glaubens.

Die Wahrheitsfrage aus dem Frieden „herausdefinieren"

Vergangenheit und Gegenwart kennen zahllose Kriege, im Namen der Wahrheit und um der Wahrheit willen geführt. Dies hängt auch damit zusammen, daß die gemeinsame Wahrheit als integrales Element der gesellschaftlichen Ordnung einer Gemeinschaft aufgefaßt wurde: ein Gott, ein Staat, eine Kirche! Die daraus entstehenden Konflikte haben in der abendländischen Geschichte zu der mühsam errungenen Einsicht geführt, daß die Wahrheitsfrage aus dem Konzept der gesellschaftlich erforderlichen Gemeinsamkeiten „herausdifferenziert" werden müsse und somit keinen Grund mehr bieten dürfe für das Austragen von innergesellschaftlichen und intergesellschaftlichen Konflikten durch Krieg. Das friedliche Zusammenleben unterstellt nicht die Gemeinschaft in der Wahrheitsfrage, sondern ist so zu gestalten, daß es möglich ist, gerade unter Absehen von dieser Frage friedlich miteinander auszukommen. Die friedliche Gemeinschaftsordnung, wenn man das einmal so formulieren darf, zählt zu ihren Grundlagen nicht die Gemeinsamkeit in der Wahrheit, sondern die gemeinsame Gerechtigkeit. Daher heißt es auch zu Recht: „Gerechtigkeit schafft Frieden"[59] – eine Formulierung, die im Lichte unserer Diskussion eine besondere Einfärbung bekommt. Notwendig für die Einheit einer Gesellschaft ist darum die Akzeptation einer Gemeinsamkeit in Fragen der Gerechtigkeit, nicht aber in Wahrheitsfragen. Bezüglich der Wahrheit ist nicht die Einheit, sondern Toleranz gefragt.

bellum iustum

Die Lehre vom „bellum iustum" hat zwar zum Ziele gehabt, den Krieg zu domestizieren. Doch hat es diese Theorie an sich, mißbraucht zu werden, sei es durch Blindheit bezüglich der Relativität des eigenen Rechtsstandpunktes, sei es aufgrund der für eine traditionelle Gesellschaftsauffassung naheliegenden, aber bis auf den heutigen Tag untergründig weiterwirkenden Versuchung, Ideen, die der Wahrheitsfrage zugehören, als Probleme der gerechten Gesell-

---

59 Vgl. Art. Friede, Neues Lexikon der christlichen Moral (H. Rotter-G. Virt (Hrsg.), Innsbruck u. a. 1990, 202–213 (V. Zsifkovits)), hier 203 ff.

schaftsordnung vorzustellen und sie damit in die Rechtfertigungsgründe eines Krieges aufzunehmen.

Angesichts dieser Tatsache ist eine Friedensethik, die bei einer bellum-iustum-Theorie stehen bleibt, mindestens als Ausdruck unvollkommener Aufklärung innerhalb der Theologie anzusehen.

b) Wirklichkeitsgemäße Friedensethik

Krieg und Frieden – kein Naturereignis

Ist der Mensch von Natur aus aggressiv, zum Kriegführen determiniert, oder, in theologischer Deutung, ist er dies aufgrund seines unweigerlich sündigen Status? Solche Fragen haben nicht nur einen metaphysischen Sinn, als Umschreibungen der fundamental gegebenen condition humaine haben sie auch einen praktischen Sinn. Daß der Mensch auch aggressiv ist von Natur, daß er auch Sünder ist, wer wollte das bestreiten? Wichtig ist aber, daß er nicht allein dies ist. W.Korff hat immer wieder darauf verwiesen, „daß zur generellen naturalen Grundausstattung des Menschen, seiner stammesgeschichtlichen Mitgift, neben aggressionsspezifischen, konkurrierenden auch zuwendungsspezifische, auf interaktionelles Mit- und Füreinander gerichtete Antriebsmomente gehören."[60] Das zwischenmenschliche Verhältnis ist zugleich durch ein Gegeneinander, Füreinander und Miteinander bestimmt, Menschen können für Menschen, wie man gesagt hat, neben Wolf auch Mutterschaft sein, und auch noch Geschäftspartner. In diesem Sinne ist weder der Frieden noch der Krieg „Naturzustand". Sie sind, könnte man sagen, Kulturzustand, bzw. Unkulturzustand, Gegenstand menschlicher Gestaltungsmöglichkeiten. Diese Einsicht wird nicht falsch durch die Tatsache, daß eine solche Gestaltungsaufgabe eine Umorientierung der dominanten Tendenz beinah der ganzen Menschheitsgeschichte bedeutet. Und auch nicht dadurch, daß der positive Zustand des Friedens kein Zustand, sondern immer wieder eine Eroberung von Land aus der See bedeuten wird. Wenn wir diese Einsicht ernstnehmen, so folgt daraus, daß eine solche Aufgabe nur gelöst werden kann in einem umfassenden Prozeß, der nicht lediglich negativ-aggressionshemmend, sondern vor allem auch positiv-kooperationsfördernd sein muß.

Kriegsverhütung – Friedensförderung

Die traditionelle Ethik ist vornehmlich kriegsverhütend oder -eindämmend. Selbst die Sorge für den Frieden wird in einem solchen Rahmen gesehen. Dies kommt signifikant zum Ausdruck in der Maxime „si vis pacem, para bellum". Die positive Einsicht, daß es viel eher um die Schaffung friedensförderlicher

---

60 A.a.O., 325; vgl. W. Korff, Norm und Sittlichkeit. Untersuchungen zur Logik der normativen Vernunft, Mainz 1973, 76ff. „Der Mensch ist dem Menschen Bedürfniswesen, Aggressor und Fürsorger zugleich" (91).

52

Umstände gehen muß, ist dagegen ein Kind der jungen systematischen Konfliktforschung. Sie korrespondiert ihrerseits mit den anthropologischen Einsichten in die gegenstrebigen naturalen Antriebsmomente des Menschen und
deren kulturelle Gestaltungsmöglichkeiten. Im Hinblick hierauf ist die Ausweitung friedensethischer Bemühungen über das – negative – Domestizieren von
Aggression hinaus hin zu einer positiv-gestaltenden Friedensethik eine moralisch unentrinnbare neue Phase in der Wahrnehmung menschlicher Verantwortung.[61]

Zum Schluß: Was bleibt von der Hl. Schrift?

Die angeführten Einsichten ordnen sich bei näherem Zusehen ohne Schwierigkeiten ein in eine Sichtweise, die uns unsere eigene Glaubensgeschichte anbie-
tet, freilich nicht in Form eines festen Codex oder eines selbstsicheren Redens
vom immer schon gewußten Eigentlich-Christlichen. Die Hl. Schrift ist keine
Sammlung unveränderlicher Regeln, sondern die Geschichte eines – und zwar
prinzipiell unabgeschlossenen und auch nicht vor Rückfällen geschützten –
Lehr- und Lernprozesses. Was von der Schrift gilt, gilt erst recht von der weiteren christlichen Traditionsgeschichte. Gerade in seiner Dynamik und mit seinen internen, zuinnerst divergierenden Spannungen ist dieser Prozeß lehrreich,
stimulierend. Was lehrt er uns? Vier Elemente will ich abschließend
hervorheben:
– uns nicht zu fixieren auf einmal erreichte Standpunkte unseres gläubigen
  Selbstverständnisses;
– die Normativität unserer christlichen Tradition nicht in den je zeitgebundenen konkreten Vorstellungen, sondern in den Grundaussagen über
  Menschsein und gottgewollte Bestimmung des Menschen zu sehen, die wir
  konkret je neu auslegen und wahrmachen müssen;
– das weltliche Wissen nicht gering zu achten für das Glaubensverständnis;
– die Ordnungen, die wir geschaffen haben, die Ideen, denen wir anhängen,
  nicht zu immunisieren durch hochtheologische Mystifikationen, sondern
  uns infrage stellen zu lassen durch einfache Fragen nach der Menschlichkeit
  unseres Denkens und Tuns.

Allein so kann die Schrift in einem vertretbaren Sinne „norma, non normata"
einer Friedensethik genannt werden.

---

61 Vgl. hierzu die Überlegungen von Th. Hoppe angesichts der jüngsten weltpolitischen
   Entwicklungen: „Frieden in Gerechtigkeit. Christliche Friedensethik in einer Zeit der
   Umbrüche, in: Herderkorrespondenz 5/1993, 240–244.

2.2 In der Tradition verankerte Weisung (norma normata): die Normen der Friedensethik

„Aus der Geschichte lernen" lautet eine oft gehörte und trotz aller möglichen zynischen Repliken allzeit gültige Ermahnung. Es ist nicht genug, daß eine Richtlinie des sittlichen Tuns – sei sie objektiver oder subjektiver Natur – immer wieder an die befreiende Wahrheit rückgekoppelt wird (norma normanda). Der Betrachter muß sich bewußt bleiben, daß der Maßstab, unter den er sein Handeln stellt, unwiderruflich aus einer bestimmten geschichtlichen Periode stammt. Dieser Maßstab variiert jeweils nach dem sich wandelnden Weltverständnis, der sich ändernden menschlichen Natur und der nie abgeschlossenen Entwicklung des sittlichen Bewußtseins. Er ist sozusagen von einem geschichtlichen Moment „abgeleitet" und – wie übrigens die gesamte Tradition – immer bereits „normierte Norm" (norma normata)[1]. Das, was in der Geschichte geschieht, ist allerdings nicht dasselbe, was man davon lernend übernehmen soll. Damit es für das Handeln gültige Verhaltensnorm werden kann, muß es zuvor einen Prozeß der Aneignung durchlaufen haben. Damit es seine regulierende Kraft behält, muß es als in der Geschichte entstandener und von einer relevanten Gruppe angenommener sittlicher Standard wieder und wieder dem rationalen Diskurs unterworfen werden.

Unter der Leitung von Ernst Nagel hat das Institut für Theologie und Frieden wertvolle Beispiele für eine derartig kontextuelle Friedensethik vorgelegt. In einer Serie von Aufsätzen unter dem Titel „Beiträge zur Friedensethik" ebenso wie in der Reihe unter dem Titel „Theologie und Frieden" haben unter seiner Leitung anerkannte Wissenschaftler das Wissen und die Welterfahrung der Vorfahren in einer Weise gesammelt, daß daraus aktuelle Fragen Einordnung und Beurteilung erfahren können.

I. Die Geschichte der Friedensethik

Um die Bedeutung der Geschichte für die Friedensethik aufzuweisen, ist es ratsam, eine ihrer bekannten Normen in mehreren aufeinander folgenden Phasen ihrer Entwicklung darzustellen. Das soll hier für die Norm des „gerechten

---

1   „Wenn wir von Geschichtlichkeit sprechen, meinen wir also, daß der Mensch mit seinem Geist und seiner Freiheit in die Mitmenschlichkeit und in die Materialität der Welt hineingespannt ist, daß er nur im Wechsel zwischen Verfügtheit und Freiheit die Möglichkeiten seiner selbst und der Welt, und zwar beide zugleich und ineinander, entfalten, und daß er eben dadurch die Spannung zwischen den essen reale und dem essen perfectum,

Krieges" geschehen. Bei diesem Aufweis wird man verstehen, wie man in den verschiedenen Phasen der Geschichte immer wieder versucht hat, die angesprochene „objektive Norm" an die jeweils erkannte Wahrheit zu binden. Es wird ebenso klar, wie sie die geschichtliche Bedingtheit als Erbe und Last mit sich trägt. Es ist zu hoffen, daß im Aufweis selbst wenigstens implizit Kritik gegenüber den Versuchen laut wird, die eine einmal gewonnene Norm einfach weiter zu transportieren oder eine in einer späteren Zeit als plausibel angesehene Lösung weit in eine andere Phase der Geschichte zurückzuprojizieren – so als könnten einzelne herausragende Perioden bzw. große Autoren ihre Zeitgebundenheit wie eine Schlangenhaut abstreifen und sich mühelos in der unveränderten Grundgestalt präsentieren.

1. Gewaltbegrenzung durch Recht. Wie in vielen anderen Bereichen auch ist **Aurelius Augustinus** (354–430)[2] in der Friedensethik der erste, der das aus dem Christentum hervorgehende Modell der Versöhnung auf das prekäre Problem der Gewalt überträgt. Sein Ansatz ist einfach: Frieden stammt von Gott. Der Mensch hat ihn – wie die Gabe der Schöpfung – als unverdientes Geschenk empfangen und muß sich darum ihm gegenüber als erkenntlich und dankbar erweisen. Realist, der er ist, kennt der Bischof von Hippo aber auch die über den ganzen Erdkreis verbreitete Gewalt. Er weiß, daß es in seiner Zeit keine andere Möglichkeit gibt, den Frieden zu sichern, als ihn wie eine Vision auf das sich ihm darbietende Szenario der Gewalt darzustellen.

Dabei sieht die gesuchte Norm so aus: ein Krieg, der seinen Grund ebenso in der Sünde des Menschen hat, muß erlaubt sein dürfen, wenn sein Ziel nur der Frieden bleibt. Prinzipiell darf Krieg zwar mit dem Frieden nicht in Konkurrenz treten wollen, als Mittel zum Frieden ist er aber zuzulassen. Unter drei Kriterien ist das der Fall: Als erlaubtes Mittel kann er dann bezeichnet werden, wenn er **begangenes Unrecht** ahnden will (das der Gegner nicht zurücknehmen bzw. wiedergutmachen will), wenn eine **legitime Autorität**[3] für den Gewalteinsatz (Verteidigung) eintritt, wenn Gesinnung und **rechte Absicht**, d. h. die gewollte Übereinstimmung mit dem Ziel des Ganzen, vorhanden ist. Nun aber kann die gewonnene Norm nicht anders als in einem zeitgebundenen Kleid präsentiert werden: Soweit von Unrecht die Rede ist, kann gar nicht die Infragestellung der Würde des einzelnen als Person, sondern die Gültigkeit eines Ideals, das in einer bestimmten Gemeinschaft vorherrscht, gemeint sein. Die augustinische Friedenslehre schließt damit aber noch nicht aus, daß Men-

---

zwischen der tatsächlichen und der vollendeten Gestalt seiner selbst und der Welt allmählich verringern kann". (A. Auer, Die Erfahrung der Geschichtlichkeit und die Krise der Moral, in: ThQ 149 (1969) 4–22, 5).

2 De civitate Dei XIX (CCL 48, 657–699).

3 N. Lohfink (Krieg und Staat im alten Israel. Beiträge zur Friedensethik 14, Barsbüttel 1992) macht zu Recht darauf aufmerksam, daß Krieg in Form und Ausführung von der Gestalt der Gesellschaft (Autorität) abhängt.

schen der Überzeugung sein können, daß unter den scheinbar zeitlosen Bedingungen (Unrecht, Autorität, Absicht) ein gerechter Krieg von Gott selbst befohlen sein könne[4]. Das wäre so im Fall des Unrechtes, das der heidnischen Unglaube darstellt. Bei der Verkündigung des zweiten Kreuzzuges durch **Bernhard von Clairvaux (1090–1153)** tritt das als Kriegsgrund ins Zentrum der Aufmerksamkeit: „Deus lo vult". Die Zwiespältigkeit des direkten Bezugs auf Gott wird aber ebenso offenbar: Das eigentliche Ziel dieser Unternehmung, welche identisch sein soll mit der Erfüllung des Befehls Gottes und der Unterwerfung unter sein Gebot, ist angeblich gleichbedeutend mit der Verwirklichung radikalen Christentums (Kreuzzugsorden)[5]. Es zeigt sich, daß diese Linie der Argumentation ein Übergewicht bei dem Schutz des Lebens und der Gemeinschaft hat, den Gott garantiert, den Anteil der handelnden Person aber nicht hinreichend berücksichtigt. Ansatzweise wird die schreckliche Verwirrung sichtbar, aufgrund deren man Krieg zum Frieden erklärt – entspricht er nur dem von Gott oder einer anderen absoluten Instanz ausgehenden Befehl. Daß Glaubensannahme nicht erzwungen werden kann und daß Kampf gegen den Unglauben nicht befohlen werden kann, ist nicht nur dem Kreuzzugsprediger Bernhard, sondern der ganzen Zeit fremd. Unrecht gilt als das, was innerhalb einer von Gott eingerichteten moralischen Ordnung Unrecht ist. Recht, welches allein imstande ist, Gewalt zu legitimieren, ist von Gott ausgehendes und sanktioniertes Recht. Die Norm des „gerechten Krieges" ist eindeutig von einer zeitbedingten theologischen Konzeption geprägt.

Bei **Thomas von Aquin (1224–1274)** wird diese Ordnung des Rechts – die unter der negativen Schablone Gewalt und Krieg verpflichtende sittliche Norm – in ihrer beeindruckenden Einheit und Ganzheit entfaltet. „Zu einem gerechten Krieg sind drei Dinge erforderlich: Erstens die Vollmacht des Regierenden (princeps), auf dessen Befehl hin der Krieg geführt werden muß... Zweitens ist ein gerechter Grund (causa iusta) verlangt... Drittens wird verlangt, daß die Kriegführenden die rechte Absicht haben" (II, II, q.40, art 1–4)[6]. Es gelingt dem großen Theologen, die für die sittliche Entscheidung typische Rationalität zu kennzeichnen. Das bleibt vorbildlich für die kommende Zeit. Mittelalterlich und damit zeitgebunden ist bei ihm dagegen die Charakterisie-

---

4 Es dauerte bis in die beginnende Neuzeit, daß man die tatsächliche, vom heutigen Standpunkt nichtschuldhafte Nichtannahme des Glaubens von einer freiwilligen, damit möglicherweise schuldhaften Infragestellung des Glaubens zu unterscheiden vermochte.

5 Mag in der Zeit Bernhard von Clairvaux's noch vieles von dem, was Krieg genannt wurde, nur dem Zweck gedient haben, innerhalb des Staates die Ordnung (segmentäre Gesellschaft ohne Zentralinstanz) zu garantieren, die heute dem Rechtswesen zugeschrieben wird, hat der Kreuzzug doch verschiedene Eigenschaften, die ihm eine gegenstaatliche Kompetenz zu geben scheinen. Die Idee der Ritterorden macht zudem deutlich, daß es sich bei dieser Gegenmacht um eine Instanz der Religion handelt.

6 Für Thomas steht die göttliche Legitimation des (gerechten) Krieges so im Vordergrund, daß er nur als solcher – und zur Bestrafung des Übeltäters gedacht ist, vgl. G. Beestermöller, Thomas von Aquin und der gerechte Krieg. Friedensethik im theologischen Kontext der Summa theologiae, Theologie und Frieden 4, Köln 1990.

rung der Norm als moralisch-rechtlicher, von Gott her bestimmter „ordo", der in der legitimen, richtenden Autorität ihren Repräsentanten hat und jede tatsächliche Verwirrung und Ignoranz in Bezug auf ein Detail als Scheinproblem erscheinen läßt. Das kann von der künftigen Zeit nicht mehr tradiert werden. Bei der Übernahme der Kriterien des gerechten Krieges in eine spätere Zeit sind das ebenso wie die sich verändernden Bedingtheiten des Krieges, die Waffen, die Strategie, etc. zu beachten.

2. Gewaltbegrenzung durch ein funktionales System, innerhalb dessen der Mensch sich entfalten kann. Die Theorie vom gerechten Krieg wird – wie sollte es anders sein – trotzdem in der thomasischen Form an die folgenden Generationen weitergegeben. Ab dem 16. Jahrhundert werden dann aber bei der Aufstellung ihrer Kriterien Unterschiede zu der berühmten II,II, q.40 feststellbar. Bei der Beschreibung des „princeps" geht es nicht mehr primär um einen Richter, der zur Wiederherstellung einer durch Schuld verletzten sittlichen Ordnung und im Auftrag Gottes den Unrechtstäter bestraft. Es wird vielmehr zunehmend damit gerechnet, daß die handelnde Autorität vor der Ausführung zum eigenen Vernunfturteil schreiten muß. Bei der Untersuchung, ob eine bestimmte Gewaltanwendung gerechtfertigt sein könnte, führt sie sich den Sachverhalt vor Augen, den sie zunächst als wertneutral ansieht, erörtert dann, ob es sich bei dieser Sache um einen Kriegsgrund handelt, sucht schließlich festzustellen, ob die Gewaltanwendung unausweichlich sei. Die Legitimation von Gewalt wird mehr nach dem Maßstab der Zweckmäßigkeit (funktionales System) entschieden. Es sind dabei die Kriegführenden selbst, von denen man dabei eine positive oder negative Entscheidung erwartet. Wenn man einen Namen sucht, bei dem sich diese Veränderung in der Beschreibung der sittlichen Norm ankündigt, dann ist das **Francisco de Vitoria (1483–1546)**. 1483 in Burgos in Spanien geboren, reflektiert er – zur Zeit der Conquista und der Reformation – einerseits zwar noch die großartige sittliche Ordnung des Mittelalters, markiert aber andererseits in seinen Relectiones und in seinem Kommentar zu der Summa theologiae des Thomas von Aquin schon den Beginn der Neuzeit. Das Instrument vom „gerechten Krieg" verwandelt sich bei ihm in ein Mittel zur Legitimation durch die Kriegführungsparteien selbst. Obwohl der spanische Dominikaner noch die antik-humanistische Vorstellung kennt, daß das Staatsziel im tugendhaften Leben aller Bürger und damit der „felicitas politica" besteht, entscheidet er sich doch für die moderne Funktionsbestimmung des Staates als dem Garanten innerer und äußerer Sicherheit (pax et securitas). Die kriegführende Autorität orientiert sich in einem funktionalen System. **Kriegsgründe** können sein: Verteidigung Unschuldiger und die Behinderung legitimer Rechte, z. B. die gewaltsame Missionsbehinderung und die Verhinderung von Menschenopfern[7]. Dem

---

7   Bei Vitoria wird sichtbar, daß es einerseits Kriege gibt, die – wie die Kriege, die nach dem Zeugnis der Apostelgeschichte – z. B. mehr der pax und securitas dienen, und andere, die

Vater des Völkerrechts geht es zwar ebenso darum, aus der Perspektive Gottes heraus gegen alle sittliche Unordnung eine Sicherheit des Rechtes aufzubauen, aber er ist sich auch bewußt, daß dieses Recht jeweils neu in die fragende Vernunft einfließen und vor ihr Bestand haben muß (**„ordo socialis servandus"**). Sicher fehlt noch der Begriff, daß der einzelne Unschuldige – wegen seines subjektiven Rechtes auf Leben – ausnahmslos geschützt werden muß, also nur die Schuldigen bestraft werden dürfen. Da hat sich im Verhältnis zu Thomas, der in der Summa schon sein eigenes Ziel zu untergraben gezwungen sieht, nichts geändert[8]. Aber mittels der **Intention** muß nun schon der einzelne Handelnde sicherstellen, daß die Ordnung, die er übernimmt, zweckmäßig ist. Der Glaube an die dem System immanente Rationalität geht soweit, daß angenommen wird, daß „derjenige, der im Recht ist, den Krieg auch gewinnt"[9]. Diese wachsende Zweckrationalität erhält ein solches Gewicht, daß daneben der andere Mensch, um den es ja eigentlich gehen müßte, – wann ist er schuldig, ab wann darf er wirklich als Feind angesehen werden? – zu kurz kommt.

Das bei Vitoria schon überbetont rationale System rückt in der **neueren Diskussion** um die Lehre vom gerechten Krieg ganz in den Vordergrund. Das Theorem vom „gerechten Krieg" schrumpft zu einem Schema zusammen, nach dem eine konkrete Gewaltsituation beurteilt wird. Die Autorität selbst wird unter die Lupe genommen, das Recht wird als das subjektive Recht der Beteiligten individuiert. Die Moral entwickelt sich in die Richtung einer subjektiven Vernunftmoral. Das Schema vom gerechten Krieg enthält nunmehr die Prinzipien des „ius in bello" (Suffizienz, Proportionalität, Immunität) und des „ius ad bellum" (Autorität, gerechte Sache, richtige Intention, Aussicht auf Erfolg, Proportionalität der Mittel, ultima ratio, Erklärung). Als deutlich spürbarer Nachteil, der bei Vitoria durch seine Verbindung zum Mittelalter immer noch ausgeglichen wurde, erweist sich nun aber, daß die beteiligten Personen und die Beziehung untereinander hinter eine mehr und mehr von echter Kommunikationsrationalität absehenden Zweckmäßigkeitsabwägung zurücktreten. Und damit geht der stärkste Kontrollmechanismus bei der Kriegseindämmung verloren. Der andere, der

---

– einem antikolonialen Widerstandskrieg vergleichbar – der „pax und securitas" eines noch zu gründenden Gemeinwesens garantieren sollen (vgl. D. Deckers, Gerechtigkeit und Recht. Eine historisch-kritische Untersuchung der Gerechtigkeitslehre des Francisco de Vitoria (1493–1546), Studien zur theologischen Ethik, Freiburg i.Ue. und Freiburg i.Br. 1991, 273–341). Natürlich gibt es staatsbegründende Kriege erst anfanghaft. Doch das Funktional-planerische, das in die Hand der Autorität gelegt ist, ist so offensichtlich, das man auch den Eindruck gewinnen kann, der Krieg könne immer schon – wenn auch nicht im Clausewitzschen Sinn – als Mittel einer rationalen Politik benutzt werden. Aus der Schrift dienen die Eroberungszüge Davids als Vorbild.

8   Vgl. G. Beestermöller, Thomas von Aquin und der gerechte Krieg, 146.
9   H.-G. Justenhoven, Francisco de Vitoria zu Krieg und Frieden, Theologie und Frieden 5, Köln 1990, 125.

Opfer des Krieges wird oder es zumindestens werden kann, nimmt dadurch keinen direkten Einfluß auf die Urteilsbildung, daß er den das Urteil fällenden Menschen ansieht. Für die spätere Friedenslehre wirkt sich das verhängnisvoll aus. Die Opfer müssen erst neu identifiziert und als für die Argumentation relevant entdeckt werden[10]. Die Friedensbewegung sieht sich gezwungen, die in der Zweckrationalität verlorengegangene materialethische christliche Friedenslehre neu herauszuarbeiten. Ohne das kann sie ihre pazifistische Position gar nicht begründen.

3. Gewaltbegrenzung durch Rücksicht auf den anderen. In der neueren Zeit wurde die heftige Debatte um das System der Abschreckung Mitte der 80er Jahre zum Testfall für das Theorem vom „gerechten Krieg". Eine **erste Gruppe** glaubte auf dieser Basis mit diesem abstrakt-rationalen Schema allein die Abwehr eines Angreifers (Abschreckung) mit Massenvernichtungsmitteln rechtfertigen zu können – sehr zum Mißfallen derer, die eine integrale christliche Friedensethik zu Wort bringen wollten. Nachdem zu Beginn der 80er Jahre die Abschreckung mit Atomwaffen unter heftige Kritik geriet, entschied sich eine **zweite Gruppe** auf der gleichen Grundlage dafür, eine Gewaltandrohung mit den genannten Waffen – ebenso wie eine Gewaltanwendung – moralisch auszuschließen. Mit etwas zu drohen, was man nicht einzusetzen für rechtens halte, hielt sie für sittlich unerlaubt. Die Verpflichtung zum Frieden ließ sich für sie in keiner Weise mehr mit einer Konzeption des gerechten Krieges verbinden. Der Pastoralbrief der U.S.-amerikanischen Bischöfe, „The Challenge of Peace", der später zum Vorbild für viele andere Erklärungen der katholischen Kirche wurde[11], stellte sich auf die Seite einer **dritten Gruppe**. Einerseits forderte er mit Blick auf das Immunitätsprinzip („protection of civilians") den Verzicht auf den ersten Gebrauch von Atomwaffen („first use"), erkannte aber implizit das Theorem des „gerechten Krieges" als noch brauchbar an. Die Bischöfe hatten nicht die Absicht, die Frage nach der berechtigten Abschreckung allein auf die Ebene der moralischen Intention zu beschränken. Sie nahmen bestimmte moralische Bedenken gegen die Abschreckung auf und forderten Einschränkungen in Bezug auf

---

10 Das zeigte sich z. B. beim kürzlich beendeten Golfkrieg. Präsident Bush verkündet aus voller Überzeugung: „We know that this is a just war, and we know that, God willing, this is a war we will win". Einige, bei weitem nicht alle, amerikanische Bischöfe unterstützen ihn darin. An führender Stelle Cardinal Law (wie auch Billy Graham). Mit ihnen befindet sich Bush im Dialog. Er betont, daß es sich in diesem Fall um „last resort" handele, das „principle of discrimination" gesichert und die Möglichkeiten der „Diplomatie" ausgeschöpft seien. Dagegen Bischof Pilarczyk, Cincinnati: „We believe that the use of offensive force in this situation would likely violate the principles of last resort and proportionality". Hier kündigt sich der Zweifel an, ob da nicht Menschen einen Preis zahlen müssen, der zu hoch ist. „Whatever good we hope to achieve through continued involvement in this war is now outweighed by the destruction of human life and of moral values which it inflicts".

11 Die Deutschen Bischöfe, Gerechtigkeit schafft Frieden, 18. April 1983.

Zielbestimmung (targeting), Stationierung (deployment) und Erklärung (declaratory doctrines)[12]. Zu einem totalen Verbot der Abschreckung mit Massenvernichtungswaffen konnten sie sich nicht durchringen.

Die Frage war nur, ob hinter dem unverkennbaren Stück Pragmatismus das Ethos des Friedens genügend hervorgehoben worden war. War das Thema der **Gewaltlosigkeit**[13], womit man an eine frühe Phase der christlichen Tradition hätte anknüpfen können, noch wirklich präsent? Bekanntlich hatte es bis 170/80 n.Chr. in der alten Kirche überhaupt keinen Beweis für den Militärdienst von Christen gegeben. Das hatte mit vielen Dingen zu tun. Unter anderem damit, daß diese Christen ihrer Nationalität nach meistens Nichtrömer waren. Aber die Nichtteilnahme am Soldatendienst war auch die Folge der Einstellung der ersten Christen zu Gewalt und Töten. Ebenso hielten sie offensichtlich das Heer, in dem sie hätten dienen können, für einen Hort des Götzendienstes, der Hurerei und der Unmoral. Mit der konstantinischen Wende, mit der sie von einer Minoritätenposition in die Position der offiziellen Religion des römischen Imperiums avancierten, ändert sich das. Dennoch verschwand das Plädoyer für den Pazifismus nicht ganz(Tertullian, Lactanz). Insbesondere sollte der Mönch die pazifistische Linie weiterführen, die noch heute in der Befreiung der Kleriker vom Kriegsdienst fortlebt. Ebenso blieb in einzelnen, zeitlich befristeten, aber totalen Interdikten des Krieges – treuga Dei – der urchristliche Geist des Friedens in Erinnerung gerufen. Später wurde der Pazifismus von den Friedenskirchen (Mennoniten, Quäkern) weitergetragen. In den letzten Jahrzehnten hat es dann aber eine Wiederbelebung von pazifistischen Strömungen in vielen kirchlichen Traditionen gegeben[14]. Nicht selten gegen die Hauptströmung der kirchlichen Friedensethik. 1956 hatte Pius XII. noch das Recht des Christen auf Wehrdienstverweigerung bestritten. Erst danach erhielt die Friedensbewegung, die zu einem großen Teil dem Ideal der Gewaltfreiheit anhing, als authentische moralische Option ihren Platz. Heute wissen weiteste Kreise, daß es sich bei der pazifistischen Position nicht um eine Marginalie der christlichen Botschaft handelt, daß sie vielmehr in der Konsequenz des Liebesgebotes, der Bergpredigt, des Verhaltens Jesu (in seiner Auseinandersetzung mit der römischen Besetzung Palästinas), seines Todes am Kreuz steht. Bei der Rückerinnerung hat ein Nicht-Christ, der Jainist Mahatma Gandhi seinen Beitrag geleistet. Das entsprechende Gedankengut ist bis in die Programme sozialer Bewegungen (Umweltbewegung, Friedensbewegung) und

---

12 Bereits bestehende oder geplante militärische Mittel dürfen Krieg weder führbarer noch wahrscheinlicher machen; nur solche und so viele militärische Mittel dürften bereitgestellt werden, wie zum Zweck der an Kriegsverhütung orientierten Abschreckung gerade noch erforderlich seien. Alle militärischen Mittel müßten mit wirksamer beiderseitiger Rüstungsbegrenzung, Rüstungsminderung und Abrüstung vereinbar sein und gekoppelt werden.

13 vgl. E. Herr, La violence. Necessité ou liberté? Culture e verité, Namur 1990.

14 vgl. Ph. Schmitz, Pazifismus mit neuen Akzenten? Zu der Friedensbewegung in den USA, in: HK 34 (1980) 330–334.

politischer Parteien (Grüne) gedrungen. War es auch innerhalb des Theorems vom gerechten Krieg lebendig genug geblieben? Eng verbunden mit dem Thema des Pazifismus – und an zweiter Stelle zu nennen – ist die Testfrage nach dem neuen Bewußtsein über die **Unverletzlichkeit des Lebens**. Die dabei aufkommenden Themen fügen sich in eine umfassendere Ethikdiskussion („Seamless garment") ein, die insbesondere von der Friedensbewegung getragen wird. Ein dritter Akzent zentriert sich auf den Krieg. Ein Zeugnis der kirchlichen Friedensethik, das Dokument der ökumenischen Versammlung von Basel 1988 hält als Bestand dieses Teiles der Friedensdiskussion folgendes fest: Die „**Institution des Krieges**" muß abgeschafft werden, heißt es lapidar in §75. Krieg soll als Fortsetzung der Politik unter Einbeziehung anderer Mittel (von Clausewitz) nicht mehr in Frage kommen[15]. Gemeint ist, daß nach dem 2. Weltkrieg und der atomaren Bedrohung Krieg nur noch als Ende aller Dinge, als totales Scheitern von Politik, Vernunft und Moral gedacht werden könne. Nicht nur dieser unzeitgemäße Golfkrieg, dessen Grund „im Eigennutz einer kleinen, aber alles beherrschenden Kaste wirtschaftlich Mächtiger zu suchen (ist), welche die Politik für sich instrumentalisiert hat"[16]. Der moderne Krieg überhaupt mit seinen tödlichen Waffen sollte vor allen einsichtig nicht mehr als Friedensmittel in Frage kommen. War hier die Friedensethik tief genug eingedrungen? Zusammenfassend läßt sich sagen: Einerseits mußte das menschliche Urteil aufgrund der in ihm aktuierten Vernunft instand gesetzt werden, eine Entscheidung für die Gewalt zu treffen. So eklatant war z. B. im Golfkrieg die Verletzung der Rechte der Kuweitis, Israelis, Kurden, Schiiten, daß man nicht daran zweifeln kann, daß hier verteidigungswerte Rechte und Güter Unschuldiger auf dem Spiel stehen und daß im Fall, daß es keine anderen Mittel („ultima ratio"), eine Aussicht auf Erfolg gab und die Verhältnismäßigkeit der Mittel gewahrt blieb, eine gewaltmäßige Zurückwerfung des Aggressors erlaubt sein

---

15 Das Baseler Dokument der Ökumenischen Versammlung vom 1985 sagt wieder eindeutig genug: „Die auf Massenvernichtungswaffen gestützte **Abschreckung** muß überwunden werden"(§75). Fortgeschrieben werden **andere Themen** der kirchlichen Friedensdiskussion, die ja – wie der Golfkrieg zeigt – von ganz neuer Brisanz sind. Benennung auf Handlungsalternativen zur Schaffung einer „Gemeinsamen Sicherheit", z. B. „defensive Sicherheitsstrukturen"(§86 d). Erst im Schlußdokument wurde der Satz hinzugefügt: „Insbesondere müssen wir alle zum Abschluß konkreter Abkommen beitragen, welche die Grundlage für eine internationale Friedensordnung bilden". Wie gesagt, wird an dieser Stelle vor allem die Verknüpfung zur Politik sichtbar: Atomwaffenstop, uneingechränkte Anwendung des Vertrages über die „Nicht-Verbreitung von Atomwaffen"(§86b), rein defensive Sicherheitsstrukuren(83d), usw. Kann man sich darin nochmals die Rolle des Soldaten vorstellen? Es gibt zwei Dienste für den Frieden, den ohne und den mit Waffen(§ 86e). In § 80 werden „Schalom-Dienste" für den freiwilligen Einsatz für Gerechtigkeit, Frieden und die Bewahrung der Schöpfung empfohlen. Läßt sich von daher ein neues Bild des Soldaten gewinnen? Nur der Staat, der seine originäre Friedensaufgabe ernst nimmt, kann sich vor seinen Bürgern rechtfertigen und diese werden nur eine Existenz für sinnvoll ansehen, die sich als friedensfördernd begreift.

16 B. Zehnpfennig, Der Geist darf nicht vor der Gewalt kapitulieren. Frieden um jeden Preis kostet mehr als das Leben, in: FAZ, Freitag, 8. Februar 1991, nr. 33, 8.

mußte. Bei der ethischen Erörterung des Golfkrieges zeigt sich aber auch, daß die Beachtung des modernen Krieges, des Krieges am Golf und der ganzen verzwickten Weltsituation im Augenblick der Entscheidung – von demjenigen, der rechtens die Verantwortung für die Entscheidung trägt (rechtmäßige Staatsgewalt, UN) – vollständig eingeholt worden sein mußte. Bei dem Versuch einer solchen Einholung kam auch der Ethiker schnell an seine Grenzen. Er mußte sich mit dem Politiker, dem Militär, den Betroffenen in einen Diskurs begeben. Nur gemeinsam konnten sie herausfinden, wo die Grenzen des Unerträglichen lagen, was sie gemeinsam als sie alle unmittelbar tangierendes Ziel bewegte. Aber war die christliche Ethik wenigstens soweit lebendig geblieben, daß sie den anderen Menschen genügend in die Überlegungen einbezog?

II. Die Geschichte im Normierungsprozeß

Die Skizze einer zentralen Norm der Friedensethik hat deutlich gemacht: Überzeitlich ist sie nur in dem Maß, als sie als objektives Regulativ des Handelns an die befreiende Wahrheit rückgekoppelt ist (norma normanda). Dabei kann hier außer acht bleiben, wie diese Rückkoppelung erfolgt – über die Brücke eines anthropologisch-theologischen Begriffes wie „Frieden", über die Verbindung zu einem moralisch-theologischen „ordo" oder über das Mittel einer in sich zeitlosen Vernunft. Zeitgebunden bzw. geschichtlich, d. h. hineinverspannt in die Materialität der Zeit, ist die sittliche Norm aber immer auch, und zwar als Konkretisierung der Wahrheit (norma normata). Wegen ihres Doppelcharakters ist größte Skepsis angebracht, wenn jemand eine inhaltlich-normative Aussage allein für eine übergeschichtliche Wahrheit ausgibt – was vor allem immer wieder für große Denker geschieht. Eine Norm befreit sich auch nicht voranschreitend von den zeitlichen Bedingtheiten. Sie bleibt „bedingte" Norm.

1. Zeitbedingte Norm. Dort, wo der „gerechte Krieg" zum ersten Mal als normative Vorstellung auftritt, ist die überzeitliche Forderung der von Gott stammende Frieden und das zu bewahrende und entwickelnde (menschliche) **Leben**. Die Theoretiker des Systems haben den Eindruck, geschützt werden müsse primär das Leben einer **Gemeinschaft**. Unter der Sanktion steht generisches menschliches Leben. Natürlich kann von diesem Ansatz aus in späterer Zeit der Schutz des Lebens ausdrücklich auf ein einzelnes Mitglied der Gemeinschaft ausgeweitet werden: er kann per definitionem und bis zum Beweis des Gegenteils als **Unschuldiger** angesehen werden. In der Nachzeichnung des Gehalts des fünften Gebot des Dekalogs innerhalb der jüdisch-christlichen Tradition wird diese Einsicht so präzisiert: Du sollst den Willen haben, heißt es da, (menschliches) Leben zu fördern und – wo es gefährdet ist – zu schützen und zu garantieren. Das „Du sollst nicht morden" hat seinen Ursprung in einer Gemeinschaft, in welcher Todesstrafe zunächst genauso vorkommt wie Krieg, der allgemeine Schutz des Lebens sogar mit der Institution der Blutrache koexistiert. Die Gemeinschaft, die zuerst mit dem fünften Gebot angesprochen wird, ist im wesentlichen eine Gemeinschaft der Blutsverwandten. Wie sehr dadurch die sittlichen Konsequenzen zeitbedingt werden, begreift man, wenn man damit die Formulierung des Neuen Testamentes vergleicht, nach der es die von Gott Geliebten – und das heißt: alle einzelnen Menschen – sind, welche die Gemeinschaft bilden.

Erst am Beginn der Neuzeit wandelt sich das Verständnis dann auch tatsächlich in subjektiver Hinsicht. Nun erklärt man unwidersprochen, daß mit dem fünften Gebot nun nicht mehr in erster Linie das Leben allgemein – und die Gemeinschaft –, sondern der einzelne geschützt werden soll. Die Macht, die zum Zweck der Bestrafung oder zur Kontrolle der Gewalt ausgeübt wird, soll, so weiß man, immer soweit eingegrenzt werden, daß der einzelne sich ungehindert entfalten kann. Damit hat sich die Perspektive entscheidend verändert. Am besten ist das an dem korrespondierenden Begriff der Autorität abzulesen. Ist z. B. der mittelalterliche Staat noch allumfassend und von einer nicht mehr beschränkten Allgewalt, wird er nun zugunsten des Individuums deutlich in seinen Kompetenzen beschnitten. Die Vertreter der Neuzeit steuern auf eine Ethik zu, die mehr und mehr vom einzelnen her denkt, aber zu seinem Schutz ein Gerüst rationaler Kontrolle einsetzt. Der Salmantizenser Theologe Vitoria kann – bei durchaus möglicher und entschuldbarer Unwissenheit des einzelnen betreffs des Sachverhalts und des Völkerrechts[17] – wegen der trotzdem verbleibenden Kompetenz nicht mehr ausschließen, daß es einen auf beiden Seiten gerechten Krieg („iustum ex utraque parte") gibt. Er zielt schon ein Kontrollsystem der Gerechtigkeit an, innerhalb dessen sich das reale geschichtliche Subjekt frei entfalten kann. Nichts in der Welt kann eine Entscheidung des einzelnen ersetzen. Das muß der Ethiker nicht nur berücksichtigen. Er kann es auch.

2. Verbindlichkeit und Zeit. Der Mensch hat, bemerkt Aristoteles, im Unterschied zu den Tieren, Sinn für Zeit[18]. Er kann begreifen, wie die Zeit den Schutz des Lebens, der Gemeinschaft, des Unschuldigen modifiziert. Die Erkenntnis des Normativen ist bei ihm immer an bestimmte Erlebniswerte des Natürlichen gebunden. „Die Natur" – so hat Lichtenberg einmal formuliert – ist ein Laufseil, „woran unsere Gedanken geführt werden, daß sie nicht ausschweifen"[19]. Nicht nur um Gedanken, sondern auch um die normative Ordnung des Verhaltens handelt es sich. Der Natur folgend richtet der Betrachter sein Augenmerk auf die Instrumente, Bedingtheiten, Wege, die er als lebensgefährdend oder lebensfördernd einschätzen muß, und dann verbietet oder gestattet er sie. Wer sich der Generationenabfolge sehr bewußt ist, mag wie der Vertreter primitiver Kulturen einen Zeitraum von sieben Generationen

---

17 H.-G. Justenhoven, Francisco de Vitoria zu Krieg und Frieden, 108–125.

18 Vgl. H. G. Gadamer, Der Mensch als Naturwesen und Kulturträger, in: G. Fuchs (Hrsg.), Mensch und Natur. Auf der Suche nach der verlorenen Einheit, Frankfurt 1989, 28.

19 H. Schipperges, Die Natur – als Leitbild der Heilkunde?, in: G. Fuchs (Hrsg.), Mensch und Natur, 52.

überblicken und sein Verhalten demgemäß abstimmen. Meistens wird er wie der von der Zivilisation geprägte Zeitgenosse denselben Zeitraum in eine Abfolge kondensieren und sich falsch verhalten. Jede Festlegung der Norm ist geschichtlich. Und damit ist mehr als nur eine Deckbezeichnung für variabel, relativ, veränderbar angesprochen. „Geschichtlich erkennen" heißt, der sich der Norm Unterwerfende hat eine unverwechselbare und nicht zu übersteigende Ausgangsposition. Und die kann nur in geringem Maß antizipiert, ausgedehnt oder gar ergänzt werden.

Sittliche Norm ist also das, was – zu einer bestimmten Zeit und für eine konkrete politische Gemeinschaft gültig – das Leben, d. h. das Zusammenleben und Überleben formell regelt[20]. Ihre Grundlage ist nie allein – wie sich aus der Definition ergibt – ein „volonté géneral", sondern vornehmlich der geheiligte Buchstabe einer noch nachvollziehbaren Überlieferung. Wenn Thomas von Aquin z. B. zwar einerseits die Bestrafung Unschuldiger ausschließt, andererseits aber klar erkennbar wird, daß er bei Unschuldigen nur an bestimmte Menschentypen denkt, dann wird deutlich, daß er sehr zeitgebunden argumentiert[21]. In der unterschiedlichen Behandlung der Notwehr bei Thomas von Aquin und der neueren Zeit wird das Zug um Zug bestätigt[22]. „Daß sich Menschen ihrem politischen Zusammenleben ein säkuläres Friedensfundament suchen, daß private und öffentliche Sphäre, Recht und Moral, persönliche Beziehungen und institutionelle Kontakte auseinandertreten und daß die übergreifende respublica fidelium durch eine Pluralität souveräner Staaten abgelöst wird, liegt außerhalb seiner Vorstellung"[23]. Das muß deutlich gegen bestimmte Thomasinterpreten hervorgehoben werden, die hier jedes geschichtliche Denken vermissen lassen[24]. Es gelingt ihnen zwar, die Größe mittelalterlicher Konzeption, die theologische Tiefe und innere Stringenz hervortreten zu lassen, aber sie machen nicht deutlich, daß seine anderen geschichtsmäßigen Voraussetzungen seine Sichtweise, seine Tiefe und seine Stringenz andererseits auch limitiert. In diesem Sinn kann man nur von der jeweils gültigen Norm – auch einer des gerechten Krieges – als von einer „norma normata" sprechen.

---

20 Das Recht bildet einen komplexen hierarchischen Zusammenhang. Es besteht aus Regeln erster Ordnung mit Geboten (z. B. Steuern zu zahlen), Verboten (z. B. von Diebstahl oder Mord) und Verfahrensregeln (z. B. über Ehe- und Vertragsschließung) sowie aus Regeln zweiter Ordnung für die Entscheidung von Streitfällen und die Schaffung neuer Rechtsverhältnisse (mit Verfahrensvorschriften und normativen Leitprinzipeln über die Einführung, Veränderung oder Abschaffung von Rechtsregeln erster Ordnung).
21 Vgl. G. Beestermöller, Thomas von Aquin und der gerechte Krieg, 141.
22 Vgl. G. Beestermöller, Thomas von Aquin und der gerechte Krieg, 206.
23 G. Beestermöller, Thomas von Aquin und der gerechte Krieg, 230.
24 Vgl. O. H. Pesch, Das Gesetz, Kommentar zu Sth I-II 90–105, DThA Bd. 13, Heidelberg – Graz 1977; K.-W. Merks, Theologische Grundlegung der sittlichen Autonomie, Strukturmomente eines „autonomen" Normbegründungsverständnisses im lex-Traktat der Summa theologiae des Thomas von Aquin. Moraltheologische Studien, Systematische Abteilung, Bd. 5, Düsseldorf 1978.

Es läßt sich immer „. . . eine ‚zweifache Ordnung der Dinge' unterscheiden, eine bezogen auf das Universum und die andere bezogen auf das Ziel. Das eine ist die sinnvolle Ordnung der Gleichzeitigkeit, in der jedes einen Platz hat, wie die Bücher in einer Bibliothek, das andere ist die teleologische Ordnung der Abfolge, in der jede Station des Weges ihre Bedeutung für das Erreichen des Zieles hat"[25]. Zu unterscheiden ist der Blick auf die bleibende, übergeschichtliche Ordnung und das Betroffensein von dem geschichtlich–dringlichen Augenblick, in dem sich das Individuum hier und jetzt befindet. Bei dem ersten handelt es sich um einen formalen, bei dem zweiten um einen inhaltlich–materialen Aspekt.

3. Zeitfordernde Korrektur des (potentiellen) Opfers. Jedes allgemeine Gewaltverbot verdeutlicht sich auf dem Hintergrund der in einer Zeit virulenten Gewaltvorstellungen, die aufgrund eines psychischen Kollektivs, aber auch durch ganz bestimmte Waffen und Formen der Kriegsführung, ganz bestimmte Befehls- und Gehorsamstypen, usw. möglich werden. Es ist die letzte Ordnung des Worumwillen, die eine geschichtliche Betrachtung verlangt. Bleibend vorweggenommen werden kann sie nicht. Niemand in der Welt kann den Weg des einzelnen kennen, bevor er dann nicht beschritten worden ist. Die Vernunftethik eines Grotius, Pufendorf verkommt zu einem System einer einlinigen Güterabwägung, weil sie das vergißt.

Unersetzlich ist die Betrachtung der ganzen Geschichte auch bei den heutigen Problemen einer sittlichen Ordnung der Gewalt. Inzwischen ist zwar der Ausgang beim Subjekt nicht mehr zweifelhaft. Man könnte sogar den Eindruck gewinnen, daß es letztlich allein noch auf die subjektive Einschätzung des Betrachters ankomme. Das häufige Abgleiten in nur mehr rationales Kalkül, in Berechnung von günstigen und ungünstigen Wirkungen, in die Aufrechnung von Vor- und Nachteilen einer Handlung beweist das[26]. Wichtiger erscheint es aber nun zu sehen, wie der einzelne in einer Gemeinschaft steht, die Zweckrationalität, zu der er sich hinreißen läßt, in einer Kommunikationsrationalität eingebettet ist, die Norm durch seine Geschichte mitbedingt ist. Ein Krieg mag nach den gängigen Kriterien (schwerer Schaden, Autorität, „ultima ratio", intentio der Gewaltabwendung, Erfolg, Verhältnismäßigkeit, Beachtung des „ius in bello") als gerecht empfunden werden, aber zu fragen ist dann immer noch, wie er den Menschen in seiner konkreten Realität, mit seiner realen Abhängigkeit von anderen Menschen, usw. betrifft. Es gibt nicht wenige, die in der Retrospektive zu konstatieren imstande sind, für den Golfkrieg seien die Kriterien des

---

25 U. Krolzik, Vorläufer ökologischer Theologie, in: G. Altner (Hrsg.), Ökologische Theologie. Perspektiven zur Orientierung. Stuttgart 1989, 14–29, 16.
26 Das affiziert auch das Rechtsverständnis. Es besteht die Gefahr, daß dabei auch das Recht die Begründung verliert; J. P. Langan, Rawls, Nozick, and the Search for Social Justice, in: Theol. Studies 38 (1977) 346–358.

Gerechten Krieges erfüllt gewesen. Doch wie leicht kann das ein Modus der Rationalisierung sein. Selbst einer, der gar nicht zögert, die Legitimität dieses unseligen Krieges zu verteidigen, deutet die Möglichkeit dazu in seinen Schlußfolgerungen verstohlen an: Er weiß, daß die Entscheidung für den Krieg nichts weiter als eine Konsequenz einer bestimmten Praxis empfunden werden kann, daß es der Vorzug des kleineren Übels sei, der des Engagements der Alliierten rechtfertige, daß insgesamt ein dezisionistisches Element nicht zu übersehen sei[27]. Also der Betroffene und das Opfer sind stärker zu berücksichtigen als das häufig der Fall ist.

Wie viele Moralisten das für die Normen tun, haben sich Juristen im Westen daran gewöhnt, Rechte nicht mehr wie einst aus Ordnungen der Vergangenheit abzuleiten. Sie erklären sie vielmehr durch eine immer wieder neu zu entwerfende Vernunftordnung, erläutern sie als Antwort auf einen Ruf, der den, der sie ins Werk setzen soll, hier und jetzt erreicht. Die Akzente, auf die es ihnen ankommt, sind vornehmlich „Vernunft", „Zukunft" und „Ermöglichung des anderen". Die mit diesen Akzenten verbundenen Qualitäten schreiben sie auch dem Begriff der Gerechtigkeit zu.

Gewiß hat das alles seinen Sinn. Daß man irgendeinen Krieg auf dieser Grundlage aber dann als rechtmäßig erklärt, bleibt trotz aller scheinbarer argumentativer Stimmigkeit für viele ein eher empörender Gedanke. Dieser Krieg wird – ob man ihn nun auch noch moralisch billigt oder nicht – ein einzigartiger Lehrmeister, mit dem man sich auseinandersetzen muß. In seiner scheinbaren Rechtmäßigkeit und gleichzeitigen inneren Ablehnung bricht er Lernblockaden, zwingt er zum Lernen wider Willen. Anders aber steht es mit der Moral. Die sittliche Erlaubtheit ist mehr. Um sie feststellen zu können, muß immer die einmalige geschichtliche Realität des Zusammenspiels von Ich und anderen herausgearbeitet werden. Nachher ist das ja klar. Nachher sagen sie sogar alle, sie hätten das schon zu Anfang gewußt. Gelernt haben im Golfkrieg tatsächlich Sieger und Besiegte. Die Amerikaner klärten ihre Interessen am Golf: politisch gesicherte Ölversorgung, aber Erhalt des Iraks als Staat und der bestehenden staatlichen Grenzen in der Region, was die Hinnahme der Kurdenmassaker einschloß. Saddam lernte, wie schwach der von ihm propagierte arabische Nationalismus war und daß es eine Illusion war, zu glauben, die westlichen Gesellschaften seien zur Kriegführung nicht mehr fähig. Schließlich lernte er wie die westliche Allianz etwas über die Schwäche der irakischen Armee, die in Washington und in der Golfregion als furchterregende Kriegsmaschine galt. Jeder ist klüger, wenn er vom Rathaus kommt. Doch der sittlich Handelnde sollte das Notwendige früher wissen. Er sollte es aus der Vergangenheit „ableiten". Die Bindung, der man sich unterwirft, sollte sich aus der Verbindung zu früheren Fakten entwickeln. Es sollten die Opfer vor der Tat zu Wort kom-

---

27 M. Spiecker, Die Wahl zwischen einem großen und einem kleineren Übel, in: FAZ, Donnerstag, 8. August 1991, nr. 182, 8.

men. In Bezug auf den Golfkrieg versuchte das unter vielen anderen auch der Papst[28].

III. Tradition als „norma normata"

Bei der Regulierung des sittlichen Verhaltens kann man also nicht einfach von einer Norm als einer Konkretisierung edler Gesinnung ausgehen. Sie ist immer zugleich auch ein durch Raum und Zeit begrenzter Ausschnitt aus den grundsätzlichen realen Möglichkeiten, diese Gesinnung darzustellen. Die sittliche Norm ist nicht nur transzendental human, sondern zu gleicher Zeit auch geschichtlich.

1. Der Prozeß der Dauerreflexion. Sicher, man wird sich zunächst vergewissern, daß jede Norm die „Konkretisierung" eines bestimmten Wahrheitswillens (im Bereich des Friedens, der Gerechtigkeit, usw) ist. Man wird sich aber ebenso bewußt werden, daß sie Ausschnitt aus der damals möglichen geschichtlichen Realisierung ist – mit den durch die jeweiligen Umstände gegebenen typischen Selektionen der Wirklichkeit, ihrer Dauer und Intensität. Die Betrachtung einer einstmals gültigen Norm kann auf eine neue, noch zu erschließende Norm einstimmen, aber Betrachtung allein genügt da auch nicht. Die Synthese von Wirklichkeit und Bindung muß wiederum hergestellt werden. Dazu bedarf es einer neuen Aneignung, eines praktischen Urteils. Und das erfolgt innerhalb eines rationalen Diskurses. Dafür bietet die früher gültige Norm ihre guten Dienste an. Sie ist als „norma normata" Horizonterschließung, Präsentation von Möglichkeiten, Arrangement möglicher Dispositionen. Das klassische Beispiel für einen solchen Prozeß der Normenfindung ist die Zinsfrage[29]. Aus früheren Weisen des Wirtschaftens ist eines immer erkennbar geblieben: Der Nächste sollte in seiner Not nicht übervorteilt werden – etwas, das durch Zinsnehmen immer geschehen konnte und deshalb strikt untersagt wurde. Eine veränderte Situation der Wirtschaft macht es dann aber später notwendig, die Norm – die beides wieder enthalten müßte: Respekt

---

28 D. Del Rio, La Pace Sprecata. Il Papa, la Chiesa e la Guerra nel Golfo, Piemme 1991, Bok. In: FAZ, Freitag, 8. Februar 1991, nr. 33, 8; vgl. Brief des Bischofs von Limburg Franz Kamphaus an die Gemeinden im Bistum Limburg zum Krieg am Golf, 1. Februar 1991: „Mochte früher die Lehre vom gerechten Krieg dazu dienen, die Wahl eines geringeren Übels angesichts eines größeren Unheils zu rechtfertigen, so kann dies spätestens heute nicht mehr gelten. Selbst Kriege, die nur verteidigen wollen, erreichen ihr Ziel nicht mehr. Zu unverhältnismäßig sind die schrecklichen Mittel selbst für einen ‚guten Zweck', zu fürchterlich und unabsehbar die Folgen für den Betroffenen, die Völkergemeinschaft und die Schöpfung."

29 „Du darfst von deinem Bruder keine Zinsen nehmen: weder Zinsen für Geld noch Zinsen für Getreide noch Zinsen für sonst etwas, wofür man Zinsen nimmt. Von einem Ausländer darfst du Zinsen nehmen, von deinem Bruder darfst du keine Zinsen nehmen, damit der Herr, dein Gott, dich segnet in allem, was deine Hände schaffen, in dem Land, in das du hineinziehst, um es in Besitz zu nehmen"(Dtn 23,20- 21).

vor dem in Not geratenen Mitmenschen und eine volle Berücksichtigung der nunmehr in Ablösung begriffenen Subsistenzwirtschaft und stärker auf Handel ausgerichtetes Wirtschaftskonzept – zu ändern. Als Lösung erschließt sich in einem, Experten und Laien gleicherweise umfassenden Diskurs der sogenannte „triplex contractus". Auch er ist seinerseits wieder an die Wahrheit zu binden und Ausdruck einer geschichtlichen Entwicklung (norma normata)[30]. Geht es nun darum, die Antwort nach erlaubten Zins zu geben, kann man sich mit Recht auf eine vorhergehende normative Lösung beziehen. Nicht anders ist das bei der Friedensethik. An Beispielen um das Theorem des „gerechten Krieges" haben wir es gezeigt. Zur Illustration an dieser Stelle noch ein Hinweis auf den biblischen Krieg des Joshua. Angesichts eines sich durch besondere Grausamkeit auszeichnenden Kriegsgeschehens, von dem das gleichnamige Buch berichtet, wird die Frage erörtert, was Gott von dem Nachfolger des Moses, der die Tradition des Exodus weiterführen sollte, bei der Erfüllung seines Auftrages wirklich wollte. Sollte der mit allen Mitteln geführte Eroberungskrieg Mittel des Friedens sein? Kein Zweifel – es geht um die Erfüllung einer göttlichen Verheißung. Es geht aber ebenso auch um die Tat des Menschen. Elie Wiesel meint aus der Reaktion Joshuas, die sich durch ein besonderes Zögern auszeichnet, die Einstellung des hier und jetzt entscheidenden Menschen erschließen zu können. Geheime Sehnsucht nach Frieden prägt sein Verhalten. Sie ist das Regulativ seines Verhaltens[31]. Aber sollte das nur in der übersteigerten Form eines Krieges mit beispielloser Gewaltanwendung gehen? Manche Exegeten erkennen in der Schilderung der Schlacht um Jericho lediglich die in der Abfassungszeit des Buches Joshua virulente Propaganda gegen diejenigen, die im Kampf gegen das Assyrerreich massive Gewalt einsetzen wollen. Eine in der Zeit stehende Erwartung läßt auf eine Geschichte zurückgreifen, die dann in der Schilderung nochmals umgeschrieben wird, um das Verhalten eines von Gott bestellten Führers zu erklären, das sonst für ein Handeln Gottes als fremdartig erscheinen müßte[32]. Wiederum eine Norm, die sich auf eine Tradition beruft. Nur der immer notwendige Reflexionsprozeß deckt den Zusammenhang zwischen geschichtsbedingter Betrachtungsweise und der ursprünglichen sittlichen Weisung auf und führt die „norma" auf ihren Ursprung und ihre Kohärenz zurück. Sie entdeckt die jeweilige Handlungsanweisung als „norma normata".

2. Genormte Normen und Dispositionen für neues Handeln. Jede Ethik beginnt, hat sie sich einmal ihrer eigenen Intention vergewissert, bei der Praxis. Nach einer knappen Vorstellung des „Worums" wendet sie sich den geschichtlichen Gegebenheiten zu. Dort entdeckte Varianten der Realität und kulturelle

---

30 Vgl. Ph. Schmitz, Kasuistik. Ein wiederentdecktes Kapitel der Jesuitenmoral, in: ThPh 67 (1992) 29–59, 40–44.
31 E. Wiesel, Von Gott gepackt. Prophetische Gestalten, Freiburg 1983, 5–33.
32 Vgl. N. Lohfink, Krieg und Staat im alten Israel.

Unterschiede eröffnen den Horizont des Handelns über das bisher Wahrgenommene hinaus. Jetzt erkannte Umstände und Sachverhalte lassen es als wahrscheinlich erscheinen, daß die Norm in entscheidenden Aspekten zu verändern ist. Im Diskurs, der von dem praktischen Urteil aller Beteiligten getragen wird, wird diese Veränderung dann auch tatsächlich gesetzt.

Auf den Handelnden selbst angewandt läßt sich der Prozeß auch folgendermaßen darstellen: Nach der Vorstellung des „Worums" wird er sich seiner eigenen Dispositionen dazu bewußt. Die drängen ihn, selektieren unter den grundsätzlich vorhandenen Möglichkeiten, antizipieren im Handelnden selbst Schemata zukünftiger Verwirklichungen. Wo diese dann gesucht und festgesetzt werden – im rationalen Diskurs – dienen sie dann als Horizonteröffnungen. „Es gibt eine Idee," weiß Karl Kraus, „die einst den wahren Weltkrieg in Bewegung setzen wird: ... Daß der Mensch in die Zeit gesetzt sei, um Zeit zu haben und nicht mit den Beinen irgendwo eher anzulanden als mit dem Herzen"[33]. Der sittlich Urteilende muß in seiner Zeit stehen; er darf seiner Zeit nicht voraus sein; er muß seine Zeit kennen – im Vergleich zu dem, was seinem „Kairos" vorausgegangen ist. Eine wichtige Entdeckung besteht also darin, daß gültiges sittliches Handelns nicht in einer zeitlosen, sondern innerhalb einer geschichtlichen Perspektive bestimmt werden kann. Der **dauerhafte Bestand** einer Wahrheit (Offenbarung) und ihre **Lebendigkeit** (Überlieferung) kann nur in einer **fortschreitenden Entfaltung** und Entwicklung ihres Verständnisses und im rationalen Diskurs einer Komunikationsgemeinschaft garantiert werden.

3. Die Tradition als „norma normata" der Friedensethik. Auf der beschriebenen Gesetzlichkeit beruht die verbreitete Neigung, einen moralischen Maßstab deswegen für richtig zu halten, weil er in erkennbarer Weise mit dem Anfang verbunden ist. Wo etwas mit dem Anfang verknüpft ist, kann man das offenbar für gültig erachten. Man nennt ihn Tradition. Sie sichert nach vielfacher Meinung die Fortsetzung dessen, was einmal begonnen wurde, und ermöglicht aus dem Wissen und der Welterfahrung der Vorfahren einen Standpunkt, von dem aus das Neue seine **Einordnung und Wertung** erfährt.

Wie die religiöse Tradition noch in der ersten Generation der Kirche einen Niederschlag in der Heiligen **Schrift**[34] gefunden hatte, so hat jede ethische Tradition immer wieder Kodices, Kataloge und Normensummen hervorgebracht. Wie das durch das Lehramt autoritativ verkündigte Glaubensbewußtsein der Kirche sich auf zwei Erkenntnis-„Quellen", Schrift und Tradition, gibt, so besteht eine sittliche Norm immer aus einer festgeschriebenen Erfahrung

---

33 H. Schipperges, Die Natur als Leitbild der Heilkunde?, in: G. Fuchs (Hrsg.), Mensch und Natur, 78.
34 Materiale Suffizienz der Hl. Schrift in bezug auf den Glauben, nicht aber in bezug auf die Sitten und Gewohnheiten.
35 K. Rahner/H. Vorgrimler, KLTHW, 361.

und einer diese Erfahrung zugrundlegenden neuen Festsetzung[35]. In den Aussagen einzelner Bücher des Alten Testamentes finden sich keine in der ethischen Diskussion direkt zu verwendende sittliche Normierungen. Ebenso kann man nicht mit Selbstverständlichkeit voraussetzen, daß ein Thomas von Aquin bleibende Normaussagen zu moralischen Fragen der Gegenwart gibt. Aber wenn man die Quellen berücksichtigt, weiß man immer schon sehr viel, was eine hier und jetzt verpflichtende Norm ausmachen könnte – allerdings weiß man auch nicht mehr. Geschichtliche Kontinuität gibt es ebenso wie eine moralische Norm nur aufgrund normsetzender Vernunft. Aus der Tradition wird der tugendhafte Mann oder die tugendhafte Frau präsent, aber noch nicht, was sie tun sollen.

2.3 Zur Begründung der Unverletzlichkeit menschlichen Lebens

Eine Orientierungssuche bei Thomas von Aquin

Ob und wann Menschen über menschliches Leben verfügen dürfen, ist zuletzt eine Frage der Theologie und der Philosophie – mit erheblichen praktischen Konsequenzen für andere Wissenschaften bis zur Politik. Darum soll hier am Anfang der erste und grundlegende Artikel des Grundgesetzes in Erinnerung gerufen werden: „Die Würde des Menschen ist unantastbar. Sie zu achten und zu schützen ist Verpflichtung aller staatlicher Gewalt."[1] Die Väter des Grundgesetzes haben hier eine absolute Wertaussage mit einer absoluten Handlungsaussage verbunden. Die Wertaussage begründet dabei die Handlungsaussage.

Zu den Rechten, die unmittelbar in der Würde der Person gründen, zählt das Grundgesetz sodann das „Recht auf Leben"[2]. Was bedeutet es aber, das Leben eines Menschen so zu schützen und zu achten, wie es seine Würde erfordert? Verletzt jede Handlung, die den Tod eines Menschen zur Folge hat, dieses verbürgte „Recht auf Leben"?

Spätestens hier beginnt dann das Gespräch des Juristen mit dem Ethiker. Denn man kann zwar leicht Fälle benennen, in denen menschliches Leben in einer Weise verletzt wird, die der Würde der Person widerspricht. Umgekehrt aber stellt offensichtlich auch nicht jede Tötung eines Menschen eine Verletzung des Rechts auf Lebens dar: Der viel zitierte Fahrer eines vollbesetzten Schulbusses kann einem Kind auf der Straße nur ausweichen, wenn er den Bus die Böschung hinablenkt, wobei mit Sicherheit 20 Schulkinder zu Tode kommen. Wie auch immer er sich entscheidet: Es werden Kinder sterben.

Legt nun dieses Beispiel eine generelle Regel nahe? Sie könnte lauten, man dürfte immer dann über das Leben eines Menschen verfügen, wenn nur so das Leben einer größeren Zahl von Menschen erhalten werden kann. Diese Formulierung scheint unhaltbar offen zu sein, zu viel zu erlauben. Sie ruft nach Eingrenzung. Dazu wollen die folgenden Überlegungen einen Beitrag leisten und zwar ausgerichtet auf die Frage, ob es ein absolutes Recht auf Unverletzlichkeit des Lebens gibt, und wie dies begründet werden kann.

Dabei wird in drei Schritten vorgegangen: Erstens möchte der Beitrag die Komplexität dieser Fragestellung anreißen, um sie auf ihre Problemspitze zu reduzieren – nämlich auf die klassische Frage, ob die direkte Tötung eines Unschuldigen je erlaubt sein kann. Zweitens werden sich diese Überlegungen

---

1 Grundgesetz für die Bundesrepublik Deutschland, Art. 1 Abs. 1.
2 Grundgesetz für die Bundesrepublik Deutschland, Art. 2 Abs. 2.

mit zwei neueren teleologischen Versuchen auseinandersetzen, diese Frage mit Gründen zu bejahen. Drittens soll hier Thomas von Aquin die Frage vorgelegt werden, wie er zu dem Problem der Unverletzlichkeit menschlichen Lebens steht. Es wird sich zeigen – und dies ist die Kernthese dieser Überlegungen –, daß der große Theologe des Mittelalters eine noch heute diskussionwürdige Lösungsperspektive eröffnet.

1. Die Fragestellung

Die angewandte Ethik kannte immer schon zahlreiche Fälle, in denen die Problematik der Verfügbarkeit oder Unverfügbarkeit menschlichen Lebens zur Debatte stand. Dies führte zu grundlegenden Unterscheidungen.

Sie unterschied zum einen zwischen Tun und Unterlassen, zwischen ‚töten‘ und ‚sterben lassen‘. Es ist offensichtlich ein Unterschied, ob ein Arzt einen Schwerkranken nicht aufsucht, weil er sich zu einem Unfall mit vielen Schwerstverletzten begibt, oder ob er einen Menschen tötet, um mit dessen Organen das Leben anderer zu retten. In beiden Fällen handelt er mit Todesfolge. In beiden Fällen wägt er das Leben eines Menschen gegen das Leben vieler Menschen ab. Im ersten Fall handelt er im Modus der Unterlassung, im zweiten im Modus des Tuns. Ohne hier näher auf die Frage einzugehen, ob der Mensch für die Folgen seiner Unterlassung genauso verantwortlich ist, wie für die Folgen seines Tuns, wird man doch Folgendes festhalten können: Wenn der abwägenden Verfügung im Modus des Tuns keine absoluten Grenzen gezogen sind, wird man derartige Grenzen a fortiori nicht für das Unterlassen ziehen können. Daher ist es angeraten, im folgenden nach den Grenzen der erlaubten Tötung, nicht des Sterben-lassens zu fragen.

Zum anderen war es für die Ethik nicht dasselbe, ob und in welcher Weise von einem Menschen eine Gefahr für andere ausgeht. Ein Verbrecher wird wohl nicht ohne eigene Schuld zur Gefahr für andere. Von einem kämpfenden Soldaten geht Gefahr aus, auch wenn er wenigstens subjektiv verantwortlich handelt. In beiden Fällen war Handeln eines Menschen die Quelle der Gefahr. Ganz anders beispielsweise beim extrauterinen Fötus. Er ist einfach nur da. Und allenfalls seine Existenz stellt eine Gefahr dar.

Welche Bedeutung dieser Unterscheidung auch immer zukommen mag, es spitzt sich alles auf die Frage zu: Darf man je über das Leben eines Menschen verfügen, von dessen Handeln für andere keinerlei Gefahr ausgeht und durch dessen Tötung jedoch höchste Werte verwirklicht werden könnten? Diesen Menschen, von dem keinerlei Gefahr ausgeht, nenne ich im folgenden – nicht zuletzt gestützt auf die Etymologie des in-nocens – einen ‚Unschuldigen‘.

Schließlich machte es für die Ethik einen bedeutsamen Unterschied aus, in welcher Weise der Tod des einen und die Rettung der anderen aus der Handlung hervorgehen. Es ist nicht dasselbe, ob bei der Bekämpfung militärischer Ziele sogenannte Kollateralschäden an der Zivilbevölkerung entstehen, oder ob der Zerstörungsradius der eingesetzten Waffen derart umfänglich ist, daß man im Sinne der Pastoralkonstitution des Zweiten Vatikanischen Konzils, Gaudium et Spes, Nr. 80, von unterschiedsloser, indiskriminatorischer Kriegsführung gegen militärische und zivile Ziele sprechen muß.[3] Dann kann man mit der Tradition nicht mehr vom doppelten Effekt einer Handlung sprechen. Vielmehr ist die Tötung von Zivilisten Teil des einen Zieles der Handlung.

Doch selbst wenn man von zwei unterscheidbaren Wirkungen einer Handlung sprechen kann, sind weitere Unterscheidungen angebracht. Es ist etwas je anderes, ob bei der Bekämpfung militärischer Ziele auch Zivilisten Schaden nehmen, oder ob man Städte bombardiert, in denen sich kein militärisches Ziel befindet, um die politische Führung zur Kapitulation zu bewegen – eine Überlegung, von der man liest, daß sie hinter den Flächenbombardements des Zweiten Weltkrieges gestanden habe.[4] Ebenso ist es ein Unterschied, ob der Arzt einen Fötus entfernt, um einer Aorta-Schwäche entgegenzuwirken, oder ob er eine mit Carcinom befallene Gebärmutter samt Fötus entfernt. Sowohl beim Städtebombardement wie bei der Tötung des Fötus zum Schutz der Aorta besteht zwischen der Tötung und dem verfolgten guten Zweck eine Zweck-Mittel-Relation. Wenn eine solche Zweck-Mittel-Relation vorliegt, wird hier fortan mit der Tradition von einer direkten Tötung gesprochen. Dieser Fall soll im folgenden untersucht werden. Wenn der direkten Tötung keine absolute Grenze gezogen ist, wird in allen anderen Fällen, in denen die Rettung des einen mit dem Tod des anderen auf andere Weise zusammenhängt, viel Spielraum für die moralischen Abwägung verbleiben.

Zusammengefaßt zeigt sich also, daß für die abwägende Verfügung über menschliches Leben keine Grenzen verbleiben, sollte es als ultima ratio erlaubt sein, einen Unschuldigen direkt zu töten. Läßt sich nun eine absolute Unverfügbarkeit menschlichen Lebens zumindest in der eben qualifizierten letzten Zuspitzung ethisch begründen? Die klassische katholische Moraltheologie hat dies versucht, indem sie hier keinen Grund auszumachen vermochte, daß eine solche Tötung nicht gegen das gottgegebene Tötungsverbot verstoße. Mit Hilfe der Lehre vom Doppeleffekt konnte jede Abwägung dort apodiktisch verworfen werden, wo es sich um die – wie man es ausdrückte – „direkte Tötung Unschuldiger" handelt.[5]

---

3 „Jede Kriegshandlung, die auf die Vernichtung ganzer Städte oder weiter Gebiete und ihrer Bevölkerung unterschiedslos abstellt, ist ein Verbrechen gegen Gott und gegen den Menschen, das fest und entschieden zu verwerfen ist." (GS Nr. 80) Zur Interpretation dieser Aussage vgl. E. J. Nagel, Die Friedenslehre der katholischen Kirche. Eine Konkordanz kirchenamtlicher Dokumente, Beiträge zur Friedensethik 5, Barsbüttel 1990, 214, Anmerkung 38.
4 Vgl. hierzu den kurzen Literaturüberblick von H. Book in: Frankfurter Allgemeine Zeitung vom 20. 5. 1992.
5 Vgl. hierzu B. Schüller, Direkte Tötung – indirekte Tötung, in: Theologie und Philosophie 47, 1972, 341–355.

Der deontologische Versuch, die direkt gewollte Tötung Unschuldiger mit dem Verweis auf das gottgebene Tötungsverbot zu verwerfen, wird von Teleologen einer grundlegenden Kritik unterzogen. Die Unverfügbarkeit menschlichen Lebens ist letztlich wohl nur aus dem Liebesgebot begründbar, wie Ernst Josef Nagel in seinen methodischen Überlegungen zur Friedensethik gezeigt hat.[6] Nur so bleibt die Einheit einer sittlichen Lebensführung vor Gott gewahrt. Umgekehrt stellt sich aber nun die Frage, ob man teleologisch die ausnahmslose Verwerflichkeit der direkten Tötung eines Unschuldigen begründen kann. Dabei beschränken sich die folgenden Überlegungen auf zwei Autoren, nämlich auf Bruno Schüller und Richard McCormick. Beide haben sich mit dieser Frage in aller Breite und zudem auch kontrovers auseinandergesetzt.

2. Zwei teleologische Lösungsansätze

1972 veröffentliche B. Schüller in der Zeitschrift Theologie und Philosophie eine Kritik der traditionellen Unterscheidung zwischen direkter und indirekter Tötung in ihrer normativen Reichweite.[7] Auf diesen Aufsatz geht R. McCormick 1973 in einem Vortrag unter dem Titel ‚Ambiguity of Moral Choice' vor der Marquette University ein, den er 1978 in dem Sammelband ‚Doing Evil to Achieve Good'[8] veröffentlichte. Im selben Sammelband reagierte B. Schüller unter der Überschrift ‚The Double Effect in Catholic Thought: A Reevaluation'[9]. Schüller verteidigt dort seine Position im hier anstehenden Punkt und kritisiert McCormicks Lösungsversuch. Darauf modifiziert McCormick seinen Ansatz grundlegend. Diese Modifikation findet sich in dem genannten Sammelband unter der Überschrift ‚A Commentary on the Commentaries'[10]. Eine Kurzfassung dieser Überlegungen erschien vorab 1976 unter dem Titel ‚Das Prinzip der Doppelwirkung einer Handlung' in der Zeitschrift Concilium.[11] So weit hier bekannt, hat sich B. Schüller mit den neuen Überlegungen McCormicks und dessen Kritik noch nicht öffentlich auseinandergesetzt. Im folgenden geht es um die Darstellung wie um eine Auseinandersetzung mit beiden Positionen.

---

6   E. J. Nagel, Methodisches zur Friedensethik, in: N. Glatzel, E. J. Nagel (Hrsg.), Frieden in Sicherheit. Zur Weiterentwicklung der katholischen Friedensethik, Freiburg – Basel – Wien 1981, 237–253.

7   B. Schüller, a. a. O.

8   R. McCormick, Ambiguity of Moral Choice, in: R. McCormick, Paul Ramsey (Hrsg.), Doing Evil to Achieve Good. Moral Choice in Conflict Situations, Chicago 1978, 7–53.

9   B. Schüller, „The Double Effect in Catholic Thought: A Reevaluation", in: Doing Evil to Achieve Good, a. a. O., 165–192.

10   R. McCormick, A Commentary on the Commentaries, in: Doing Evil to Achieve Good, a. a. O., 193–267.

11   R. McCormick, Das Prinzip der Doppelwirkung einer Handlung, in: Concilium (D), 12, 1976, 662–670.

Gegen Ende seines Buches zur Begründung sittlicher Urteile[12] nennt B. Schüller drei Kennzeichen teleologischer Ethik. Für die Fragestellung dieser Untersuchung ist das erste entscheidend: „die sittliche Richtigkeit aller Handlungen bestimmt sich ausschließlich von ihren Folgen für das Wohl und Wehe aller Betroffenen"[13].

Ist dies so, drängt sich die Frage auf, warum man als ultima ratio einen Unschuldigen nicht notfalls auch direkt töten dürfe, um etwa das Leben anderer zu retten. B. Schüller stellt sich dieser Frage und erinnert an ein in der angelsächischen Literatur häufig zitiertes Beispiel: In einer Stadt im Süden der USA wurde eine weiße Frau vergewaltigt. Der Sheriff weiß, daß er die Rache von Weißen und damit die Tötung vieler unschuldiger Schwarzer nur verhindern kann, wenn er einen vom Mob verdächtigten Schwarzen aburteilt. Von diesem aber weiß er ebenfalls, daß er nicht der Täter ist. Was soll der Sheriff tun? Verlangt Teleologie nicht auf den ersten Blick, den unschuldigen Schwarzen zu töten?

Für B. Schüller aber verbietet sich eine solche Hinrichtung gerade aufgrund teleologischer Abwägung. Wäre die Tötung des Unschuldigen erlaubt, müßte sie generalisiert und auch ins Strafrecht aufgenommen werden können. Dies aber hätte nicht akzeptable Folgen: „Da es mehr als zweifelhaft ist, daß die Institution ‚Strafrecht', wäre sie mit dieser Ausnahmebestimmung versehen, noch wirksam ihre Aufgaben zum Wohl der Gesellschaft erfüllen kann, muß die Ausnahmebestimmung als gemeinwohlwidrig und ungerecht abgelehnt werden."[14]

Im Kern lautet die Argumentation B. Schüllers also folgendermaßen: Die direkte Tötung Unschuldiger ist verboten aufgrund einer Abwägung. Die Verfügung über das Leben Unschuldiger wird auf die Dauer allen Beteiligten mehr schaden als nutzen. Fairerweise muß man erwähnen, daß Schüller sich der Problematik seines Arguments bewußt ist: „Wer sich für eine teleologische Ethik ausspricht, muß deswegen nicht schon in der Lage sein, alle erdenklichen Einwände, die in Form von Gegenbeispielen vorgebracht werden könnten, schlagend zu entkräften"[15]. Insofern trifft ihn der Einwand R. McCormicks sicher nicht unvorbereitet.

R. McCormick wendet ein, Schüller begründe nicht, warum durch eine solche Ausnahmeregel die Institution des Strafrechts untergraben würde[16]. Und dieser Einwand ist sicherlich einsichtig. Denn warum soll für das Strafrecht

---

12 B. Schüller, Die Begründung sittlicher Urteile, Typen ethischer Argumentation in der Moraltheologie, Düsseldorf ²1980.
13 ebd., 289.
14 ebd., 291.
15 ebd., 292.
16 „... what does it mean to say ‚the whole institution of criminal law' is at stake? ... He (Schüller) says that the conclusion that the sheriff should frame the one to save others is

nicht das gleiche gelten wie für die Sprache? Gerade die Teleologen haben darauf hingewiesen, daß die Institution ,Sprache' keineswegs zerstört wird, wenn die Gleichung Falschaussage = Lüge aufgehoben würde. Entscheidend sei, daß für die Erlaubnis gewisser Falschaussagen generalisierbare Regeln aufgestellt werden können. Warum soll dann die Tötung Unschuldiger nicht erlaubt sein, wenn man diesbezüglich generalisierbare Regeln aufstellen kann? Die Frage McCormicks läßt sich auch auf eine praktischere Ebene übersetzen: Zu welchem Abwägungsergebnis müßte eine rechtsstaatliche Autorität finden, wenn sie nur durch die Tötung eines Unschuldigen ein weltweites Unrechtssystem verhindern könnte?

Diese Überlegungen zeigen, daß es Schüller zweifellos gelingt, ein für die allermeisten Fälle geltendes Tötungsverbot zu begründen. Er kann jedoch Ausnahmen nicht ausschließen. Es läßt sich – diese Konsequenz muß wohl gezogen werden – in der Teleologie Schüllers aufgrund von Abwägungen kein ausnahmsloses Verbot begründen, Unschuldige direkt zu töten.[17] Gelingt dies McCormick?

2.2 Der Begründungsansatz R. McCormicks

Auch R. McCormick setzt sich mit der Frage auseinander, ob der Sheriff den unschuldigen Schwarzen töten dürfe. Auch er verneint dies und begründet es folgendermaßen: Tötung sei erlaubt, wenn sie „der einzig denkbare Weg ist, einen größeren Verlust an Leben zu verhindern"[18]. Dennoch dürfe der Sheriff aus diesem Grund den Farbigen nicht töten.

Würde man nämlich sagen, im Falle des Sheriffs könnte man das Leben der vielen nur durch den Tod des einen Unschuldigen retten, geriete man in Probleme. Man würde implizit die Freiheit des Menschen negieren: „Dadurch nämlich, daß man einen unschuldigen Menschen tötet, spricht man eigentlich den anderen die Freiheit ab. ... Man setzt dabei voraus, daß ich andere nur dadurch vom Unrecht abhalten kann, daß ich selbst Leid, nichtmoralisches

justified only if this conclusion, raised to a universally acknowledged and practiced rule, would actually promote the common good. Because that is at least highly doubtful, such an exception must be judged contrary to the common good and unjust. But why would it be contrary to the common good if raised to a universally acknowledged and practiced rule? Schüller does not develop this." (R. McCormick, A Commentary on the Commentaries, in: Doing Evil to Achieve Good, a. a. O., 260).

17 Im Hinblick auf die Tötung von Nonkombattanten bringt B. Schüller dies auch expressis verbis zum Ausdruck: „Indeed, it is simple a matter of empirical fact that in the course of resisting unjust aggressors one is very seldom (!) confronted with a situation where the direct killing of noncombatants could be considered necessary to repel aggressors." (The Double Effect on Catholic Thought: A Reevalution, in: Doing Evil to Achieve Good, a. a. O., 181).

18 R. McCormick, The Commentary on the Commentaries, in: Doing Evil to Achieve Good, a. a. O., 262.

Übel zufüge. Diese Annahme leugnet und untergräbt dadurch die menschliche Freiheit."[19] Ein Verstoß gegen das Gut der Freiheit untergräbt aber für McCormick auf die Dauer auch das Gut des Lebens. Denn Leben und Freiheit sind Grundwerte und als solche untrennbar miteinander verbunden. Darum rettet der Sheriff durch die Tötung des Unschuldigen kein Leben, sondern untergräbt (undermines) das Leben durch die Untergrabung der Freiheit.

Auch bei dieser Argumentation von R. McCormick bleiben offensichtlich Probleme ungelöst: Wie hat der Sheriff zu handeln, wenn der Mob z. B. in Folge extremen Alkoholgenusses gar nicht mehr frei ist? Wie hat sich eine staatliche Autorität zu verhalten, wenn sie nur durch die Einschränkung menschlicher Freiheit einiger ein die Freiheit aller negierendes System verhindern kann? Auch McCormick gelingt es nicht, letzte Zweifel auszuschließen, daß der Sheriff den unschuldigen Schwarzen unter keinen Umständen direkt töten darf.

B. Schüller wie R. McCormick haben das Verdienst, ein auch politisch sensibles Thema aufgeworfen zu haben, an dem sie zugleich die Leistungsfähigkeit ihrer teleologischen Methode einer schonungslosen Prüfung unterziehen. Es wird deutlich, daß sie die Lösungen der Tradition nicht zur Disposition stellen, um ihre Methode zu retten. Vielmehr geht es ihnen um eine konsistentere Begründung – um im Beispiel zu bleiben –, daß der Sheriff den Schwarzen nicht töten darf. Diese Suche ist sicherlich noch nicht beendet. In solchen Fällen ist man als katholischer Theologe geneigt, die Frage Thomas von Aquin vorzulegen.

3. Orientierungssuche bei Thomas von Aquin

Man kann sich zunächst fragen, warum McCormick und Schüller nicht zur Begründung einer irgendwie gearteten ausnahmslosen Unverfügbarkeit des Lebens vorstoßen. Liegt der Grund hierfür im teleologischen Verfahren selbst? Oder liegt er in materialen Wertaussagen, im ordo caritatis, der ihren Abwägungen zugrundeliegt?

Schüller wie McCormick sind sich in der grundlegenden Unterscheidung zwischen sittlichen und vorsittlichen Werten einig. Die Tötung eines Unschuldigen könne niemals wie die Sünde einen absoluten Unwert darstellen. Als relativer Wert könne das Leben eines Menschen grundsätzlich und in jedem Fall in Konkurrenz zu anderen Werten treten. Ist mit dieser Unterscheidung aber schon die These begründet, der Tod als vorsittliches Übel stelle immer schon einen nur relativen Unwert dar, der in eine quantitative Abwägung eingehen könne? Der Tod eines unschuldigen Menschen kann doch nur dann im Sinne einer teleologischen Argumentation Ziel einer guten Handlung sein, wenn auf diese Weise ein größeres Übel verhindert werden kann. Stellt aber das Leben vieler Menschen einen höheren Wert dar als das Leben eines Einzelnen?

---

19 R. McCormick, Das Prinzip der Doppelwirkung einer Handlung, a. a. O., 669.

Diese Frage müßte Thomas von Aquin, wenn man sie ihm so vorlegen würde, verneinen. Denn für ihn ist menschliches Leben ein Gut sui generis. Gewiß ist auch für ihn der Tod eines Menschen ein Übel anderer Art als die Sünde. Im Gegensatz zu allen anderen physischen Gütern aber ist Leben die Grundvoraussetzung einer heilsorientierten Praxis schlechthin. So wenig wie man das Heil eines Menschen dem vieler opfern darf, ist es erlaubt, einen unschuldigen Menschen zu töten, um das Leben vieler zu retten.

Diese These läßt sich aus der Thomanischen Lehre vom gerechten Krieg[20] herleiten. Auf die Frage, ob „es unter Umständen erlaubt (sei), einen Unschuldigen zu töten"[21], gibt er eine kategorische Antwort: Es ist „in keiner Weise erlaubt, einen Unschuldigen (innocens) zu töten"[22]. Um diese Aussage recht zu verstehen, bedarf es zunächst einer Klärung dessen, was der Aquinate in diesem Kontext unter einem ‚innocens', einem Unschuldigen, versteht (a). Danach ist der Frage nachzugehen, ob Thomas in seinem Tötungsverbot auch die sogenannte indirekte Tötung Unschuldiger einschließt (b).

a) Thomas denkt in seiner Kriegslehre ganz in der Vorstellungswelt des Mittelalters. Gerechte Kriege werden für ihn mit dem „materialen Schwert"[23] der Kirche geführt, das in den Händen der weltlichen Fürsten liegt. Ein bellum justum dient dazu, die von einer Sünde ausgehende Heilsgefahr zu verhindern. Derartige Gefahren gehen von jeder Sünde aus, die für andere in Erscheinung tritt, da sie zur Nachahmung verleiten können. Der gerechte Krieg verhindert ein Ärgernisnehmen durch eine abschreckende Bestrafung der Sünder. Dabei darf nicht mehr Gewalt angewendet werden als hierzu notwendig: „Die Verhängung von Strafe darf nicht um ihrer selbst willen gefordert werden, sondern Strafen werden gleichsam als Heilmittel zur Verhütung der Sünden verhängt."[24]

Allerdings kann die Abschreckung auch die Tötung des Sünders umfassen; dann nämlich, wenn es sich um eine schwere Sünde handelt, und die Gefahr der Nachahmung groß ist. Thomas läßt hier Augustinus sprechen: „So

---

20 Zur eingehenderen Begründung vgl. G. Beestermöller, Thomas von Aquin und der gerechte Krieg, Friedensethik im Kontext der Summa Theologiae, Theologie und Frieden 4, Köln 1990; insbesondere ‚4.23.24 Das Diskriminationsprinzip in der Summa theologiae?', 151–160.

21 Sth II-II, q.67, a.6.
    Ich übernehme die Übersetzung der Deutschen Thomas-Ausgabe, Vollständige, ungekürzte deutsch-lateinische Ausgabe der Summa theologica, Übersetzt und kommentiert von Dominikanern und Benediktinern Deutschlands und Österreichs, Herausgegeben von der Philosophisch-Theologischen Hochschule Walberberg bei Köln, Heidelberg – Graz – Wien – Köln (inzwischen: Graz – Wien -Köln) 1933ff (= DThA). In Ausnahmefällen wird dies eigens begründet.

22 Sth II-II, q.67, a.6, resp.

23 Sth II-II, q.40, a.1, resp.
    Die DThA übersetzt „gladius materialis" mit „Schwert". Damit wird die Einbindung der Kriegsautorität des Fürsten in die Zwei-Schwerter-Lehre nicht mehr deutlich.

24 Sth II-II, q.43, a.7, ad 1.

heilt ... die Kirche, wenn sie durch die Vernichtung einiger die übrigen zusammenhält, den Schmerz ihres mütterlichen Herzens durch die Befreiung so großer Scharen.'"[25]

Im Licht dieser Aussage wird deutlich, was Thomas unter unschuldigen Menschen versteht, deren Tötung ausnahmslos verboten ist: Menschen, die im forum externum kein sündhaftes Verhalten erkennen lassen, und von denen daher – auf der Linie des Etymologie des ‚innocens' – keine Gefahr für das Heil anderer ausgeht.

Dieses Begriffsbestimmung bedeutet einerseits, daß nicht nur diejenigen, die sich mit Waffengewalt dem weltlichen Schwert der Kirche widersetzen, als ‚nocens' gelten, sondern auch diejenigen, die auf andere Weise für ihre Mitmenschen zur großen Gefahr werden. Der mittelalterliche Dominikanertheologe denkt hier besonders an diejenigen, die sich zur Häresie bekennen.[26] Andererseits werden diejenigen, die mit Waffengewalt an den gerechten Kriegen teilnehmen als ‚innocens' eingestuft. Denn ihr Kampf steht gerade im Dienst am Heil der Menschen.[27]

b) Bedeutet nun das kategorische Verbot, Unschuldige auf keine Weise zu töten, daß Thomas auch deren indirekte Tötung verbieten will? Folgende Überlegungen sprechen dagegen, daß Thomas mit seinem umfassenden Verbot, Unschuldige zu töten, wohl kaum auch dies verbieten wollte.

So besteht eine erste Beobachtung darin, daß Thomas sein Verbot der Tötung Unschuldiger auf einen konkreten Fall anwendet: Ein Fürst steht vor der Wahl, alle Einwohner einer häretischen Stadt – also auch die Unschuldigen – zu töten, oder die Bösen laufen zu lassen, „weil sie unter den Guten verborgen leben".[28]

Im Hintergrund dieser Überlegungen steht wahrscheinlich die Belagerung der Albingenserfestung von Beziers. „Kurz vor ihrem erfolgreichen Angriff fragten die orthodoxen Soldaten den päpstlichen Legaten, wie sie zwischen orthodoxen und häretischen Bewohnern unterscheiden könnten. Der Legat antwortet: ‚Tötet sie alle. Gott kennt die genau, die zu ihm gehören.'"[29] Diesem Zynismus hält Thomas entgegen, daß die Guten nicht hingerichtet werden dürfen, um der Bösen habhaft zu werden. Dieses Beispiel läßt vermuten, daß Thomas die neuscholastische Unterscheidung zwischen indirekter und

---

25 Sth II-II, q.10, a.8, ad 4.
26 „Auf seiten jener (der Häretiker) liegt eine Sünde vor, durch die sie verdient haben, nicht nur von der Kirche durch den Bann ausgeschieden, sondern auch durch den Tod von der Welt ausgeschlossen werden." (Sth II-II, q.11, a.3, resp.).
27 Vgl. Sth II-II, q.41, a.2, ad 3.
28 Sth II-II, q.64, a.2, ad 1.
29 J.C.L. Simond de Sismondi, History of the Cursades against the Albigenses in the Thirteenth Century, trans. from the French (London: Wightman and Cramp 1826), zitiert nach L.B. Walters, Five Classic Just-war Theories, A Study in the Thought of Aquinas, Vitoria, Suarez, Gentili and Grotius, Yale Univ. 1971, 174; Übersetzung d. Verf.

direkter Tötung Unschuldiger nicht vor Augen hatte, als er jedwede Tötung Unschuldiger für verboten erklärte.[30]

Der Grund hierfür ist wohl im mittelalterlichen Kriegswesen zu suchen. Kriege waren in dieser Epoche entweder offene Feldschlachten oder langwierige Belagerungen.[31] In der offenen Feldschlacht der Ritterheere stellte sich das Problem der Gefährdung Unschuldiger nicht. Die Belagerungen führten dazu, daß sie entweder erfolglos abgebrochen wurden, oder daß sich die Belagerten ergaben.

Die Frage nach der erlaubten Tötung Unschuldiger stellt sich im Falle der Belagerung in der Weise, wie sie eben erläutert wurde: Darf man alle, Schuldige und Unschuldige, hinrichten, weil man die schuldigen Verantwortungsträger nicht identifizieren kann? Die Unterscheidung zwischen einer direkten und indirekten Tötung Unschuldiger wird erst dann ethisch relevant, wenn der Einsatz militärischer Mittel gegen den als solchen identifizierten Kriegsgegner nicht derart zielgenau möglich ist, daß keine ungewollten Kollateralschäden entstehen. Im Rahmen des mittelalterlichen Kriegswesens stellte sich dieses Problem offensichtlich noch nicht. Insofern tut man dem Thomanischen Text keine Gewalt an, wenn man ihn als Verbot der direkten Tötung Unschuldiger interpretiert.

Es bedarf nun kaum größerer Erläuterungen, daß das Thomanische Verständnis eines ‚Unschuldigen‘ an die Welt des Mittelalters gebunden ist. Eine Welt, die sich kein theologisch qualifiziertes Fundament des Zusammenlebens gibt, in der Recht und Moral, Staat und Kirche auseinandertreten und in der dem Einzelnen ein Recht auf Subjektivität, ein Freiraum der individuellen Glaubens- und Wahrheitsfindung eingeräumt wird, liegt außerhalb der Vorstellungsmöglichkeiten des großen Kirchenlehrers. Diese Kontextuierung bedeutet allerdings nicht, daß die Thomanische Begründung für das ausnahmslos geltende Verbot, Unschuldige direkt zu töten, gänzlich obsolet geworden ist, wenn man den von einem Menschen ausgehenden Schaden in mehr rechtlich-materiellen Kategorien bestimmt.

Die Argumentationsfigur des Aquinaten läßt sich in zwei Stufen skizzieren: Auf der ersten Stufe wird deutlich, daß ceteribus paribus nicht in jedem Fall die Quantität den Ausschlag gibt. Denn „in den geistigen Gütern darf der Mensch keinen Schaden auf sich nehmen, indem er Sünde tut, um den Nächsten von der Sünde zu befreien"[32]. Auch dann darf der Mensch sein eigenes Heil nicht opfern, wenn er dadurch schwerste Sünden vieler verhindern könnte.

Dafür sprechen zwei Gründe. Der erste Grund besteht darin, daß jede Heilsverwirkung einen im wörtlichen Sinne grenzenlosen Unwert ausmacht,

---

30 Der Terminus „duplex effectus" findet sich zwar in der Sth II-II, q.64, a.7. Er hat hier aber einen anderen Sinn als in der neuscholastischen Lehre vom „Doppelten Effekt einer Handlung". Vgl. w.u. Anm. 38.
31 Vgl. L. B. Walters, a. a. O., 23.
32 Sth II-II, q.26, a.2, resp.

der sich jeder weiteren Abwägung entzieht. Der zweite Grund ist, daß bei derartigen Übeln nicht quantitative Überlegungen, sondern die Zuständigkeit im Rahmen des ordo caritatis den Ausschlag gibt. „Denn der Mensch ist mehr gehalten, sein eigenes Leben in heilsorientierter Weise zu führen, als für die heilsorientierte Lebensführung eines anderen zu sorgen."[33]

Diese Überlegungen werden in der zweiten Argumentationsstufe auf den Fall der Tötung Unschuldiger übertragen. Es läßt sich dann die Frage stellen, ob man einen Menschen überhaupt die Möglichkeit nehmen darf, ein heilsorientiertes Leben zu führen, um sie anderen zu eröffnen? Verstößt dies nicht gegen den unabwägbaren Wert des Heils eines jeden? Liefe aber diese Überlegung nicht auf ein absolutes Tötungsverbot jedes Menschen unter jedweden Umständen hinaus?

Thomas verfährt hier in der Tat restriktiver, als man auf den ersten Blick vermuten würde. Er spricht selbst dem Angegriffenen in einer Notwehrsituation das Recht ab, den aggressor iniustus zu töten.[34] In Selbstverteidigung dürfen nur solche Maßnahmen ergriffen werden, in denen der Tod des Angreifers nicht intendiert ist („praeter intentionem"[35]). Darunter fallen für den Aquinaten alle Handlungen, die nach menschlichem Ermessen keine tödliche Wirkung zeitigen. Kommt der Aggressor dennoch zu Tode, liegt keine Sünde vor. Denn wenn „jemand etwas Unrechtes tut, ohne daß er etwas Unrechtes tun will (non intendens), zum Beispiel wenn er es aus Unwissenheit tut, ohne einzuschätzen[36], daß er etwas Ungerechtes tut, dann tut er das Ungerechte nicht an sich (per se) und formell, sondern nur zufällig (per accidens)."[37] Wenn er auch „Unrecht tut", ist er „doch kein Ungerechter"[38].

---

33 „Quia plus tenetur homo vitae suae providere quam vitae alienae." (Sth II-II, q.64, a.7, resp.)
Die DThA übersetzt „providere" allgemein mit „sorgen für". Die Übersetzung von „providere" als „Heilsfürsorge" ist durch die entsprechende Begriffseinführung im Gesetzestraktat, Sth I-II, q.91, a.2, resp. gedeckt; vgl. hierzu O.H. Pesch, Das Gesetz, Kommentar zu Thomas von Aquin: Summa Theologiae I-II 90 -105 (DThA Bd. 13), Heidelberg – Graz 1977, 552–555.

34 Vgl. zur detaillierten Begründung der hier vertretenen Interpretation des Selbstverteidigungsartikel Sth II- II, q.64, a.7 G. Beestermöller, a. a. O., 206–220.

35 Sth II-II, q.64, a.7, resp.

36 Die DThA übersetzt „existimans" mit „ohne eine Ahnung zu haben". Dies geht wohl zu weit. Thomas kann hier durchaus auf der Linie der Wahrscheinlichkeitseinschätzung einer Handlungsfolge interpretiert werden. Vgl. hierzu Sth I-II, q.20, a.5, resp.

37 Sth II-II, q.59, a.2, resp.

38 Sth II-II, q.59, a.2, resp.
In diesem Sinne ist denn auch der Terminus „duplex effectus" (Sth II-II, q.64, a.7) zu verstehen. Für Thomas gelten alle Handlungsfolgen als intendiert, von denen der Handelnde wissen mußte, daß sie nach menschlichem Ermessen eintreten. Außerhalb der Intention liegt alles, was aus der Handlung folgt, ohne daß der Handelnde dies wahrscheinlicherweise erwarten mußte. Darum empfangen „sittliche Handlungen ... ihre Eigenart gemäß dem, was beabsichtigt ist (quod intenditur), nicht aber von dem, was außerhalb der Absicht liegt, weil es zufällig ist (per accidens)." (Sth II-II, q.64, a.7, resp.).

Diese Argumentation wirkt extrem rigide. Dabei schwächt Thomas sogar die noch weitergehende Forderung Augustinus' ab, der überhaupt jedwede Selbstverteidigung ablehnt.[39] Hinter den Überlegungen beider Theologen steht die Sorge um das Heil des Angreifers, falls ihm keine Möglichkeit zur späteren Umkehr bleibt. Hingegen ist das Heil des sittlich gut Handelnden nicht gefährdet, wenn er sein Leben nicht mit allen Mitteln verteidigt. Daher fordert die christliche Liebe, „den Nächsten, soweit das Heil seiner Seele in Frage steht, mehr (zu) lieben als den eigenen Leib"[40].

Wie verträgt sich dies mit der Erlaubnis, in einem gerechten Krieg notfalls Unrechtstäter zu töten? Nur aus Rücksicht auf die von ihm selbst herbeigeführte Heilsgefährdung ist die Tötung des Sünders erlaubt, damit andere nicht in die Gefahr der Heilsverwirkung gebracht werden. Jede Tötung fällt dann konsequenterweise in die ausschließliche Zuständigkeit der „Inhaber der öffentlichen Gewalt", denen die Verantwortung für „das öffentliche Wohl"[41] übertragen ist.

Aufgrund des Selbstverständnisses des modernen Staates werden solche Überlegungen im staatlichen Recht kaum eine verbindliche Rolle spielen können. Nichtsdestoweniger verbietet Staatsrecht Folter oder die Tötung Unschuldiger absolut und unter allen Umständen als Mißachtung der Würde des Menschen. Staatsrecht kann solche Verbote – wie ja auch die Würde des Menschen – als vor-staatlich klassifizieren und sich damit der Begründungspflicht entziehen. Die theologische Ethik kann dies nicht. In ihr können dann aber auch nicht die Heilsbedeutsamkeit des Lebens und deren innerweltliche Gefährdung unberücksichtigt bleiben. Es wird zu diskutieren sein, in welcher Weise die Thomanische Argumentation für die moderne Begründungsproblematik fruchtbar gemacht werden kann. Dabei wird man auch der Frage nachgehen müssen, ob und wie die Reflexionen des großen Kirchenlehrers mit der Unterscheidung zwischen direkter und indirekter Tötung verbunden werden können. Ziel dieser Überlegungen war es nur, die Überlegungen der Summa theologiae zur Tötung unschuldiger Menschen vorzustellen.

Wo liegen die Grenzen der Verfügung über das menschliche Leben? Eine Frage, die durch modernste Techniken, und nicht weniger durch die neuartige Erscheinung des Krieges im Libanon und im ehemaligen Jugoslawien ein vorher kaum geahntes Ausmaß erhalten hat. B. Schüller und R. McCormick gebühren Dank und Anerkennung, daß sie den Gefahren der grenzlosen Instrumentalisierung menschlichen Lebens eine Schranke gezogen haben – wenn hier auch Fragen bleiben. An diesem Anliegen muß theologische Ethik unbedingt festhalten.

---

39 Thomas beginnt seine Überlegung, indem er an Augustinus (PL 33/ 186 C) erinnert: „„Der Rat, Menschen zu töten, damit nicht durch sie jemand getötet werde, kann mir nicht gefallen, . . . "" (Sth II-II, q.64, a.7, obi. 1).
40 Sth II-II, q.26, a.5, resp.
41 Sth II-II, q.64, a.7, resp.

3 Friedensethik angesichts der Herausforderungen der Gegenwart

3.1 Grundfragen

JÖRG SPLETT

3.1.1. Gerechtigkeit und Frieden

Vorüberlegungen christlicher Philosophie

> ... und edlen Frieden geben
> Martin Rinckart

1. Statt Gerechtigkeit Frieden?

Es war eine bekannte Taktik des sozialistischen Lagers, in Ablenkung von Menschenrechtsfragen die Friedensthematik ins Zentrum von Diskussionen, Jugend- und Sportveranstaltungen zu rücken. Geschickt war dies nicht zuletzt auch insofern, als die Taktiker hier mit breiter Zustimmung und Unterstützung von christlicher Seite rechnen konnten. Gerechtigkeit sei in der nachadamitischen Welt ohnehin nicht erreichbar; also gehe es darum, sich duldend zufrieden zu geben.

Oft hat man früher den prägnanten Ausspruch Gertruds von le Fort zitiert: „Gerechtigkeit ist nur in der Hölle; im Himmel ist Gnade, und auf Erden ist das Kreuz."[1] – Eugen Biser, der auch heute wiederholt auf die Dichterin hinweist, verteidigte kürzlich einen Kollegen gegen den Vorwurf, er verkenne den Ernst der Sünde und mache aus Jesus einen Therapeuten, indem er schrieb: Drewermann habe damit vielen „nur die Lebensader des Christentums freigelegt". Die Therapie Jesu gelte „der ‚Krankheit zum Tode', die letztlich [!] in der Todverfallenheit der Schöpfung wurzelt". Werde in der „traditionellen Perspektive" die Erlösung nur, kompensatorisch, auf die Not des Sünders bezogen, so gehe es dagegen jetzt „um die Behebung der Not des Menschseins als solchen".[2]

---

1   Aphorismen, München 1962, 68 (Der Papst aus dem Ghetto: Erzählende Schriften, München/Wiesbaden 1956, II 146).
2   Der Indikator, in: StZ 210 (1992) 291–296, 292f. Was ist damit über das Gut-sein der Schöpfung und über die Ehre des Schöpfers gesagt?

Dahinter steht das Programm einer „antwortenden Theologie", die sich ihren Rahmen offenbar vom fragenden Menschen vorgeben läßt.[3] Aber darf sie dies so einfachhin? Müßte sie nicht vielmehr ihn befragen – und ihrerseits sich selbst befragen lassen? Im Sinn einer Notiz Kurt Martis: „Gott, so denkt man oft..., sei Antwort. Spröder sagt die Bibel, daß er Wort sei. Und wer weiß, vielleicht ist er meistens Frage: die Frage, die niemand sonst stellt."[4]

Verdienstvoll die Wiederaufnahme einer alten und zu Unrecht fast vergessenen Tradition von Jesus als Helfer und Arzt; doch leider schmälert eine ungute Entgegensetzung den Gewinn. Im Zuge der Zeit wird gegen den Rechtfertigungs- und Sühnegedanken von Athanasius bis zu K. Barth und H. U. v. Balthasar polemisiert. Diese Position hätte neuerdings Hans Blumenberg „erschüttert" mit der Frage, „warum denn der ‚in seiner Glorie ertrinkende' Gott die Sündenschuld der Menschheit nicht ‚mit einem einzigen Federstrich' getilgt habe".[5] – Einig muß man mit E.Biser darin sein – gegen tatsächlich so weit verbreitete wie die Personwürde verletzende Thesen – , „daß der Tod Jesu keinen, auch nicht den höchsten Zweck verfolgte, sondern als die sein Leben krönende Liebestat zu gelten hat". Doch eben diese Liebestat „erfüllt alle Gerechtigkeit" und sühnt, wobei es selbstverständlich nicht „um die ‚Reparatur' eines primär moralisch verstandenen ‚Defekts' zu tun ist" (Indikator 293), was sich aus der Feder eines so namhaften Theologen erstaunlich liest – als wäre Sünde nicht im Kern statt Unmoral U*nglaube*, und als litte insofern der Mensch nicht tatsächlich mehr als „unter den Folgen der ‚strukturellen Sünde', also der gesellschaftlichen Unrechtsverhältnisse", unter „individueller [besser: persönlich personaler] Schuld" (292).

Eben deshalb wäre es mit einem Federstrich nicht getan. Mit ihm kann es bei Schulden sein Bewenden haben (vgl. Lk 16,1–7), nicht bei Schuld. (Und bei der kann sich der Zeitgenosse vielleicht doch mehr denken, als Blumenberg wahrhaben will, im Blick zwar weniger auf sich als auf die anderen – was sich ihm aber bewußt machen und damit korrigieren ließe: wenn schon nicht im Blick auf Gottes Ehre – die mancher nur als gekränkte Empfindlichkeit [zu] denken [ver]mag? – , dann doch bezüglich der eigenen „Nekrophilie".[6])

---

3 Glaubenskonflikte. Strukturanalyse der Kirchenkrise, Freiburg 1989, 93 ff. Wäre die Rückfrage von Anm. 2 auf die Distanz des Autors zu „philosophischen Denkhilfen" hin zu vertiefen, die sich wie früher auch hier (104) wieder ausspricht? Dazu exemplarisch: W. Kasper, Zustimmung zum Denken. Von der Unerläßlichkeit der Metaphysik für die Sache der Theologie, in: ThQ 169 (1989) 257–271.

4 Zärtlichkeit und Schmerz. Notizen, Darmstadt/Neuwied 1979, 107.

5 A.a.O., 108. Verweis auf: H. Blumenberg, Matthäuspassion, Frankfurt 1988, 33 f. (dort 33 das erste Zitat; zum „göttlichen Federstrich": 249). Auf die Sachfrage und die Literatur dazu sei jetzt nicht eingegangen; ich verweise nur auf G. Greshake, Der Wandel der Erlösungsvorstellungen in der Theologiegeschichte, in: L. Scheffczyk (Hrsg.), Erlösung und Emanzipation, Freiburg 1973, 69–101, bes. 86–89.

6 Dtn 30,19: „Leben und Tod lege ich dir vor, Segen und Fluch. Wähle also das Leben, damit du lebst..." Thomas von Aquin, ScG III 122: „Gott wird durch nichts beleidigt als durch das, was wir gegen unser eigenes Wohl tun."

Um schließlich noch einer philosophischen Stimme Gehör zu schenken, der Maria Ottos: „Was ist denn das Erbarmen Gottes anderes als sein vollkommenes Verstehen unserer Bedingtheit samt unserer Schuld, in die wir von urlangher verwickelt sind?... Wer das Gestrick der Ursächlichkeiten, in dem ein Missetäter sich verfing, bis zum letzten Grund zurückverfolgen könnte, dem verginge das Richten vor lauter Erbarmen, vor lauter Verstehen. Dann wäre man gerecht." Tatsächlich ist es „ein ständig vergessenes christliches Hauptgebot: Richtet nicht." Doch stünde anderseits im Ernst allein die „Lösung verkrampfter Schuld*gefühle*" an?[7]

Wer alles versteht, wird vieles entschuldigen – mehr als jemand ohne derartiges Verständnis. Aber gerade er wird zwischen Entschuldbarem und Unentschuldbarem differenzieren. Dies dann bedarf der Vergebung.[8]

2. Der Schrei nach dem Recht

So formuliert in aller Schärfe Chaim Noll die Gegenposition in seinen *Nachtgedanken über Deutschland*.[9] Er beginnt Kap. 6 mit dem Dank dafür, als Jude geboren zu sein; so sei ihm „der Talmud zur Seite... und nicht der alles glättende Vergebungsschmus der hier herrschenden meist protestantischen Pfarrer" (123). Noll zitiert: „Es heißt in der Mischna Abot: ‚Rabban Schimeon ben Gamliel sagt: Auf drei Dingen beruht die Welt, auf dem Recht, auf der Wahrheit und auf dem Frieden', unter Berufung auf Sacharia 8,16" (128).[10]

Recht, Wahrheit und Frieden stehen gleichberechtigt nebeneinander, so daß stets von neuem abzuwägen wäre. Für die deutschen Protestanten aber sei bereits entschieden, daß der Friede absoluten Vorrang hat. „Und schließlich

---

7   Mit den Sternen spielen. Gedanken im Kosmos des Glaubens, Freiburg 1992, 35 (Hervorhebung vom Verf.).

8   Wie zwischen Vergeben (Verzeihen) und Entschuldigung – als geradezu entgegengesetzt („du bist schuldig; ich verzeihe dir" – „du hast keine Schuld, bist entschuldigt") – wäre auch bezüglich des „tout comprendre c'est tout pardonner" in Nüchternheit *pardonner* von *excuser* zu unterscheiden. Daß allerdings auch politisch von Verzeihung die Rede sein sollte, vertritt H. Arendt, Vita activa oder Vom tätigen Leben, Stuttgart 1960, 231–238. „Daß diese Entdeckung [durch Jesus von Nazareth] in einem religiösen Zusammenhang gemacht und ausgesprochen ist, ist noch kein Grund, sie nicht auch in einem durchaus diesseitigen Sinne so ernst zu nehmen, wie sie es verdient" (234). (Zu den Grenzen des Konzepts siehe: J. Splett, Vita humana. Hannah Arendt zu den Bedingungen tätigen Menschseins, in: ThPh 67 (1992) 558–569, 563.)

9   Reinbek bei Hamburg 1992, 122ff (Sechste Nacht: Recht und Gnade).

10 Pirke Aboth. Die Sprüche der Väter (S. Bamberger), o.O. (Schweiz) 1959, 2f (I 2): „auf Thora, auf Gottesdienst und auf Wohltätigkeit". Das Prophetenwort zitiert Noll „in der Wiedergabe des Wiener Judaisten Günter Stemberger: ‚Gemäß Wahrheit, Recht und Frieden richtet in euren Toren'", um dann auf Abschwächungen des Rechts-Aspekts um des zu schaffenden Friedens willen in der Zürcher wie in Luthers Übersetzung hinzuweisen. (Einheitsübersetzung: „Fällt ... Urteile, die der Wahrheit entsprechen und dem Frieden dienen"; Buber-Rosenzweig: „Treue und Friedensrecht richtet . . . ").

‚Frieden' um jeden Preis" (129). Im Namen des Friedens wird dann die „Quadratur des Kreises" unternommen: „Täter und Opfer gleichermaßen freisprechen [zu] wollen" (132).

Auf den Vorwurf von fast zweitausend Jahren, die Juden redeten von einem Gott der Rache, ohne Verständnis für die „Gnade" des Evangeliums, erwidert Noll mit dem Talmud-Kommentator J. Fromer, es handle sich „um das Prinzip der Gerechtigkeit, ohne das der Jude nicht zu leben vermag und für das er sich selbst zu opfern bereit ist" (ebd.).[11] So sei Jesus als Jude seinen Opfergang aus unbedingter Liebe zum Recht gegangen. „Auch das Recht ist eine Gnade, nämlich für die Verfolgten" (133).

Wie in der Tat soll es wahren Frieden – „edel" statt „faul"[12] – ohne zufriedenstellende Gerechtigkeit geben? Aus der Ahnung, dem nicht zu beseitigenden Wissen darum kommt es wohl, daß die Befürworter einer alles verstehenden Friedlichkeit die Schuld der Freiheit beziehungsweise die Freiheit der Schuld – wenn nicht ausdrücklich leugnen, immerhin – als oberflächlich, vordergründig oder ähnlich auf ein tieferes Verhängnis hin durchschauen wollen. Mit den bekannten Worten Immanuel Kants: „Aus so krummem Holze, als woraus der Mensch gemacht ist, kann nichts ganz Gerades gezimmert werden."[13] Für eine solche Seinsverfassung aber hätte man nicht uns, sondern den Schöpfer zu behaften – es sei denn, daß zuletzt auch ihn die ontologischen Verhältnisse entlasten, die nun einmal nicht so sind.[14]

---

11 Vgl. E. Lévinas, Schwierige Freiheit. Versuch über das Judentum, Frankfurt/M. 1992, 109–113: Die Thora mehr lieben als Gott.

12 Das Motto, aus der zweiten Strophe von „Nun danket alle Gott", findet sich im *Gotteslob* 325 (Nr. 266); vgl. Weish 14,22; vgl. Weish. 14,22.

13 Idee zu einer allgemeinen Geschichte... A 397 (Werke in sechs Bänden [W. Weischedel], Darmstadt 1964, VI 41).

14 Fürs erste siehe beispielsweise E. Drewermann: „Wer Gott schuldig spricht, den mag Walter Kasper zu Recht einen Gnostiker nennen. Doch wer das notwendige Scheitern der menschlichen Freiheit aufgrund der Angst, die zu ihr gehört,... verleugnet, wie Jörg Splett und Walter Kasper, um den ‚Konstrukteur' des menschlichen Daseins freizusprechen, der heißt in jener Sprache, die ich verabscheue,... ein erwiesener Häretiker" (Dt. Allg. Sonntagsbl. 3. 11. 1989).
Fürs zweite stehen die Theoretiker einer metaphysischen Notwendigkeit des malum, samt dem malum morale, dem Bösen. Die Konsequenz dieser These hat O. Marquard auf die griffige Formel vom „Atheismus ad maiorem Dei gloriam" gebracht. In Abkehr von der „Blasphemie", diese unsere Welt habe Gott zu ihrem Schöpfer, vollende sich damit die Theodizee durch den „Freispruch Gottes wegen der erwiesensten jeder möglichen Unschuld, nämlich der Unschuld wegen Nichtexistenz" (Schwierigkeiten mit der Geschichtsphilosophie, Frankfurt/M. 1973, 59; Abschied vom Prinzipiellen, Stuttgart 1981, 48 u. 75). Zum Ganzen: J. Splett, Gotteserfahrung im Denken. Zur philosophischen Rechtfertigung des Redens von Gott, Freiburg/München ³1985, Kap. 9 (Die Frage Ijobs).

3. Gerechtigkeit durch Mit-Leiden?

Diese Entlastung des Schöpfers dadurch, daß man ihn selber für machtlos erklärt, erlaubt allerdings in einem ersten Schritt, den Leidenden „Gerechtigkeit" widerfahren zu lassen: indem sie nicht alleine leiden, sondern Gott mit ihnen. So werde es ihnen zumutbar, sich mit ihrem Schicksal zufrieden zu geben.

Verständlich ist dieser Ausfluchtversuch angesichts des Nicht-Eingreifens Gottes. Verständlich, daß nach Auschwitz Hans Jonas den Gedanken aufnimmt, mit dem seinerzeit Isaak Luria die Not der Vertreibung zu begreifen suchte: die These vom Selbstrückzug = *Zimzum* Gottes, vom Verzicht des Schöpfers auf seine Allmacht.[15]

Das läuft freilich nicht bloß in theistischer Perspektive (Anm. 14) auf Atheismus hinaus – gegen den „Theismus" streitet ja so mancher Theologe vehement als gegen eine griechisch-philosophische Entfremdung der Botschaft (so sehr man ansonst für „Inkulturation" ficht). Auch biblisch läßt sich nicht rechtfertigen, daß man Gott im Blick auf die Greuel des Weltlaufs seine All-Herrschaft abspricht, sei es in der Weltgeschichte im ganzen, sei es im einzelnen für das Leben eines jeden von uns. Weder der Schöpfungsbericht noch das Buch Ijob erlauben dergleichen, ebensowenig die Psalmen (z. B. 88), (Deutero)Jesaja (Jes 45,7), die Mutter der Sieben unter Antiochus (2 Makk 7) oder im Neuen Testament Jesu Ringen mit seinem Vater (Mk 14,36; Mt 26,53).[16]

Nun wird Gottes Allmacht nicht schon dadurch bestritten, daß man ihm – im Unterschied zu den olympischen Unsterblichen – Mitleid und Mitleiden zuspricht. Im Gegenteil. „So bedeutet die Selbstentäußerung des Kreuzes keine Entgöttlichung Gottes, sondern seine eschatologische Verherrlichung" (W. Kasper).[17] Aber gilt darum schon (ebd.): „Der ‚sympathische' Gott, wie er in Jesus Christus offenbar wird, ist die endgültige [!] Antwort auf die Theo-

---

15 Der Gottesbegriff nach Auschwitz. Eine jüdische Stimme, Frankfurt/M. 1987 (mit Rückverweis auf: ders., Zwischen Nichts und Ewigkeit, Göttingen 1963, 55f).

16 Siehe jüngst W. Groß/K.-J. Kuschel, „Ich schaffe Finsternis und Unheil!" Ist Gott verantwortlich für das Übel?, Mainz 1992 (obwohl leider auch dort das philosophische Klärungsbemühen eher karikiert als nachvollzogen und dem literarischen Protest recht undifferenziert das Wort geredet wird).
Gewiß heißt Freiheit schaffen: nicht (mehr) alles Geschehen determinieren. Gott will das Böse nicht – das doch geschieht. Doch ihn deshalb für ohnmächtig zu erklären (statt wehrlos), zerstörte nicht bloß unsere Hoffnung, sondern vor allem seine Herrlichkeit. Und daß wir sein Reuen (Gen 6,6f; Lk 13,34f.; 19,41) und Sich-Freuen (Lk 15,7.10) ebenso mit seiner Souveränität zusammenzudenken zu haben wie seine Dreifaltigkeit mit seinem Eins- und Einzigsein, ohne daß dies (hier wie dort) gelänge, erlaubt m.E. noch nicht, die Ohnmacht des Sohnes – so sehr er Gottes Gott-Sein offenbart – auch nur vorübergehend auf den Vater zu übertragen. Gott will das Böse nicht; er läßt es zu (eine wichtig bleibende Unterscheidung, wenngleich häufig [auch von Kuschel] unverstanden – vgl. Gotteserfahrung... [Anm. 14]). Doch er muß dies nicht tun.

17 Der Gott Jesu Christi, Mainz 1982, 244.

dizeefrage, an der der Theismus wie der Atheismus scheitern. Wenn Gott selbst leidet, ist das Leiden kein Einwand mehr gegen Gott"? Nicht, als würde das Leid dadurch vergöttlicht; aber es werde erlöst (ebd.). Inwiefern?

Ebenso leuchtet ein, daß Allmacht sich nicht bloß (und zwar gerade) im Erschaffen von Freiheit bekundet (statt sich damit aufzuheben)[18], sondern zudem, daß Gott die Freiheit um der Liebe willen schafft. So aber wird, um Liebe zu ermöglichen, die *Möglichkeit* von Lieblosigkeit eröffnet. „Indem Gott den Menschen erschafft, schafft er auch die Möglichkeit, daß Böses geschehen kann, obwohl Gott als der Heilige das Böse absolut nicht will" (G. Greshake).[19] Doch folgt daraus auch, daß diese „Möglichkeit" Wirklichkeit werden müsse? Und *muß* der Vorentwurf endlicher Freiheit in ihrer naturalen Entwicklungsgeschichte zu Leiden solchen Ausmaßes führen, wie sie uns begegnen?

So bestreite ich den Satz (ebd. 46): „Ein Gott, der kraft seiner Allmacht und Güte Leid [nicht jegliches, dann wäre zuzustimmen,[20] sondern solchen Grads und Ausmaßes] verhindern würde, müßte Liebe (welche Freiheit voraussetzt) unmöglich machen. Liebe ohne [derartiges] Leid wäre darum wie ein hölzernes Eisen oder ein dreieckiger Kreis." Selbst wenn es zuträfe, stellt sich die Frage, ob solch ein Preis nicht zu hoch sei. Nach Greshake läßt der Gedanke sich nur ertragen, „wenn Gott selbst das Leid als Mitgift der von ihm gesuchten Liebe in vollem Ernst trägt" (52). „Sein eigenes Leben setzt er dem Leid aus" (53). Aber es trifft eben nicht zu (was die Frage nur drängender macht). Und täte es dies, inwiefern würde dann das Mit-Leiden des Schöpfers den ungefragt gequälten Leidenden gerecht?

Ohne dies Mittragen gäbe es in der Tat überhaupt keine Antwort – und wäre Gott nicht mehr göttlich, weil sogar unter humanem Niveau. Doch beantwortet die Selbst-Dreingabe als solche schon die Frage Ijobs? – „Um – einmal primitiv gesagt – aus meinem Dreck und Schlamassel und meiner Verzweiflung herauszukommen, nützt es mir doch nichts, wenn es Gott – um es einmal grob zu sagen – genauso dreckig geht", hat 1974 Karl Rahner im Austausch mit jungen Studenten erklärt.[21] Hülfe das etwa „als Trost im wahrsten Sinne des Wortes"? Bestünde der nicht vielmehr darin (ebd.), daß Gott bei allem Ernst seines Eingangs in diese unsere Geschichte doch „auf andere Weise

---

18 Siehe dazu S. Kierkegaard, Die Tagebücher 1834–1855 (Th. Haecker), München ⁴1953, 239f; R. Guardini, Gottes Walten und die Freiheit des Menschen, in: ders., Glaubenserkenntnis. Versuche zur Unterscheidung und Vertiefung, Würzburg 1949, 33–44.

19 Der Preis der Liebe. Besinnung über das Leid, Freiburg 1978 (u.ö.) 36.

20 C. S. Lewis, Über den Schmerz, Olten 1954 (u.ö.), 38: „Sogar wenn ein Kieselstein da liegt, wo *ich* möchte, kann er nicht da liegen, wo *du* möchtest, es sei denn, wir hätten zufällig denselben Wunsch." Vgl. J. Splett, Liebe zum Wort. Gedanken vor Symbolen, Frankfurt/M. 1985, Kap. 9 (Der Schmerz und die Freude. Bedacht mit C. S. Lewis). Darüber hinaus: „Gegen den Tod der Gewöhnung: Offenheit für den Schmerz. Erwogen mit Maurice Blondel, in: Abtei St. Hildegard (Hrsg.), Himmlisches mit Irdischem verbinden (FS Äbtissin E. Forster), Eibingen 1992 (jetzt Kap. 4 B [Leiden mögen], in: Spiel- Ernst. Anstöße christlicher Philosophie, Frankfurt/M. 1993).

21 Im Gespräch I: 1964–1977 (P. Imhof/H. Biallowons), München 1982, 246.

eingestiegen ist" als wir; daß er „in einem wahren und echten und mich trö-
stenden Sinne der Deus impassibilis, der Deus immutabilis usw. ist"? So gesehen, würde Gottes Mit-Erleiden nicht bloß keine Gerechtigkeit schaffen, sondern im Gegenteil den Ruf nach ihr noch einmal unerträglich verschärfen (vgl.
Lk 23,41).

4. Gericht, das genugtut

Was den großen Theologen tröstet, ist präzise die Gerechtigkeit, genauer jene
Minimal-Erfüllung ihrer, daß zumindest Gott selbst, um den es dem Menschen
vor allem anderen und absolut zu tun sein sollte,[22] nicht vom Strudel unserer
Unrechtsgeschichte verschlungen, daß wenigstens er nicht „in diese Gräßlich-
keit hineinzementiert" (I 247) ist.

Des weiteren aber tröstet Gottes souveräne Hoheit darum, weil gerade
und nur sie die Hoffnung auf ein Gericht zu tragen vermag, das souverän
Gerechtigkeit und Frieden schaffen könnte. – Angesichts eines Gottes, der ohnmächtig litte wie wir, gäbe es, wie gesagt, keinerlei ernste Hoffnung. Was aber
wäre von einem Gericht zu erwarten, in dem eine der ins Geschehen verstrick-
ten Parteien – weil schließlich siegreich – zugleich als Kläger und Richter fun-
gierte?

Erhofft wird ein Gericht „nicht nach dem Augenschein und nicht nur
nach dem Hörensagen" (Jes 11); ein Richter, vom Geist erfüllt. „Er richtet die
Hilflosen gerecht und entscheidet für die Armen des Landes... Gerechtigkeit
ist der Gürtel um seine Hüften." Weniger darf es nicht sein, ehe „Kuh und
Bärin" sich anfreunden können.

Freilich spitzt dies, wie gesagt, die aufgeworfenen Fragen noch zu. Ist
Gott nicht ohnmächtig und nicht Partei, warum wartet er dann so lange? Ja
mehr: woher überhaupt dürften wir erwarten – nachdem hienieden, uns zum
Vorbild (Mt 5,45), der Segen von Sonne und Regen Guten wie Bösen zuteil
wird –, daß dereinst ein Gericht zwischen ihnen scheidet?[23] Und mit einer
weiteren Drehung der Reflexionsschraube: wer von uns wollte denn wirklich,
je auf ihn selber geblickt, ein solches Gericht? Wenn das Recht eine Gnade ist
für die Verfolgten (Noll): wer von uns wäre immer nur Opfer gewesen?

Doch zeigt sich gerade in dieser Frage der Umschlag. In der Reue nämlich ersehnt und bestätigt der schuldige Mensch tatsächlich jenes Gericht, das
ihn verurteilt. Und es macht, wie Max Scheler sorgsam gezeigt hat, mitten im

---

22 Vgl. K. Rahner, Im Gespräch II: 1978–1982, München 1983, 166.
23 N. Hoerster, Zur Unlösbarkeit des Theodizee-Problems, in: ThPh 60 (1985) 400–409,
    404: „Selbst wenn wir von der an sich schon recht fraglichen These eines jenseitigen
    Lebens nach dem Tode ausgehen, so erscheint doch die zusätzliche These, dieses Jenseits
    werde wesentlich erfreulicher als das Diesseits beschaffen sein, als vollkommen willkür-
    lich. Wir kennen nämlich aus der Erfahrung nichts als das Diesseits und können legiti-
    merweise allein aus diesem Diesseits, wenn überhaupt, auf das Jenseits schließen."

brennenden Schmerz, in der Scham und Angst dieses Geschehens seine nicht minder glühende Freude aus (die „Gewissensbisse" nicht kennen): das tiefe Glück, derart „der Wahrheit die Ehre zu geben" und sich über sich selbst, gegen sich selber, auf ihre Seite zu stellen.[24]

Da aber im Gewissensanspruch und in der ihm entsprechenden Antwort der Reue der Mensch nicht allein mit sich selbst und seinem „besseren Ich", sondern mit dem Heiligen, mit Gott zu tun hat, begegnet ihm schon hienieden nicht bloß die Langmut unterschiedslosen Gönnens, sondern jener Scharfblick der Gerechtigkeit, welcher auf Herz und Nieren prüft (Ps 7,10; 26,2). Darum sind Hoffnung – und Furcht – bezüglich eines endgültigen Gerichts keineswegs pur kontrafaktisch und kompensatorisch. Der (theoretisch unlösbaren) Theodizeefrage haben wir hier ebensowenig weiter nachzugehen wie der Begründung des Redens von Gott überhaupt.[25] Wohl aber stellt sich im Rahmen des Themas die Frage, was näherhin von Gericht und Gerechtigkeit für den Frieden erhofft werden solle und dürfe.

Versuchen wir dies am „Voraus-Gericht" in der Gewissens-Erfahrung auszumachen. Das Erste und Grundlegende ist gewiß die unbestechliche Scheidung von Gut und Böse, in Abweisung jeglicher „Polaritäts"-Kumpanei. Das Gute ist gut und soll sein, das Böse ist böse, schlecht und soll keineswegs sein – auch nicht irgendwie „dialektisch" im Dienste des Guten.

Dies prinzipielle und unzweideutige Entweder/Oder zwischen *Gut* und *Böse* ist seinerseits klar zu unterscheiden von der Sonderung zwischen *Guten* und *Bösen*. Die bleibt hier auf Erden stets nur unter Vorbehalt, in vollem Ernste gar nicht durchführbar. (Den Verzicht auf diese zweite Grenzziehung meint die Erinnerung Jesu an Sonne und Regen oder sein Gleichnis vom Unkraut im Weizen [Mt 13,29], nicht aber den auf das erste Entweder/Oder – also den Verzicht überhaupt auf die Unterscheidung von Weizen und Unkraut.)

Zweitens wird vom Schuldigen verlangt, jenes grundsätzliche Entweder/Oder auf das eigene Tun zu beziehen. Er soll demgemäß seine Mißachtung der Gerechtigkeitsnormen bekennen, dies widerrufen und sich – soweit möglich –

---

24 Reue und Wiedergeburt, in: ders., Vom Ewigen im Menschen (GW 5), Bern [4]1954, 27–59. – Bleibend steht darum der Philosoph gegen M. Luther, der das Wort von Gottes Gerechtigkeit „haßte", das er „nach Brauch und Gewohnheit aller Doktoren philosophisch zu verstehen gelehrt worden war" (hier nach E. Jüngel, Unterwegs zur Sache, München 1972, 60–79: Gottes umstrittene Gerechtigkeit, 69 – vgl. Augustinus, Conf. X 23,24). Freilich wird so in das Urteil einstimmen wohl nur, wer zugleich und zuvor schon, „wider alle Hoffnung", neues Leben aus dem Tod erhofft (Röm 4). Das nun scheinen Menschen – auch außerhalb des Christentums – zu tun, wenn sie das vernichtende Heilige nicht bloß fliehen. Indes wäre nochmals manchem zu sagen, daß zu solcher „Revolution in der Gesinnung" niemand aus sich, sondern nur durch Neuschöpfung kommt (I. Kant, Religion ... B 54: WW [Anm. 13] IV 698); und daß es Reue, mag sie in bestimmter Hinsicht rechtens „Selbstheilung" bzw. „Selbstregenerationskraft" heißen (Scheler 33, 49), dennoch einzig als Geschenk gibt (33, 59).

25 Zu Hoerster siehe (außer oben Anm. 14 u. 20) meine Antwort: Und zu Lösungsversuchen durch Unterbietung, in: ThPh 60 (1985) 410–417.

zur Wiedergutmachung bereit erklären (vgl. Lk 19,1–10). Damit aber wäre der Schuldige bereits „getötet", wie Jesaja verhieß (Jes 11,4; vgl. Röm 6,2–11); will sagen: Er wäre „aus der Welt"; es gäbe den „Gewalttätigen" nicht mehr, den der vom Geist erfüllte Richter „mit dem Stock seines Wortes" schlagen müßte.

Will der Täter sich nicht zu diesem Einbekenntnis verstehen, dann muß entweder er – oder vielmehr sein Anwalt – auf Unzurechenbarkeit plädieren; d. h. er wäre kein wirkliches Gegenüber, kein Partner im Friedensprozeß der Versöhnung, sondern nur Gegenstand des Redens über ihn und der Fürsorge seitens der früheren Opfer. – Oder er bestreitet im Grunde das erste Entweder/Oder. Dies aber kann die Gemeinschaft nicht akzeptieren, wenn anders sie ihr gewagtes Friedensbemühen und dessen Recht gewahrt wissen will. Sie muß auf der Grundunterscheidung zwischen Gut und Böse bestehen. Und diese – nicht Selbst-, sondern Rechts- und Wahrheits-Behauptung der Friedens-Gemeinschaft, ihr Widerspruch gegen das hartnäckige Nein des Friedens-Störers, realisiert sich als *Strafe* des Umkehr-Unwilligen.

Man sieht, daß eine Rückführung des Strafgedankens auf Rache (womit die Gerechtigkeit in Gegensatz zum Frieden träte) den Wesenskern dessen, worum es geht, verfehlt. Womit ich selbstverständlich nicht leugne, daß Rachebegehren den Opfern, ihren Angehörigen und Freunden naheliegt, daß es konkrete Gesetzes- und Rechtsgestaltung mitprägt und insofern Versöhnung und Frieden gefährdet. Dieser Versuchung zu widerstehen, bedarf es besonderer Seelenstärke und Gnade. Darum werden die Friedfertigen und die Friedensstifter selig gepriesen (Mt 5,9).

Doch weit entfernt, daß der Täter hieraus einen Anspruch auf Versöhnung anzumelden hätte, wird er gerade als reuiger es keineswegs mit der ihm ungeschuldet zugesagten Vergebung genug sein lassen wollen. Genugtun will vielmehr er selbst: die dankbare Annahme frei gewährter Versöhnung realisiert sich so im Gewilltsein zur Strafe als Sühne.[26] (Man sieht, auch in dieser zweiten Bedeutung hat sie nichts mit Rache zu tun.)

5. „Opus iustitiae pax"[27]

Nun aber fragt sich ein doppeltes. Erstlich, wie und inwieweit kann Strafe sühnen? Sie realisiert in der Tat fundamental Gerechtigkeit, insofern es jetzt dem Schuldigen nicht mehr (ungerechterweise) besser geht als seinem Opfer.

---

26 Gerade da „der barmherzige Gott gerecht *macht*" (Luther, Anm. 24, ebd.), will der Gerechtfertigte nun die Gerechtigkeit leben (siehe Anm. 28).

27 Wahlspruch Papst Pius' XII., aufgenommen durch die deutschen Bischöfe für ihr Schreiben vom 18. 4. 1983 „Gerechtigkeit schafft Frieden", entnommen der Heilsverheißung (innerhalb der „kleinen Apokalypse") bei Jes 32,17. Im gleichen Sinn bestimmt Augustinus den Frieden als „omnium rerum tranquillitas ordinis" – heitere Ruhe der Ordnung: De Civitate Dei XIX 13,1. Vgl. Freiheits-Erfahrung. Vergegenwärtigungen christlicher Anthropo-Theologie, Frankfurt/M. 1986, Kap. 13 (Frieden).

Darum verlangt ja der reuige Täter danach. Doch bleibt diese Gerechtigkeit genau so „negativ" wie die zuvor bedachte Leidensgemeinschaft von Geschöpf und Schöpfer. Mehr als um solchen Ausgleich = Angleichung im „Minus" ist es dem Sühnenden um Wieder*gut*machung zu tun. Was aber – zweitens – macht „Wiedergutmachung" gut?

Deshalb auf sie verzichten zu wollen hieße, nicht wirklich bereuen. Aber sie aufrichtig wollen heißt zugleich: erkennen und bekennen, daß sie von sich aus ohnmächtig ist. Sie kann nicht einmal „positiv" Gerechtigkeit schaffen, geschweige denn Frieden. Eben dies jedoch: zu tun, was man kann, und erklären, man sei damit „unnütz" (Lk 17,10), ist das Minimum geforderter Gerechtigkeit. Unnütz aber ist dieses Bemühen nicht erst darum, weil es nicht leisten kann, was es möchte und sollte, sondern weil es zuvor schon – in seiner Untauglichkeit – eine Belastung und Zumutung für jene darstellt, denen der Täter es „andient".

Daraus folgt: der Schuldige ist nicht bloß für das grundlegende Friedens- und Versöhnungsangebot auf die *Gnade* derer angewiesen, denen er nicht gerecht geworden ist; auch für die jetzt von ihm nachzutragende Gerechtigkeit bedarf er nochmals ihrer gnädigen Gewilltheit. Man muß nicht entfalten, wie dies – über den eben bedachten Verzicht auf Rache hinaus – die früheren Opfer beansprucht und (über-)fordert. Aber es gilt zu sehen, daß es nicht minder den reuigen Täter über-beansprucht. Hielt er zuvor es für unerträglich, anderen gegenüber an die Grenzen des Rechts (seines wie ihres) gebunden zu sein, so soll er jetzt sich ihnen ohne Rechtstitel „auf Gnade und Ungnade" exponieren?

Das läßt wohl völlig begreifen, warum die eingangs erwähnten christlichen Autoren auf den Ausweg verfallen, mehr oder minder unterschiedslos alle im Unheil seinshafter Unfähigkeit zusammenzuschließen, um allen gemeinsam das Angebot eines Heils ohne Last und Stachel des Gerechtigkeits-Gebots zu machen. Dagegen erkläre ich nicht etwa „pelagianisch", wir hätten schon aus uns gerecht zu sein, um daraufhin des Heils gewürdigt zu werden. Vielmehr geht es um zwei Dinge: a) erhalten wir das Heil, wie erwogen, als *Vergebung* unserer Schuld (nicht bloß als Erhebung aus geschöpflicher Ohnmacht – Mt 6,12); b) die uns ganz ohne Vorbedingung geschenkte Vergebung (Mt 18,27), der uns zugesagte Friede (Mt 10,12f.) verbleibt uns nur dann und einzig so, wenn/daß wir ihn in Tat und Wahrheit sich auswirken lassen: als „Mensch[en] des Friedens" (Lk 10,6), „. . . wie auch wir vergeben. . . "

Darum bietet jener Ausweg keine Lösung. Und doch spricht er gegenüber naiven Fortschritts-Moralen zu Recht von unserer Unfähigkeit. Nur ist diese – wie die uns angebotene Gnade – größer, als er anscheinend voraussetzt. Statt einer Tilgung „durch Federstrich" steht die Erweckung von Toten zum Leben an (vgl. Ez 37,1–14; zu Röm 6,1–11 auch 4,17.23) – und die Erkräftigung zu neuem Selbstand in diesem Leben.[28]

---

28 Dabei geschieht eins wie das andere durch Gottes Mit-Sein. Jüngel (Anm. 24, 77): „Das ist Gottes Gerechtigkeit, daß er des Sünders Elend erreicht und nicht ohne den Sünder

Mit Reue, Vergebung und auch Wiedergutmachung ist es ja nicht getan. Mag es den Opfern gelingen, auf ihren Rechtsanspruch bezüglich des Geschehenen (ihr *ius talionis*) zu verzichten, und mag der Schuldige dies in Demut annehmen: nun gilt es eine neue Ordnung zu begründen und den Frieden in ihr. Der aber setzt eine befriedigende Gerechtigkeit dieser Ordnung voraus.

Die Aufgabe, die sich hier stellt, geht Paul Ricoeur in einem Vortrag über Liebe und Gerechtigkeit von der Spannung zweier Gebote in der Bergpredigt (bzw. Feldrede) her an: dem der Feindesliebe und der Goldenen Regel.[29] Bei Lukas stehen sie unmittelbar beieinander: „Liebt eure Feinde; tut denen Gutes, die euch hassen. Segnet die, die euch verfluchen; betet für die, die euch mißhandeln..." (Lk 6,27ff.)." „Was ihr von anderen erwartet, das tut ebenso auch ihnen" (Lk 6,31).

Das Gebot der Feindesliebe steht in der überethischen Ordnung der Gabe. Es ist kein *Gesetz*, sondern fließt aus jenem *Gebot*, in dem die Liebe sich selber gebietet.[30] Gebieten kann, ja „muß" die Liebe, weil sie Liebe ist. D.h. sie gibt und verlangt die Annahme ihrer selbst: wer geliebt wird, soll lieben. Die Liebe zum schenkenden und errettenden Gott (45f.: „er sah alles, was er gemacht hatte, und es war gut" [Gen 1,31]; „Ich bin..., der dich aus Ägyptenland..." [Ex 20,2]) realisiert sich in der Güte zu anderen: „Da dir gegeben wurde, gib deinerseits" (49).

Demgegenüber scheint nun die Goldene Regel eher dem *ius talionis* nahe zu stehen. Wird sie nicht auch bei Lukas gleich anschließend kritisiert? „Und wenn ihr die liebt, die euch lieben, was für einen Dank habt ihr? Denn auch die Sünder lieben die, welche sie lieben..." (Lk 6,32ff.) Tatsächlich entspricht sie dem Formalismus des Rechts (53 u. 79). „Durch die Logik der Überfülle, die dem supra-ethischen Gebot der Feindesliebe zugrundeliegt, ist die Goldene Regel in Verruf gekommen" (53f.). Aber man muß sie nicht so sehen. Ricoeur beruft sich auf die Nachbarschaft der Gebote im einen Bergpredigt-Kontext.

Tatsächlich bedarf ein jedes der beiden des andern. Wie sollte man das Gebot „Von dem, der dir das Deine nimmt, fordere es nicht zurück" zur Grundlage einer Gesellschaftsordnung machen? „Wenn die Übermoral nicht zur Un-Moral, sprich zu Feigheit und Unsittlichkeit werden soll, muß sie dem Grundsatz der Moralität genügen" (57). – Und umgekehrt: „Das Gebot ‚Gib, weil dir gegeben wurde,' korrigiert das *Damit* der utilitaristischen Maxime", das *Do ut des* üblichen Rechtsverständnisses, und schützt so die Goldene Regel vor

---

wieder verläßt... daß er sich nichts vorbehält und uns nichts vorenthält..." Der Mensch lebt demgemäß (79), „nicht weil er gerecht lebt, sondern um gerecht zu leben".

29 Liebe und Gerechtigkeit. Amour et Justice (O. Bayer), Tübingen 1990, 43 (die zweisprachige Ausgabe wird nach den [ungeraden] deutschen Seiten zitiert [auch bei Änderungen aufgrund des französischen Textes]).

30 Dafür verweist Ricoeur 17ff. auf F. Rosenzweig, Der Stern der Erlösung (Heidelberg ³1954, II 114ff.).

einer perversen Interpretation (59). Diese, und nicht die Regel als solche, kritisiert Jesus.

„Gerade weil die Liebe supramoralisch ist, hat sie nur unter der Leitung der Gerechtigkeit Zugang zum praktischen und ethischen Bereich" (63). Kommt anderseits unser Gerechtigkeitssinn „von dem bloßen Gleichgewicht rivalisierender Interessen" zu Kooperation und Solidarität, „wenn er nicht noch in der abstraktesten Formulierung von der Poetik der Liebe berührt und insgeheim bewahrt würde?"(61)[31]

Daraus ergibt sich: dem „opus iustitiae pax" wäre ein „opus pacis iustitia" an die Seite zu stellen.

6. „Gerechtigkeit und Friede küssen sich" (Ps 85,11)

Hat uns aber so der Gedankengang nicht in einen Zirkel geführt? Oder genauer: vor einen solchen; denn es fragt sich gerade, wie man in ihn hineinkommen solle. Erneut werden offenbar jene Deuter bestätigt, welche die menschliche Situation als solche für heillos erklären.

Machen ließe sich hier tatsächlich nichts. Doch wie, wenn man zu erkennen und anzuerkennen hätte, daß wir uns schon immer in diesem Kreise befinden? (Darum bedeutet, da Denken und Dank nicht bloß etymologisch zusammengehören, die Tragisierung der Endlichkeit – ob mythisch, ob philosophisch oder gar theologisch vertreten – fundamentale Undankbarkeit.) Wer dem glaubt widersprechen zu sollen, wäre dazu gar nicht fähig (weder seiner Sinne und der Sprache mächtig noch überhaupt nur am Leben), wenn in dieser Welt voll Kampf und Unrecht man ihm nicht über ein Mindestmaß hinaus gerecht geworden wäre, wenn bei aller Not und Unbehaustheit niemals Heimat und Umfriedung ihn geborgen hätten.

Gewiß läßt dies nicht das Elend derer vergessen – darf es nicht vergessen lassen – , denen zu leben verwehrt wird. Doch auch umgekehrt nicht. Die Formel „Da dir gegeben wurde…" hat für jeden Lebenden Geltung; denn keiner verdankt sich sich selbst. Keiner kann ihr gegenüber sich auf die Toten berufen, für die sie anscheinend nicht gilt. Keiner kann sich dem Hier und Jetzt des ethischen Anspruchs[32] dadurch entziehen, daß er die ohne Ende, weil ohne Lösung zu diskutierende Theodizee-Frage thematisiert.

---

31 Ricoeur verweist auf Ps 1,1.3; Ps 84,13; Mt 5,1 und besonders 1 Kor 13 (13f.); er erinnert an Max Scheler und die Logik der Überfülle im NT (75f). Aber es wäre hier gerade auch der Kant des kategorischen Imperativs zu nennen: „Pflicht! du erhabener großer Name…" „Der bestirnte Himmel über mir…" KpV A 154 u. 288 (WW [Anm. 13] IV 209 u. 300).

32 Hillel „pflegte zu sagen: Wenn ich nicht für mich bin, wer ist für mich? und wenn ich für mich bin, was bin ich? und wenn nicht jetzt, wann denn?" Pirke Aboth I 14 (Anm. 10, 12f.).

Das ist kein Versuch, einer Frage mit einem Imperativ zu begegnen. Es bleibt dabei: „Die Sinnfrage darf nicht durch die Ethik niedergeschrien werden".[33] Es wird nur gesagt, daß hier und jetzt sie nicht ansteht. Darum, weil ebensowenig der Imperativ durch Fragen beantwortet sein will und nicht die Sinnfrage die Ethik mundtot machen darf (nach dem Scheitern des Marxismus wohl die heutige Gefahr). Ich verweise statt auf einen Imperativ auf ein Faktum: „Da dir gegeben wurde,...". Erst daraus folgt: „... gib deinerseits!"

Und dies wiederum folgt keineswegs nur dank „naturalistischem Fehlschluß" vom Ist auf ein Sollen; denn hier ist das Faktum mehr als ein solches. Es stellt vielmehr (wie Kants berühmtes „Faktum der Vernunft"[34]) an sich schon einen Sinn-Verhalt dar. Gabe kann es nicht anders denn als Aufgabe geben, oder – wie es zuvor hieß: Liebe gebietet. (Und tut dies vielleicht auch gerade nochmals im Namen der Toten? Jedenfalls derer, die ihr Leben für Gerechtigkeit und Frieden hingegeben haben!)

Ist nun die als Lebensursprung erfahrene Gabe die Aufgabe selbst, dann gibt sie zugleich die Maß-Regeln ihrer Übernahme und Durchführung vor. Demgemäß könnte man die Grundbedingungen rechten Lebens sehr wohl jenem Gebet um Frieden und Gerechtigkeit entnehmen, das uns im 85. Psalm vorliegt: „Ich will hören, was Gott redet... [9] Sein Heil ist denen nahe, die ihn fürchten. Seine Herrlichkeit wohne in unserm Land" (10). Das formuliert – gerade in seiner Philanthropie[35] – deren grundlegende Theozentrik, den unvergleichlichen Primat des ersten Hauptgebots (Anm. 22). Daß diese Grund-Anordnung heute weithin, auch unter Religionsphilosophen wie Theologen, verkannt und Religion humanistisch funktionalisiert wird (‚Sinn' und ‚Heil' als Kern-Begriffe), verletzt das Recht des Heiligen und verunmöglicht prinzipiell die „heitere Ruhe" in solcher „Ordnung".

Gibt die Gemeinschaft jedoch der Wahrheit, das heißt zuletzt: Seinem Namen, die Ehre, dann gilt (Ps 85,11): „Es begegnen einander Huld und Treue; Gerechtigkeit und Friede küssen sich." Der lateinische Text der Kirche (Ps 84) hat von *misericordia* und *veritas* gesprochen. Das bietet eine glückliche Deutung von ‚Treue' im Rückblick auf den Ausgangspunkt unserer Überlegung. In der Tat bedarf – in Treue zu den Opfern – die Barmherzigkeit der Wahrheit, soll sie nicht ungerecht werden. Huld = Friede: Schalom läßt sich nicht durch Wegschauen und Nicht-wahr-haben-wollen erreichen, gehe es nun um geschehenes, um gegenwärtiges Unrecht oder um die zu leistenden Friedensanstrengungen für die Zukunft.

---

33 H. Gollwitzer, Die marxistische Religionskritik und der christliche Glaube, München 1965, 111.

34 KpV A 56 (WW [Anm. 13] IV 141).

35 Anm. 6. Vgl. K. Hemmerle, Wandern mit deinem Gott – religionsphilosophische Kontexte zu Mi 6,8, in: R. Mosis/L. Ruppert (Hrsg.), Der Weg zum Menschen (FS A. Deissler), Freiburg 1989, 234–250; E. Lévinas, Anm. 11, 21–37: Eine Religion für Erwachsene.

Das zu konkretisieren kann nicht mehr Sache dieser Vor-Überlegungen sein. Nur in einem Punkt sei (für christliches Denken heute in Deutschland) abschließend ein Wink gegeben: Theodoret hat die Psalm-Worte ‚Gerechtigkeit‘ und ‚Frieden‘ auf Elisabeth und Maria hin ausgelegt, so daß in ihrer Umarmung „Mariä Heimsuchung" aufscheint.[36] Darin nun begegnen einander zugleich verborgen der Täufer und sein Messias. So finden sich hier die beiden zusammengehörigen „Testamente" der einen Geschichte Gottes mit uns: statt in zerstörerischer Konkurrenz – oder auch Selbst-Zerstörung (sei es auftrumpfend, sei es resignativ) – in herzlich gegenseitigem Sich-zuvor-kommen.[37]

Derart „idyllisch" kann die Begegnung nach allem, was seither geschehen ist, sich nicht mehr ereignen; das verbieten schon Treue und Wahrheit. Dürfte man anderseits an der Möglichkeit einer Versöhnung – auch schon hinieden – verzweifeln? Dann gäbe es im Ernste keine Zukunft (und Hitler hätte noch im nachhinein gesiegt). Also gilt es, bescheiden und ohne jeglichen Anspruch die kleinen Schritte zu tun, die je und je anstehen.

In diesem Punkt wie auch in allen anderen ist so zuvörderst Sachlichkeit geboten anstatt überschwenglicher Programme (einschließlich solcher wie eines „Christseins ohne Neues Testament"). Gleichwohl ist der Christ nicht bloß Pragmatiker und lebt nicht bloß im Heute und Morgen. Im Aufblick darf er sich von jener Vision bestärken, trösten und anleiten lassen, die der Schlußvers des Psalms (85,14) heraufruft: „Gerechtigkeit geht vor Ihm her, und Heil folgt der Spur Seiner Schritte."

---

36 Migne PG 80, 1551 A; nach: P. Gordan, Es ist der Herr. Zwölf Betrachtungen zu Bildern des Stuttgarter Psalters, Beuron 1976, 20.

37 Man betrachte die Abbildung (zu S. 20) in dem Büchlein Gordans (= Stuttgarter Psalter [Facsimile, Stuttgart 1965], fol. 100v): „Unter einem violett dämmernden oberen Gewölbe – darf man an das Versöhnungs- und Bundeszeichen des Regenbogens nach der Sintflut denken? – vor lichtblauem Horizont, in der Senke zwischen abfallenden goldgelben Gebirgshängen – dem „Bergland" von Lk 1,39 – begegnen sich nun nicht mehr ‚Gerechtigkeit‘ und ‚Friede‘, sondern Elisabet und Maria in Umarmung und Kuß..."(Gordan 21).

3.1.2 Vortheologische Reflexionen über den Friedensauftrag der Kirche heute

Der Ausgangspunkt

Der Friedensauftrag der Kirche ist in theologischer und noch mehr in vortheologischer Sicht immer situationsbedingt und zeitgebunden. Der Friede hat seine Ideengeschichte und ist ebenso unvollkommenes Menschenwerk wie Heilsereignis im Eschaton der Geschichte. Wie stellt sich heute, um den Pastoralbrief der nordamerikanischen Bischöfe aus 1983 zu zitieren, „die Herausforderung des Friedens", bald zehn Jahre später dar?

Die Sowjetunion gibt es nicht mehr, ebensowenig den Warschauer Pakt; der Zusammenschluß der Blockfreien ist bedeutungslos geworden. Der Umbau der einstigen Sowjetarmee und ihres atomaren Potentials führt, neben der nach wie vor bedeutendsten Militärmacht Rußland, zum Aufbau einer Reihe von größeren und kleineren Armeen – zum Teil noch im Rahmen der GUS – angesichts strittiger Grenzziehungen und einer innenpolitisch besonders aus nationalen Gründen labilen Situation.[1] Der Konfliktzonen gibt es weltweit genug. Für die (westlichen) Demokratien, deren Zusammenhalt in der Zeit des Kalten Krieges gefestigter schien, zeigen sich zwar keine unmittelbaren Bedrohungen ihrer Sicherheit, die Zahl kleinerer und größerer Konflikte und Krisen hat aber mit dem Zusammenbruch des Kommunismus sogar noch zugenommen.

Die jetzt allein führende Supermacht USA kann ihre atomare Schlagkraft nicht gleicherweise wie bisher im globalen Ausmaß zur Eindämmung der vielfach drohenden begrenzten Interessenkonflikte wirtschaftlicher, sozialer, nationaler und daher oft auch allenthalben innenpolitischer Natur als Abhalteinstrumentarium einsetzen. Es droht sogar von einer Anzahl atomarer Schwellenmächte her der Zusammenbruch des erreichten Regimes der Kontrolle und Nichtweiterverbreitung der Massenvernichtungswaffen.

Die Wiederkehr der klassischen Kriegsursachen läßt neben den Interessenkonflikten zwischen Staaten heute besonders aufmerksam die ethnischen und nationalen Konflikte bedenken, die meist auch mit Revolutionen und Aufständen innerhalb von Staaten verbunden sind. Diese Konflikte sind mit dem Ende des Kommunismus und den von diesem mitgetragenen willkürlichen Grenzziehungen noch verstärkt wiedergekehrt. Ganz Osteuropa bis nach dem

---

1 Vgl. den Bericht des Londoner Instituts für strategische Studien aus 1992.

Kaukasus und besonders der Balkan, eine ethnisch-religiös überaus sensible Zone, sind davon betroffen. Ethnische und meist auch damit verbundene soziale und religiöse Konflikte haben eine große Sprengkraft auch in Afrika, am indischen Subkontinent, in Zentralasien und Westchina, in Indonesien und Indochina, von den Philippinen bis zu Gebieten Mittel- und Südamerikas. Hinzu kommen Interessenkonflikte, die von allenfalls entstehenden diktatorischen Regimen ausgenützt werden können oder von fundamentalistischen Regimen ideologisiert werden mögen.

Ein im Spätsommer 1992 recherchierter Überblick[2] sieht heute zwei Bereiche als für Interessenkriege besonders bedrohlich an: Kroatien (wohl auch Bosnien!), Ostasien und die muslimischen Gebiete von Südwestasien bis Nordafrika, als eine mächtige Kombination von Konfliktursachen bezüglich Erdöl, Islam und antiwestlichen Ressentiments. Die Gefahr, die vom Kriegspotential des „Gewissens" im Hinweis auf die ethnisch gemischten Zonen ausgeht, wird ausdehnungsmäßig noch verbreiteter veranschlagt, als anschauliches Beispiel sei das frühere Jugoslawien genannt.

Zu ganz ähnlichen Ergebnissen kommt Klaus Ebeling in einer Problemskizze des internationalen Systems, wobei er in friedens- und sicherheitspolitischer Hinsicht zwei sich jeweils konkurrenzierende Entwicklungstendenzen hervorhebt: Entmilitarisierung der Sicherheitspolitik im Ost-West-Verhältnis entgegen Militarisierung neuer Konfliktbereiche mit Hervorhebung des Nord-Süd-Verhältnisses; „Diffusion der Macht" weg vom Duopol der Supermächte und zu „Souveränitätsansprüchen von neuen Staaten, bzw. Länderzuwachs"[3].

Es wäre falsch, auf dieses Situationsbild allein eine sicherheitspolitische Antwort, also eine militärpolitische, strategische und waffentechnologische Antwort zu suchen, inklusive etwa der Errichtung eines nuklearen Waffenschirmes für das eigene Land. Tatsache ist aber, daß durch die Änderung der Weltlage die gemeinsame Sicherheitspolitik im Rahmen der OVN, als einer gedachten Weltallianz zur Ächtung des Krieges und zur Förderung der Einheit, für die Staaten und ihre regionalen Sicherheitssysteme noch unsicherer geworden ist. Nur die Einsicht in eine auf rechtlichen Grundlagen beruhende Ordnung im internationalen Pluralismus der Staaten und ihres Verbundes könnte die sicherheitspolitische Lücke schließen, die angesichts dieser Weltlage und ihres unzureichenden Steuerungspotentials heute erneut und beunruhigend zutage tritt. Die OVN allein werden ohne regionale Allianzen, wie eine erneuerte NATO zum Beispiel, dazu kaum so bald in der Lage sein. Das ist der realpolitische Ausgangspunkt vortheologischer Überlegungen, wenn auch im Licht des Evangeliums, von der Warte der katholischen Kirche.

---

2   The Economist, A Survey of Defence in the 21st Century, Sept. 5th 1992.
3   Der Handel mit Rüstungsgütern als Anfrage an eine Ethik der Politik, Beiträge zur Friedensethik Nr. 15, Institut für Theologie und Frieden, Barsbüttel 1992.

Bei einer vor allem analytischen Betrachtung der Zeitsituation hinsichtlich des Systems der internationalen Staatenwelt fällt auf, daß von den Weltreligionen nur die katholische Kirche als Institution den weithin anerkannten Rang eines Souveräns durch die Person des Papstes als Heiliger Stuhl einnimmt. Es war nicht zuletzt die moralische Autorität des römischen Papstes, die weithin erneuerte respektvolle Verehrung der Gläubigen in aller Welt, die bei der Neuordnung Europas Anfang des 19. Jahrhunderts nach dem Sturz Napoleons die damaligen Supermächte veranlaßte, Rang und Würde des Heiligen Stuhls beim Wiener Kongreß wiederherzustellen. In den Augen ganz Europas erschien der Papst als „Symbol des Ordnungs- und Autoritätsprinzips" nach den Ereignissen der Französischen Revolution.[5]

Diese Herstellung des früheren Prestiges der Kirche war zwar von den Mächten aus ihrem Interesse an der gegenrevolutionären Restauration erfolgt, ermöglichte aber durch die Hervorhebung der moralischen Komponente der internationalen Politik der Kirche – neben ihren eigenen pastoralen und staatskirchenrechtlichen (Konkordate!) Interessen und den Auswirkungen für eine innerkirchliche Restauration – ihre geistige Rolle in der Welt zu betonen. Der Wiener Kongreß verlieh den Nuntien das Recht des Doyens im diplomatischen Korps, und innerhalb weniger Jahre verdoppelte sich die Zahl der in Rom akkredidierten Diplomaten.[6]

Schon einmal hatte der Heilige Stuhl in Europa unter den Mächten eine besondere politische Rolle gespielt beim Zustandekommen des Westfälischen Friedens, auf den sich auch die Anfänge des europäischen Gleichgewichts zurückführen lassen.[7] Das schon damals anvisierte Ziel einer Völkerrechtsfriedensordnung für die europäischen Mächte, die sich um das Deutsche Reich in der Mitte des Kontinents für ganz Europa herausbilden sollte, war zwar gewiß nicht erreicht worden, wohl aber ein Fortschritt im innerständischen Frieden des Reiches selbst. Dies geschah gegen den diplomatisch vorgetragenen, weil nur förmlichen öffentlichen Protest des Papstes gegen die im Vertrag festgeschriebenen Säkularisationen. Dieser Protest richtete sich jedoch „nicht gegen den Frieden als solchen" und übte auch „keine Wirkung aus".[8] Im Religions-

---

4   Zum allgemeinen Verständnis s. Agostino Kardinal Casaroli, Der Heilige Stuhl und die Völkergemeinschaft. Reden und Aufsätze, Berlin 1981, sowie Schambeck, Herbert (Hrsg.), Pro Fide et Iustitia, Festschrift für Agostino Kardinal Casaroli, Berlin 1984.

5   Vgl. Aubert, Roger, Die erneuerte Stellung des Heiligen Stuhles in der Kirche, in: Handbuch der Kirchengeschichte, Jedin, Hubert (Hrsg.), Bd. VI/1 (127–139), 128.

6   "Sie stieg von 1816–1823 von 8 auf 16 an, darunter 8 Vertreter protestantischer Herrscher und der Botschafter des orthodoxen Rußlands.", Aubert, o.a.

7   Vgl. Repgen, Konrad, Der Westfälische Friede und die Ursprünge des europäischen Gleichgewichts, in: Spieker, Manfred (Hrsg.), Friedenssicherung, Bd. 1, Münster 1987, 67–84.

8   Jedin, Hubert, Europäische Gegenreformation und konfessioneller Absolutismus, in: ders. (Hrsg.), Handbuch der Kirchengeschichte, Bd. IV (650–684), 665.

frieden von Osnabrück (1648) folgte man nach pragmatischen territorialen Gesichtspunkten einfach dem Prinzip der Fürstensouveränität.[9]

Damals emanzipierte sich das europäische Staatensystem vom Papsttum. Es „vermochte seine Autorität als Garant überstaatlicher Ordnung auch gegenüber katholisch gebliebenen Mächten nicht aufrechtzuerhalten. Die längst verblaßte Idee der Christianitas verliert vollends ihre Bedeutung in der praktischen Politik", schreibt Jedin[10], dennoch verbleibt der Heilige Stuhl als anerkannter Partner im Kräftespiel internationaler Politik präsent und kann sich von nun an auf die moralische Seite seines Beitrages konzentrieren.

Bezeichnend für die Rolle des Heiligen Stuhles in der internationalen Politik und für seine eigene Sicht ist neuestens seine Teilnahme am internationalen Leben bei dem Versuch einer neuen Welt- und Friedensordnung nach 1945. Zu beachten ist ferner, daß das Diplomatenrecht sich für eine Kodifikation völkerrechtlicher Materien traditionell gut eignet, und es schon beim Wiener Kongreß zu vertraglichen Regelungen kam, die dann in Wien 1961 neu gefaßt werden konnten. Die „prinzipielle Gleichstellung des päpstlichen Gesandten mit jenen der Staaten" konnte damals beim Wiener Übereinkommen über diplomatische Beziehungen wieder erreicht werden. Aber auch die Übung bezüglich des Vorranges des Vertreters des Heiligen Stuhls blieb nach Verhandlungen unberührt. Zumindest im Zusammenhang der Verhandlungen wurde auch deutlich, daß der Heilige Stuhl insbesondere wegen seines moralischen Gewichts diese Stellung zuerkannt bekam, trotz Hinweisen aus dem damaligen Ostblock auf viele nichtkatholische, ja atheistische Staaten in der internationalen Gemeinschaft, bzw. im Blick auf die anderen, nicht repräsentierten Religionen.[11]

Schließlich liegt es auf dieser Linie der Entwicklung, daß beim Versuch eines Neubaus der europäischen Friedensordnung durch die KSZE der Heilige Stuhl erstmals nach dem Wiener Kongreß an dieser Staatenkonferenz vom Beginn an voll teilgenommen hat. Für die Gründe, die den Heiligen Stuhl veranlaßt hatten, der Einladung zur Teilnahme zu folgen, galt vor allem ein geographischer und ein historischer Grund: der Sitz in Europa und die Verbundenheit mit der Geschichte des Kontinents. Außerdem weist ein Aide-Mémoire des Staatssekretariats vom 2. Juni 1992 auf prinzipielle Gründe hin: Friede und Zusammenarbeit zwischen den Völkern, ein Problem, das nicht ausschließlich politisch sei! Die Lösung müßte in Verhandlungen gesucht werden und nicht mit der Anwendung von Drohung und Gewalt.[12]

Gerade der Zusammenhang der Probleme mit höchsten sittlichen und rechtlichen Prinzipien in den Beziehungen der Staaten und Völker gaben für

---

9   Vgl. Schindling, Anton, Der Westfälische Frieden und die deutsche Konfessionsfrage, in: Spieker, Manfred (Hrsg.), Friedenssicherung, Bd. 3, Münster 1989, 19–36.
10   682.
11   Vgl. Köck, Heribert Franz, Die völkerrechtliche Stellung des Heiligen Stuhls, Berlin 1975, 286ff.
12   Unter Hinweis auf ein Memorandum schon vom 10. Oktober 1969!

den Heiligen Stuhl den Ausschlag zur Mitarbeit, zwar kraft seiner Natur als souveräner Völkerrechtsträger, die jedoch religiöse und moralische Ziele verfolge. Dennoch aber gelte für den Heiligen Stuhl die Begrenzung seines Beitrags, wenn es um Äußerungen über Initiativen geht, die zu konkreten politisch-militärischen Aktionen führten. Genannt werden direkt Krisenmanagement und Aufrechterhaltung des Friedens, zum Beispiel als es jüngst um eine Beteiligung an Beobachtermissionen zur Feuereinstellung nach Berg-Karabach ging.[13]

Das christliche Naturrecht und die Entstehung des Völkerrechts

Im Zusammenhang mit der Verbundenheit der katholischen Kirche und des Heiligen Stuhls mit der pragmatischen Entwicklung der internationalen Beziehungen der europäischen politischen Mächte am Beginn der Neuzeit zeigt sich die besondere Bedeutung des vortheologischen, christlich-naturrechtlichen Gedankens für das neu entstehende Völkerrecht. Das sogenannte klassische Völkerrecht verdankt nach Hans Maier „der christlichen Tradition die Hauptanstöße: den Gedanken der res publica christiana, den Gedanken der Ebenbürtigkeit der Monarchen und Staaten als Voraussetzung für Staatengleichheit und Souveränität, endlich den Gedanken einer internationalen Schiedsgerichtsbarkeit und eines Bundes der christlichen Völker. Und es entwickelte diese Tradition vom 16. und 18. Jahrhundert in einer Bewegung allmählicher Säkularisierung zu einem ‚internationalen Recht zivilisierter Staaten' weiter", zu einem „Zwischen-Staaten-Recht", frei von Utopien, mit dem Ziel „realer Fortschritte" auf Beschränkung der Kriegführung und zum Staatenfrieden im europäischen Ius Publicum, das den innerstaatlichen Friedensraum und die Freiheit der Bürger innerhalb eines rechtlichen Ordnungsgedankens zur Voraussetzung habe.

Hans Maier schließt mit einem bedenkenswerten Hinweis auf den Grundfehler beim Streben nach Einigung zum Frieden heute: „Die Einigungsformel, auf die sich die Streitenden verpflichteten, lag jenseits der Dinge, um die der Streit gegangen war", nämlich um „Freiheit, Wohlfahrt und Sicherheit". Diese Werte könnten nicht vom einzelnen Staat gerecht für sich erkämpft werden, sondern stünden in einem der Willkürgemeinschaft entzogenen Rechtsverhältnis, in einer politischen Gemeinwohlordnung als Naturverfassung der Weltgesellschaft. Sie in eine gesatzte Friedensordnung umzusetzen, war und ist die Aufgabe des Völkerrechts, wobei an einer obersten Weltautorität, in welcher Form auch immer, festzuhalten sein wird.

Hier hat die tiefere Verankerung des Rechts in der Naturordnung seine unveräußerliche Bedeutung, wie es die christliche Tradition entgegen anderen sozialphilosophischen oder rein empirischen Ansätzen dazu festhält. Die bis zum Wiener Kongreß bei den Friedensschlüssen berufene Einigungsformel hat dies in „nomine sanctae et individuae trinitatis" ausgedrückt, jenseits eben der

13 Abgedruckt im Osservatore Romano 27. / 28. 7. 1992.

Machtpolitik und ihrer Ergebnisse. Dem so verstandenen Völkerrecht fehle aber die Weltautorität als Rechtsinstitution mit Durchsetzungsgewalt, wie es innerstaatlich durch ein Machtmonopol für die von den Bürgern bestimmte Freiheitsordnung im wesentlichen im Rechtsstaat und der Demokratie gelungen ist, im Falle der internationalen Politik bis heute, so weit Hans Maier.[14]

Daß diese Einigungsformel in christlichen Worten gefaßt wurde, ist aus dem Strom der christlich bestimmten Rechtskultur gegeben, aber als Naturrecht dem Nichtchristen daher an sich ebenso zugänglich und verständlich.[15] Ein solches Weltrecht als Weg zum Weltfrieden erfordert vielmehr auch religiöse Toleranz und ist eine allgemeinmenschliche Herausforderung. Insofern hat die Kirche und haben die Christen kein Monopol vor den Nichtchristen bei der Erstellung einer Friedensordnung, jedenfalls aber die Pflicht, die moralische prinzipielle Seite der Frage zu beleuchten.

Die in der europäischen Staatengeschichte so entstandene einmalige Situation des Völkerrechts für den Heiligen Stuhl zeigt diesen in erster Linie als Sachwalter der moralischen Prinzipien im internationalen Leben und ermöglicht deren Umsetzung in die politische Praxis auch im Namen der religiösen Werte. Damit unterscheidet sich der christliche Beitrag zur Friedenspolitik jedenfalls von dem der oft auch religiös motivierten Friedensbewegungen.[16] Sehr deutlich läßt sich das am Beispiel einer Veranstaltung christlicher Friedensbewegungen zeigen, dem sogenannten Ökumenischen Konzil des Friedens zu Basel 1987. Schon im Aufruf dazu betont Carl Friedrich von Weizsäcker, einer der Initiatoren evangelischen Bekenntnisses, den prophetischen, eschatologischen Charakter einer solchen Versammlung und verweist auf die Schaffung einer politischen Ordnung, die den Krieg auch politisch ausschließt. Alles andere wäre defensives Verhalten und politisch konservativ, mit christlicher Haltung unvereinbar.[17]

In Wahrnehmung eines politischen Verantwortungsethos kann jedoch der Christ und die Kirche die sittlichen Prinzipien der Friedensethik nur in sachgerechter Weise in Verbindung mit dem Instrumentarium der Politik entwickeln und nicht allein mit Appellen und mit einseitig erklärter Gewaltlosig-

---

14 Die christliche Friedensbotschaft und der Staatenfriede der Neuzeit, in: Spieker, Manfred (Hrsg.), Friedenssicherung, Bd. 2, Münster 1988 (13–28), 17 und 26.
15 Vgl. Münkler, Herfried, Politische Tugend. Bedarf die Demokratie einer sozio-moralischen Grundlegung?, in: Münkler, Herfried (Hrsg.), Die Chancen der Freiheit. Grundprobleme der Demokratie, München 1992, 25–46. Im Ungenügen der neuzeitlichen kontraktualistischen Gesellschaftstheorien zur Begründung des Staates und einer politischen Ethik sieht Münkler den neuestens wiederkehrenden Anknüpfungspunkt für die Wiederaufnahme des klassischen Tugenddiskurses. Seine These ist, daß sich „die Konzeption der Zivilgesellschaft als theoretisch aufbaufähig erweist, insofern sie auf die moralische Entlastung des gesellschaftlichen Raumes durch Ausdifferenzierung eines mit Aufgaben der Normenverwirklichung bedachten Teilsystems zumindest insofern verzichtet, als sie auf den sozio-moralischen Kompetenzen der Bürger besteht". (42)
16 Vgl. dazu Weiler, Rudolf, Internationale Ethik, Bd. 2, Berlin 1989, 143ff.
17 Vgl. Bogdahn, Martin (Hrsg.), Konzil des Friedens, München 1986 (13–22), 20.

keit. Trotz der Bemühungen, die kriegerische Gewalt möglichst zu vermeiden, hat die katholische Kirche zum Beispiel im Falle des Golfkrieges die Aktion namens der OVN gegen den Irak nicht ausdrücklich verurteilt, sondern für Kuwait das Prinzip der territorialen Integrität der Staaten angesichts der den Frieden bedrohenden Intervention im Golf gegen einen kriegerischen Überfall festgehalten. Für die Kirche selbst aber bedeutete das konkret, die Mittel zur Konfliktlösung anzuwenden, die ihrer geistigen Natur entsprechen: Sinn für Wahrheit, Gerechtigkeit und Brüderlichkeit zu wecken.[18]

Vielleicht noch deutlicher ist ein Kommuniqué des vatikanischen Pressesaales zur Krise in Bosnien in Erläuterung einer Äußerung Papst Johannes Pauls II., übermittelt durch den Kardinalstaatssekretär Sodano vom 7. August 1992, im Osservatore Romano zu lesen: Angesichts der Aggression in Bosnien gegen die schutzlose Bevölkerung wäre es eine Unterlassung, mit den verfügbaren Mitteln dies nicht zu verhindern. Und Sodano betont und begründet das Recht und die Pflicht militärischer Intervention mit der Notwendigkeit der Entwaffnung dessen, der töten will. Damit solle jedoch nicht ein Krieg begünstigt, sondern gerade verhindert werden.

Ähnlich lautet die Erklärung, die Monsignore Alain Lebeaupin, der Vertreter des Hl. Stuhls bei der Versammlung des Komitees der hohen KSZE-Funktionäre am 18. 9. 1992 in Prag abgab. Er forderte die KSZE-Konferenz auf, in einem Schreiben an die Londoner Friedenskonferenz mit Nachdruck eine Reihe von Maßnahmen einzufordern, darunter Militärschutz für humanitäre Hilfstransporte und die Sperrung des Luftraumes über Bosnien-Herzegowina, bzw. den Einsatz notwendiger militärischer Mittel! Das Urteil über die notwendige Anwendung militärischer Mittel wird hier wohl politisch zu finden sein, militärische Gewalt kann aber, wie im gegebenen Fall, aus sittlichen Prinzipien letztlich nicht völlig unterbleiben. Moralische Prinzipien und gegebenenfalls deren Anwendung sind Aufgabe der Friedensethik und deren Kriterien aus der gegebenen Sachlage.

Reflexionen über den Friedensauftrag der Kirche heute

Eine Reflexion über den Friedensauftrag der Kirche heute bedarf wesentlich im Grunde und im Einzelfall der vortheologisch-naturrechtlichen Reflexion. Diese beginnt beim Naturrechtsgehalt des Völkerrechts. Hier liegt besonders auch die Chance der Umsetzung der kirchlichen Friedenslehre in die internationale Politik.[19] Dabei kommt es entscheidend auf das Politikverständnis an. Die kirchlichen Dokumente betonen die Unentbehrlichkeit der Politik und die

---

18 Vgl. Adresse Johannes Pauls II. beim Treffen der Patriarchen und Bischöfe aus durch die Golfkrise direkt betroffenen Ländern vom 4. 3. 1991, zit. in: Giovanni Paolo II, Per la pace nel Golfo, engl. Übersetzung, Città del Vaticano – New York 1992, 113ff.

19 Vgl. Sutor, Bernhard, Chancen politischer Innovation durch die kirchliche Friedenslehre, in: Stimmen der Zeit, Bd. 201, 219–236.

Notwendigkeit politischer Klugheit wie Phantasie zur Friedenssicherung und Friedensförderung. Nicht aber läßt sich in sittlicher Sicht aus Gesinnungs- und Verantwortungsethik ein Gegensatz postulieren. Politik unter Beachtung der „Realfaktoren" politischen Machtstrebens, und „sei es zwischen den Staaten"[20], muß nicht ein Freibrief von Ethik sein, sondern kann auch nüchternen Realismus mit Ethik verbinden.

Auch ist das Naturrechtsargument nicht mit moralischem Rigorismus zu verwechseln. Gegen Karl Marx und die „Feinde der offenen Gesellschaft" rekurriert bekanntlich Karl R. Popper mit seiner kritischen Methode des Denkens oder der menschlichen Fehlbarkeit bei der Wahrheitserkenntnis. Dennoch gibt es für ihn „Annäherung an die Wahrheit".[21] Im in der letzten deutschen Ausgabe vorangestellten Vorwort[22] sind es die Ereignisse des Zusammenbruchs des Kommunismus, die Popper neuerlich den Vorzug der Marktwirtschaft und des Rechtsstaats bestätigen. Die offene Gesellschaft des Westens erscheint ihm als „die beste und reformfreudigste, die es je gegeben hat".[23]

Gerade der Vergleich Poppers zugunsten der „offenen Gesellschaft" trotz ihrer Unvollkommenheit – „bei weitem nicht gut genug"! – verweist auf die implizite sittliche Bewertung der Entwicklung in der Geschichte der Menschheit nach durchaus auch naturrechtlich erhobenen Kriterien von Friede, Freiheit und Gerechtigkeit, die auch in der liberaldemokratischen Gesellschaft zur Disposition stehen und die der Anwälte für die sittliche Idee, hier also auch der Kirche, bedürfen.

Für die katholische Kirche ist es im weltweiten Pluralismus der internationalen Gesellschaft heute ihre Chance, daß sie der politischen Macht kritisch gegenübertreten kann und sowohl durch Prinzipien einer Friedensethik als auch mit kritischem Urteil die internationale Politik begleiten kann. Ernst Josef Nagel hat demgemäß „Die Friedenslehre der katholischen Kirche" in einer „Konkordanz kirchenamtlicher Dokumente"[24] zusammengestellt. Es gelingt ihm, nach einem methodischen und prinzipiellen Abschnitt über die kirchliche Sozial- und Friedenslehre, unter den Lehrinhalten ganz konkret auf aktuelle Fragen der Weltfriedensordnung und der militärischen Friedensordnung einzugehen und so die Problemlösungskapazität dieser Lehre aufzuzeigen. Dabei zeigt er auch, wie der von uns schon besprochene politische Beitrag zum Frieden durch den Heiligen Stuhl über lehramtliche Erklärungen hinaus im Leben und Wirken der internationalen Staatengemeinschaft durch konkrete Beiträge wirksam wird.[25]

Das Ziel der Kriegsächtung müsse erst auf dem mühsamen und oft langen Weg der Kriegsvermeidung durch Sicherheitspolitik erreicht werden. Ver-

---

20 Vgl. Weber, Max, Politik als Beruf, in: ders., Wirtschaft und Politik, Tübingen 1956, 1043.
21 Die offene Gesellschaft und ihre Feinde, Bd. 2, Tübingen [7]1992, 469.
22 O.a., IX-XIV.
23 XIV.
24 Beiträge zur Friedensethik, Bd. 5, Institut für Theologie und Frieden, Barsbüttel 1990.
25 158.

trauensbildung, Friedenserziehung und Einfluß über die öffentliche Meinung seien Voraussetzungen der Umkehrung des Wettrüstens und der Abrüstung, damit eine neue Weltfriedensordnung in der internationalen Gemeinschaft durch Völkerrecht im Verein mit einer auch international legitimierten militärischen Friedenssicherung erreicht werden könne.[26]

Für den amerikanischen Katholizismus hat auch George Weigel einen Sammelband unter Verwendung US-amerikanischer und gesamtkirchlicher Lehrdokumente herausgebracht. Einem historischen Rückblick folgt ein aktueller Abschnitt von Entwicklungen aus diesem Lehrgut für die Kirche im Dienst des Friedens. So stellt auch er die Politik unter die Notwendigkeit der moralischen Perspektive.[27] Catherine Guicherd hat ebenfalls eine Zusammenstellung der Auffassung der katholischen Kirche zur Verteidigungspolitik in den achtziger Jahren unter Verwendung der Pastoralschreiben der französischen, deutschen und amerikanischen Bischöfe über Krieg und Frieden publiziert.[28] Auch sie hebt eine ethisch begründete naturrechtliche Position in den internationalen Beziehungen als Standpunkt der Kirche hervor. Für die Beziehungen der Staaten gelten als Bindeglied Werte, die sie zum Unterschied von Max Webers reiner Zweckrationalität als „wertrational" bezeichnet.[29] Das sittliche Kriterium ist in den Problemen, also in einer politischen Ethik des Friedens zu suchen, nicht in einem rein moralischen Herangehen an die Sachfragen.

Für die Kirche stellt sich angesichts der Konflikte mehr denn je im internationalen Leben die Frage nach der Legitimation von politischer Gewalt. Daher muß sie den Dialog über die Sachfragen der internationalen Politik angesichts der bestehenden Konflikte und ihrer Ursachen suchen. Das betrifft besonders auch Papst und Bischöfe. Innerhalb des Katholizismus besteht dabei aber zu Recht ein Pluralismus der politischen Optionen, wenn auch der Glaube und die kirchliche Lehre und besonders ihre Soziallehre Grundlage ist. Im rein ethischen Bereich ist ebenso von naturrechtlichen Grundwerten auszugehen. Die Goldene Regel wäre ein Beispiel von Universalität dieser Grundwerte auch für die internationale Ethik und Politik. In den Fragen nach konkreten Urteilen und Lösungen ist aber auf Grund der relativen Autonomie der (irdischen) Sachbereiche die kritische Anwendung ethischer Prinzipien nach verschiedenen friedenspolitischen Optionen hin auch offen.[30]

---

26   119ff.
27   Tranquillitas Ordinis. The Present Failure and Future Promise of American Catholic Thought on War and Peace, Oxford 1987.
28   L'église catholique et la politique de défense, Paris 1988.
29   284.
30   Henrich, Dieter, Ethik zum nuklearen Frieden, Frankfurt 1990, entwickelt in seiner Friedensethik unter Hinweis auf ein vertieftes sittliches Bewußtsein heute einen kontextuellen Zusammenhang von empirischer Weltbeschreibung, angesichts der Besonderheit der heutigen Weltlagen, mit dem sittlichen Wissen um eine, wie er sich ausdrückt, Primärstufenmoral. Danach unterscheidet er Primärregeln und Imperative des Friedens, die in Verbindung mit der internationalen Situation politisches Handeln jeweils als gerechtfertigt

Das ergibt sich aus dem Politikverständnis der Kirche, die sich nicht einseitig nur als Friedensbewegung sieht. Es gibt legitime Interessen und Konfliktsituationen in den internationalen Beziehungen. Daher ist nach Bernhard Sutor für die Kirche Politik als Kunst unentbehrlich und politische Klugheit eine Notwendigkeit zu Friedenssicherung und -förderung. Somit gäbe es für die Kirche das „Konzept eines politischen Gradualismus" beim Herangehen an die Friedenspolitik, bei der dynamischen Entwicklung von sozialer Gerechtigkeit als einer Grundlage des Weltfriedens. Dies gelte für die Kirche besonders auch bei der innergesellschaftlichen und ordnungspolitischen Friedensförderung durch Friedenserziehung, durch friedliche Demokratie und durch den freiheitlichen Verfassungsstaat unter Wahrung der Menschenrechte.[31]

Der Friedensbeitrag der katholischen Kirche und des Katholizismus geht daher anders als die sich wertneutral verstehende Politikwissenschaft von einem internationalen Ordnungsgedanken und ethischen Normen aus, nicht von reiner Machtpolitik und deren Analyse. Emanuel Richter zeigt in einer Literaturbesprechung zu neuen amerikanischen Beiträgen zur Ethik der internationalen Beziehungen, wie dieser Ordnungsgedanke auf eine „weiträumige Entfaltung moralphilosophischer Normen[32] auch in der vorwiegend analytischen ethischen Literatur aufgegriffen wird. In Aufrufen führender Staatsmänner komme es heute „zu einer globalen Versöhnung von Moral und Politik". Es komme zu einer Aktualisierung einer Ethik der internationalen Beziehungen.

Richter unterscheidet grob die Neuerscheinungen zur internationalen Politikwissenschaft nach zwei Polen, dem des „Idealismus" und dem des „Realismus". Der utilitaristische Liberalismus bestimme vorwiegend das realistische Politikmodell, wobei unter der heute gegebenen Rolle Amerikas als globaler Führungsmacht dem liberalen westlichen Gesellschaftsmodell in Politik und Wirtschaft ebenso globale Bedeutung zukommt. Damit sei aber derzeit keine ethische Innovationskraft angesichts der Übernahme der „Pax americana" als Grundlage der Weltpolitik gegeben. Andererseits sei eine auch unter führenden Politikern beobachtbare Reethisierung der Weltpolitik, die Berufung auf eine globale Moral vorhanden, hinter der aber keine klare Wertordnung auszumachen sei, die an Stelle des Staatenpluralismus eine universelle Staatengemeinschaft rücken könnte, um die real vorhandenen gemeinsamen Probleme nach

---

erscheinen lassen können. Der Konnex zu einer naturrechtlich fundierten Urteilsbildung erscheint unter solchen Umständen durchaus gegeben und zugleich im Konkreten offen.

31 Chancen politischer Innovation durch die kirchliche Friedenslehre, in: Stimmen der Zeit, Bd. 201, 219–236. Der Artikel versteht sich als Kommentar zur Weltfriedensbotschaft Johannes Pauls II. vom 1. Januar 1982, Der Friede – eine Gabe Gottes. Daß Friedenserziehung auch mit der „Tugend der Bürger", nicht nur mit reiner Rationalität, sondern auch mit Willen und Werthaltungen des Menschen zu tun hat, zeigt neuerdings wieder Münkler, a. a. O., 30ff, unter Hinweis auf die „traditionelle Tugendethik" und sein folglicher Aufruf zu „sozio-moralischer Regeneration" (33)!

32 Auf dem Weg zu einer neuen Weltordnung – auf ausgetretenen Pfaden der Moralphilosophie, in: Neue politische Literatur, Jg. 37 (1992), 77–92.

einem sittlichen Ordnungsgedanken, der tiefer reicht als ein liberaler Pragmatismus, zu lösen.

Hier kann die zuletzt auch im angelsächsischen Raum eingetretene Renaissance des Aristotelismus[33] im Verein mit der Neubesinnung auf das (christliche) Naturrecht im westlichen Kulturerbe eine Hoffnung auf eine politisch-moralische Weltkultur in einer „offenen Gesellschaft" sein. Der oben zitierte Richter konstatiert in seinem Literaturbericht gegen die führende realistische Richtung der US-amerikanischen Politologie einige beachtliche Ansätze angesichts der weltpolitischen Lage zur Suche nach neuen ethischen Grundlagen der Weltpolitik für solidarische Handlungsorientierungen.[34] Abschließend fordert er angesichts der kritischen Schwäche der herrschenden liberalen Politikwissenschaft aufgrund des Fehlens einer ethischen Fundierung: „Der abstrakte Universalismus der politischen Ethik muß zu einem konkreten Prinzip der räumlich und zeitlich grenzenlosen Moralität der ganzen Welt ausgeformt werden."[35]

Die Problemlösungskapazität der katholischen Friedensethik

Es wäre nun zu zeigen, welche kritische und ordnende ethische Kraft der Lehre der Kirche und dem traditionellen Naturrecht angesichts der konkreten internationalen Probleme und Konflikte innewohnt. Zunächst muß festgehalten werden, daß solche Grundsätze und Kriterien noch keine Handlungsanweisungen darstellen, die sich etwa auf die Pflicht zur Gewaltlosigkeit festlegen. Rufen wir die Zeit des Anfangs des Kalten Krieges nach dem Zweiten Weltkrieg als Beispiel in Erinnerung. Dem ideologisch begründeten Anspruch der Sowjetunion auf Eroberung der Welt für den Kommunismus und dessen Machtpolitik setzten die USA die machtpolitisch kalkulierte Doktrin des Containment, der Abriegelung, nicht der Vernichtung, entgegen.

George Kennan, der Begründer dieser Politik, formulierte: Es ist besser, mit Feinden zu leben, als sie zu vernichten zu streben![36] Ein langer Weg machtpolitischer Unterstützung, aber auch ideeller Rechtfertigung durch Formulierung und Praxis von demokratischen und rechtsstaatlichen Ideen wurde beschritten. John Lewis Gaddis[37] hat gezeigt, daß es Ronald Reagan war, der

---

33 Vgl. MacIntyre, Alasdaire, Verlust der Tugend, Frankfurt 1987. Vgl. auch die Literaturangaben bei Münkler, Herfried, Politische Tugend. Bedarf die Demokratie einer soziomoralischen Grundlegung?, in: ders. (Hrsg.), Die Chancen der Freiheit. Grundprobleme der Demokratie, Anm. 1, S. 42f.

34 Zum Beispiel bei Finn, Haskell, Normative Politics and the Community of Nations, Philadelphia 1987, oder Maxwell, Mary, Morality Among Nations. An Evolutionary View, Albany 1990.

35 91.

36 Vgl. Miscamble, Wilson D., George F. Kennan and the Making of American Foreign Policy, 1947–1950, Princeton 1992.

37 The United States and the End of the Cold War, Oxford University Press 1992.

durch seine Politik die Voraussetzungen geschaffen hat, die Chancen, die durch das Auftauchen Michael Gorbatschows kamen, auch zu nützen. Letztlich scheiterte die Sowjetexpansion auch auf Grund ihrer damit verbundenen Rüstungslast, die ihre Wirtschaftskraft im Wettlauf mit der US-Aufrüstung, bis zum Plan eines nuklearen Abwehrschilds, zerstörte. Hinzu kam die ideelle Herausforderung des diktatorischen Sowjetsystems durch das demokratische Freiheitsideal des Westens, insbesonders auch der Religionsfreiheit. Die besondere Bedeutung der katholischen Kirche unter Leitung des „polnischen" Papstes, Johannes Paul II., für den inneren Zusammenbruch des marxistisch-leninistischen Dogmatismus als Handlungslehre der Politik der Sowjets ist heute besonders in Rußland selbst anerkannt. Jedenfalls wäre es ohne expansive Großmachtpolitik der Sowjets und im Gegenzug die westliche Politik nicht so verhältnismäßig friedlich zum Abtreten der kommunistischen Weltrevolution gekommen.

Als Lehre für die Zukunft empfiehlt der oben zitierte Autor unter den geänderten Verhältnissen und Möglichkeiten politische weltweite Zusammenarbeit unter dem Gesichtspunkt politischer und rechtsstaatlicher Freiheit, Prosperität und Integration im wirtschaftlichen Bereich als Grundlage zukünftiger Konfliktlösungen. Dabei müssen wir davon ausgehen, daß es immer ein politisches Konfliktpotential unter der Schwelle totaler Bedrohung zwischen Staaten geben wird, für deren Lösung es noch lange kein völlig ausreichendes völkerrechtliches Instrumentarium zur friedlichen Lösung geben wird.

Dafür ist nicht nur noch viel im Bereich der Strategie der Deeskalation internationaler Konflikte im Rahmen der Entwicklung des Völkerrechts und der internationalen Beziehungen normativ und institutionell zu forschen und zu entwickeln, sondern auch für die Bereitschaft zum internationalen Dialog noch gesinnungsmäßig grundlegend viel zu tun. Im kulturellen und religiösen Pluralismus auf der Basis globaler Grundwerte muß noch durch den Dialog eine gemeinsame Sprache auch über Normen und Werte im Zusammenleben der Völker gefunden werden. Die Welt der unabhängigen Staaten muß also zu einer Art von internationaler Einheit bei allen Schwierigkeiten und aller Unvollkommenheit erst entwickelt werden, bevor kriegerische Konflikte im internationalen Ausmaß effektiv begrenzt sein werden.[38] Die „friedenspolitische Alternative" zum Krieg[39] auf Ordnungsdurchsetzung bleibt noch lange die Verbindung von Sicherheits- mit Verteidigungs- und Militärpolitik, wenn auch immer mehr in Staatengemeinschaften, in Verbindung mit dem Aufbau eines umfassenden Friedenserhaltungspotentials der OVN, begleitet und immer mehr entlastet aber durch einen ethisch fundierten Dialog wirksamer Streitschlichtung.

---

38 Vgl. Cancian, Francesca M., Gibson, James William (Ed.), Making War, Making Peace, Belmont, California 1990, 421.
39 Vgl. den Untertitel zum Band: Warum Krieg? Dialog, Beiträge zur Friedensforschung, Band 22, Heft 1–2/1992, Stadtschlaining.

Sicherheitspolitik steht gegenwärtig immer mehr unter dem Stichwort der Common Security. Sie wird immer mehr in Sicherheitspartnerschaft der Staaten erreicht als in Konfliktaustragung, freilich zunächst in begrenzten Bündnissystemen, aber auch durch gemeinsame organisierte übernationale gesellschaftliche Interessen abgestützt. Das bedeutet neben wechselseitig vorteilhafter Kooperation in steigendem Maß auch Kooperation bei der Konfliktregelung aus gemeinsamer Einsicht und gemeinsamer Verantwortung.[40]

Diese Entwicklung führt logisch zu immer mehr internationalen Institutionen auch im Bereich der Konfliktlösung, der Friedenserhaltung und auch der Verifikation eingegangener Abkommen. Die Verifikation schließt auch die Begleitung mit militärischen Durchsetzungsmechanismen ein. Das zeigt sich in steigendem Maß seit langem bei den in der Verfassung der OVN gar nicht vorgesehen gewesenen Peace Keeping Forces, zu denen immer mehr die Ergänzung durch ein prinzipiell in Kapitel VII der UN-Charta ja bereits vorgesehenes militärisches Instrument von Kampftruppen (Peace-Making-Forces) in der Hand des Sicherheitsrates treten müßte, wenn die „Blauhelme" militärisch überfordert wären. Damit ist der Prozeß der Transformierung der Welt von unabhängigen Staaten „into some sort of genuine international Community" aber bereits eindeutig beschritten.[41] Diesem Weg hat die Friedensethik der Kirche seit langem vorgearbeitet und begleitet dabei die internationale Gemeinschaft im Bereich der Gesinnung und des internationalen Rechts theoretisch wie praktisch aus ihrer besonderen Sendung heraus.

Vor kurzschlüssigen alternativen „Friedensträumen" hat die mit dem Naturrecht und dem klassischen Völkerrecht verbundene Friedenslehre die katholische Kirche bewahrt, wenn auch die prophetische Sicht auf die Friedensverheißung als Angeld des kommenden Äons sicher seine Anziehungskraft auf christliches Denken und Streben hat und haben wird.[42] Das Ende des Kalten Krieges ist nicht das „Ende der Geschichte", wie ein Bestseller-Titel verkündet.[43] Es ist vielmehr die Rückkehr aus dem Patt der Großmächte in die Möglichkeiten der Politik wie ebenso der sittlichen Anstrengungen zur Begegnung der Konflikte, die Spannungen vielerorts wieder aufbrechen lassen, und zur Herstellung von neuen Bindungen mit dem Ziel der friedlichen Zusammenarbeit auf Weltebene zu einer umfassenden gesellschaftlichen und ökonomischen Integrationspolitik von unten her und nicht aus individualistisch-liberalen oder kollektivistischen Ideologien heraus.

---

40 Da es politisch keine plötzlich umfassende Versöhnung zwischen Gegnern gibt, ist eine Kunst weiter auszubauen, wie man nämlich internationale Konflikte deeskaliert. Ein gutes Beispiel einer Politik und Strategie der Deeskalation bieten z. B. Louis Kriesberg, Stuart J. Thorson (Ed.), Timing the De-Escalation of International Conflictes, Syracuse University Press, Syracuse 1992.
41 Cancian, Francesca M., Gibson, James William (Ed.), 421.
42 Vgl. Lohfink, Norbert, Kirchenträume, Freiburg 1982.
43 Fukuyama, Francis, München 1992.

Entgegen beiden großen Ideologien im sozialen Verständnis der gesell-schaftlichen Wirklichkeit in der Geschichte der Neuzeit bis gegen Ende dieses zwanzigsten Jahrhunderts stehen die menschliche Natur und das sittliche Wissen um Recht und Ordnung auch im internationalen Ausmaß in Verbindung mit dem christlichen Erbe. Dieses ist nicht nur ein Gut, das die Kirche bewahrt, sondern eine Herausforderung, die mit den wohlverstandenen Interessen einer Menschheit, die auf Kooperation und Integration setzen muß und daraufhin angelegt ist, im Einklang steht. Die zukunftsweisende Entwicklung geht im Sinne der Ausgestaltung des Völkerrechts entgegen dem absolut souveränen Staat auf Einheit in einer Weltgemeinschaft von Staaten unter der Verbindung von Recht und Sicherheit angesichts immer wieder neuer Herausforderungen für die Menschheit.[44] Die Friedensförderung im Dienst der Friedenssicherung ist auch als Aufgabe kirchlichen Wirkens ein mit Politik wesentlich verbunde-ner Wert, in dessen realistisches Verständnis Ernst Nagel ein Gutteil seines wis-senschaftlichen Talents und Wirkens bisher bereits so erfolgreich gestellt hat.

---

44 Watson, Adam, The Evolution of International Society, London 1992, verweist auch rein pragmatisch auf ein solches Heraufkommen eines Minimums an Ordnung nach dem Zusammenbruch des Kommunismus und zugleich auf neue Weltprobleme wie die Umweltfrage, Bevölkerungsfrage und Ressourcenprobleme, die zur Bewältigung anste-hen.

3.1.3 Theologische und philosophische Begründung der Menschenrechte in der christlichen Sozialethik

Die folgenden Überlegungen schließen an die beiden Sozialethiker-Tagungen in Köln (1990) und Heidelberg (1992) an, die im Rahmen des Projekts „Ökumenische Sozialethik"[1] stattfanden. Organisation und Gestaltung des Projekts verdankten sich maßgeblich der Initiative des Jubilars. Anlaß des Projekts waren Probleme, die sich im ökumenischen Prozeß „Gerechtigkeit, Frieden und Bewahrung der Schöpfung" (Dresden, Stuttgart, Basel, Seoul) ergaben. G. **Beestermöller** faßte sie folgendermaßen zusammen: „Eine Konsensbildung zwischen den Vertretern der verschiedenen Kirchen war relativ unproblematisch, wenn es um die Formulierung abkünftiger Prinzipien ging. Sie erwies sich als schwierig, wenn es zum einen um letzte inhaltliche und methodische Ansätze und zum anderen um konkrete Beiträge von Gemeinden und kirchlichen Gruppen zu den globalen Herausforderungen ging."[2] Auf diesem Hintergrund war es das Ziel des Projekts, im wissenschaftlichen Gespräch evangelischer und katholischer Sozialethiker „sich über sozialethische Ansätze und Methoden in ökumenischer Vielfalt zu informieren sowie Möglichkeiten und vielleicht auch Grenzen einer ökumenischen Sozialethik auszuloten"[3].

Auf beiden Tagungen wurde deutlich, daß das Desiderat einer ökumenischen Verständigung in dieser Thematik vor allem von der Klärung folgender Frage abhängt: Kann eine christliche Ethik bzw. Sozialethik davon ausgehen, daß es eine universelle, allgemeinmenschliche ethische Argumentationsbasis gibt, die unabhängig vom bestimmten Glaubenskontext **philosophisch**, also etwa in der Tradition des (klassischen und modernen) Naturrechtsdenkens entfaltet werden kann und zu der das spezifisch Christliche als spezifizierende Weiterbestimmung hinzutritt? Oder schließt eine christliche Ethik bzw. Sozialethik eine derartige allgemeine Argumentationsbasis insofern aus, als für eine christliche Ethik **als Ethik** der glaubenspositive **Offenbarungsbezug** bzw. die christologische Dimension schlechthin konstitutiv ist? Im evangelischen Raum wird die zweite Variante vor allem von Theologen vertreten, die in der Traditi-

---

1   G. Beestermöller, Möglichkeiten und Grenzen einer ökumenischen Sozialethik. Eine Tagungsnachlese, in: Catholica 45 (1991) 296–308; ders., Ökumenische Sozialethik: Konfessionelle Pluralität in der Einheit einer Theologie der Menschenwürde und -rechte? Ein Projektresümee, in: Catholica 46 (1992) 273–280.

2   Ders., Möglichkeiten und Grenzen ..., 296.

3   296.

on von Karl **Barth** stehen. Im (deutschsprachigen) katholischen Raum geht es um die Differenz zwischen der (eher dominanten) Autonomen Moral und der (eher schwachen) Glaubensethik.

Auf dem Hintergrund der Gespräche der beiden Tagungen versuche ich im folgenden, das Begründungsproblem der Menschenrechte so zu skizzieren, daß die Spannung der beiden Varianten an Bedeutung verliert. Obwohl der Versuch seine katholische Provenienz nicht verleugnet, hoffe ich, daß er auch von jenem Gesprächspartner nachvollzogen werden kann, der in der Tradition von **Barth** steht. In einer ersten Überlegung ist die skizzierte Spannung der Varianten zu präzisieren, wobei ich auf **Barth** rekurriere. In der zweiten wird der Begriff einer christlichen Sozialethik so bestimmt, daß diese Spannung ihre Schärfe verliert. Die dritte geht auf die Begründungsfrage der Menschenrechte ein.

1. Theologische versus philosophische Grundlegung

Gegen alle Versuche, innerhalb der christlichen Theologie Ethik philosophisch, also im Rekurs auf allgemeinmenschliche natur- bzw. vernunftrechtliche Ansätze zu begründen, richtete sich der radikale Protest Karl **Barths**. Das zentrale Anliegen dieses Protests ist im ökumenischen Gespräch nach wie vor präsent. Es geht um die Ablehnung einer jeden „allgemeinen“, den Menschen als Menschen „natürlicherweise“ betreffenden Ethik als Argumentationsbasis, hinsichtlich derer die Differenz von Glauben und Unglauben neutralisiert wird. **Barth** entlarvt jede derartige Ethik als „Folge und Verlängerung des Sündenfalls“. Gottes Gebot und seine in Christus geschenkte Gnade sprengen jede allgemeine Ethik. „Die Gnade Gottes protestiert gegen alle vom Menschen aufgerichtete Ethik als solche.“ Sie sagt „Ja zum Menschen“, aber in dem Sinne, „daß sie nun erst recht ihre eigene Beantwortung des ethischen Problems vollzieht in aktiver Widerlegung, Überwindung und Aufhebung aller seiner menschlichen Beantwortungen“[4].

Darum **ist** die Gnade Gottes „die Beantwortung des ethischen Problems; indem sie nämlich den Menschen heiligt, indem sie ihn für Gott in Anspruch nimmt, indem sie ihn unter Gottes Gebot stellt, indem sie seiner Selbstbestimmung die Vorherbestimmung gibt, dem Gebot Gottes gehorsam zu werden [...]. Mit dem ethischen Problem als solchem im Sinne jenes allgemeinen Begriffs von Ethik können wir also hier nichts zu tun haben.“[5] Sofern Theologie Ethik ist, ist sie „die Bezeugung jener **göttlichen** Ethik, die Bezeugung des Guten, das der Inhalt des an **Jesus Christus** ergangenen und von **ihm** erfüllten Gebotes ist. Ein anderes Gutes neben diesem kann nicht in Frage kommen“[6]. Insofern „kann das ethische Problem der kirchlichen Dogmatik nur

---

4 K. Barth, Kirchliche Dogmatik II/2, ³1959, 573.
5   571f.
6   575.

in der Frage bestehen, **ob und inwiefern das menschliche Tun ein Lob-preis der Gnade Jesu Christi ist**[7]. Von diesem radikalen und kompromißlo-sen Standpunkt der Eigenständigkeit des theologisch-ethischen Ansatzes aus wendet sich **Barth** gegen **drei Kompromißformen** christlicher Ethik. In allen dreien wird versucht, theologische Ethik mit einer (ihrem Anspruch nach) all-gemeinmenschlich vorgegebenen philosophischen Ethik zu verbinden.

Die **erste** Kompromißform ist die **apologetische**. Sie ist der „Versuch einer Begründung und Rechtfertigung der theologisch-ethischen Fragestellung im Rahmen und auf Grund der Voraussetzungen und Methoden eines nicht-theologischen, eines allgemeinmenschlichen Denkens und Redens"[8], also das Bestreben, die praktische Sinnebene des Glaubens von der Sinnebene der (all-gemeinmenschlichen) Moralität her in Sicht zu bringen. Damit aber anerkennt diese Kompromißform nach **Barth** eine allgemeine, nichttheologische Ethik als Basis und „Richter" der theologischen, was letztere „nur stören und zerstören kann"[9]. Die **zweite** Kompromißform ist die der **Isolierung**. Hier wird zwi-schen einer theologischen und einer philosophischen Ethik als zwei eigenstän-digen Ethiktypen auf Grund zweier Fragestellungen unterschieden, „die sich gegenseitig begrenzten und berührten, aber nicht aufhöben". Die Koexistenz der beiden Ethiktypen isoliert die theologische von der allgemeinen bzw. philo-sophischen Ethik und räumt ihr in dieser „Rollenverteilung" einen Spielraum für ihre Fragestellung ein. Durch den „schiedlich friedlichen Aufweis der Dif-ferenz"[10] brauchen sich die beiden Ethiktypen nicht zu stören. Die theologische Ethik weiß sich verträglich mit der allgemeinen, und diese läßt die theologische in ihrer Isolierung in Frieden. Auch diese Kompromißform lehnt **Barth** ab, denn: „Gibt es außer und neben dem Reich Jesu Christi auch noch irgenwelche **andere respektable** Reiche?"[11] Nach **Barth** stehen beispielsweise die Ent-würfe einer christlichen Ethik bei F.D.E. **Schleiermacher** und W. **Herrmann** im Zeichen der beiden ersten Kompromißformen.[12]

Die **dritte** Kompromißform ist die an **Thomas von Aquin** an-schließende **römisch-katholische**, der **Barth** angesichts „der Unsicherheit und Zerfahrenheit der entsprechenden neuprotestantischen Vorschläge" Aner-kennung zollt[13], die aber für ihn dennoch „in allen Teilen unannehmbar"[14] ist. „Zwei wohl zu unterscheidende aber nie zu trennende ethische Wissenschaften: Moral-**Philosophie** und Moral-**Theologie** sind einander gegenseitig zugeordnet, setzen sich gegenseitig voraus, ergänzen sich gegensei-tig, sind im katholisch-theologischen Ethiker grundsätzlich immer zur Perso-

---

7   600.
8   577.
9   581.
10 582.
11 584.
12 577, 582f.
13 587.
14 589.

nalunion verbunden: nicht in einem Gleichgewichts-, sondern in einem Ungleichgewichtsverhältnis, so nämlich, daß die Moraltheologie von Hause aus den Drehpunkt des exzentrischen Rades bildet und diese Stellung nie verlieren kann, während doch auch die Moralphilosophie mit ihrem eigenen natürlichen Mittelpunkt in diese Bewegung hineingenommen wird."[15] Zwar vermeidet diese Kompromißform gewisse Fehler der Apologetik und der Isolierung, sie vollzieht aber dennoch eine „fatale Angleichung des Christlichen an das Menschliche"[16]. Denn sie hält fest an einem „Rest von schöpfungsmäßiger Hinordnung des Menschen zu Gott", auf Grund dessen ihm „ein teilweises Erkennen des ihm von Gott gebotenen Guten möglich ist ohne die Gnade"[17]. Damit aber ist die theologische Beantwortung des ethischen Problems prinzipiell verfehlt.

Wie bereits erwähnt, ist die skizzierte Position **Barths** in vielfältigen Rezeptionsformen auch heute präsent. So erklärte die Europäische Theologische Kommission des Reformierten Weltbundes (WARC) 1973 im „Ausgangspunkt" ihrer „Thesen zur Theologie der Menschenrechte und zur Theologie der Befreiung"[18], die Bibel spreche nicht „von Rechten und Freiheiten, die der Menschheit von Natur aus zustehen, sondern von einer Gerechtigkeit und einer Befreiung, die dem Menschen von Gott gegeben werden". „Darum muß die Kirche von biblischen Voraussetzungen und nicht vom Naturrecht ausgehen."[19] Ganz in diesem Sinne begründet J. **Moltmann** die Menschenrechte in „Gottes Recht auf den Menschen"[20]. „Das Recht Gottes auf den Menschen wurde und wird in konkreten Ereignissen der Befreiung des Menschen, seinem Bund mit Gott und seinen Freiheitsrechten und -pflichten erfahren. Die Bestimmung: **Ebenbild Gottes** bezeichnet das unteilbare Recht Gottes auf den Menschen und darum die unabtretbare Würde des Menschen."[21]

In ähnlicher Weise vertritt E. **Wolf** im Anschluß an J. **Ellul** die These: „'Die Grundlage des menschlichen Rechts liegt in ihm', in dem Menschgewordenen als dem Ort, wo die eschatologische Gerechtigkeit Gottes, von der allein die Bibel redet, auf die Gerechtigkeit des Menschen trifft [...]." Im Sinne dieser These bricht das „Christusrecht" „die Tyrannei der ‚Natur', sofern der Anspruch auf allgemeine Gültigkeit eines ‚Naturrechts' hier eingegrenzt wird"[22]. Christus regiert die Welt mit der Bergpredigt, indem er „in seine Nachfolge und damit in die Hinwendung auf die kommende Gottesherrschaft ruft". Erst „im Gehorsam

---

15   586.
16   593.
17   588.
18   J. M. Lochmann u. J. Moltmann (Hrsg.), Gottes Recht und Menschenrechte. Studien und Empfehlungen des Reformierten Weltbundes, 1976.
19   20.
20   J. Moltmann, Theologische Erklärung zu den Menschenrechten, in: Lochmann u. Moltmann (Hrsg.), 45ff.
21   47.
22   E. Wolf, Sozialethik. Theologische Grundfragen, [3]1988, 103.

gegen diesen Ruf werden Menschen frei aus der selbstherrlichen Existenz zum Dasein für den anderen, für die Welt als Welt"[23]. In seiner Erklärung „Das Bekenntnis zu Jesus Christus und die Friedensverantwortung der Kirche" (1982) argumentiert auch das Moderamen des Reformierten Bundes durchaus in dieser Tradition. Bedeutend flexibler erscheint das Konzept „Analogie und Differenz", das W. **Huber** und H.E. **Tödt**[24] vertreten. Allerdings betonen auch sie einerseits gegen das II. Vaticanum und andererseits gegen das universale „natürliche" Ethos bei M. **Honecker** die Gefahr einer illegitimen Partikularisierung des Christlichen. So wenden sie gegen das katholische Begründungsmodell der Menschenrechte ein, daß die christliche Begründung, die hier bloß additiv zur allgemeinmenschlichen hinzutrete, zwangsläufig partikular werde; „dies aber widerstreitet dem Glauben an die Universalität der Heilstat Gottes in Christus"[25]. Das Modell **Honeckers** tendiere dazu, „Universalität mit dem Ergebnis von Säkularisierung und Rationalisierung gleichzusetzen". Auch dieses Unterfangen weise den Inhalten des christlichen Glaubens „unweigerlich den Charakter der Partikularität" zu. Christliche Theologie „kann nicht ein ‚natürliches' Ethos mit universalem Anspruch lediglich in seiner Differenz zum Christlichen als universales Ethos begreifen wollen, sondern sie muß nach der Relevanz des christlichen Glaubens für die Ausbildung ethischer Standards fragen [...]."[26]

Es soll hier nicht im einzelnen auf die Einwände eingegangen werden, die gegen das theologische Ethikverständnis und die christliche Distanzierung einer allgemeinen (bzw. philosophischen) Ethik bei **Barth** und seinen Nachfolgern erhoben wurden. Im wesentlichen beziehen sich diese Einwände auf **zwei Themen**: **Einerseits** geht es um die Frage der anthropologischen Verhältnisbestimmung des Menschlichen und des Christlichen.[27] Läßt sich die Sinnebene christlichen Glaubens anders denken als in einer Vermittlung, in welcher (zumindest grenzbegrifflich) ein diesem Glauben vorausgesetztes, auf ihn hin offenes und seiner bedürftiges Menschsein im Spiel ist, dessen Existentialität, Moralitätsbewandtnis und natural unbeliebige Verwiesenheit in Lebenskontexte ethisch universell relevant sind? Müßte hier nicht zunächst einmal gelten: „Der Christ ist Mensch wie jeder andere auch, es gibt für ihn kein anderes ethisches Einmaleins, kein anderes ethisches Alphabet. Das Menschliche ist menschlich für Heiden und Christen"? Damit wäre selbstverständlich nicht bestritten, daß der Christ „aufgrund seines Glaubens in einem neuen Sinnhorizont" steht.[28]

---

23 141; vgl. D. Lange, Ethik in evangelischer Perspektive. Grundfragen christlicher Lebenspraxis, 1992, 71–75.

24 W. Huber u. H. E. Tödt, Menschenrechte. Perspektiven einer menschlichen Welt, [3]1988, 157–193.

25 67.

26 69.

27 M. Honecker, Einführung in die Theologische Ethik. Grundlagen und Grundbegriffe, 1990, 20.

28 A. Auer, Ein Modell theologisch-ethischer Argumentation: „Autonome Moral", in: A. Auer u.a. (Hrsg.), Moralerziehung im Religionsunterricht, 1975, 42.

Andererseits geht es gerade hinsichtlich des Projekts eines universellen und globalen Menschenrechtsethos um das Anliegen allgemeinmenschlicher Kommunikativität bzw. – im Sinne K.O. **Apels** – um die normative Plausibilität der (im Prinzip unbegrenzten) idealen Kommunikationsgemeinschaft.[29] Soll christliche Sozialethik an diesem Projekt mitwirken können, so muß sie in der Lage sein, diese Universalität des Ethischen als eine auch theologisch legitime Argumentationsebene anzuerkennen.

2. Christliche Sozialethik

Es erscheint sinnvoll, innerhalb der Ethik zu unterscheiden zwischen der **Fundamentalethik**, welche die Grundlegungsfragen des Sittlichen bzw. der Moralität erörtert, und der **Normenethik**, welche das sittlich Richtige in den diversen Praxisfeldern aufzuweisen versucht. Innerhalb der Normenethik können wir zwischen Individualethik und Sozialethik unterscheiden. Im Fall der **Individualethik** bezieht sich die ethische Reflexion auf Handlungen, Haltungen und Einstellungen individueller Personen in den diversen Praxisfeldern. Es geht also um die Bestimmung des richtigen Guten in der individuell zurechenbaren Praxis. Im Fall der **Sozialethik** bezieht sich die ethische Reflexion auf soziale Gegebenheiten, auf Institutionen, also etwa auf soziale Verhältnisse, Strukturen, Verfassungen, Rechtsordnungen, Gesetze etc. Dabei geht es normativ um die Frage, ob diese sozialen Gegebenheiten gerecht sind, also bestimmten Gerechtigkeitsbedingungen genügen. In diesem Sinne beschäftigt sich die Sozialethik etwa mit der Marktwirtschaft, der Geldpolitik, dem Arbeitsmarkt, dem Asylantenproblem oder dem Strafrecht.[30]

Die Frage, worin das Proprium einer **christlichen** Sozialethik bestehe, bezieht sich offenbar auf die Bestimmung des Begriffs der Gerechtigkeit bzw. auf die Bestimmung der Kriterien, auf Grund derer wir Institutionen als gerecht oder ungerecht beurteilen. Die folgende Überlegung greift im Rekurs auf **Thomas von Aquin** die traditionelle katholische Antwort auf und versucht, sie im Hinblick auf das Anliegen **Barths** neu zu lesen. Es gilt zu bedenken, ob die distanzierende Charakterisierung des thomanischen Naturrechtsdenkens bei **Barth** und seinen Nachfolgern[31] die Problemlage tatsächlich trifft und ob die thomanische Antwort nicht auch so gelesen werden kann (und muß), daß sie das Anliegen **Barths** berücksichtigt. Ich beziehe mich dabei vorwiegend auf den Lex-Traktat der Theologischen Summe.[32]

---

29 K.-O. Apel, Die Konflikte unserer Zeit und das Erfordernis einer ethisch-politischen Grundorientierung, in: K.-O. Apel u.a. (Hrsg.), Praktische Philosophie/Ethik. Reader zum Funkkolleg, 1980, 267–292.

30 A. Anzenbacher, Christliche Sozialethik als Wissenschaft. Zum methodischen Selbstverständnis der Disziplin aus katholischer Sicht, in: W. Seidel u. P. Reifenberg (Hrsg.), Moral konkret. Impulse für eine christliche Weltverantwortung, 1993, 41.

31 K. Barth, Kirchliche Dogmatik II/2, 586–593; E. Wolf, Sozialethik, 92–114; W. Huber u. H. E. Tödt, Menschenrechte, 67f.

32 Summa theologiae I.II. 90–108; vgl. zum folgenden: O. H. Pesch, Kommentar, in: Thomas von Aquin, Das Gesetz, Deutsche Thomas-Ausgabe Bd. 13, 1977, 618–632.

Der Lex-Traktat entfaltet systematisch die Architektonik des ewigen Gesetzes (**lex aeterna**), als des „Plans der göttlichen Weisheit, insofern sie alle Handlungen und Bewegungen lenkt"[33]. In dieser Architektonik ist zunächst vom natürlichen Gesetz (**lex naturalis**) die Rede, also von der vernünftigen Kreatur, die den göttlichen Plan partizipiert, indem sie ihn im Hinsehen auf die natural unbeliebigen Inklinationen des Menschseins aus eigener Vernunft normativ interpretiert.[34] In Ableitung (**derivatio**) und Weiterbestimmung (**determinatio**) der **lex naturalis** normiert das menschliche Gesetz (**lex humana**) den politisch-rechtlichen Bereich. Ihre Vollendung findet die Architektonik der **lex aeterna** schließlich im göttlichen Gesetz (**lex divina**), der geschichtlich-positiven Offenbarung Gottes, das sich in das Alte Gesetz (**vetus lex**) und in das Neue Gesetz (**nova lex)** des Evangeliums (**lex evangelica**) differenziert. Während die **vetus lex** ein geschriebenes Gesetz (**lex scripta**) ist, gilt das für die **nova lex** nur sekundär. Denn vor allem ist die **nova lex** „die Gnade des Heiligen Geistes selbst, die den an Christus Glaubenden geschenkt wird"[35]. Insofern leitet der Lex-Traktat mit der **nova lex** in den Traktat **De gratia** über. In diese theologische Architektonik ist mit der **lex humana** die Thematik der Sozialethik eingebunden.

Für das theologische Verständnis des Lex-Traktats ist es entscheidend, daß diese Architektonik als christlich-theologische begriffen wird, also so, daß die ganze Differenzierung der **leges** auf die **nova lex** bzw. **gratia** hin und von ihr her gedacht wird. Die **lex aeterna** kulminiert genau darin, daß sie sich in der **nova lex** als die uns durch Christus geschenkte Gnade erweist, auf Grund derer wir glauben, hoffen und lieben. Insofern läßt sich sagen: So wie in dieser Architektonik die systematische Bedeutung der **vetus lex** innerhalb der **lex divina** nur von der **nova lex** her und auf sie hin bestimmt werden kann, so kann auch die systematische Bedeutung des (sozialethisch relevanten) Komplexes von **lex naturalis** und **lex humana** nur von der **lex divina** her und auf sie hin bestimmt werden. In der theologischen Architektonik der **leges** ist es die unter der **nova lex** stehende, durch die Gnade Christi gläubige Vernunft, die einerseits (innerhalb der **lex divina**) die Differenz von **vetus** und **nova lex** und andererseits jene von **lex divina** und **lex naturalis** entdeckt und bestimmt. Insofern steht auch bei **Thomas** „das Naturrecht **in der Klammer** einer christlichen Sicht"[36].

Darum bezieht sich die in der **lex naturalis** implizierte anthropologische Perspektive der **natura humana** und ihrer **inclinationes naturales** theologisch weder einfachhin „deskriptiv" bzw. „empiristisch" auf die vorgegebene Faktizität „der seelischen und gesellschaftlichen Wirklichkeit des Men-

---

33 I.II. 93,1: lex aeterna nihil aliud est quam ratio divinae sapientiae, secundum quod est directiva omnium actuum et motionum.

34 I.II. 91,2: talis participatio legis aeternae in rationali creatura lex naturalis dicitur.

35 I.II. 106,1: Et ideo principaliter lex nova est ipsa gratia Spiritus Sancti, quae datur Christi fidelibus.

36 E. Wolf, Sozialethik, 103.

schen"[37] noch auf eine heilsgeschichtlich indifferente Größe, zu welcher das Christliche bloß additiv hinzuträte[38]. Sie bezieht sich vielmehr auf den Menschen, so wie ihn die gläubige Vernunft erfaßt: in der Schöpfung von Gott als gut gewollt, in der Sünde gebrochen und durch die Gnade erneuert. In der Systematik der I.II. geht der Traktat **De peccato** mit der Erörterung des **peccatum originale** dem Lex-Traktat nicht zufällig unmittelbar voraus. Außerdem ist – trotz einiger terminologischer Unklarheiten – zu beachten, daß nach **Thomas** nicht nur die Nächstenliebe, sondern auch die Gottesliebe zur **lex naturalis** gehört, wenn auch das Gebot der Gottesliebe nur für die gläubige Vernunft in sich einsichtig (**per se notum**) ist.[39] Insofern verfehlt **Barth** die Sachlage. Das Programm der **lex naturalis** innerhalb der theologischen Ethik ist nicht das einer vom Glauben abgekoppelten Moralphilosophie und darum keine „fatale Angleichung des Christlichen an das Menschliche"[40].

Nach **Thomas** erfaßt die unter der **nova lex** stehende gläubige Vernunft alle moralischen Pflichten als Pflichten im Sinne der **lex naturalis**.[41] Das Moralische ist analytisch rational. Die guten Sitten (**mores boni**), um die es in den moralischen Pflichten geht, sind **per definitionem** die der Vernunft entsprechenden (**quae rationi congruunt**), wobei die Vernunft in der theologischen Ethik die vom Glauben erleuchtete praktische Vernunft ist. O.H. **Pesch** faßt diese thomanische Überzeugung folgendermaßen zusammen: „Es gibt keine grundsätzlich der Vernunft verschlossenen und darum nicht einsehbaren geoffenbarten **Normen** – was geoffenbart ist, sind das **Bild des Menschen** im Licht des Schöpfer- und Erlöserhandelns Gottes und daraus folgende oberste Güter und Werte, die die **Suche** der Vernunft nach den konkreten Normen antreiben und unter den wechselnden Bedingungen des menschlichen Lebens immer neu orientieren, aber nie die Normen selbst. [...] Konkrete ethische Reflexion, also Findung des konkreten Gebotes Gottes in bestimmter Situation menschlicher Existenz, ist Sache der Vernunft und des nüchternen Blicks auf die Wirklichkeit. Christlich-ethisches Handeln ist darum nie aus **blindem** Gehorsam möglich."[42] Genau das ist mit der Identifikation der **moralia** mit den **praecepta legis naturalis** gemeint.

Allerdings zeigt **Thomas**[43], daß sich die Rationalität des Moralischen in der theologisch-ethischen Reflexion unterschiedlich darstellt. Er unterscheidet **drei Ebenen** praktischer Rationalität: Auf der **ersten** geht es um Pflichten, welche die Vernunft eines jeden Menschen „von sich aus sofort" (**statim per**

---

37 3.

38 W. Huber u. H. E. Tödt, Menschenrechte, 67f.

39 I.II. 100,3 ad 1; vgl. O. H. Pesch, Kommentar, 623ff.

40 K. Barth, Kirchliche Dogmatik II/2, 593.

41 I.II. 100,1.

42 O. H. Pesch, Kontroverstheologische Ethik? Überlegungen zur Zukunft der Ökumene im Blick auf kirchliche Stellungnahmen zu ethischen Fragen, in: O. Bayer u.a. (Hrsg.), Zwei Kirchen – eine Moral?, 1986, 241.

43 I.II. 100,1.

se) erfaßt; solche Pflichten sind nicht nur aus sich (**secundum se**), sondern auch allen (**communiter omnibus**) einsichtig[44]. Sie gehören insofern „schlechthin" (**absolute**) zu den Geboten der **lex naturalis**. Als Beispiele werden angeführt: „Ehre deinen Vater und deine Mutter!", „Du sollst nicht töten!", „Du sollst nicht stehlen!" – Auf der **zweiten** Ebene geht es um Pflichten, deren Aufweis eine sorgfältige Erörterung der diversen Umstände erfordert. Auch diese Pflichten gehören der **lex naturalis** an; sie sind aber nicht ohne weiteres allen einsichtig, sondern hier ist es nötig, daß die Weiseren (**sapientiores**) die anderen durch Belehrung (**disciplina**) unterrichten. Schließlich gibt es noch eine **dritte** Ebene, „zu deren Beurteilung die menschliche Vernunft göttlicher Unterweisung bedarf, durch die wir belehrt werden über das, was Gottes ist"[45]. Hierher gehört z. B. das Gebot „Du sollst den Namen Gottes nicht mißbrauchen!". Auch diese Ebene gehört der **lex naturalis** und ihrer Rationalität an.

Diese Differenzierung ist in zweifacher Hinsicht bedeutsam. **Einerseits** entdeckt die gläubige Vernunft, wenn sie die **nova lex** im Sinne der **lex naturalis** auslegt, diese drei Ebenen der Rationalität des Moralischen **in sich selbst** und kann diese Differenzierung in ihrer praktischen Überlegung berücksichtigen. Sie weiß dann, welche Einsicht bzw. welche Art der Begründung auf der betreffenden Ebene erforderlich ist. **Andererseits** ist die Unterscheidung der drei Ebenen aber auch bedeutsam für die Kommunikation **mit anderen Menschen**, vor allem wenn diese anderen nicht gläubig sind. Hier kommt die Frage ins Spiel, inwieweit die Rationalität des Moralischen kommunikativ sein kann zwischen Glaubenden und Nicht-Glaubenden. Diese Frage ist zunächst sozialethisch zentral, wenn es darum geht, über die gerechte Gestaltung der **lex humana** innerhalb einer wertpluralistischen Gesellschaft Einvernehmen herzustellen. Sie ist aber auch relevant, wenn gegenüber Nicht-Glaubenden der Glaube praktisch bekannt und bezeugt werden soll. Dabei ist folgendes zu beachten: In der gläubigen Vernunft „scheint" gewissermaßen die offenbarungsbestimmte dritte Ebene in die Rationalität der zweiten und ersten hinein und schärft den Sinn für das Gute und Gerechte. Dadurch sollte die christliche Ethik in der Lage sein, durchaus innerhalb des universell-kommunikativen Argumentationsrahmens der beiden ersten Ebenen kritisch und paränetisch auf die je vollkommenere Bestimmung des Guten und die je größere Gerechtigkeit auch in der säkularisierten Gesellschaft aufmerksam zu machen und hinzuwirken.

Dabei kommt in der Architektonik der **leges** das Desiderat eines Bereichs universeller moralischer Rationalität in Sicht, dessen argumentative Kommunikativität den positiven Glauben nicht thematisch voraussetzt. In der Perspektive des Glaubens ist die Ausgrenzung dieses Bereichs eine zwar not-

---

44 Vgl. I.II. 94,2.
45 I.II. 100,1: ad quae iudicanda ratio humana indiget instructione divina, per quam erudimur de divinis.

wendige und legitime, aber doch nachträgliche und abstrakte Angelegenheit. Denn für die gläubige Vernunft steht dieser Teilbereich der **lex naturalis** immer schon unter der **nova lex**, also unter der Gnade, dem Glauben und der Liebe. Trotz mancher terminologischer Schwierigkeiten scheint **Thomas** die Vernunft dieses Bereichs zu meinen, wenn er von der **ratio naturalis** spricht. Auch zögert er nicht, zur Differenzierung dieses Bereichs das Problembewußtsein heidnischer Philosophen, vor allem des **Aristoteles**, zu nutzen.

Bei **Barth** findet sich die Skizze einer „christlichen Philosophie" und, in deren Rahmen, einer „philosophischen Ethik".[46] Zum Vorverständnis einer solchen christlichen Philosophie bzw. Ethik müßte es nach **Barth** gehören, „daß der Mensch nicht von Natur und nicht als allgemeine Wahrheit, aber auf Grund von Gottes erschienener Gnade zu Gott gehört und darum, sofern es sich um Ethik handeln soll, am Maßstab dessen, was von Gott zu hören ist, zu messen ist." Allerdings heißt das gerade nicht, daß in einer solchen Ethik Gottes Wort bzw. seine Gnade **thematisch** ins Spiel kommen müßte: „Keinen einzigen Satz ausdrücklich ‚christlichen' Inhalts, kein dogmatisches oder biblisches Wort wird eine solche philosophische Ethik auszusprechen brauchen – [...] sie braucht bloß, wissend um das, was durch Bibel und Dogma bezeugt ist, ihre eigenen Sätze zu bilden nach den besonderen Gesetzen ihres Themas, um eben so, eben in dieser Indirektheit zum Zeugnis vom Christlichen zu werden."[47] Es scheint, daß eine solche philosophische Ethik dem sehr nahe kommt, was man im Blick auf die **ratio naturalis** die philosophische Ethik des Aquinaten nennen kann.

Es besteht die Möglichkeit, den (die beiden ersten Ebenen der Rationalität umfassenden) Bereich universeller moralischer Kommunikation völlig aus der Perspektive des Glaubens zu lösen. Die philosophische Ethik, die dann entstünde, wäre auf Grund ihrer Abkoppelung von der **nova lex** nicht mehr christliche Ethik. Sie erhöbe den Anspruch, universell-kommunikativ die allgemeinmenschliche Bewandtnis von Moralität, Sittlichkeit und Gerechtigkeit auf den Begriff zu bringen. In diesem Anspruch könnte sie die Dimension der **nova lex** nur mehr **additiv** in Betracht ziehen, also als eine gewissermaßen nachträglich hinzutretende, modifizierende Weiterbestimmung der philosophisch explizierten universellen Basis. Zweifellos hat O.H. **Pesch** recht, wenn er darauf insistiert, daß das nicht die Intention des Aquinaten war.[48] Allerdings ist auch zu beachten, daß **Thomas** ständig den Gesichtspunkt im Auge behält, ob eine bestimmte Fragestellung nur unter thematischer Voraussetzung der Glaubenspositivität oder aber ob sie im an sich universell-kommunikativen Rahmen der **ratio naturalis** beantwortet werden kann, „der alle zustimmen müssen"[49]. Wenn es also auch richtig ist, daß der Lex-Traktat theologisch von

---

46 K. Barth, Ethik I (1928), Gesamtausgabe II/1, 1973, 53–63.
47 59f.
48 O. H. Pesch, Kommentar, 626ff.
49 Contra gentiles I,2: Unde necesse est ad naturalem rationem recurrere, cui omnes assentire coguntur.

der **nova lex** her und auf sie hin konzipiert ist, so ist doch die Möglichkeit nicht von der Hand zu weisen, diesen universell-kommunikativen Bereich her-auszuarbeiten, ihn als philosophische Ethik des Aquinaten zu thematisieren und diese Ethik systematisch auf andere Ansätze der Ethik bzw. Sozialethik zu beziehen, etwa auf den **Kants**. In der Tradition der katholischen Moraltheolo-gie und Sozialethik ist das in vielfältiger Weise geschehen bis zu den heute dominanten Theorien der Autonomen Moral.

Betreibt der Christ philosophische Ethik, so tut er das immer aus einem Vorverständnis, in dem er sich unter die **nova lex** gestellt weiß; d. h. die gläubi-ge Vernunft nimmt sich methodisch zurück auf das Niveau der universell-kommunikativen Rationalität der **ratio naturalis**. In dieser Hermeneutik voll-zieht sich philosophische Ethik als nachträgliche methodische Abstraktion, die aber insofern legitim ist, als die Auslegung der **nova lex** durch die gläubige Ver-nunft notwendigerweise jenen Bereich umfaßt, in welchem das Gute und Gerechte aus universell-kommunikativer Rationalität zu bestimmen ist. Im Hinblick auf diesen Bereich kann die philosophische Ethik des Christen mit philosophischen Ethiken nicht-glaubender Ethiker in Diskurs treten. Aus der Perspektive dessen, was in diesem Diskurs thematisch ist, erscheint dann das Christliche als das Additive, als neutralisierbare mögliche Weiterbestimmung des allgemeinmenschlich Ethischen. Insofern relativieren sich die Perspektiven wechselseitig. Bestimmt man den Begriff christlicher Sozialethik im Sinne die-ser Differenzierung, so könnte man vielleicht auch in der Nachfolge **Barths** damit leben.

3. Begründung der Menschenrechte

In vielfältigen Varianten rekurrieren die theologischen Versuche, Menschen-rechte zu begründen, auf die unverfügbare **Würde des Menschen**, die letztlich in dessen **Imago-Dei-Bewandtnis** fundiert wird, die wiederum in der Span-nung von Schöpfung, Sünde und Erlösung präzisiert werden kann. Allerdings führen derartige Rekurse unvermeidlich zu der Frage, worin denn diese Imago-Dei-Bewandtnis näherhin bestehe. Wenn J. **Moltmann** die Gottebenbildlich-keit und Würde des Menschen als das „unteilbare Recht Gottes auf den Men-schen" bestimmt[50], dann fragt es sich angesichts der Tatsache, daß doch wohl auch von einem unteilbaren Recht Gottes auf Tiere und Pflanzen die Rede sein muß, was denn am Menschen das Besondere sei, das eine Würde begründet, aus der Menschenrechte folgen.

Im berühmten Prolog der I.II. nennt **Thomas** den Menschen **imago Dei**, „weil auch er Ursprung seiner Handlungen ist, sofern er Entscheidungs-freiheit und Macht über seine Handlungen besitzt"[51]. Dabei würde **Thomas**

---

50   J. Moltmann (Anm. 20), 45ff.
51   Summa theologiae I.II. prol.: secundum quod et ipse est suorum operum principium, quasi liberum arbitrium habens et suorum operum potestatem.

diese Bestimmung zweifellos dem universell-kommunikativen Rationalitätsbereich zuordnen, wenn er auch darum weiß, daß die Bedeutung dieser Bestimmung im heilsgeschichtlichen Kontext theologisch der Differenzierung bedarf. Nach F. **Fukuyama** bauten **Kant** und **Hegel** in der folgenden Bestimmung der menschlichen Würde auf der christlichen Tradition auf: „Der Mensch hatte eine Würde, die allem in der Natur überlegen war, weil er allein **frei** war. Für die Handlungen des Menschen gab es keine andere Ursache als ihn selbst, allein der Mensch war nicht von natürlichen Trieben determiniert und fähig zu einer freien moralischen Entscheidung."[52] Allerdings weist **Fukuyama** auch auf das Problem hin, daß im Zuge der fortschreitenden Dominanz soziologischer, biologischer und psychologischer Anthropologien und Handlungstheorien diese Begründung der Menschenwürde an Plausibilität verlor. Man spricht zwar nach wie vor viel von Menschenwürde, gerät aber hinsichtlich ihrer Begründung mehr und mehr in eine „Sackgasse".[53]

Bei **Kant** ist die Begründung der Menschenwürde von der theologischen Fundierung in der Gottebenbildlichkeit abgekoppelt. Die Würde des Menschen besteht dann in der Selbstzweckhaftigkeit der Person als eines moralischen Subjekts, dessen Autonomie a priori und kategorisch die Universalisierung dieser Würde gebietet. In diesem Sinne sind alle Menschenrechte „letztlich Ansprüche des Menschen auf seine Freiheit"[54]. Ganz in diesem Sinne betont **Hegel**: „Dies, daß ein Dasein überhaupt **Dasein des freien Willens** ist, ist das **Recht**. – Es ist somit überhaupt die Freiheit, als Idee."[55] Der Grund der Würde ist demnach eben die Bestimmung, in welcher nach **Thomas** die Imago-Dei-Bewandtnis besteht. Die Entfaltung des Rechts der Freiheit in die einzelnen Menschenrechte vollzieht sich in den bestimmten soziohistorischen Prozessen. Ursprung der einzelnen Menschenrechte ist insofern die je geschichtliche „Not der Freiheit": „Menschenrechte erscheinen daher als die geschichtlich not-wendig erkämpften Einforderungen des ursprünglichen Rechts des Menschen auf verantwortliche Mitwirkung bei einer humanen Ordnung der je geschichtlichen Lebenswelt."[56] J. **Schwartländer** faßt diese sich von **Kant** und **Hegel** her ergebende Perspektive aus heutiger Sicht folgendermaßen zusammen: „Sittliche Autonomie des Menschen bedeutet die Forderung, daß der Mensch in seinem Handeln sich kraft eigenen Entschlusses nach solchen Prinzipien und Normen richten darf und richten muß, von denen er überzeugt sein kann, daß sie auch zu einer allgemeinen Ordnung des menschlichen Miteinander-Lebens und -Handelns tauglich sind; diese sittlich verstandene Autonomie ist das eigentliche Fundament aller Menschenrechtsforderun-

---

52 F. Fukuyama, Das Ende der Geschichte. Wo stehen wir?, 1992, 394.
53 395ff.
54 J. Schwartländer, Demokratie und Menschenrechte im Horizont sittlich-autonomer Freiheit, in: J. Schwartländer (Hrsg.), Modernes Freiheitsethos und christlicher Glaube. Beiträge zur Bestimmung der Menschenrechte, 1981, 36.
55 G. W. F. Hegel, Grundlinien der Philosophie des Rechts, § 29.
56 J. Schwartländer, 37.

gen, denn sie ist die geschichtliche Idee, durch die wir in unserer Epoche vor allem das Wesen des Menschen interpretieren: seine menschenrechtliche Würde; – sittliche Autonomie ist dann vor allem der Grund und das Wesen seiner politischen Freiheit und des in dieser legitimierten freiheitlichen politischen Gemeinwesens, der Demokratie."[57]

Aus der Sicht der Überlegung, die wir zum Begriff einer christlichen Sozialethik anstellten, kann sich ein derartiger Typus philosophischer Menschenrechtsbegründung durchaus in eine christliche bzw. theologische Ethik einfügen. Die unter der **nova lex** stehende gläubige Vernunft entdeckt in ihrem Vollzug, d. h. in Auslegung und Konkretisierung der Gottes- und Nächstenliebe, in sich jenen Bereich an sich universell-kommunikativer Rationalität, in welchem es von eben diesem Liebesgebot her notwendig wird, sich auf das Niveau der **ratio naturalis** zurückzunehmen. Sie weiß sich dabei auch in der Rationalität dieses Bereichs der **nova lex** unterstellt und tritt in deren Anspruch philosophisch argumentierend für Menschenwürde und Menschenrechte ein. Außerdem ist sie sich in der Hermeneutik des Glaubens unthematisch dessen bewußt, daß sich Menschenwürde, transzendentale Freiheit und Autonomie jener gottebenbildlichen Freisetzung verdanken, die schöpfungstheologisch und soteriologisch zu präzisieren ist. In diesem Sinne müßte der skizzierte Typus der Menschenrechtsbegründung auch in die von **Barth** angeregte christlich-philosophischen Ethik integrierbar sein.

Trotz der Anerkennung, welche die Menschenrechtsbegründung im Anschluß an **Kant** und **Hegel** im Kontext einer christlichen Sozialethik beanspruchen kann, hat doch auch **Fukuyama** recht mit seinem Hinweis, die Gegenwart sei in dieser Begründungsfrage „in eine geistige Sackgasse" geraten.[58] Das Problem liegt nicht darin, daß dieser Begründungstypus philosophisch widerlegt wäre, sondern vielmehr darin, daß seine Plausibilität und seine faktische Vermittelbarkeit im kulturellen Klima der Gegenwart fraglich wurde. Dabei geht es um zwei Sachverhalte, die für diesen Begründungstypus philosophisch zentral sind:

(1) Die Begründung menschlicher Würde im Rekurs auf Selbstzweckhaftigkeit auf Grund möglicher Selbstbestimmung aus moralisch relevanter transzendentaler Freiheit impliziert eine **metaphysische** Position. Der empirischen Naturkausalität soziologischer, biologischer und psychologischer Handlungstheorien, in denen Praxis auf Verhalten im Sinne empirischer Wirkungszusammenhänge reduziert wird, stellt der skizzierte Begründungstypus eine nicht-empirische, praktisch-vernünftige bzw. geistige Kausalität aus Freiheit gegenüber. Die Person hat Würde, weil sie nicht darin aufgeht, Naturwesen zu sein, sondern als Vernunftwesen autonom ist. Sosehr dieser Sachverhalt **an sich** universell-kommunikativ sein mag, so wenig ist er es **faktisch** im postmetaphysi-

---

57   54f.
58   F. Fukuyama, 397.

schen Klima gegenwärtigen Philosophierens. Wenn es aber um die Etablierung des Menschenrechtsethos als menschheitlich-globales Ethos geht, dann ist die faktische Plausibilität der Begründung bedeutsam. Wie weit wir bereits in der Sackgasse sind, zeigen die verbreiteten Tendenzen, den Unterschied zwischen Mensch und Tier pathozentrisch zu nivellieren, bzw. eine „Rechtsgemeinschaft der Natur" zu fordern, die durch „Menschen, Tiere, Pflanzen und die Elemente" gebildet wird.[59] Die Sonderstellung des Menschen im Kosmos, welche Bedingung aller Menschenrechtsbegründung ist, läßt sich letztlich nur von einer metaphysischen Position aus behaupten.

(2) Der andere Sachverhalt betrifft die sittliche Autonomie insofern, als sie die Verpflichtung impliziert, die Würde des Menschen, das Recht seiner Freiheit und die bestimmten Ansprüche auf Freiheit zu **universalisieren**, also in uneingeschränkter Wechselseitigkeit als gleich für alle anzuerkennen. **Kant** faßt das Sittengesetz, das diese Universalisierung im Hinblick auf die Idee eines Reiches der Zwecke[60] kategorisch gebietet, als apriorisches „Faktum der Vernunft", das sich „für sich selbst uns aufdringt" und in welchem sich reine Vernunft „als ursprünglich gesetzgebend" erweist. Insofern gibt es für die in diesem Faktum implizierte Pflicht zur Universalisierung keine weitere Begründung, weder im Sinne einer „empirischen Anschauung" noch so, daß man sie „aus vorhergehenden Datis der Vernunft [...] herausvernünfteln" kann.[61] **Kant** beansprucht also für dieses Faktum, welches die Grundlage aller Rechtspflichten bildet, unbestreitbare Evidenz. In einem sittlichen Klima, in welchem die Goldene Regel und das biblische Liebesgebot unbestritten sind, ist diese Evidenz unproblematisch. Sie ist auch unproblematisch innerhalb einer jeden christlichen Ethik. Sie wurde jedoch spätestens bei **Nietzsche** problematisch und ist es im Klima einer sich auf ihn berufenden philosophischen Postmoderne auch heute. Für **Nietzsche** ist die Universalisierungspflicht die ressentimentbedingte Grundnorm der Sklavenmoral. Dem Konzept menschenrechtlicher Universalität wird das herrenmoralische Recht des Willens zur Macht als „Vorrecht der Wenigsten"[62] entgegengesetzt. An die Stelle wechselseitig-gleicher Anerkennung tritt die Maxime: „Die Schwachen und Missrathnen sollen zu Grunde gehn: erster Satz **unserer** Menschenliebe. Und man soll ihnen noch dazu helfen."[63]

Es wurde vielfältig versucht, die starke metaphysische Implikation des ersten Sachverhalts in gerechtigkeits-, diskurs- und kommunikationsethischen Theorien auszuklammern und das Grundlegungsanliegen **Kants** gewissermaßen postmetaphysisch zu rekonstruieren. So etwa scheint J. **Rawls** für den

---

59   K. M. Meyer-Abich, Wege zum Frieden mit der Natur, 1984, 139.
60   I. Kant, Grundlegung zur Metaphysik der Sitten, BA 74ff.
61   Ders., Kritik der praktischen Vernunft, A 56.
62   F. Nietzsche, Sämtliche Werke. Kritische Studienausgabe (Colli u. Montinari), Bd. 5, 288.
63   Bd. 6, 170.

Entwurf seiner Urzustandskonstellation keine transzendentale Freiheit zu benötigen.[64] Auch die sich auf prozedurale Rationalität beschränkende diskursethische Vernunft bei J. **Habermas** scheint allen transzendentalen Fundamentalismus verabschiedet zu haben.[65] Ebenso kann K.-O. **Apels** transzendentalpragmatischer Aufweis einer „normativen Ethik der idealen Kommunikationsgemeinschaft"[66] anscheinend auf postmetaphysischem Terrain geleistet werden. So differenziert und gediegen diese und verwandte Ethiktheorien auch sein und so fruchtbar sie sich für die Begründung der Menschenrechte erweisen mögen, sie scheinen doch folgende menschenrechtstheoretisch zentrale Frage nicht zu beantworten: Wie und auf Grund welcher Kriterien soll die Klasse der Wesen bestimmt werden, für welche die Gerechtigkeitsgrundsätze zu gelten haben (**Rawls**), die als Betroffene berechtigt sind, Diskursteilnehmer zu sein, bzw. advokatorisch vertreten werden müssen (**Habermas**) oder die als Mitglieder der realen Kommunikationsgemeinschaft zu berücksichtigen sind (**Apel**)? Angesichts der Tendenzen, welche die traditionelle Anthropozentrik pathozentrisch oder biozentrisch relativieren[67] oder aber – wie z. B. P. **Singer**[68] – Menschsein und Personsein rechtsrelevant unterscheiden, ist diese Frage von eminenter Bedeutung. Sie betrifft die Bestimmung, die ein Wesen zum Menschenrechtssubjekt macht. Es ist fraglich, ob sich diese Bestimmung postmetaphysisch aufweisen läßt.

Noch schwieriger dürfte es sein, den zweiten Sachverhalt vor der Kritik **Nietzsches** zu retten, wenn seine Evidenz als „Faktum der Vernunft" nicht mehr plausibel ist. Im Grunde setzen **Rawls**, **Habermas** und **Apel** die Universalisierungspflicht als plausibel voraus. Aus der Sicht **Nietzsches** jedoch sind das Urzustandskonstrukt bei **Rawls** ebenso wie der Vorrang des kommunikativen vor dem strategischen Handeln bei **Habermas** sklavenmoralische Denkfiguren, die (wenn auch in verschiedener Weise) mit der Evidenz des Universalisierungsprinzips arbeiten. **Nietzsche** könnte **Apel** zugeben, daß sein herrenmoralisches „Vorrecht der Wenigsten" transzendentalpragmatisch als performativ widersprüchlich erwiesen werden kann; aber im Sinne der Vernunftkritik **Nietzsches** wäre das kein Manko, da der performative Widerspruch erst unter Voraussetzung einer Universalisierungspflicht moralisch relevant wird.

Man kann versuchen, der Kritik **Nietzsches** dadurch auszuweichen, daß man das Problem der Menschenrechtsbegründung von der moralischen Universalisierungspflicht abkoppelt und es im Rekurs auf das aufgeklärt-egoistische Selbstinteresse angeht; man denke etwa an die spieltheoretische Darstel-

---

64 J. Rawls, Eine Theorie der Gerechtigkeit, 1975.
65 Z.B. J. Habermas, Diskursethik – Notizen zu einem Begründungsprogramm, in: J. Habermas, Moralbewußtsein und kommunikatives Handeln, 1983, 53–125.
66 K.-O. Apel (Anm. 29), 288.
67 Z.B. U. Wolf, Das Tier in der Moral, 1990.
68 P. Singer, Praktische Ethik, 1984.

lung des Gefangenen- und des Gerechtigkeitsdilemmas und ihre rechtsphiloso-phischen Konsequenzen.[69] In gewisser Hinsicht schließen derartige Versuche an Motive an, die bereits Th. **Hobbes** erörterte. O. **Höffe** zeigt, wie dieser Ansatz zu einer dreistufigen Argumentationsfigur führt: Beschränkt man sich auf Pflichten, „die aus der Koexistenz von Freiheit resultieren", so stößt man auf der ersten Stufe „bei den Grundfreiheiten auf eine Koinzidenz von Moral (als Gerechtigkeit) und Selbstinteresse". Auf einer zweiten Stufe wird diese Koinzi-denz durch eine Klugheitsüberlegung in Frage gestellt, nämlich im Hinblick auf den „Vorteil der Unehrlichkeit bzw. des Trittbrettfahrens". Soll dennoch die Koinzidenz aufrechterhalten werden, so ist eine Zwangsmacht erforderlich, „die den schädlichen Folgen konsequenten Selbstinteresses entgegentritt". „Da aber die Zwangsmacht jeden besser stellt, ist ihre Einrichtung [...] aus Selbstin-teresse, aus einer Klugheitsüberlegung dritter Stufe, geboten; sie ist auch eine Forderung der (als Gerechtigkeit interpretierten) Moral."[70] Menschenrechtliche Ansprüche und die Forderung ihrer grundrechtlichen Positivierung könnten also so aus Selbstinteresse begründet werden.

Ein derartiger Begründungsansatz mag in vieler Hinsicht fruchtbar sein. Es ist allerdings die Frage, wieweit er trägt. Kann er menschenrechtliche Ansprüche auch bezüglich jener Menschen begründen, die von Geburt an schwerstbehindert sind oder machtlosen Minderheiten verschiedenster Art angehören? Für **Nietzsche** dürfte es nicht schwer sein zu zeigen, daß im Ver-such, Menschen- bzw. Grundrechte im Rekurs auf jedermanns Selbstinteresse zu begründen, mit „jedermann" immer schon mehr unterstellt ist als die Klasse der aufgeklärt-interessierten Egoisten. Unausgesprochen scheint in derartigen Begründungsversuchen immer schon mit „jedermann" auch die implizite Plau-sibilität eines moralischen Universalisierungsprinzips im Spiel zu sein, das sich nicht auf den Nenner eines egoistischen Klugheitskalküls bringen läßt. Insofern ist es fraglich, ob dieser Ansatz der Kritik **Nietzsches** auszuweichen vermag.

Dazu kommt ein weiteres Problem: Selbst wenn die moralische Uni-versalisierungspflicht im Sinne **Kants** unangefochten und in ihrer Evidenz plausibel wäre, ist immer noch die ethische Begründung und Entfaltung der Menschenrechte zu unterscheiden von der moralischen Verbindlichkeit ihrer Respektierung. Die Frage nach dem sittlichen Inhalt ist nicht identisch mit der Frage, warum wir moralisch sein sollen. Nach **Kant** ist es evident, daß im Prak-tischwerden reiner Vernunft das Sittengesetz **moralisch-unbedingt** nötigt. Dazu **Nietzsche**: „Alles Unbedingte gehört in die Pathologie."[71] Wie prekär sich diese Frage in der „geistigen Sackgasse" darstellt, zeigt sich in P. **Singers** Überlegung „Warum moralisch handeln?"[72]. Er vermutet zwar, daß ein morali-

---

69   Eine kurze Übersicht bietet: O. Höffe, Politische Gerechtigkeit. Grundlegung einer kriti-schen Philosophie von Recht und Staat, 1987, 407–427.
70   425f.
71   Bd. 5, 100.
72   P. Singer (Anm. 68), 273–298.

sches Leben letztlich wahrscheinlich mehr Spaß macht als das Leben eines Psychopathen, meint aber abschließend, es lasse sich auf diese Frage „keine Antwort geben", denn: „Moralisch nicht vertretbares Verhalten ist nicht immer unvernünftig."[73] Äußerst bedenkenswert ist hier eine Überlegung von J. **Habermas**, die er zu den beiden unterschiedenen Fragen anstellt: Zwar ist nach **Habermas** das postmetaphysische Denken in der Lage, sittliche **Inhalte** zu vermitteln, also „den moralischen Gesichtspunkt [zu] erklären, unter dem wir etwas unparteilich als recht und unrecht beurteilen". Schwieriger ist es jedoch mit der zweiten Frage: „Ein anderes ist es aber, eine motivierende Antwort auf die Frage zu geben, warum wir unseren moralischen Einsichten folgen, überhaupt moralisch sein sollen. In dieser Hinsicht ließe sich vielleicht sagen: einen unbedingten Sinn zu retten ohne Gott, ist eitel."[74]

Man mag geteilter Meinung darüber sein, wieweit die aus der „Not der Freiheit" entsprungenen Menschenrechte sich historisch christlichen Ursprüngen verdanken[75], wieweit sich in ihnen zunächst das aufgeklärte Selbstinteresse des frühmodernen Bildungs- (Gewissens- und Religionsfreiheit) und Besitzbürgertums (Eigentumsrecht) artikulierte und wieweit sie durch die (sich philosophisch reflektierende) Emanzipation des Ethischen in der neuzeitlichen Freiheitsgeschichte bedingt sind[76]. Unabhängig von dieser historischen Ursprungsfrage legt sich jedoch folgender Befund nahe: Die Menschenwürde, auf welche die Menschenrechtsbegründung auch heute noch vielfältig rekurriert, gründete in unserer Tradition in der Imago-Dei-Bewandtnis des Menschen. Sie war insofern – thomanisch gesprochen – in der **lex divina** verankert und wurde von dieser her und auf sie hin in der **lex naturalis** und **lex humana** relevant. In diesem christlichen Traditionskontext entstand das moderne Menschenrechtsdenken. Noch bei J. **Locke** ist dieser theologische Kontext voll präsent. Bei **Kant** und **Hegel** wird die Menschenwürde unter den Gesichtspunkten Freiheit, Vernunft, Autonomie philosophisch-metaphysisch so thematisiert, daß sie vom christlichen Traditionskontext (zumindest methodisch) ablösbar erscheint und insofern universell-kommunikativ als Grund des Rechts und der Menschenrechte angesetzt wird; wobei dieser Versuch „selber noch als Moment der Wirkungsgeschichte" eben dieser „religiösen Herkunft betrachtet werden" kann[77]. Nun zeigte es sich aber, daß mit der Auflösung des christlichen Traditionskontextes im Zuge fortschreitender Säkularisierung zentrale Prämis-

73 298.

74 J. Habermas, Einen unbedingten Sinn zu retten ohne Gott, ist eitel. Reflexionen über einen Satz von Max Horkheimer, in: M. Lutz-Bachmann u. G. Schmid-Noerr (Hrsg.), Kritischer Materialismus, FS für M. Schmidt, 1991, 125.

75 W. Fikentscher, Die heutige Bedeutung des nichtsäkularen Ursprungs der Grundrechte, in: E.-W. Böckenförde u. R. Spaemann (Hrsg.), Menschenrechte und Menschenwürde, 1987, 43–73.

76 J. Schwartländer (Anm. 54), 38–44.

77 W. Pannenberg, Christliche Wurzeln des Gedankens der Menschenwürde, in: W. Kerber (Hrsg.), Menschenwürde und kulturelle Identität, 1991, 70.

sen dieser Begründungstheorie zunehmend an Plausibilität verloren. Das wurde von **Nietzsche** her ebenso deutlich wie im Zuge der Etablierung eines positivistisch-einzelwissenschaftlichen Weltbilds. Damit aber geriet die Begründung der Menschenrechte durch die Menschenwürde in die „geistige Sackgasse" (**Fukuyama**).

Insofern ist es verständlich, daß W. **Pannenberg** die Zukunftschancen der in diesem Sinne „säkularen Gesellschaft" als „sehr prekär" einschätzt, weil sie „auf der Basis ihrer Säkularität" letztlich „die Probleme der Legitimation ihrer Institutionen nicht lösen kann"[78]. Ohne Rekurs auf Vernunft und Freiheit als geistige Proprietät des Menschen verliert die Rede von Menschenwürde ihren Gehalt. Wenn das Universalisierungsprinzip seine Plausibilität verliert, wird der Aufweis universeller Menschenrechte unmöglich. Und wenn nicht mehr klar ist, warum wir überhaupt moralisch sein sollen, dann verliert auch der Einsatz für Menschenrechte seine Verbindlichkeit.

Für die sich in der Hermeneutik des Glaubens vollziehende christliche Sozialethik ergeben sich Menschenwürde, Universalisierungspflicht und Unbedingtheit des Moralischen letztlich daraus, daß sich die gläubige Vernunft im Anspruch der **lex divina** weiß. Zur kerygmatischen Funktion der christlichen Sozialethik in der säkularen Gesellschaft gehört es, die Sinnebene offen zu halten, auf der allein Menschenrechtsbegründung befriedigend erfolgen kann. In der Vermittlung und Entfaltung dieser Sinnebene sollte sie sich allerdings, soweit es die Thematik gestattet, auf das Niveau universell-kommunikativer Rationalität zurücknehmen, d. h. philosophisch argumentieren, um „eben in dieser Indirektheit zum Zeugnis vom Christlichen zu werden"[79] (K. **Barth**).

---

78   103, 101.
79   Siehe Anm. 47.

3.2 Friedensethik im ökumenischen und interreligiösen Dialog

ANSELM HERTZ

3.2.1 Zum Selbstverständnis der katholischen Friedensethik

Irdischer Friede bei Augustinus, in der Enzyklika „Pacem in terris" und in der Konstitution „Gaudium et spes" des II. Vatikanums

Christlicher Friede als Versöhnung zwischen Gott und den Menschen ist das Werk Jesu Christi; das Friedenschaffen unter den Menschen ist die ethische Forderung, die sich aus dieser Versöhnung ergibt. Deshalb geht das Selbstverständnis einer katholischen Friedensethik davon aus, daß Gott den Frieden unter den Menschen will, und daß die Kirche Jesu Christi berufen ist, „als eine neue Kraft"[1] auf die Menschheitsgeschichte friedenschaffend einzuwirken. Dies gilt auch unter der Voraussetzung, daß die Erfüllung des Gottesreiches als Reich des Friedens ein endzeitliches Ereignis ist, über das wir Menschen nicht verfügen. Aber dieses Wissen um eine erst zukünftige Vollendung entlastet zugleich „die Gegenwart von einer superlativistischen Überforderung und verhindert, daß sie schwärmerisch überhöht oder im Sinne einer theologia gloriae triumphalistisch mißdeutet wird"[2].

Frühchristliche Friedensparänese und die Umwandlung der Pax Romana

Unter dem Einfluß der eschatologischen Naherwartung entwickelte sich in der Urkirche eine Friedensethik, die weitgehend als Paränese auf den innerkirchlichen Raum beschränkt blieb. Daher beziehen sich die Mahnungen zum Friedenschaffen und zum Erhalten des Friedens auf Verhaltensstrukturen innerhalb der christlichen Gemeinde. Doch ist dabei zu beachten, daß für Paulus „gerade nicht das eigene Wohlsein, sondern primär die für den anderen und damit für die Gesamtheit förderliche Ordnung wesentlich ist"[3]. Frieden bedeutet daher

---

1   J. Comblin, Theologie des Friedens, deutsche Ausgabe, Graz, 1963, S. 44.
2   P. Hoffmann, Eschatologie und Friedenshandeln in der Jesusüberlieferung, in: Eschatologie und Friedenshandeln. Exegetische Beiträge zur Frage christlicher Friedensverantwortung. Stuttgarter Bibelstudien 101, Stuttgart, 1981, S. 145.
3   E. Brandenburger, Frieden im Neuen Testament. Grundlinien urchristlichen Friedensverständnisses, Gütersloh, 1973, S. 62.

nicht nur den Verzicht auf Gewaltanwendung und Unterdrückung, sondern vor allem die Bemühung um den Aufbau und die Gestaltung eines partnerschaftlichen Zusammenlebens der Gemeindemitglieder. Die Tatsache, daß in den paulinischen Friedensmahnungen Hinweise auf eine politische Friedensethik fehlen, ist ein Effekt jener grundlegenden Trennung von oikia und politeia in der antiken Gesellschaftsstruktur, die auch für die christlichen Gemeinden galt. Andrerseits gibt es durchaus Hinweise darauf, daß die Friedensparänese nicht auf den Bereich der christlichen Gemeinde beschränkt blieb. Aber die Beziehungen zwischen Christen und Nichtchristen ergaben sich faktisch „nur auf individueller Ebene. Möglichkeiten der Gemeinde, auf struktureller Ebene auf die Welt einzuwirken, gab es damals ebensowenig wie die Möglichkeit politischer Verantwortung."[4] Wie fast alle ethischen Aussagen bei Paulus, ist auch seine Friedensparänese „primär präsentisch-eschatologisch und nicht futuristisch-eschatologisch begründet"[5].

Zudem wurde die politische Friedensethik von der Ideologie der Pax Romana bestimmt. Obwohl dieses Friedenschaffen vom Prinzip des „pacem infliggere" beherrscht war und daher für die von Rom besiegten Völker mit dem Verlust der politischen Freiheit endete, war die Pax Romana Ausdruck politischer und sozialer Stabilität innerhalb des römischen Reiches und bildete die Grundlage für einen militärischen Schutz gegen die Bedrohung des Mittelmeerraumes durch die Einfälle der „Barbaren". Lediglich Laktanz unterzog die Schaffung der Pax Romana einer harschen Kritik, wenn er anmerkt: „Die Ausweitung des eigenen Territoriums durch gewaltsame Wegnahme fremder Länder, das Anwachsen des Imperiums und dessen Einnahmen beruhen nicht auf Tugenden, sondern auf deren Gegenteil"[6]. Die Römer glauben, „daß der einzige Weg zur Unsterblichkeit darin besteht, Armeen aufzustellen, fremdes Territorium zu verwüsten, Städte dem Erdboden gleichzumachen, freie Menschen zu töten oder sie zu Sklaven zu machen. Je mehr Menschen von ihnen aus dem Wege geräumt, beraubt oder getötet werden, desto höher veranschlagen sie den eigenen Ruhm."[7] Aber nach der „Konstantinischen Wende" wurde Laktanz zum Panegyriker Kaiser Konstantins und dessen Regierung. Obwohl es sich bei den meisten von Konstantin geführten Kriegen um Machtkämpfe handelte, interpretiert Laktanz in Einschüben seines Hauptwerkes, die nachträglich abgefaßt wurden, diese Kriege als „Strafe Gottes für die Übeltäter"[8], die sich den Herrschaftsansprüchen Konstantins entgegenstellten.

Das Edikt von Mailand, durch das die christliche Religion öffentlich anerkannt wurde, bildete den Ausgangspunkt für eine christliche Interpretation

---

4   U. Luz, Eschatologie und Friedenshandeln bei Paulus, in: Eschatologie und Friedenshandeln. Exegetische Beiträge zur Frage christlicher Friedensverantwortung. Stuttgarter Bibelstudien 101, Stuttgart, 1983, S. 181.
5   U. Luz, a. a. O., S. 162.
6   Lactantius, Div. Inst. 5.6.19.
7   Lactantius, Div. Inst. 1.18.8.
8   Lactantius, Div. Inst. 1.1.18.

der Pax Augusti. Eusebius deutet sie als Gottes Plan für die Evangelisierung der Völker: „Gleichzeitig mit der Proklamation des Einen Gottes und des einen Weges, um ihn zu erkennen, entfaltete sich ein einziges Imperium unter den Menschen, und die gesamte Menschheit wurde zum Frieden bekehrt, da alle Menschen sich als Brüder erkannten und ihre naturgegebene Verwandtschaft entdeckten."[9] Für Eusebius erfüllten sich in der Person und in der Herrschaft Konstantins die Aussagen der Propheten des Alten Testamentes über das Kommen eines Weltherrschers, der den Völkern der Erde Frieden bringen wird, indem er die irdischen Feinde des wahren Glaubens besiegt: „So wie der Retter aller Menschen die Aufgabe hat als guter Hirte, der mit wilden Tieren konfrontiert ist, durch seine unsichtbare und göttliche Macht die rebellischen Geister niederzuhalten, die die Luft durchstreifen und die Seele der Menschen angreifen, so hat der Freund des Retters (i.e. Konstantin) die Aufgabe, mit den Standarten, die ihm vom Retter gegeben wurden, die sichtbaren Feinde der Wahrheit zu unterwerfen und zu züchtigen."[10] Auch wenn man von den höfisch literarischen Übertreibungen absieht, bleibt „Constantine, no less than Augustus, ... the recognizable agent of God in promoting the welfare of God's kingdom on earth"[11].

In ähnlicher Weise „verchristlicht" Ambrosius von Mailand die Pax Augusti: „Um den Aposteln die Möglichkeit zu schaffen, weitere Gegenden der Erde zu missionieren, erweiterte Augustus zur gleichen Zeit, als die Kirche entstand, die Macht des Imperiums in der Welt. Er brachte Völker in Frieden zueinander; Völker ganz unterschiedlicher Herkunft und in Gebieten lebend, die weit voneinander entfernt waren. Er lehrte alle Menschen unter einer einzigen staatlichen Macht zu leben und in ihren Glaubensbekenntnissen die Existenz des einen allmächtigen Gottes als Norm anzuerkennen."[12]

Es entspricht der Logik einer Konzeption, die das Wachstum des Gottesreiches und die Ausbreitung des Imperium Romanum mit seiner Pax Augusti dem gleichen göttlichen Heilswillen unterstellt, daß den christlich gewordenen Kaisern die Aufgabe eines Beschützers und Verteidigers der christlichen Wahrheit zufällt. Als Kaiser Gratian im Jahre 378 zum Krieg gegen die arianischen Goten aufbricht, verfaßt Ambrosius eine Schrift, in der er den Krieg gegen die vordringenden Goten mit der Prophezeiung des Ezechiel gegen Gog vergleicht. So wie die Horden Gogs das Land Israel verwüsteten, aber schließlich durch die Intervention Jahwes besiegt wurden, so wünscht auch Ambrosius in der Form eines Gebetes zu Christus, daß die kaiserlichen Truppen unter dem Schutz Gottes die Goten besiegen mögen: „Gott, erhebe die Banner des Glaubens ... Gib uns ein klares Zeichen deiner Majestät, damit jener, der daran glaubt, daß Du die wahre Macht und Weisheit Gottes bist ... die Trophäen seines Glaubens

9   Eusebius von Caesarea, Lob Konstantins, 16.3.
10   Eusebius von Caesarea, Lob Konstantins, 2.3.
11   J. Swift, The Early Fathers on War and Military Service, Washington, 1983, S. 85.
12   Ambrosius von Mailand, Comm. in Ps., 45.21.

erringen möge!"[13] Aber als Gratians Onkel Kaiser Valens in der Schlacht von Adrianopel von den Goten besiegt wird, weil Gratians Truppen nicht rechtzeitig genug eingetroffen waren, interpretiert Ambrosius diese Niederlage als Strafe Gottes dafür, daß Valens vom wahren Glauben abgefallen war und sich dem homöischen Arianismus angeschlossen hatte. Ein arianischer Kaiser konnte nicht auf den Beistand Gottes rechnen, auch wenn es darum ging, die östlichen Provinzen des Imperium Romanum vor dem Ansturm der „barbarischen Goten" zu schützen.

Dieser rigorosen Anforderung an die Person eines christlichen Kaisers entsprach auch die von Ambrosius verhängte Exkommunikation des Kaisers Theodosius im Jahre 390, als Theodosius siebentausend Einwohner von Thessalonica hatte töten lassen, weil der römische Kommandant der Stadt ermordet worden war. Obwohl Ambrosius die Anwendung von Gewalt im öffentlichen Bereich befürwortete, wenn es darum ging, Recht und Ordnung wiederherzustellen, verurteilte er die Maßlosigkeit einer solchen Strafaktion; nicht zuletzt deshalb, weil sie von einem christlichen Kaiser zu verantworten war, der von Ambrosius als Verteidiger des wahren Glaubens angesehen wurde.

Dennoch wäre es verfehlt, die Pax Romana trotz ihrer christlichen Interpretation mit der Pax Christi zu identifizieren. Dieser Friede Christi ereignet sich für Ambrosius primär in der Seele des Menschen: „Der Friede, der die Lockungen der Leidenschaften überwindet und die Unruhe des Geistes bezwingt, ist erhabener als die Niederwerfung des Barbarenansturms. Denn es ist größer, dem inneren Feinde zu widerstehen, als dem, der von außen kommt."[14] Der vollkommene Friede Christi bleibt auch für Ambrosius ein endzeitliches Gnadengeschenk Gottes. In der Zwischenzeit ringt der Mensch um diesen inneren Seelenfrieden, und dieses Ringen „is sometimes succesfull, sometimes not"[15]. Es bleibt das Dilemma zwischen einer genuin christlichen Friedensethik für den einzelnen Menschen und einer Friedensethik für die gesellschaftliche Ordnung; ein Dilemma, das auch die „Verchristlichung" der Pax Romana nicht überwinden konnte.

AUGUSTINUS. Friede als Tranquillitas Ordinis

Die Inkongruenz zwischen christlicher Friedensparänese und verchristlichter Pax Romana konnte nur durch ein theologisches Friedenskonzept aufgehoben werden, das gleichermaßen beide Bereiche umfaßt, ohne dabei ihre Grenzen zu verwischen oder den eschatologischen Aspekt zu verdrängen, der einen Wesensbestandteil christlicher Friedensethik bildet. Augustinus hat, wenn auch von anderen Voraussetzungen ausgehend, diesen Versuch unternommen. Seine anthropologisch-theologische Analyse des Friedens als tranquillitas ordinis bil-

---

13 Ambrosius von Mailand, De Fide, 2. 16. 143
14 Ambrosius von Mailand, De Jac., 2.6.29.
15 J. Swift, a. a. O., S. 110.

det nicht nur die Grundlage für die augustinische Friedensethik, sondern auch die Leitnorm für das Selbstverständnis einer katholischen Friedensethik.

Wenn Augustinus in seiner Analyse der tranquillitas ordinis davon ausgeht, daß jeder Mensch, wenn auch aus unterschiedlichen Motiven, Frieden wolle, so folgt Augustinus mit dieser Aussage einem Topos der antiken Gesellschaftsphilosophie. Aristoteles stellt kurz und bündig fest: „Wir führen Krieg, um dann in Frieden zu leben."[16] Die Frage nach der empirischen Verifizierbarkeit dieser Aussage wird nicht aufgeworfen. Aber die empirische Aggressionsforschung bestätigt die traditionelle Position. Nach der Frustrations-Aggressionstheorie werden individuelle und gesellschaftliche Frustrationen durch psychische oder physische Aggressionen überwunden. Sind die Frustrationen abgebaut, tritt eine Phase relativ beruhigten Verhaltens ein, das freilich durch neu auftretende Frustrationen gestört werden kann, die wiederum zu Aggressionshandlungen führen. Auch für die Lerntheorie liegt das Ziel erlernter Aggression in einer Ruhephase, die immer dann eintritt, wenn die durch Aggressionshandlungen angestrebten Ziele verwirklicht worden sind. Auch Freuds Theorem eines menschlichen Triebschicksals im Kampf zwischen destrudo und libido zielt auf eine Phase relativer Ruhe oder auf den endgültigen Ruhezustand in der physischen Selbstvernichtung ab. Die lebenserhaltende libido gewinnt die Oberhand, wenn es ihr gelingt, die selbstzerstörerischen Triebkräfte durch Umleitung auf Andere zu überwinden. In seinem Briefwechsel mit Einstein schreibt Freud dem Kriege, wenn auch mit Einschränkungen, eine lebenserhaltende Funktion zu, da das Lebewesen „sozusagen ... sein eigenes Leben dadurch" bewahrt, „daß es fremde zerstört".[17] Andrerseits vertraut Freud, wenngleich unter skeptischen Vorbehalten, den menschlichen Kulturleistungen, wenn er anmerkt: „Die Schicksalsfrage der Menschheit scheint mir zu sein, ob und in welchem Maße es ihrer Kulturentwicklung gelingen wird, der Störung des Zusammenlebens durch den menschlichen Aggressions- und Selbstvernichtungstrieb Herr zu werden."[18]

Während die Aggressionsforschung die Ursachen für menschliche Aggressionen auf das Triebschicksal des Menschen oder aggressionsfördernde Gesellschaftsstrukturen und Verhaltensweisen zurückführt, und antike Philosophen, wie etwa Platon, davon ausgehen, daß „Krieg ... zum normalen, alltäglichen Leben"[19] gehöre, bemüht sich Augustinus um eine theologische Deutung des Unfriedens unter den Menschen. Er sieht die eigentliche Ursache für dieses Verhalten im Abfall des Menschen von Gott; also in der Ursünde der Menschheit. Durch diese Sünde ist der Mensch auf sich selbst zurückgeworfen und hat sich an die Stelle Gottes gesetzt. Die augenscheinlichste Folge dieser Ursünde sieht Augustinus in der Vertauschung von uti und frui im Umgang des Men-

---

16 Aristoteles, Nikomachische Ethik, 1177b.5.
17 S. Freud, Gesammelte Werke, London, 1952 ff., Bd. XVI, S. 22.
18 S. Freud, a.a.O., Bd. XIV, S. 506.
19 F. Ricken, Platon und Aristoteles über Krieg und Frieden. Beiträge zur Friedensethik 1. Institut für Theologie und Frieden, Barsbüttel, 1988, S. 14.

schen mit Gottes Schöpfung. Anstatt die Dinge im Sinne der Schöpfungsordnung auf Gott als finis ultimus zu gebrauchen, macht sich der Mensch zum Endzweck der Schöpfung und verwendet sie zur Befriedigung seiner Selbstliebe. Da er aber Geschöpf bleibt, kann er dieses Ziel nur dadurch erreichen, daß er sich andere Menschen gefügig macht und sie beherrscht. Daher wird für Augustinus die libido dominandi zum Signum des Unfriedens unter den Menschen.

Zugleich macht Augustinus an einem Extrembeispiel von Gewaltanwendung deutlich, warum jeder Mensch nach Frieden strebt: „Selbst Räuber halten untereinander Frieden, damit sie um so sicherer und effektvoller den Frieden anderer Menschen angreifen können." Zu Hause ist der Räuber ein pater familias, dem sich alle Mitglieder des Hausstandes bedingungslos unterwerfen; „und wenn ihm die Unterwerfung vieler Menschen, einer Stadt oder eines ganzen Landes angeboten würde, dann würde er nicht mehr die Rolle eines Räubers spielen wollen, der im Verborgenen agiert, sondern die eines öffentlichen Herrschers; freilich immer unter der Voraussetzung, daß sich ihm alle anderen Menschen genauso bedingungslos unterwerfen wie die Angehörigen seines Clans. Aber sein grausamer und habgieriger Charakter bliebe der gleiche."[20]

In ähnlicher Weise umschreibt Augustinus die tranquillitas ordinis von Ländern, deren Regierung von der libido dominandi zum Handeln getrieben wird. Sie beginnt Krieg, weil sie mit dem gegenwärtigen Zustand des Friedens unzufrieden ist. Aber sie führt nicht Krieg um des Krieges willen, sondern weil „der gegenwärtige Friedenszustand durch einen Frieden ersetzt werden soll, der ihren Wünschen entspricht." Sie will den Gegner unterwerfen, „und ihm ihre eigenen Friedensbedingungen aufzwingen"[21]. Augustinus bezieht diese Aussage auch auf die Unterwerfungskriege Roms. Diese Unterwerfungskriege seien zwar beendet, aber an ihre Stelle seien „soziale und zivile Kriege getreten, durch welche die Menschheit noch mehr betroffen wird; sei es in der Hoffnung, daß die Feindseligkeiten zu einem friedlichen Ende kommen, sei es aus Furcht, daß neue Konflikte ausbrechen könnten"[22]. Auch diese Auseinandersetzungen haben ihre Ursache in der libido dominandi als Folge jenes Hochmuts, „der eine pervertierte Nachahmung Gottes ist. Denn Hochmut haßt jede Art von Gemeinsamkeit und Gleichheit unter Gott und strebt nach der Ausübung von Herrschaft über die Mitmenschen, anstatt die Herrschaft Gottes anzuerkennen. Dies bedeutet: den Frieden Gottes hassen und den eigenen Frieden der Ungerechtigkeit lieben."[23] Obwohl Augustinus daran festhält, daß selbst ein solcher Friede der Ungerechtigkeit noch die „letzten Spuren" des natürlichen Strebens des Menschen nach Frieden enthalte, hat der Friede der Ungerechten, verglichen mit dem Frieden der Gerechten, „nicht den Namen Frieden verdient"[24].

20 Aurelius Augustinus, De Civ. Dei, XIX, 12.
21 Aurelius Augustinus, De Civ. Dei, a. a. O.
22 Aurelius Augustinus, De Civ. Dei, XIX, 7.
23 Aurelius Augustinus, De Civ. Dei, XIX, 12.
24 Aurelius Augustinus, De Civ. Dei, a. a. O.

Was ist dann aber der Friede der Gerechten, der nicht von der libido dominandi beherrscht wird? Entsprechend der augustinischen Unterscheidung von Civitas caelestis und Civitas terrestris gibt es auch unterschiedliche Umschreibungen des Friedens für die jeweilige Civitas. Der Friede der Civitas Dei besteht in der „vollkommen geordneten und vollkommen harmonischen Gemeinschaft der Freude mit Gott und in der gemeinsamen Gottesfreude mit Anderen"[25]. Diesen vollkommenen Frieden der Civitas Dei genießen vor allem die Engel und die Seligen im Himmel. Aber auch die Mitglieder der Civitas Dei, die auf Erden leben, sind Teilhaber dieses Friedens mit Gott und des Friedens untereinander in Gott. Dieser Aspekt hat für das Selbstverständnis der katholischen Friedensethik eine besondere Bedeutung, denn die Civitas Dei und ihr Friede sind nicht auf die patria caelestis beschränkt, sondern auch zugleich Teil der irdischen Wirklichkeit und der Menschheitsgeschichte.

Wer aber sind die Mitglieder der Civitas Dei auf Erden? Sicherlich sind es die Getauften, die sich um ein christliches Leben bemühen. Augustinus bezeichnet sie im Hinblick auf die patria caelestis und deren Frieden als Pilger, die dem himmlischen Jerusalem zustreben. Sie bilden eine „Gemeinschaft von Menschen, die nicht zu jenen Menschen gehören, die sich mit irdischem Glück zufrieden geben, sondern in der Hoffnung auf die von Gott verheißene ewige Freude leben"[26].

Durch diese Unterscheidung kennzeichnet Augustinus den fundamentalen Gegensatz zwischen den Mitgliedern der Civitas Dei und der Civitas terrestris. Die Anhänger der irdischen Civitas „lieben Hochmut und zeitliche Macht mit eitler Zurschaustellung ... Sie suchen Selbstruhm durch die Unterdrückung von Menschen. Sie sind eng miteinander verbunden; und obwohl sie wegen dieses Strebens oft in gegenseitige Feindschaft geraten, ... sind sie sich durch ihre Verhaltensweisen und durch ihre Ziele ähnlich."[27]

Wegen dieses Hochmuts und des eitlen Strebens nach Selbstruhm vergleicht Augustinus die Civitas terrestris und deren Anhänger mit dem alttestamentarischen Babylon, dessen Bewohner sich durch den Turmbau ein Denkmal ihres Hochmuts setzen wollten. Der Name Babylon ist aber auch Synonom für das Exil der Mitglieder der Civitas Dei auf Erden, die unter der Unterdrückung durch die Anhänger der Civitas terrestris ebenso zu leiden haben wie einst das Volk Israel im babylonischen Exil und die sich nach dem irdischen Sion sehnten, wie jetzt die Angehörigen der Civitas Dei ihre ganze Hoffung auf die Vollendung ihres Lebens im himmlischen Jerusalem setzen: „Wenn alle Zeit vorüber ist, werden wir in unser Land zurückkehren, so wie jenes Volk (der Juden) nach siebzig Jahren aus der babylonischen Gefangenschaft zurückkehrte; denn Babylon ist diese Welt, denn Babylon bedeutet Durcheinander. In diesem Durcheinander, in diesem babylonischen Land sind wir gefangen gehalten."[28]

---

25 Aurelius Augustinus, De Civ. Dei, XIX, 13.
26 Aurelius Augustinus, De Civ. Dei, XV, 18.
27 Aurelius Augustinus, De Catech. Rud., XIX, 31.
28 Aurelius Augustinus, En. in Ps., CXXV, 3.

Dennoch bräuchte es diesen Zustand babylonischer Verwirrung nicht zu geben, da auch der durch die Ursünde gefallene Mensch die gottgesetzte Schöpfungsordnung erkennen kann, und weil er einen freien Willen besitzt, um diese Ordnung einhalten zu wollen, wenngleich ihm dies wegen seiner Neigung zur libido dominandi schwer fallen mag. Ohne hier auf die komplexen und gelegentlich nicht widerspruchsfreien Aussagen Augustins zum Thema der Willensfreiheit des Menschen eingehen zu können, gilt die Feststellung, daß auch der „gefallene Mensch frei ist, zu sündigen und in konkreten Situationen darüber entscheiden kann, ob er eine bestimmte Sünde begehen will oder nicht"[29].

Von daher wird es verständlich, wenn Augustinus im Bereich der Friedensethik von der Trauer spricht, die jeden Menschen angesichts von Kriegsgreueln überkommen müsse: „Wer an sie (diese Greuel) ohne Gram denkt, ist in einer noch bedauerlicheren Lage, wenn er sich glücklich glaubt, weil er alles menschliche Mitgefühl verloren hat."[30] Für Augustinus sind Trauer und Gram über den Unfrieden unter den Menschen ein „Rest jenes Friedens, der ihm vor Augen führt, daß seine Natur es noch gut mit ihm meint"[31]. Diese menschliche Natur ist zwar durch die Ursünde korrumpiert, sie wird im Zusammenleben mit anderen Menschen von der libido dominandi beherrscht, da es aber „keine Natur gibt, in der sich gar nichts Gutes findet"[32] gibt es auch in der gefallenen menschlichen Natur jenen „Rest von Frieden", der auch dem friedlosen Menschen begreifbar machen kann, was Friede im Sinne der Schöpfungsordnung bedeutet. Es ist die Natur der Dinge, vor allem die menschliche Natur, die den Menschen lehren kann, was Friede ist. Augustinus zählt einfache Gegebenheiten der täglichen Erfahrung auf: „Der Friede, der in der physischen Gesundheit und Unversehrtheit besteht, im Zusammenleben mit seinesgleichen ... im Sehvermögen, in der Sprache, in der Luft, die wir atmen, im Wasser, das wir trinken, in allen Dingen, die für die Ernährung und Bekleidung unseres Leibes, für dessen Pflege und für die Ausstattung der menschlichen Person angemessen sind."[33]

Der Zusammenhang zwischen Natur und Frieden ist für Augustinus eine für jeden Menschen erfahrbare Tatsache, und „der irdische Friede der Civitas terrestris" besteht „im Gebrauch der irdischen Dinge"[34]. Es ist dann die Aufgabe der menschlichen Vernunft, die irdischen Dinge in der rechten Weise zu gebrauchen. Dies setzt aber voraus, daß der Mensch erkennt und anerkennt, daß Gott „alle Dinge in größter Weisheit und in vollkommener Gerechtigkeit geordnet hat"[35]. Erst, wenn der Mensch bereit ist, sich dem ewigen Gesetz

---

29 H.A. Deane, The Political and Social Ideas of St. Augustine, New York, London, 1963, S. 26.
30 Aurelius Augustinus, De Civ. Dei, XIX, 7.
31 Aurelius Augustinus, De Civ. Dei, XIX, 13.
32 Aurelius Augustinus, De Civ. Dei, a. a. O.
33 Aurelius Augustinus, De Civ. Dei, a. a. O.
34 Aurelius Augustinus, De Civ. Dei, XIX, 14.
35 Aurelius Augustinus, De Civ. Dei, XIX, 13.

Gottes zu unterwerfen, kann es jenen irdischen Frieden geben, den Augustinus als „Eintracht der Bürger im Befehlen und Gehorchen"[36] deutet; als eine „Einheit des Willens der Menschen, um jene Dinge zu erlangen, die für dieses sterbliche Leben angemessen sind"[37].

Im Gegensatz zum universellen und vollkommenen Frieden der Civitas Dei ist aber der Friede der Civitas terrestris partikulär und unvollkommen. Er ist partikulär, weil er sich nur auf einen Teil der Menschheitsgeschichte bezieht, nämlich jenen, der mit der Wiederkunft Christi zu Ende gehen wird. Er ist unvollkommen, weil er nicht, wie der Friede der Civitas Dei primär von der Liebe zu Gott und zum Nächsten geprägt wird. Er ist·ein Friede, „der nicht auf dem Fundament des Glaubens beruht ... " und sich deshalb „auf die Übereinkunft der Bürger durch Anordnen und Gehorchen beschränkt, wobei das Ziel der Übereinkunft in einer Art von Kompromiß menschlichen Wollens im Hinblick auf jene Dinge besteht, die für das sterbliche Leben von Bedeutung sind"[38].

Augustinus betont immer wieder die Schwäche und Anfälligkeit dieses irdischen Friedens, der von der libido dominandi des Menschen bedroht wird; sei es innerhalb der menschlichen Gemeinschaften, sei es von außen. Und solange die Mitglieder der Civitas Dei auf Erden leben, sind auch sie von der Schwäche und der Brüchigkeit des irdischen Friedens mitbetroffen. Deshalb warnt Augustinus ausdrücklich vor der Illusion, bereits auf Erden den Frieden der Civitas Dei verwirklichen zu können: „Wer in dieser Welt und auf dieser Erde ein so großes Gut (i.e. den Frieden der Civitas Dei) erhofft, dessen Weisheit ist Torheit."[39] Die Mitglieder der Civitas Dei bleiben Fremdlinge und Pilger auf Erden. Dies gilt auch für den Frieden der Civitas Dei, der den irdischen Frieden nicht zugunsten einer allumfassenden Gemeinschaft von Menschen ablösen kann, die allein von der Liebe zu Gott und zum Nächsten geprägt ist.

Aber solange die Mitglieder der Civitas Dei auf Erden leben, das heißt bis zur Wiederkunft Christi, bedürfen auch sie des irdischen Friedens, weil sie, wie alle sterblichen Menschen, die irdischen Güter zu ihrem Lebenserhalt benötigen. In diesem Bereich gibt es nicht nur Berührungspunkte zwischen den Mitgliedern der beiden Civitates, sondern auch Gemeinsamkeiten. Da alle Menschen, wenn auch aus unterschiedlichen Motiven, nach Frieden streben, ist der irdische Friede das Ziel, „das die Guten wie auch die Bösen gemeinsam genießen"[40] wollen. Und da der irdische Friede über die Übereinkunft in der Nutzung der irdischen Güter besteht, bemühen sich die Mitglieder der Civitas Dei darum, mit allen Menschen in Frieden zu leben, das heißt „in geordneter

36 Aurelius Augustinus, Sermo LXXXIV, 2.
37 Aurelius Augustinus, En. in Ps., XXXVIII, 19.
38 Aurelius Augustinus, De Civ. Dei, XIX, 17.
39 Aurelius Augustinus, De Civ. Dei, XIX, 8.
40 Aurelius Augustinus, Ep. CXXXVII, 4.

Eintracht, dessen erstes Gebot darin besteht, niemandem zu schaden, und das zweite, einander zu helfen ... "[41]

Augustinus weist diese Gemeinsamkeit am klassischen Beispiel des häuslichen Friedens auf. Die Struktur der oikia ist aus der römischen Tradition mit der Vorrangstellung des pater familias vorgegeben, und Augustinus setzt sie als selbstverständlich voraus. Dementsprechend besteht der häusliche Friede in der „geordneten Eintracht der Hausstandsmitglieder im Bereich des Anordnens und des Gehorchens. Es befehlen jene, die verantwortlich Sorge zu tragen haben: der Ehemann der Ehefrau, die Eltern den Kindern, die Herren den Knechten. Jene, für die gesorgt wird, gehorchen: die Ehefrauen ihren Männern, die Kinder ihren Eltern, die Knechte ihren Herren."[42] Soweit entspricht die geordnete Eintracht im Anordnen und Gehorchen der gängigen Vorstellung vom häuslichen Frieden.

Aber dann führt Augustinus das entscheidende Kriterium des „Gerechten, der aus dem Glauben lebt", ein. Die äußere Struktur des häuslichen Friedens bleibt die gleiche. Sie ist mit ihrem Anordnen und Gehorchen wesentlicher Bestandteil, um die geordnete Eintracht des irdischen Friedens zu schaffen und zu erhalten. Aber im Hause des Gerechten „dienen jene den Anderen, denen sie anscheinend befehlen. Sie befehlen nicht aus Lust am Herrschen, sondern weil sie die Aufgabe des Vorsorgens haben; sie handeln nicht aus dem Hochmut derer, die ihren Willen aufzwingen wollen, sondern aus Mitgefühl für jene, für die sie Sorge tragen."[43] Und auf die Haussklaven bezogen, schreibt Augustinus: „Jene, die wirkliche Väter ihrer Familie sind, behandeln alle, die in der Familie leben, wie ihre eigenen Söhne."[44]

Dieses Beispiel des häuslichen Friedens macht das Ineinandergreifen von Pax caelestis und Pax terrestris deutlich. Da es in der patria caelestis keine Ehen und keine Haushalte mehr gibt, entfällt dort auch die Verwirklichung von Frieden als geordneter Eintracht von Befehlen und Gehorchen; zumal diese Eintracht auf die Erlangung und Bewahrung der irdischen Dinge und somit auf deren rechten Gebrauch ausgerichtet ist; ein uti, das in der patria caelestis entfällt. Aber für das irdische Dasein des Menschen, auch für den Gerechten, der aus dem Glauben lebt, ist der rechte Gebrauch der irdischen Dinge lebensnotwendig. Um diesen rechten Gebrauch im Sinne einer justitia distributiva sicherzustellen, bedarf es der Willensübereinstimmung durch Anordnen und Gehorchen. Augustinus war davon überzeugt, daß die Rollenverteilung, wie sie im antiken Haushalt vorherrschte, so und nicht anders von Gott gewollt sei. In der Form einer Anrufung zu Gott schreibt er: „Du bist es, der die Ehefrauen ihren Ehemännern unterwirft ... Du setzt die Ehemänner über ihre Ehefrauen; Du verbindest Kinder mit ihren Eltern durch eine frei gewollte

---

41 Aurelius Augustinus, De Civ. Dei, XIX, 14.
42 Aurelius Augustinus, De Civ. Dei, a. a. O.
43 Aurelius Augustinus, De Civ. Dei, a. a. O.
44 Aurelius Augustinus, De Civ. Dei, XIX, 16.

Sklaverei und setzt die Eltern über ihre Kinder in der Form einer frommen Herrschaft".[45]

Man wird diesen Text und ähnliche Aussagen nicht im Sinne eines spät-scholastischen Naturrechtsdenkens interpretieren dürfen. Es geht hier nicht um die „natura humana ut sic", sondern darum, daß auch der durch Christus erlöste Mensch, der zum Mitglied der Civitas Dei geworden ist, „der göttlichen Anleitung bedarf, der er sich unterwirft ... "[46], solange er Pilger auf Erden ist. Wichtiger aber als die von Gott gesetzte Struktur der oikia ist für Augustinus deren Durchdringung durch die Gottes- und Nächstenliebe, die diese Struktur zwar nicht auflöst und auch nicht auflösen will, ihr aber eine neue Qualifikation verleiht.

Man wird freilich das von Augustinus angeführte Beispiel des häuslichen Friedens nicht verallgemeinern dürfen. In einem christlichen Hausstand mag es möglich sein, die vorgegebene Ordnungsstruktur der oikia durch die Verwirklichung des Gebotes der Gottes- und Nächstenliebe qualitativ zu verändern. Für das öffentliche Leben, in dem die Mitglieder der Civitas Dei und der Civitas terrestris aufeinandertreffen, schließt Augustinus eine solche Möglichkeit aus: „Auch wenn sie (die Mitglieder der Civitas Dei und jene der Civitas terrestris) am gleichen Tische sitzen, in denselben Häusern und Städten zusammenwohnen; wenn keine Streitigkeiten zwischen ihnen aufkommen und wenn es scheint, daß sie in manchen Dingen übereinstimmen, so sind dennoch (die Schlechten) Feinde derer, die ganz für Gott leben. Wer sieht, daß jene diese Welt lieben und begehren, während die Anderen von dieser Welt befreit werden wollen, sieht auch, daß jene die Feinde der anderen sind."[47]

Feindschaft meint in diesem Kontext die grundsätzliche Unvereinbarkeit zwischen uti und frui im Umgang mit den irdischen Dingen. Wer die Mitmenschen und die irdischen Güter auf sich selbst bezieht, wird in seinem Verhalten andere Prioritäten setzen als derjenige, der sich vor allem bemüht, Gott zu lieben und seinen Nächsten wie sich selbst. Aber sowohl die Mitglieder der Civitas Dei wie auch jene der Civitas terrestris brauchen und wollen den irdischen Frieden, wenn auch aus unterschiedlichen Motiven und zu unterschiedlichen Zwecken. Deshalb gehorchen sie der staatlichen Autorität, die den irdischen Frieden aufrechterhalten soll.

Im Gegensatz zu den meisten antiken Philosophen hat sich Augustinus kaum für die Frage nach der besten Regierungsform interessiert. Aber im Rahmen seiner Darstellung des irdischen Friedens behandelt er ausführlich die ciceronische Definition der res publica als coetum juris consensu et utilitatis communione sociatum, um darzulegen, daß das Imperium Romanum, zumindest seit Anbruch der Kaiserzeit, dem Anspruch der ciceronischen Definition nicht mehr gerecht werde, weil Recht und Sitte mehr und mehr verfielen. Sieht

---

45 Aurelius Augustinus, De vera relig., IV, 6.
46 Aurelius Augustinus, De Civ. Dei, XIX, 14.
47 Aurelius Augustinus, En. in Ps., VI, 9.

man von Übertreibungen in Augustins Polemik ab, so bleibt als Wahrheitskern, daß der Verfall von Recht und Sitte mit dem Verfall der Religion eng verbunden war. Auch Kaiser Julian Apostata gelang keine Wiederbelebung des religiösen Lebens, obwohl er die heidnischen Priester anwies, nach dem Vorbild christlicher Gemeinden diakonisch tätig zu werden.

Für Augustinus war freilich diese Polemik der Anlaß, um aufzuzeigen, daß es nur dann Gerechtigkeit geben könne, wenn die ewigen Gesetze Gottes beachtet werden: „Wenn ein Mensch nicht auf Gott hört, welche Art von Gerechtigkeit können wir dann von ihm erwarten?"[48] Folgerichtig schließt Augustinus seine Darlegung mit der Feststellung ab: „Von Völkern, bei denen es keine Gerechtigkeit gibt, kann nicht gesagt werden, daß sie eine res publica bilden."[49]

Dennoch hat Augustinus dem Imperium Romanum nicht jenes Merkmal abgesprochen, das wir in der neuzeitlichen Verfassungssprache als Staatsvolk bezeichnen; nämlich das des gemeinsamen Interesses, „um dessentwillen sich eine Vielzahl von vernunftbegabten Wesen zusammenschließen"[50]. Dieses gemeinsame Interesse kann hinsichtlich seiner ethischen Qualifikation sehr unterschiedlich sein: „Je besser das Ziel des Zusammenschlußes ist, desto besser ist das Volk; je schlechter diese Ziele sind, desto schlechter ist dann auch das Volk."[51] Unter diesem Aspekt, der den der Gerechtigkeit als Ausfluß der wahren Gottesverehrung nicht notwendig einschließt, ist dann auch für Augustinus „das Volk Roms ein Volk und sein status ist der eines Staates"[52]. Dies gilt unabhängig von den blutigen Parteienstreitigkeiten, den Bürgerkriegen und der offensichtlichen Korruption in der Verwaltung. Die augustinische Umschreibung gilt aber ebenso für die athenische Polis, die anderen griechischen Staaten, für Babylonien und Assyrien und schließlich, wie Augustinus ausdrücklich betont, „für alle Staaten"[53]. Nicht die ciceronische Definition der res publica, die sich auf Recht und Gerechtigkeit bezieht, ist daher für Augustinus der Bezugspunkt, sondern jene Umschreibung, bei der es primär um die gemeinsame Zielsetzung der tranquillitas ordinis geht.

Dabei macht Augustinus offensichtlich keinen Unterschied zwischen christlich regierten und heidnischen Staaten. Er kann sich zwar vorstellen, „daß die Herrscher der Erde und alle Völker, die Statthalter und alle Richter, junge Männer und Mädchen, alte und junge Menschen beiderlei Geschlechts ... auf die Mahnungen Jesu über gutes und gerechtes sittliches Verhalten hören". Dann gäbe es auf Erden eine Art Vorwegnahme des ewigen Friedens. „Weil aber der Eine (auf diese Gebote) hört, der Andere sie hingegen verachtet, und weil

---

48   Aurelius Augustinus, De Civ. Dei, XIX, 21.
49   Aurelius Augustinus, De Civ. Dei, a. a. O.
50   Aurelius Augustinus, De Civ. Dei, XIX, 24.
51   Aurelius Augustinus, De Civ. Dei, a. a. O.
52   Aurelius Augustinus, De Civ. Dei, a. a. O.
53   Aurelius Augustinus, De Civ. Dei, a. a. O.

viele eher den blendenden Lastern zuneigen als nach nützlichen Tugenden zu streben, sind die Christen – seien sie nun Könige, Fürsten, Richter, Angehörige des Militärs, seien sie reich oder arm, Freie oder Sklaven, Männer oder Frauen – gehalten, auch einen moralisch korrupten und ungerecht regierten Staat zu erdulden, indem sie sich durch dieses Erdulden auf jene himmlische Gemeinschaft der Engel vorbereiten, die heilig und glücklich ist, weil in ihr der Wille Gottes das einzig geltende Gesetz ist."[54]

Was unterscheidet dann aber einen Staat, auf den das ciceronische Kriterium der Gerechtigkeit nicht zutrifft, von jener von Augustinus immer wieder zitierten Räuberbande? „Die Räuberbande setzt sich aus einer Gruppe von Menschen zusammen, die unter der Autorität eines Anführers steht. Die Bande wird dadurch zum Bunde, und die Beute wird nach einem Vertragsschlüssel, dem alle zugestimmt haben, verteilt". Bemächtigt sich eine solche Räuberbande einer Reihe von Städten und Regionen, „erhält sie die ihr zustehende Bezeichnung eines Staates ..., nicht, weil sie die Habsucht abgelegt hat, sondern durch die Hinzufügung der Straffreiheit."[55]

Impunitas bedeutet freilich mehr als bloße Straffreiheit der Regierenden. Sie ist der Ausdruck dessen, was wir in der Verfassungssprache der Neuzeit als Legitimität bezeichnen. Augustinus führt diese Legitimität der staatlichen Autorität auf den Ordnungswillen Gottes zurück. Das ist eine genuin theologische Deutung. Dieser Ordnungswille Gottes umfaßt die gesamte Schöpfung mit seiner ordnenden Vorsehung und daher auch die Civitas terrestris, obwohl in ihr wegen der cupiditas ihrer Mitglieder mehr Unordnung als Ordnung vorherrscht. Dennoch wird auch die Lebensweise der Mitglieder der Civitas terrestris „von der göttlichen Vorsehung in die notwendig wirkende Ordnung der Dinge eingefügt und von ihr umschlossen. Durch ein unaussprechliches und ewiges Gesetz wird sie an die Orte verwiesen, die für sie bestimmt sind ..."[56] Diese notwendig wirkende Ordnung der irdischen Dinge ist „im göttlichen Weltplan selbst verankert"[57].

In dieser ordnenden Vorsehung Gottes liegt dann auch die Begründung und damit die Legitimität der staatlichen Autorität. Sie und die von ihr delegierten Instanzen sollen für die Aufrechterhaltung der pax terrestris als Gebrauch der für das Leben der Bürger notwendigen irdischen Güter Sorge tragen. Augustinus erläutert diese Aufgabe konkret am Schutz der irdischen Güter der Bürger, den die staatliche Autorität durch Strafandrohung, und wenn nötig, durch Anwendung von Strafen verwirklicht. Augustinus zitiert den Einbrecher, der vom Richter zur Strafe in die Bergwerke geschickt wird, und fügt hinzu: „Die Bestrafung eines solchen Menschen gereicht der Stadt zur Zierde."[58] Dabei

---

54 Aurelius Augustinus, De Civ. Dei, II, 19.
55 Aurelius Augustinus, Ep. XCVI, 1.
56 Aurelius Augustinus, De ordine, II, 4.12.
57 J. Rief, „Bellum" im Denken und in den Gedanken Augustins. Beiträge zur Friedensethik 7, Barsbüttel, 1990, S. 9.
58 Aurelius Augustinus, Sermo CXXV, 5.

geht es Augustinus nicht um die Bewahrung individueller Bürgerrechte, sondern allein um die Aufrechterhaltung der Ordnung und damit um die Wahrung der pax terrestris als tranquillitas ordinis. Gleiches gilt für Betrug, Raubüberfälle, Morde; kurz für alle Delikte, durch die das friedliche Zusammenleben der Bürger zerstört wird.

Gleichzeitig ist sich Augustinus der Fragwürdigkeit staatlicher Strafmaßnahmen bewußt. Er bezweifelt, daß die Mitglieder der Civitas terrestris durch Strafen gebessert werden könnten, denn sie werden von der cupiditas und der libido dominandi beherrscht, die zwar durch Furcht vor Strafen eingedämmt, aber nicht durch Strafen ausgelöscht werden können. Je mehr die Anhänger der Civitas terrestris an ihrem irdischen Besitz hängen und sich an irdischen Gütern bereichern wollen, desto höher steigt die Kriminalitätsrate im Bereich von Diebstahl und Raub. „Es gäbe weniger Gerichtsverfahren, wenn sie (die Anhänger der Civitas terrestris) nicht so sehr auf jene Dinge versessen wären, die ihnen gegen ihren Willen weggenommen werden können."[59] Daher bestraft das Gesetz „auch nicht die Sünde der Besitzgier, sondern lediglich das Unrecht, das Anderen angetan wird, wenn ihr Recht (auf Besitz) verletzt wird"[60]. Und da die Mitglieder der Civitas terrestris am meisten um ihren Besitz besorgt sind, strafen die Gesetze vor allem durch die Beschlagnahme oder das Wegnehmen des Besitzes; in sehr schweren Fällen durch Freiheitsentzug, Aberkennung der Staatsbürgerschaft, und wenn alles nichts hilft, durch die Verhängung der Todesstrafe. Aber der Zweck der Gesetze ist immer dann erfüllt, wenn die Bürger in der tranquillitas ordinis ihren Haushalt versorgen, ihren Geschäften nachgehen und ihren Besitz pflegen können.

Was die gesetzgebende Autorität betrifft, so wird sie von Augustinus ebenso kritisch-realistisch beurteilt wie deren Gesetze. Aber im Gegensatz zu den Donatisten unterscheidet Augustinus durchaus zwischen guten, weniger guten und schlechten Herrschern. Doch ungeachtet ihrer sittlichen Qualitäten empfangen sie ihre Autorität von Gott, und jeder Bürger ist zum Gehorsam gegenüber den von ihnen erlassenen Gesetzen verpflichtet. Wer sich gegen die ordnungsgemäße Autorität auflehnt, lehnt sich gegen „die Anordnungen Gottes"[61] auf. Augustinus zitiert in diesem Zusammenhang fast immer Röm. 13,1–5 und schärft besonders den christlichen Adressaten seiner Schriften und Predigten diesen Gehorsam ein. Es ist Gottes Vorsehung, die durch die von ihm eingesetzte staatliche Autorität wirkt; und Gott allein weiß, warum er in seiner Vorsehung manchmal guten, dann wieder weniger guten und oft sogar schlechten Herrschern diese Autorität überträgt. Wenn gute und gottesfürchtige Herrscher regieren, so ist dies eine Gnade Gottes. Wenn die Herrscher schlecht sind, so sind sie ein Anlaß, „uns darauf zu besinnen, daß auch wir Sünder sind und es daher erdulden sollen, daß solche Menschen über uns

---

59 Aurelius Augustinus, De lib. Arbit., I, XV.33, 112.
60 Aurelius Augustinus, De lib. Arbit., I, XV.32, 111.
61 Aurelius Augustinus, Contra Litt. Petil., II, 20.45.

herrschen. Auf diese Weise bekennen wir vor Gott, daß wir es verdient haben, zu leiden"[62].

Von dieser Position her wird es verständlich, daß Augustinus kein Widerstandsrecht gegen Tyrannen kennt. Die in der Hochscholastik diskutierte Frage nach der sittlichen Berechtigung des Tyrannenmordes war ihm fremd. Er betont hingegen, daß auch schlechte Herrscher jenes Minimum an tranquillitas ordinis gewährleisten, das für die Bürger eines Staates lebensnotwendig ist; denn auch die schlechten Herrscher benötigen einen solchen Minimalfrieden, damit sie um so ungestörter sich selbst und ihre Anhänger bereichern und ihre Macht behaupten können. Gerade an diesem Punkt wird deutlich, daß die pax der Civitas terrestris bei Augustinus nicht mit den Idealvorstellungen scholastischer Theologen vom Staat als societas perfecta verglichen werden kann. Für Augustinus ist die pax terrestris ein Bestandteil der irdischen Beschaffenheit, deren ursprüngliche Ordnung durch die Sünde der Menschen aus den Angeln gehoben worden ist; und Gott bedient sich in seiner Vorsehung sogar der schlechten Herrscher, um die von ihm gesetzte Ordnung wenigstens notdürftig aufrechtzuerhalten. Deshalb fordert Augustinus seine Mitchristen auf, den schlechten Herrschern einen noch vollkommeneren Gehorsam zu leisten als dies von den Mitgliedern der Civitas terrestris geschieht, die die Ungerechtigkeiten der schlechten Herrscher gutheißen und deshalb deren Anordnungen gehorchen.

Die Grenzen des christlichen Gehorsams sind freilich dann erreicht, wenn die staatliche Autorität Gesetze erläßt oder Befehle erteilt, die gegen die Gebote Gottes verstoßen. In solchen Fällen ist der Christ als Mitglied der Civitas Dei zum Ungehorsam verpflichtet, muß dann aber auch die Konsequenzen seines Ungehorsams ertragen; das heißt, er muß die Strafen bis hin zur Todesstrafe hinnehmen. Augustinus zeigt den Konflikt zwischen zivilem Gehorsam und christlichem Ungehorsam an einem historischen Beispiel auf. Der Kaiser Julian ist für ihn ein schlechter Herrscher, ein Apostat, der vom christlichen Glauben abgefallen ist und die heidnischen Kulte förderte. Doch die christlichen Soldaten in seinem Heere befolgten die militärischen Befehle des Kaisers und seiner Offiziere im Krieg gegen die andrängenden Stämme der Alemannen und der Franken. Aber sie weigerten sich, die heidnischen Kultopfer des Kaisers mitzuvollziehen. „Sie unterschieden zwischen ihrem ewigen und ihrem zeitlichen Herrn ..."[63] Ungeachtet der Tatsache, daß die christlichen Soldaten wegen ihrer Ablehnung der heidnischen Kultfeiern nicht bestraft wurden, wird an diesem Beispiel deutlich, daß für Augustinus die Sicherung der pax terrestris, auch wenn sie durch einen apostatischen Herrscher erfolgte, als Ausfluß dessen gottgesetzter Autorität angesehen wird. Deshalb sind die christlichen Soldaten verpflichtet, den militärischen Anordnungen des Kaisers zu gehorchen. Gerade weil Augustinus die pax terrestris auf die von Gott eingesetzte

---

62 Aurelius Augustinus, En. in Ps., LXV, 14.
63 Aurelius Augustinus, En. in Ps., CXXXIV, 7.

Ordnung der irdischen Dinge beschränkt, kann er, unabhängig von christlichen oder heidnischen, guten oder schlechten Regierungen, die Mitglieder der Civitas Dei auf Erden ermahnen, für die Erhaltung oder die Wiederherstellung dieser pax terrestris mitzuwirken. Es ist daher für Augustinus selbstverständlich, daß Christen als Soldaten und Offiziere in den kaiserlichen Armeen mitkämpfen, um den bedrohten Frieden wiederherzustellen: „Die Soldaten müssen für die Sache des Friedens und die Sicherheit aller das im Kriege tun, was (von der staatlichen Autorität) entschieden wird."[64]

Auch für die Bereiche der Rechtsprechung und der Verwaltung erteilt Augustinus Ratschläge und Mahnungen an seine Mitchristen, die in diesen Bereichen tätig sind. Im Unterschied zum Krieg, für den Augustinus eine neue, ethische Basis schaffen mußte, da die Pax Romana einen Gewaltfrieden bedeutete, beschränkt sich Augustinus für die Bereiche des Rechts und der Verwaltung auf eine Art Gesinnungsethik, die die vorhandenen Strukturen nicht verändern will, aber allzu große Härten in der Anwendung der Gesetze zu korrigieren versucht.

Augustins persönliches Verhalten bildet dafür ein signifikantes Beispiel. Obwohl er, wie alle Theologen seiner Zeit, die Verhängung der Todesstrafe als notwendige Maßnahme zur Erhaltung der Friedensordnung befürwortete, setzte er sich in seiner Eigenschaft als Bischof oft für die Begnadigung Verurteilter ein. Er tat dies aber, wie einer seiner Biographen anmerkt, „mit großem Taktgefühl, mit überzeugenden Argumenten und in so gewinnender Weise"[65], daß Macedonius, der Statthalter über Afrika, ihm für diese Mäßigung dankte. Bei einer dieser Gelegenheiten fragte Macedonius brieflich an, ob solche Interventionen zugunsten zum Tode verurteilter Verbrecher mit der christlichen Religion vereinbar seien, da doch die Verurteilten auch gegen die Gebote Gottes verstoßen hätten. Augustinus beantwortet die Frage mit der klassischen Unterscheidung zwischen Sünde und Sündern: Gott verurteilt die Sünde, aber er liebt den Sünder, da er alle Menschen liebt und daher die Bekehrung des Sünders wolle. Deshalb träte er, Augustinus, in einzelnen Fällen für die Begnadigung von Verurteilten ein, wenn Aussicht auf eine Bekehrung bestünde: „Alle Sünden verdienen Verzeihung, wenn der Sünder Besserung gelobt."[66] Augustinus lobt ausdrücklich die Strenge der Gesetzesanwendung durch die Richter. Sie diene der Abschreckung für potentielle Übeltäter. Aber es sei Aufgabe der Bischöfe, diese Strenge durch ihre Intervention zugunsten der Verurteilten zu mildern.

In diesem Zusammenhang schreibt Augustinus über die Richter, daß sie sich nicht von persönlichen Gefühlen leiten lassen dürften, sondern allein die Gesetze anwenden sollten. Was den christlichen Richter betrifft, so soll er darüber hinaus die Geduld und die Milde des Herrn nachahmen: „Je besser Du

---

64 Aurelius Augustinus, Contra Faustum, 21.75.
65 F. van der Meer, Augustinus the Bishop, London, 1983, S. 261.
66 Aurelius Augustinus, Ep. CLIII, 2.

bist, um so mehr bemühe Dich um Milde; je höher Dein Amt ist, desto demütiger sollst Du durch Güte sein."[67]

Aber Augustinus intervenierte nicht nur bei Statthaltern zugunsten reumütiger Verurteilter, er wandte sich auch mit Schärfe gegen die Verantwortlichen für offensichtlich soziale Ungerechtigkeiten. Einem Großgrundbesitzer, der erbarmungslos die Abgaben seiner Pachtbauern eintreiben ließ, sich aber sonntags fromm in der Kirche zeigte, schrieb er: „Fürchte Gott! ... Ich bin mehr um Dein Seelenheil besorgt, als um jene (Kleinbauern), für die ich Deiner Meinung nach zu sehr eintrete."[68]

Einem Mann wie Augustinus mochte es als Bischof und viel beachtetem Theologen im Vergleich zu anderen Christen leichter fallen, sich für mehr soziale Gerechtigkeit zu engagieren und mit Erfolg bei Statthaltern für reumütige Todeskandidaten zu intervenieren. Aber ausschlaggebend für eine christliche Friedensethik ist die Tatsache, daß dieses Engagement für die Mitgestaltung der pax terrestris Ausdruck der theologischen Reflexionen Augustins ist, die er in seinen Schriften und vor allem in seinen zahlreichen Briefen zusammengefaßt hat. Die Bestätigung und Bekräftigung der staatlichen Ordnung einerseits, sowie die Mahnungen zur Milde andrerseits bilden eine Beziehung, die für die Mitwirkung der Mitglieder der Civitas Dei für die Erhaltung und die Verbesserung der pax terrestris konstitutiv ist. Der Staat als Ordnungsmacht bleibt der Garant der pax terrestris. Als Staatsbürger gehorcht der Christ der staatlichen Autorität. Er tut dies nicht, weil die Staatsführung christlich oder weil sie ethisch gut ist, sondern weil diese Autorität durch Gottes Willen und dessen Vorsehung legitimiert wird. Deshalb bejaht der Christ die staatlichen Gesetze und Verordnungen; nicht aus Furcht vor Strafe wie die Mitglieder der Civitas terrestris, sondern im Vertrauen und im Gehorsam Gott gegenüber. Darüber hinaus bemüht sich der Christ als Mitglied der Civitas Dei an der Gestaltung der pax terrestris in dem Sinne mitzuwirken, daß er soziale Ungerechtigkeiten zu korrigieren versucht und dort, wo es angebracht ist, die Strenge der Gesetzesanwendung durch Güte und Geduld nach dem Beispiele Jesu Christi abzumildern. Die Dialektik dieser Beziehung liegt darin, daß der Christ sich staatlichen Gesetzen unterwirft, die eigentlich nicht für ihn, sondern für die Mitglieder der Civitas terrestris erlassen werden, weil die pax terrestris nur durch Zwang und Strafandrohung aufrechterhalten werden kann. Die Dialektik liegt andrerseits darin, daß die frei gewollte Annahme der staatlichen Friedensordnung die Voraussetzung dafür bildet, daß die Christen als Mitglieder der Civitas Dei auf Erden die pax terrestris im Sinne der Botschaft Jesu durch Gottes- und Nächstenliebe mitgestalten können.

Aber die innerstaatliche und zwischenstaatliche pax terrestris kann durch diese Mitgestaltung nicht qualitativ verändert werden. Gegenüber den Mitgliedern der Civitas terrestris, die durch die staatlichen Gesetze zur Einhal-

---

67 Aurelius Augustinus, Ep. CLIII, 4.
68 Aurelius Augustinus, Ep. CCXLVII, 4.

tung der pax terrestris gezwungen werden müssen, bleiben die Mitglieder der Civitas Dei auf Erden in der Minderheit. Selbst wenn man Augustins These von der Mehrzahl der Menschen als einer „Massa damnata"[69] so benigne wie möglich interpretiert, würde sich an dieser Situation bis zur Wiederkunft Christi am Ende der Zeiten nicht viel verändern. Angesichts einer solchen Situation, so schreibt Augustinus an seinen Freund Marcellinus hinsichtlich des Verhaltens der Mitglieder der Civitas Dei auf Erden, „bedürfen wir der göttlichen Autorität, die uns dazu führt, freiwillig arm und enthaltsam zu leben, gütig und gerecht zu sein und die Eintracht zu bewahren; ... nicht nur um das irdische Leben in Ehrlichkeit zu verbringen und in der Civitas terrestris die größtmögliche Eintracht zu bewahren, sondern auch, um zum ewigen Heil der Civitas caelestis ... zu gelangen"[70].

Irdischer Friede in der Enzyklika „Pacem in terris" und in der Konstitution „gaudium et spes" des II. Vatikanischen Konzils

Ähnlich wie die von Papst Leo XIII. im Jahre 1892 veröffentlichte Enzyklika „Rerum novarum" den Beginn der katholischen Sozialethik im eigentlichen Sinn dieses Terminus markiert, bedeutet die von Papst Johannes XXIII. im Jahre 1963 herausgegebene Enzyklika „Pacem in terris" die Neubesinnung auf eine christliche Friedensethik innerhalb der katholischen Kirche. Diese Enzyklika bildete nicht nur die Grundlage für die Stellungnahmen zum Thema Krieg und Frieden im Rahmen des II. Vatikanischen Konzils, die in der Konstitution „Gaudium et spes" ihren Niederschlag fanden, sondern sie ist ebenso der Bezugspunkt für verstärkte Friedensinitiativen der katholischen Kirche und für die theologischen Bemühungen, die traditionelle Lehre vom „gerechten Krieg" als eine Kriegsbegrenzungstheorie in die Friedensethik einzubauen.

Die Enzyklika wendet sich nicht nur an die Mitglieder der katholischen Kirche, sondern ist ebenso „an alle Menschen guten Willens"[71] adressiert. Dieses Novum mag sich aus dem Inhalt der Enzyklika erklären, die den irdischen Frieden behandelt; ein Thema, das viele Menschen außerhalb der katholischen Kirche betrifft, die daher von der Botschaft der Enzyklika ebenso angesprochen werden sollen wie die Mitglieder der katholischen Kirche. Entscheidend ist dafür der ‚gute Wille"; eine Betroffenheit über die konkreten Gefahren eines globalen Atomkrieges und der mit einem solchen Krieg verbundenen physischen Vernichtung von Völkern und der Zerstörung ihrer materiellen Lebens-

---

69 Augustinus interpretiert 1. Tim, 2.4 „Gott will, daß alle Menschen gerettet werden" nicht quantitativ, sondern selektiv: aus allen Altersgruppen und Ständen werden zu allen Zeiten Menschen gerettet werden; aber nicht alle Menschen werden gerettet. cf. Enchirid., XXVII, 1O3.

70 Aurelius Augustinus, Ep. CXXXVIII, 2.

71 Enzyklika „Pacem in terris" vom 11. April 1963. AAS 55, 1963, S. 257–304. Deutschsprachige Ausgabe in: Die katholische Sozialdoktrin in ihrer geschichtlichen Entfaltung. Hrsg. A. Utz und B. von Galen, Bd. IV, Aachen, 1976, S. 2940ff. zitiert PT.

grundlagen. Die Enzyklika spricht von „der Furcht vor dem Unheil grausamer Vernichtung, die diese Art von Waffen hervorrufen kann"[72]. Aus dieser Furcht erwächst die Einsicht, daß es andere Mittel und Wege geben müsse, um den Unfrieden zwischen den Staaten beizulegen; und aus dieser Einsicht erwächst die Bereitschaft, an der Erstellung einer Friedensordnung unter den Völkern mitzuwirken. Die Konstitution „Gaudium et spes" des II. Vatikanischen Konzils spricht in diesem Zusammenhang von einem „Reifungsprozeß der gesamten Menschheitsfamilie" auf Grund der „Leiden und Ängste wütender oder drohender Kriege"[73], die schwer auf der Menschheit lasten. Man mag den Terminus „processus maturitatis" als zu optimistisch kritisieren, wird aber die zunehmende Einsicht, daß Kriege nicht mehr das geeignete Mittel sind, um internationale Streitigkeiten beizulegen, nicht in Frage stellen können.

Bereits die erste Aussage der Enzyklika legt das Fundament für eine Friedensethik, wenn es heißt: „Der Friede auf Erden, nach dem alle Menschen zu allen Zeiten sehnlichst verlangten, kann nur dann begründet und gesichert werden, wenn die von Gott gesetzte Ordnung gewissenhaft beobachtet wird."[74] Sowohl der Hinweis darauf, daß alle Menschen Frieden wollen wie auch die Betonung, daß die Einhaltung der von Gott gesetzten Ordnung eine conditio sine qua non für die pax terrestris sei, knüpfen unübersehbar an den augustinischen Entwurf für den irdischen Frieden an. Zugleich werden mit der Betonung der von Gott gesetzten Ordnung als dem Fundament einer Friedensethik jene von Augustinus aufgeführten Formen der pax terrestris ausgeklammert, die den Namen Frieden nicht verdient haben. Die Konstitution „Gaudium et spes" geht auf diese Fehlformen des Friedens ein, wenn im Abschnitt „Vom Wesen des Friedens" gesagt wird: „Der Friede besteht nicht darin, daß kein Krieg ist; er läßt sich auch nicht bloß durch das Gleichgewicht entgegengesetzter Kräfte sichern; er entspringt ferner nicht dem Machtgebot eines Starken . . . "[75]

Augustinus kritisierte die Pax Romana auch deshalb, weil sie als ein den unterworfenen Völkern aufgezwungener Friede bereits den Keim zu neuen gewalttätigen Auseinandersetzungen in sich trage; und dementsprechend betont Papst Benedikt XV. in seiner Enzyklika „Pacem Dei" nach der Beendigung des Ersten Weltkrieges ausdrücklich, „daß der menschlichen Gesellschaft größter Schaden zugefügt wird, wenn nach dem Friedensschluß versteckte Feindseligkeiten und Rivalitäten weiterbestehen bleiben"[76].

Aber auch die „balance of powers" der Großmächte ist kein geeignetes Mittel, um einen dauerhaften Frieden zu schaffen. Dieser Vorbehalt gilt vor

---

72 PT, a. a. O., S. 2987.
73 „Gaudium et Spes", Pastoralkonstitution über die Kirche in der Welt von heute. Kap. V., Nr. 77.
74 PT, a. a. O., S. 2941.
75 GS., Nr. 78.
76 Benedikt XV., Enzyklika „Pacem Dei" vom 23. Mai 1920, in: Die katholische Sozialdoktrin in ihrer geschichtlichen Entfaltung, a.a.O., 1976, S. 2879.

allem dann, wenn das Gleichgewicht der Kräfte primär vom Rüstungspotential abhängt, oder, wie in den vergangenen Jahrzehnten, von der atomaren Abschreckung. Das vorherrschende Motiv für einen solchen Frieden als Nicht-Krieg ist die Furcht vor den zerstörenden Auswirkungen eines Atomschlages; eine Furcht, die fast zwangsläufig zu einer Rüstungsspirale führt, die wiederum die Furcht vor einem möglichen Krieg verschärft. Gewiß, die Abschreckung eines potentiellen Gegners gehört zum klassischen Repertoire internationaler Politik; und solange es keine übernationale Instanz gibt, die kompetent und effizient den Bestand und die Freiheit eines Staates garantiert, hat jede Regierung das Recht und die Pflicht, ihre Bürger vor einem potentiellen Angriff zu schützen. Sie tut dies durch Verhandlungen und Verträge. Aber sie tut dies auch, und muß es unter bestimmten politischen Konstellationen durch Abschreckung im Bereich der militärischen Rüstung tun, um jene „balance of powers" aufrechtzuerhalten, die Frieden als Nicht-Krieg gewährleistet. Aber bloße Abschreckung ohne die Bereitschaft über eine mögliche Rüstungsbeschränkung und andere Wege der Beilegung von Streitigkeiten zu verhandeln, verschärft die Kriegsgefahr und vermindert die Aussicht auf einen Frieden, der mehr ist als ein Nicht-Krieg. Papst Johannes Paul II. hat in seiner Botschaft anläßlich der Zweiten Sitzung der Vollversammlung der Vereinten Nationen, die sich mit dem Problem der Abrüstung befaßte, auf diesen Zusammenhang hingewiesen: „In current conditions ‚deterrence' based on balance, certainly not as an end in itself, but as a step on the way toward a progressive disarmament may still be judged morally acceptable. Nontheless in order to ensure peace, it is indispensable not to be satisfied with this minimum which is always susceptible to the real danger of explosion".[77]

Was ist dann aber, im Gegensatz zu den Fehlformen des Friedens jene gottgesetzte Ordnung als Fundament des irdischen Friedens? Die Konstitution „Gaudium et spes" bezeichnet den irdischen Frieden als „die Frucht der Ordnung, die ihr göttlicher Gründer selbst in die menschliche Gesellschaft eingestiftet hat und die von den Menschen durch stetes Streben nach immer vollkommenerer Gerechtigkeit verwirklicht werden muß"[78]. Der Bezug zwischen Friede und Gerechtigkeit ist unübersehbar. Aber im Gegensatz zum Terminus Gerechtigkeit, der in der ciceronischen Definition der res publica formal bleibt, folgen die Enzyklika „Pacem in terris" wie auch die Konstitution „Gaudium et spes" der augustinischen Vorstellung von Gerechtigkeit als einer Verwurzelung des Menschen in die von Gott gesetzte Ordnung der irdischen Dinge. Dabei handelt es sich um eine Ordnung der Gerechtigkeit, die der Schöpfer der Welt „ins Innere des Menschen eingeprägt hat; sein Gewissen tut sie ihm kund und befiehlt ihm unbedingt, sie einzuhalten"[79].

---

77 Johannes Paul II., „Message to the Second Session of the United Nations General Assembly Devoted to Disarmament" vom 11. Juni 1982, AAS 74, 1982, S. 879.
78 GS., Nr. 78.
79 PT, a. a. O., S. 2943.

Hier stellt sich zwangsläufig die Frage nach dem inneren Zusammenhang zwischen Naturrecht und göttlicher Offenbarung hinsichtlich dieser Aussagen. Beschränkt man den Terminus Naturrecht auf formale Aussagen wie „suum cuique" oder „pacta sunt servanda", bei denen die inhaltliche Bestimmung und die Art der Verpflichtungsbegründung offen bleiben, wird man kaum von einer naturrechtlichen Begründung des irdischen Friedens durch die beiden Dokumente sprechen können. Aber bereits die Formulierung von Naturrecht als Existenzrecht verweist auf eine inhaltliche Bestimmung. Dies gilt auch dann, wenn sich ein solcher Naturrechtsbegriff auf eher negativ abgrenzende Formulierungen wie etwa „neminem laedere" beschränkt. Sinnvoll wird ein Naturrecht als Existenzrecht freilich erst dann, wenn der Terminus Existenz inhaltlich bestimmt und dessen Verpflichtung begründet wird. Wichtig ist vor allem, daß die inhaltliche Bestimmung und die Verpflichtungsbegründung einsichtbar gemacht werden können, denn Naturrecht ist wesentlich Vernunftrecht, insofern es dem Menschen seine eigene Natur, den Sinn seiner Existenz verständlich machen soll.

Dies gilt auch für das christliche Naturrecht, das sich auf die Schöpfungsordnung Gottes bezieht und diese Ordnung im Sinne der biblischen und kirchlichen Tradition auslegt. Zwar lassen sich Schöpfungs- und Erlösungsordnung nicht voneinander trennen, da beide die Heilsgeschichte Gottes mit den Menschen umfassen. Aber es gibt unterschiedliche Akzentsetzungen; und dies gilt auch für den Entwurf einer christlichen Friedensethik. Augustinus beschränkt die pax caelestis als pax Christi auf die Engel und die Heiligen im Himmel sowie auf die Anhänger der Civitas Dei auf Erden, die aus dem Glauben leben und daher primär das Gebot der Gottes- und der Nächstenliebe zu verwirklichen suchen, während die pax terrestris als tranquillitas ordinis aus der Schöpfungsordnung abgeleitet wird. In ähnlicher Weise leiten die Aussagen der Enzyklika „Pacem in terris" und des II. Vatikanischen Konzils die Grundlagen für einen Aufbau des irdischen Friedens aus dem christlichen Naturrecht ab, um allen Menschen guten Willens diese Friedensordnung einsichtig zu machen.

Diese Akzentsetzung bedeutet aber keineswegs die Ausklammerung der pax caelestis als vollkommener Friede Gottes, den Christus verkündet und bewirkt hat. Dies kommt deutlich, wenn auch negativ formuliert, in der Feststellung des Konzilsdokuments zum Ausdruck, wenn es heißt: „Insofern die Menschen Sünder sind, droht ihnen die Gefahr des Krieges, und sie wird ihnen drohen bis zur Ankunft Christi"[80]. Die Enzyklika drückt die Hoffnung aus, „daß die menschliche Gesellschaft soweit als möglich ein Abbild des Gottesreiches werde".[81] Dieses „quanta maxime potest similitudine ... " macht aber zugleich klar, daß der irdische Friede nicht das Vorbild des ewigen Friedens Gottes erreichen kann. Auch der in seiner Gerechtigkeit vollkommene irdische Friede bleibt ein „pregustamento delle gioie immanchevoli ed eterne"[82]. Aber

---

80 GS., Nr. 78.
81 PT, a.a.O., S. 3005.
82 Johannes XXIII., Ansprache anläßlich des Rosenkranzgebetes für den Frieden vom 29. September 1961, AAS 53, 1961, S. 647.

auch hinsichtlich der Vollkommenheit des irdischen Friedens gibt sich Papst Johannes keinen Illusionen hin, wenn er in seiner Ansprache zum Abschluß der VI. Sitzung der Zentralkommission des Konzils ausführt: „Vanum sperare est, fore tempus aliquando, quo in terris perfecta tranquillitate frui liceat".[83]

Vergleicht man freilich diese nicht sehr häufigen Hinweise auf die pax caelestis als vollkommenen endgültigen Frieden Gottes mit den Ausführungen Augustins zu diesem Thema, so fällt eine gewisse Disproportionalität im Verhältnis zwischen pax caelestis und pax terrestris auf, die nicht nur quantitativer Natur ist. Die weniger häufige Erwähnung des vollkommenen endgültigen Friedens in der Konstitution „Gaudium et spes" und in der Enzyklika „Pacem in terris" mag ihren Grund darin haben, daß beide Dokumente vorwiegend pastoral ausgerichtet sind und daher auf dogmatisch-eschatologische Aussagen weitgehend verzichten, während Augustins Darlegungen in „De Civitate Dei" gerade das Spannungsverhältnis zwischen pax terrestris als einem zeitgebundenen Zustand und pax caelestis als einem eschatologischen Ereignis hervorheben.

Bedeutsamer ist freilich der qualitative Unterschied in der Bewertung des irdischen Friedens bei Augustinus und in den Aussagen des Konzils und der Enzyklika. Fundament des irdischen Friedens ist zwar immer die Einhaltung der von Gott gesetzten Ordnung, aber Augustinus beurteilt die Möglichkeiten einer solchen Einhaltung pessimistischer als Johannes XXIII. und das Konzil. Diese negative Einschätzung Augustins ist sicherlich von seiner restriktiven Prädestinationslehre mitbestimmt. Wenn die Mehrzahl der Menschen eine „massa damnata" bildet, dann besteht auch wenig Hoffnung auf die Verwirklichung einer pax terrestris als tranquillitas ordinis durch die Beachtung der von Gott gesetzten Ordnung. Die Civitas terrestris wird von der libido dominandi und der cupiditas beherrscht.

Andrerseits betont Augustinus immer wieder, daß die von Gott gesetzte Ordnung der irdischen Dinge Ausdruck seiner Providenz sei. Dies gilt nicht nur für jene geschichtlichen Epochen, in denen Gottes Gnade gute und gerechte Herrscher regieren läßt, die gute und gerechte Gesetze erlassen, sondern auch für jene Epochen, in denen schlechte Herrscher regieren, die vorrangig den eigenen Vorteil suchen und ihre Untertanen unterdrücken. Aber auch diese Herrscher bedürfen der tranquillitas ordinis und sind daher um jenes Minimum an Frieden besorgt, das die Civitas terrestris vor dem völligen Chaos bewahrt. Je mehr sich freilich diese tranquillitas ordinis von der gottgesetzten Ordnung entfernt, desto mehr nähert sie sich jenen Fehlformen des Friedens, die den Namen Frieden nicht verdient haben.

Was veranlaßt dann aber Johannes XXIII., seine Enzyklika an die „Menschen guten Willens" zu richten und ständig diese Gruppen von Menschen konkret anzusprechen, um sie für die Mitgestaltung einer Friedensordnung zu

---

83 Johannes XXIII. Ansprache zum Abschluß der VI. Sitzung der Zentralkommission des Konzils vom 16. Mai 1962, AAS 54, 1962, S. 398.

gewinnen, die die Einhaltung der von Gott gesetzten Ordnung zur Grundlage hat? Es ist einerseits der erfahrene Leidensdruck, der viele Menschen zur Einsicht kommen läßt, daß der Aufbau einer auf Gerechtigkeit gegründeten Friedensordnung die einzige Möglichkeit bildet, um die Leiden und Zerstörungen der von zwischenstaatlichen und innerstaatlichen Kriegen betroffenen Völker zu beenden. Aber der so oft angesprochene gute Wille ist auch, um es mit Augustinus zu formulieren, ein Rest jener Natur, die es gut mit uns meint. Die Enzyklika deutet diese „gute Natur", die sich in der Einsicht äußert, daß Friede die einzig vernünftige Alternative zu den Leiden des Krieges ist, als providentielles Geschenk Gottes, das dem Menschen mitgegeben worden ist, um die Gutheit der von Gott gesetzten Ordnung zu erkennen und dementsprechend zu handeln. Die Enzyklika verweist in diesem Zusammenhang auf Thomas von Aquin: „Daß aber die menschliche Vernunft die Richtschnur des menschlichen Willens ist, an der seine Gutheit gemessen werden muß, das hat sie aus dem ewigen Gesetz, welches die göttliche Vernunft ist ... Daraus folgt klar, daß die Gutheit des menschlichen Willens viel mehr vom ewigen Gesetz abhängt als von der menschlichen Vernunft".[84] Auch wenn die menschliche Natur durch die Ursünde des Menschen in dem Sinne korrumpiert ist, daß cupiditas und libido dominandi vorherrschen, so bleibt doch die mit der Setzung der göttlichen Ordnung dem Menschen als Normadressaten mitgegebene Einsichtsfähigkeit und Ansprechbarkeit erhalten, diese Ordnung erkennen zu können und annehmen zu wollen. Dieser Wille mag schwach sein, und Augustinus betont diese Schwachheit stärker als die Enzyklika und das entsprechende Konzilsdokument dies tun, aber er ist trotz dieser Schwäche vorhanden.

Diese von Gottes Providenz gestiftete Wechselbeziehung zwischen menschlicher Vernunft und menschlichem Willen einerseits und der von Gott gesetzten Ordnung der irdischen Dinge andrerseits bildet in der Enzyklika das christlich-naturrechtliche Fundament für die Entfaltung einer Friedensethik. Diese Friedensethik kann auch deshalb christlich genannt werden, weil die Entfaltung des irdischen Friedens in enger Beziehung zum Friedenswirken und zur Friedensbotschaft Jesu Christi und damit zum ewigen und vollkommenen Frieden Gottes mit den Menschen steht, auch wenn dieser Aspekt bei der Behandlung konkreter Fragen nicht eigens berücksichtigt wird. Aber auch, wenn man Cremonas Ansicht teilt, daß „this latter aspect of Peace was purposely based by Pope John on the ‚Natural Law'"[85], wird man die konkreten Aussagen zur Entfaltung einer Friedensethik nicht von ihrer endzeitlichen Bestimmung trennen können. Gerade weil der Aspekt des endzeitlichen Friedens als Heilsfriede nicht von der christlich-naturrechtlichen Begründung einer Friedensethik getrennt wird, kann die Enzyklika bei der Behandlung konkreter Fragen, etwa in der positiven Bewertung des Beitrags der Organisation der Verein-

---

84 Thomas von Aquin, Summa theologica, I-IIae, q.19, a.4, zitiert PT, a. a. O., S. 2955.
85 P. Cremona, The Concept of Peace in Pope John XXIII., Malta, 1988, S. 26. Abschluß der VI. Sitzung der Zentralkommission des Konzils vom 16. Mai 1962, AAS 54, 1962, S. 398.

ten Nationen für den Frieden unter den Völkern, mit einer Unbefangenheit urteilen, die nicht gegeben wäre, wenn pax terrestris und pax caelestis primär unter dem Aspekt ihres Spannungsverhältnisses betrachtet würden.

In den Ausführungen zur konkreten Gestaltung des irdischen Friedens wird dann wieder der Unterschied zwischen der augustinischen Konzeption und den Vorschlägen der Enzyklika und des Konzilsdokumentes deutlich. Für Augustinus wie auch für Papst Johannes und das Konzil gründet die staatliche Autorität in Gott, und alle Aussagen darüber verweisen auf Röm 13,1–6. Aber Augustinus betont vor allem den Zwangscharakter der staatlichen Gesetzgebung. Die cupiditas und die libido dominandi der Anhänger der Civitas terrestris kann, wenn überhaupt, nur durch Androhung und Anwendung von Strafen eingedämmt werden, denn die Anhänger der Civitas terrestris befolgen die ordnungsstiftenden Gesetze vor allem aus Furcht und weniger aus der Einsicht und dem Willen, die tranquillitas ordinis aufrechtzuerhalten. Die Enzyklika betont hingegen die Vernunfteinsicht des Menschen gegenüber der gesetzgebenden Autorität: „Befehlsgewalt, die nur oder hauptsächlich auf Drohung und Furcht vor Strafen oder auf Versprechungen von Lohn beruht, treibt keineswegs dazu an, das gemeinsame Wohl aller zu verwirklichen; sollte es vielleicht doch der Fall sein, so wäre dies immerhin nicht in Übereinstimmung mit der Würde von Menschen, die der Freiheit und des Vernunftgebrauches fähig und teilhaftig sind. Denn da die Autorität hauptsächlich in einer geistigen Gewalt besteht, müssen die Staatslenker an das Gewissen, das heißt an die Pflicht eines jeden appellieren, sich bereitwillig für das gemeinsame Wohl aller einzusetzen".[86]

Man könnte versuchen, die unterschiedlichen Positionen in der innerstaatlichen Gestaltung des Friedens dadurch zu erklären, daß Augustinus die Realität des zerbrechenden spätrömischen Imperiums als Bezugspunkt für seine Ausführungen nimmt, während Johannes XXIII. ein Modell des innerstaatlichen Friedens entwirft, das von konkreten Gegebenheiten abstrahiert. Aber eine solche Erklärung träfe nicht das eigentliche Motiv der unterschiedlichen Positionen, weil es für Augustinus nur dann einen innerstaatlichen Frieden ohne Zwang von seiten der Autorität gäbe, wenn alle Angehörigen des Staates, angefangen vom Herrscher bis zum letzten Knecht, aus der Liebe zu Gott und zum Nächten lebten und daher die irdischen Dinge nur zum uti, aber nicht zum frui der Selbstliebe verwendeten. Umgekehrt bildet das in der Enzyklika entworfene Projekt einer innerstaatlichen Friedensordnung, das an die Einsicht und an das Verantwortungsbewußtsein der Bürger appelliert, kein abstraktes Modell. Die Enzyklika beruft sich ausdrücklich auf die Bestrebungen der Bürger nach einer menschenrechtskonformen Verfassung und nach einer Absicherung der Bürgerrechte: „Die erwähnten Bestrebungen bezeugen deutlich, daß die Menschen in unserer Zeit sich immer mehr ihrer Würde bewußt

86   PT, a. a. O., S. 2959.

werden und sich dadurch angetrieben fühlen, aktiv am öffentlichen Leben teilzunehmen und darauf zu bestehen, daß die eigenen, unverletzlichen Rechte in
der Ordnung des Staatswesens bewahrt bleiben".[87]

Natürlich kann und muß man die Frage stellen, ob und inwieweit solche vorhandenen Bestrebungen angesichts einer ständig steigenden Kriminalitätsrate in allen Bereichen des innerstaatlichen Lebens eine Aussicht auf Erfolg
haben können oder ob in einer solchen Situation nicht doch der Zwangscharakter staatlicher Autorität wirksamer sei als alle Appelle an die menschliche
Einsicht und an das Verantwortungsbewußtsein der Bürger für das Gemeinwohl, um den innerstaatlichen Frieden zu sichern. Aber wie auch immer man
diese und ähnliche Fragen beantworten mag, der innerstaatliche Friede kann
nicht durch bloße Gewaltanwendung aufrechterhalten werden, auch wenn
diese von der staatlichen Autorität verordnet würde, sondern nur dann, wenn
die staatliche Autorität ihre friedenssichernden Maßnahmen „aus der sittlichen
Ordnung herleitet, die ihrerseits Gott als Ursprung und Ziel hat"[88]. Es ist dann
gerade dieser Rückgriff auf die gottgesetzte Ordnung, die die Aussagen der
Enzyklika „Pacem in terris" mit der augustinischen Konzeption von der pax terrestris als tranquillitas ordinis verbindet, auch wenn die unterschiedlichen Auf-
fassungen über die Gestaltung des innerstaatlichen Friedens unübersehbar bleiben, weil Augustinus angesichts des Vorherrschens von cupiditas und libido
dominandi unter den Bürgern der Civitas terrestris den Zwangscharakter der
staatlichen Gesetzgebung betonen muß, während die Enzyklika an die Bestrebungen jener Menschen und Gruppen anknüpft, die sich, wenn vielleicht auch
ohne Erfolg, um die Gestaltung einer innerstaatlichen Friedensordnung
bemühen, die an der gottgeschenkten Vernunfteinsicht in die von Gott gesetzte
Ordnung der irdischen Dinge orientiert ist.

Ohne hier auf die breitgefächerte Thematik der Enzyklika und des
Konzilsdokuments zur Erstellung und zur Absicherung einer innerstaatlichen
und zwischenstaatlichen Friedensordnung eingehen zu können, bedarf jedoch
ein grundsätzliches Problem der Abklärung; nämlich das des christlichen Beitrags am Aufbau und an der Erhaltung des irdischen Friedens. Für Augustinus
gibt es eine qualitativ relevante Einwirkung der Mitglieder der Civitas Dei auf
die gesellschaftlichen Institutionen nur im Bereich der oikia und dies eigentlich nur dann, wenn alle Mitglieder der oikia zugleich auch Mitglieder der
Civitas Dei sind; das heißt, wenn sie aus dem Glauben leben. Für den Bereich
des Staates bleibt die Einwirkung der Christen auf das Bemühen beschränkt,
die Strenge und den Zwangscharakter der Gesetze zur Sicherung der tranquillitas ordinis dort, wo es angebracht und möglich ist, nach dem Beispiel
Christi abzumildern und offensichtliche Ungerechtigkeiten durch die Nächstenliebe zu korrigieren. Schweres Unrecht und Gewaltherrschaft müssen
von den Christen ertragen werden, denn gewaltsamer Widerstand würde auch

---

87 PT, a. a. O., S. 2971.
88 PT, a. a. O., S. 2959.

den letzten Rest von Frieden zerstören, der das Überleben der Bürger gewährleistet.

In der Enzyklika „Pacem in terris" werden die Christen hingegen ausdrücklich aufgerufen, an der Gestaltung des politischen Friedens aktiv mitzuwirken, wenn es heißt: „... sie mögen sich für die Wahrnehmung der öffentlichen Aufgaben bereitwillig zur Verfügung stellen und mitwirken, das Wohl der gesamten Menschheit und des eigenen Staates zu fördern. Ebenso sollen sie sich im Lichte des christlichen Glaubens und in der Kraft der Liebe darum bemühen, daß die dem wirtschaftlichen, sozialen, kulturellen und politischen Leben dienenden Einrichtungen den Menschen nicht nur kein Hindernis bereiten, sondern darüber hinaus ihnen helfen, sich im Bereich des Natürlichen wie des Übernatürlichen zu vervollkommnen."[89] Dabei geht es nicht nur um Korrekturen an Institutionen, denn „zu solchem Zweck ist es notwendig, sich in ihren Einrichtungen zu engagieren und tatkräftig von innen her auf sie einzuwirken"[90].

Was ist dann aber mit dem Terminus eines inneren, das heißt qualitativen Einwirkens der Christen auf politische, wirtschaftliche und kulturelle Institutionen zum Aufbau einer Friedensordnung gemeint? Es dürfte sich wohl nicht, und das ergibt sich aus dem Gesamtzusammenhang der Enzyklika, um die Einrichtung katholisch-kirchlicher Institutionen und Organisationen handeln, die zu vorhandenen säkularen Institutionen in eine Art von Konkurrenz treten sollten. Es geht vielmehr um die Mitwirkung und das Engagement in solchen Institutionen und Organisationen, die das friedliche Zusammenleben der Menschen fördern können. Seinen Vorgänger Papst Pius XII. zitierend, spricht Papst Johannes von der Bereitschaft „in ehrlicher Zusammenarbeit dort mitzuwirken, wo es um etwas geht, was seiner Natur nach gut ist oder zum Guten führen kann"[91].

Kann aber etwas „zum Guten führen", das unter dem Aspekt der christlichen Heilsbotschaft mit Irrtümern belastet ist? Die Enzyklika unterscheidet in dieser Frage zwischen Lehrmeinungen, die in ein System gefaßt und daher unveränderlich sind und zwischen Bewegungen, die zwar auf irrigen Lehrmeinungen beruhen, sich aber den veränderten konkreten Situationen angepaßt haben. Und für solche Bewegungen gilt dann die als Frage formulierte Aussage: „Wer könnte leugnen, daß in solchen Bewegungen, soweit sie sich den Gesetzen einer geordneten Vernunft anpassen und die gerechten Forderungen der menschlichen Person berücksichtigen, etwas Gutes und Anerkennenswertes sich finden kann?"[92]

Die Unterscheidung zwischen Lehrsystem und Bewegung entspricht der Unterscheidung zwischen Theorie und Praxis. In der Theorie ist zum Bei-

---

89 PT, a. a. O., S. 2997.
90 PT, a. a. O., S. 2997.
91 PT, a. a. O., S. 3001.
92 PT, a. a. O., S. 3001.

154

spiel die Lehre von der Souveränität des Volkes als einzigem Ursprung politischer Autorität und das Theorem eines contrat social, durch den die staatliche Autorität geschaffen wird, nicht mit der traditionell christlichen Lehre von Gott als dem Urheber der staatlichen Autorität vereinbar. Aber in den Einsichten über die Würde der menschlichen Person und in den konkreten Bemühungen um den Schutz dieser Personwürde begegnen sich die von einer säkularen Staatsphilosophie inspirierten Bürgerrechtsbewegungen mit den Forderungen nach dem Schutz der Personwürde, die aus der Schöpfung des Menschen als imago Dei abgeleitet wird. In solchen Situationen, so folgert die Enzyklika, „kann der Fall eintreten, daß Fühlungnahmen und Begegnungen über praktische Fragen, die in der Vergangenheit unter keiner Rücksicht sinnvoll erschienen, jetzt wirklich fruchtbringend sind oder es morgen sein können"[93].

Hierbei geht es sicherlich nicht um die Verchristlichung von Institutionen und Organisationen säkularen Ursprungs und mit säkularen Zielsetzungen, wie dies etwa auf internationaler Ebene für die Organisation der Vereinten Nationen der Fall ist, deren Menschenrechtserklärung vom Jahre 1948 in der Enzyklika hervorgehoben wird. Die zitierte „innere Einwirkung" von seiten der Christen auf solche Institutionen und Organisationen meint freilich mehr als die Feststellung einer bloßen Übereinstimmung in praktischen Fragen, sondern bezieht sich auf das Bemühen, auf der Grundlage der Heilsbotschaft Christi und der christlichen Soziallehre einen qualitativen Beitrag zur Erstellung und zur Vervollkommnung einer Friedensordnung beizutragen, für die sich diese Institutionen und Organisationen engagieren.

Daher gibt es auch in der Enzyklika „Pacem in terris" keine, um es in der augustinischen Terminologie auszudrücken, Vermengung von pax terrestris und pax caelestis. Der vollkommene, von Gott in und durch Christus verheißene Heilsfriede, bleibt ein endzeitliches Ereignis. Wenn sich die Mitglieder der katholischen Kirche, die in einer pastoralen Weisung im Schlußkapitel der Enzyklika besonders angesprochen werden, für die Vervollkommnung der irdischen Friedensordnung engagieren sollen, dann vor allem deshalb, weil der irdische Friede zum Frieden Gottes mit den Menschen gehört, insofern dieser irdische Friede ein von Gottes Vorsehung eingesetztes Ordnungsgefüge bildet, „das in der Wahrheit gründet, nach den Richtlinien der Gerechtigkeit erbaut, von lebendiger Liebe erfüllt ist und sich schließlich in der Freiheit verwirklicht"[94].

---

93   PT, a. a. O., S. 3001.
94   PT, a. a. O., S. 3005.

NORBERT GLATZEL

3.2.2 Gerechtigkeit aus katholischer Sicht

I. Was ist Gerechtigkeit?

(1) Die klassische Antwort auf die Frage, was Gerechtigkeit ist, finden wir bei Thomas von Aquin in der Summa Theologica II.II., insbesondere in den Quaestiones 57, 58 und 61, in denen er zuerst vom Recht (de jure), dann von der Gerechtigkeit (de justitia) und dann über die Teile der Gerechtigkeit (de partibus justitiae) spricht[1].

Schon diese Aufzählung zeigt, daß Thomas bei der Beantwortung der Frage, was Gerechtigkeit sei, die enge Beziehung von Recht und Gerechtigkeit sichtbar werden läßt.

Für Thomas ist „das Recht Gegenstand der Gerechtigkeit (ius est objectum justitiae)" (II.II.57,1c) und – in Rückgriff auf Aristoteles[2] und das römische Recht[3] – „Gerechtigkeit ist das Gehaben (der Habitus), kraft dessen der Mensch mit stetem und ewigem Willen einem jeden sein Recht zuteilt. (Justitia est habitus secundum quem aliquis constanti et perpetua voluntate jus suum unicuique tribuit" (II.II.58,1c).

Die Gerechtigkeit hat nach Thomas „das Eigentümliche (proprium), daß sie den Menschen in den Dingen ordnet, die den anderen angehen (in his quae sunt ad alterum)" (II.II.57,1c). Sie hat es im Unterschied zu den anderen Tugenden mit ‚einer Art Gleichheit‘ (aequalitatem quamdam) zu tun, die in den zwischenmenschlichen Beziehungen herzustellen ist. Dabei beruft er sich darauf, daß nach dem Volksmunde das gegenseitige Ausgleichen als iustari bezeichnet werde. Was dabei auszugleichen ist, kann (nach II.II.57,2c) bestimmt sein von der ‚Natur der Sache‘ (ex ipsa natura rei), und das wird „natürliches Recht" genannt, oder durch privates oder öffentliches Übereinkommen, also durch Vertrag oder durch Anordnung des Gesetzgebers, und das ist ‚positives Recht‘. Demnach ist der Gegenstand der Tugend der Gerechtigkeit der ‚auszugleichen-

---

1 Bei den deutschen Texten folge ich dem 18. Band der Deutschen Thomas-Ausgabe, Recht und Gerechtigkeit, komm. von A. F. Utz, Heidelberg u.a. 1953, 1–56 und 90–107.

2 „Kai hä men dikaiosynä esti kath' hän ho dikaios legetai praktikos kata prohairesin tou dikaion" (NE 1134 a 1). Thomas zitiert ihn wie folgt: „Justitia est habitus secundum quem aliquis dicitur operativus secundum electionem justi" (II.II.57,1c).

3 Vgl. Ulpian im Corpus Juris Civilis (Institutiones I,I,10): „Justitia est constans et perpetua voluntas, ius suum cuique tribuendi."

156

de' Forderungsanspruch: ideo proprius actus justitiae nihil aliud est quam reddere unicuique quod suum est (II.II.58,11c ähnlich auch II.II.57. 1 u.2).

Nach Johannes Messner will Thomas mit dem Gedanken der Gleichheit begründen, daß die Tugend der Gerechtigkeit „äußere zwischenmenschliche Beziehungen" betrifft und daß „das von der Tugend zu leistende durch ein Maß bestimmt ist" (z. B. etwas vertraglich Vereinbartes, nicht eine Liebespflicht). „Suum" bedeutet dann der auf einem bestimmten Rechtsgrund beruhende „Anspruch auf ein bestimmtes Verhalten oder eine bestimmte Leistung anderer".[4]

(2) Im Artikel 5 der Quaestio 58 fragt Thomas dann, ob „die Gerechtigkeit eine allgemeine Tugend" ist, die die Akte aller anderen Tugenden in sich einschließt. Seine Antwort:

„Die Gerechtigkeit ordnet den Menschen in seiner Beziehung zum anderen. Das kann in doppelter Weise geschehen. Einmal so, daß man den anderen als Einzelnen nimmt; in anderer Weise so, daß man ihn als in der Gemeinschaft stehend nimmt; demgemäß nämlich, daß der, der irgendeiner Gemeinschaft dient, allen dient, die dieser Gemeinschaft angehören. Und in jeder der beiden Betrachtungsweisen gibt es Gerechtigkeit nach ihrer eigentlichen Bewandtnis. Es ist nämlich klar, daß alle, die einer Gemeinschaft angehören, zu dieser Gemeinschaft sich verhalten wie die Teile zum Ganzen. Der Teil aber ist nach allem, was er ist, des Ganzen; deshalb kann auch jegliches Gut des Teils auf das Ganze hingeordnet werden. Demnach kann also das Gut jeglicher Tugend, sei es jener, die den Menschen zu sich selbst ordnet, sei es jener, die seine Beziehung ordnet zu irgendwelcher anderen Einzelperson, in Beziehung gesetzt werden zum Gemeinwohl, worauf die Gerechtigkeit ausgerichtet ist. Demnach können die Akte aller Tugenden zur Gerechtigkeit gehören, sofern sie den Menschen ausrichtet auf das Gemeinwohl. Insofern heißt die Gerechtigkeit allgemeine Tugend. Und weil es Sache des Gesetzes ist, die Ordnung zum Gemeinwohl herzustellen (I.II.90,3), so kommt es, daß diese Gerechtigkeit, die in besagter Weise allgemein ist, auch ‚Gesetzesgerechtigkeit' genannt wird. Denn durch sie steht der Mensch in Übereinstimmung mit dem Gesetz, das die Akte aller Tugenden auf das Gemeinwohl ausrichtet" (II.II.58,5c).

‚Allgemein' versteht Thomas dabei nicht als Gattungsbegriff, sondern als allen Tugenden gemeinsame ‚Wirkursache', die sie auf ihr Ziel ausrichtet und auf es hin in Bewegung bringt, nämlich auf das Gemeinwohl als „ihrem eigentlichen Gegenstand (proprium objectum)". „Und so ist sie im Fürsten ‚haupt'-sächlich (principaliter) und gleichsam führend (architectonice [vgl. Pol.1,13]); in den Untergebenen in zweiter Linie und gleichsam dienend (ministrative)" (II.II.58,7c).

---

4   J. Messner, Das Naturrecht. Handbuch der Gesellschaftsethik, Staatsethik und Wirtschaftsethik. 5. neubearb. erw. Aufl., Innsbruck u. a. 1966, 223.

Joseph Höffner hat darauf aufmerksam gemacht, daß Thomas in seinen frühen Schriften die legale Gerechtigkeit so wie jede andere Tugend gesehen habe, nur gedanklich (ratione) verschieden[5], erst im Kommentar zur Nikomachischen Ethik und dann in der Summa lege er dar, daß „die Hinordnung zum Gemeinwohl .. der legalen Gerechtigkeit ihre Besonderheit (verleihe), so daß sie eine arteigene Tugend sei", sie „sei eine leitende, wirkende Kraft, die andere Tugenden zum Gemeinwohl hinordne."[6]

Ferner betont Höffner, daß „die legale Gerechtigkeit an erster Stelle die schöpferisch-dynamische Gestaltungskraft des für das Gemeinwohl Verantwortlichen, erst in zweiter Linie Gesetzesgehorsam" ist und sich in einer guten Gesetzgebung und Regierung verwirklicht[7].

(3) Neben der allgemeinen Gerechtigkeit (Gesetzesgerechtigkeit oder legalen Gerechtigkeit), „die den Menschen unmittelbar auf das Gemeinwohl ausrichtet" [aber nur mittelbar, soweit das Gut der anderen Einzelperson in Frage steht (II.II.58,7 ad 1)] gibt es für Thomas auch die „Einzelgerechtigkeit" (justitia particularis), „die den Menschen unmittelbar auf die Güter des Einzelnen ausrichtet" (II.II.58,7c). Es geht in ihr um äußere Tätigkeiten und Sachen (actiones et res exteriores), insofern „nämlich auf Grund dieser Dinge ein Mensch mit anderen in ein Ordnungsverhältnis gebracht wird" (coordinatur) (II.II.58,8c).

„Der Gegenstandsbereich der Gerechtigkeit ist die äußere Handlung, sofern sie oder die Sache, die wir bei ihr gebrauchen, in einem bestimmten Verhältnis zur anderen Person steht, zu der wir durch die Gerechtigkeit ins [rechte] Verhältnis gesetzt werden. Das aber heißt das einer jeden Person Gehörige, was ihr auf Grund der Gleichheit des Verhältnisses geschuldet ist. Und so ist der eigentliche Akt der Gerechtigkeit kein anderer, als einem jeden zu geben, was sein ist" (II.II.58,11c).

Bei der Einzelgerechtigkeit unterscheidet Thomas in der Quaestio 61 zwischen der „ausgleichenden Gerechtigkeit (justitia commutativa), die in jenen Handlungen obwaltet, die zwischen Personen gegenseitig gesetzt werden", in einer Gemeinschaftsordnung also die Beziehungen zwischen Teilen des Ganzen regelt, und der „austeilenden Gerechtigkeit (justitia distributiva), die die Gemeinschaftsgüter nach einem bestimmten Verhältnis zuteilt" (II.II.61,1c).

Es geht in beiden Formen um einen sachbestimmten Ausgleich, bei der ausgleichenden Gerechtigkeit „bestimmt nach dem Gleichmaß von Sache und Sache", d. h. um Tausch nach einem arithmetischen Verhältnis (strenge Gleichheit), bei der austeilenden Gerechtigkeit dagegen „nach dem Verhältnis der

---

5   „... quae est idem subjecto quod omnis virtus ..., differens a virtute solum ratione" (2 Sent. d. 35. q.1 a.2 ad 4).
6   J. Höffner, Soziale Gerechtigkeit und überlieferte abendländische Gerechtigkeitslehre, in: Festschrift für Karl Arnold. Köln u. a. 1955, 35–48, 43.
7   Ebd., 45.

Sache zu den Personen", d. h. um Verteilung von Gütern nach der Stellung der Person in der Gemeinschaft nach einem geometrischen Verhältnis (also um eine relationale Gleichheit) (II,II.61,2c und ad 2).

(4) Diese auf Aristoteles und Thomas basierende Dreiteilung der Arten der Gerechtigkeit galt unumstritten bis ins 19. Jahrhundert und ist bis heute lebendig geblieben, auch wenn sich – je nach gesellschaftlicher Situation mal die eine, dann wieder die andere Form der Gerechtigkeit größerer Aufmerksamkeit erfreute. Während Thomas zwischen der generellen (Gesetzes-)Gerechtigkeit und den beiden auf den je konkreten einzelnen zielenden Formen der speziellen Gerechtigkeit (Tausch- und Verteilungsgerechtigkeit) unterschied, ziehen die meisten heutigen Autoren die Grenze nach der juristischen Einteilung zwischen Öffentlichem Recht und Privatrecht, so daß dann die auf den Staat als Gemeinwesen bezogenen Formen, die justitia legalis und die justitia distributiva in der einen und die justitia commutativa in der anderen Gruppe stehen.

Diese Dreiteilung erfreut sich deshalb großer Beliebtheit, weil sie lückenlos alle Varianten des Handelns „ad alterum" abdeckt. Problematisiert aber wurde und wird das Maß, das (Natur-)Recht, von dem her die geschuldete Gerechtigkeit abgeleitet wird, und die Gemeinschaftsordnung, die die Richtung auf gemeinwohlgerechtes Handeln aufzeigte. Deshalb löste es einen großen Streit aus, als sich in der politischen Diskussion der Begriff „soziale Gerechtigkeit" immer größerer Beliebtheit erfreute.

II. Was heißt „soziale Gerechtigkeit"?

(1) In der klassischen Lehre von der Gerechtigkeit hat der Begriff „soziale Gerechtigkeit" keinen Platz, weil, wie schon gesagt, sich mit den drei Formen der Gerechtigkeit alle denkbaren Konstellationen „zum anderen" abdecken lassen.

Der Begriff taucht auf, als die Ständegesellschaft zerfiel und mit ihr der alte Ordo und als der Staat nicht mehr allein Rechtsstaat bleiben konnte, sondern auch soziale Funktionen übernehmen mußte.

Der Begriff „soziale Gerechtigkeit" war in dieser Zeit für die Vorkämpfer im sozialen Bereich der Inbegriff einer neuen Doktrin; für die in der Tradition verwurzelten Kräfte ist er die „Vokabel öffentlicher Störenfriede", hinter denen man Wegbereiter des gleichmacherischen Sozialismus sah.

In bezug auf die Gestaltung des Staates vertrat der mehr liberale und der klassischen Nationalökonomie zugewandte Katholizismus die Auffassung, der Staat habe sich auf die Rolle eines Beschützers der aus der justitia commutativa resultierenden Rechte zu beschränken. Es sei nicht seine Aufgabe, sich als Beschützer der Schwachen aufzuspielen. Das öffentliche Interesse reduziere sich auf den Rechtsschutz, weshalb sich der Staat auch keine Befugnis zur rechtlichen Regelung der Arbeitswelt zulegen dürfe und sich jeglicher Ordnung und Hemmung des wirtschaftlichen Bereichs enthalten solle. Seine Aufgabe sei es, die Verletzung der Sittlichkeit zu unterbinden; Streitigkeiten zwischen Arbeitgebern und Arbeitnehmern sollten von Vertretern aus beiden Klassen geschlichtet werden, während das durch die industrielle Wirtschaft hervorgerufene Elend der Arbeitermassen durch liebende Fürsorge des Patrons und die Verbreiterung der caritativen Hilfen behoben werden sollte.

Für den sozialen Katholizismus auf der anderen Seite bestand die Ursache für die in der Arbeiterschaft grassierenden Übel nicht im sittlichen Versagen der Arbeiter, sondern in der vom individualistischen Wettbewerb geprägten Wirtschafts- und Gesellschaftsordnung. Diese müßten durch eine wirksame Sozialgesetzgebung reformiert werden. Das gestörte Verhältnis zwischen Arbeitgebern und Arbeitnehmern habe die Ursache in der ungerechten Lohnordnung. Kirchliche Caritas sei erst in zweiter Linie gefragt.

Im Kampf um die wirtschaftliche und gesellschaftliche Besserstellung der besitzlosen Massen, hatte der Ruf nach „sozialer Gerechtigkeit" des vierten Standes ein nachhaltiges Echo und wurde langsam zu einem geflügelten Schlagwort. Je mehr der Begriff aber zum politischen Kampfbegriff wurde, um so zögerlicher fand er Eingang in die Sprache der Wissenschaft.

Joseph Höffner[8] hat festgestellt, daß Luigi Taparelli „soziale Gerechtigkeit" 1840 (dt. 1845) als Oberbegriff in seinem Werk „Versuch eines auf die Erfahrung begründeten Naturrechts" verwandt hat; ebenso findet sich dieser Begriff – verstanden als formendes und richtungweisendes Prinzip – in einem 1848 erschienenen (und später auf den Index gesetzten) Werk von Antonio Rosmini, in dem dieser ein christliches Muster einer Staatsverfassung vorlegte.

„Rerum novarum" (1891) benutzt diesen Begriff nicht, erst in den zwanziger Jahren taucht er bei Pius XI. in kirchenamtlichen Dokumenten auf und wandert von dort in die 1931 erschienene Enzyklika „Quadragesimo anno"[9]. Obwohl er dort achtmal zu finden ist (57, 58, 71, 74, 88, 101, 110, 126) bleibt er inhaltlich unbestimmt. Die Präzisierung – so Höffner – sei auch nicht die Aufgabe einer Enzyklika, sondern eine der Wissenschaft[10].

(2) Joseph Höffner und aus juristischer Sicht Albert Vonlanthen haben festgestellt, daß alle „Versuche einer Begriffsbestimmung der sozialen Gerechtigkeit" sich entweder „im Bereich der bisherigen Dreiteilung bewegen" oder die „soziale Gerechtigkeit den überlieferten Grundformen wesentlich über- oder nebenordnen"[11].

---

8   J. Höffner, Soziale Gerechtigkeit und soziale Liebe. Versuch einer Bestimmung ihres Wesens, Saarbrücken 1935.
9   J. Höffner, Die soziale Gerechtigkeit und die überlieferte abendländische Gerechtigkeitslehre. In: Festschrift für Karl Arnold, Köln u. a. 1955, 35–48.
10   Ebd., 37.
11   Ebd., 39; vgl. auch A. Vonlanthen, Idee und Entwicklung der sozialen Gerechtigkeit. Zu einem bedenklich gewordenen Theologenstreit, Freiburg/Schweiz 1973.

Zwei dieser Interpretationsversuche sollen kurz vorgestellt werden:

a) Johannes Messner bezieht – anknüpfend an die Unterscheidung zwischen Staat und Gesellschaft – die soziale Gerechtigkeit auf das gesellschaftlich-wirtschaftliche Gemeinwohl. Er stellt sie (wie auch die internationale Gerechtigkeit) neben die drei klassischen Gerechtigkeitsformen[12]. Ihr Ziel ist die Herstellung und Bewahrung der Gemeinwohlordnung in der von gesellschaftlichen Kräften gestalteten Wirtschaft. Sie soll zu einer gemeinwohlentsprechenden Verteilung der Erdengüter, zur Lenkung und Zügelung der wirtschaftlichen Mächte sowie zur Überwindung des Klassenkampfes führen. Dahinter steht die Überlegung, daß es mittels der justitia commutativa, der Vertragsgerechtigkeit, nicht gelungen war, die Anteile am Wirtschaftsertrag richtig zu bemessen. Deshalb ist nach Messner hier die soziale Gerechtigkeit zuständig, „die jede soziale Gruppe in ihrer organisatorischen Einheit wie in ihren einzelnen Gliedern dazu führt, jeder anderen ihren Anteil am Sozialwohl zu geben, auf den sie entsprechend der Leistung, mit der sie zu seinem Zustandekommen beiträgt, ein Recht hat"[13]. Wollte man die gesamte Lohn- und Preispolitik dem Staat aufbürden, würde das zu einem gefahrvollen Staatssozialismus führen. Deshalb empfiehlt Messner aus Arbeitgebern und Arbeitnehmern zusammengesetzte Ausschüsse, die in Verbindung mit einer obersten Wirtschaftskammer die Richtlinien für eine gerechte Lohnpolitik erlassen sollten (vgl. Tarifverhandlungen, Lohnleitlinien, Konzertierte Aktion).

Offen bleibt die Frage, wie die rechtliche Stellung solcher gesellschaftlichen Gruppen zum Ganzen bestimmt ist; letztlich bleibt eben doch der Staat der letzte Hüter des Gemeinwohls.

Offen bleibt aber auch die Frage, ob solche Überlegungen über Thomas hinausgehen, denn Gemeinwohl ist bei ihm nicht nur auf den Staat bezogen, sondern auch auf partielle Gemeinschaften, z. B. die Familie. Deswegen ist die legale Gerechtigkeit überall dort „zuständig, wo es ein Gemeinwohl zu wahren gilt"[14]

b) Gustav Gundlach[15] und anschließend an ihn Oswald von Nell-Breuning[16] ordnen die klassischen Formen der Gerechtigkeit der sozialen Gerechtigkeit

---

12 J. Messner, Das Naturrecht. Handbuch der Gesellschaftsethik, Staatsethik und Wirtschaftsethik. 5. neubearb. erw. Aufl., Innsbruck u. a. 1966, 229f.

13 J. Messner, Zum Begriff der sozialen Gerechtigkeit. In: Die soziale Frage und der Katholizismus. Festschrift zum 40jährigen Jubiläum der Enzyklika „Rerum novarum", hrsg. von der Sektion Sozial- und Wirtschaftswissenschaft der Görres-Gesellschaft, Paderborn 1931, 416–435, 422. Ähnlich auch ders., Art. „Soziale Gerechtigkeit". In: Staatslexikon, 5. Aufl. Bd. 4. Freiburg 1931, 1664–1669, 1167.

14 Höffner (vgl. Anm. 8), 44f. mit Verweis auf entsprechende Ausführungen von Cajetan.

15 G. Gundlach, Art. „Solidarismus". In: Staatslexikon 5. Aufl. Bd. 4. Freiburg 1931, 1613–1621.

16 O. v. Nell-Breuning, Art. „Iustitia socialis" und „Caritas socialis". In: Wörterbuch der Politik III: Zur Sozialen Frage, hrsg. von Oswald von Nell-Breuning und Hermann

unter. Weil der Solidarismus das Organisationsprinzip der menschlichen Gesellschaft ist, verknüpft mit ihrer raum-zeitlichen Daseinsweise, versagen nach ihm die Formen der Gerechtigkeit, die ein relativ abgeschlossenes Gesellschaftsgebilde voraussetzen und nur einen relativ statischen Ausschnitt der gesellschaftlichen Lebensvorgänge sehen. Demgegenüber ist „das Prinzip des Solidarismus das Rechtsprinzip des Gesellschaftslebens gerade in seiner ständigen Bewegung, in seinem funktionalen Zusammenhang"[17]. Deshalb entspricht dem Seins- und Rechtsprinzip des Solidarismus eine eigene Art von Gerechtigkeit, die soziale Gerechtigkeit. Sie hat für Gundlach dynamischen Charakter, „gestaltet und begleitet die Rechtsverhältnisse innerhalb der Gesellschaft und verwirklicht sich in den genannten drei statischen Formen von Gerechtigkeit"[18].

Oswald von Nell-Breuning setzt an bei dem Rechtsgebot, „ordinem socialem seu bonum commune esse servandum". Er will darunter aber nicht nur die Anerkennung und Beachtung einer schon „fertig dastehenden Gesellschaftsordnung" oder die Erhaltung und Verwirklichung eines „inhaltlich bereits fest bestimmten Gemeinwohls" sehen. Gesellschaft befindet sich in beständigem Wachstum, Aufbau und Umbau oder im Abbau und Verfall. Deshalb muß sich trotz der Unwandelbarkeit des Begriffs „Gemeinwohl" dessen Inhalt, d. h. das, was zum Wohl der Gemeinschaft ist, beständig wandeln. „Servare" versteht Oswald von Nell-Breuning deshalb als „schöpferisches Gewährleisten". Dieser dynamische Zug des Rechts und der Gerechtigkeit drängt so zu Forderungen, die sich an den Beharrungstendenzen derer stoßen, die im Besitz von Rechten sind. Soziale Gerechtigkeit fordert deshalb die Anerkennung solcher Forderungen und deren Umformung in entsprechende Rechtsnormen, aber auch den Verzicht auf Rechtsansprüche, die ihren Sinn für die Gemeinschaft und ihr Wohlergehen verloren haben[19].

Soziale Gerechtigkeit zielt als Reformgerechtigkeit auf das ab, was vom Naturrecht gefordert, positiv-rechtlich aber noch nicht verwirklicht ist. Anders gesagt: Die justitia socialis umfaßt all jene Inhalte, die noch keinen Niederschlag in Rechtsnormen gefunden haben, sich aber aus der Sicht des Gemeinwohls als eindeutige Forderungen der Gerechtigkeit enthüllen. Letztlich geht es also darum, solche Forderungen in positives Recht zu überführen.

Auch hier ist die Frage zu stellen, ob solche Überlegungen über Thomas hinausführen: Wenn er vom „architektonischen" Charakter der legalen Gerechtigkeit spricht und diese zuerst in der schöpferisch-dynamischen Gestaltungskraft des für das Gemeinwohl Verantwortlichen verwirklicht sieht, in einer guten Gesetzgebung und Regierung[20], dann ist dort all das angesprochen, was

---

Sacher: Freiburg 1949, 29–36 und 35–44. Ders., Die soziale Enzyklika, 3. Aufl., Köln 1950, 175–177 und 254–256.
17 Gundlach (vgl. Anm. 15), 1616.
18 Ebd.
19 Nell-Breuning (vgl. Anm. 16), 34–36.
20 Höffner (vgl. Anm. 8), 45.

die dynamischen Gerechtigkeitstheorien vertreten. Etwas, das das Gemeinwohl fördert, nicht in entsprechende Rechtsnormen umzusetzten, ist daher eher unklug denn unsozial.

Diese beiden Beispiele zeigen, daß es bei der Frage nach der sozialen Gerechtigkeit in der Zeit des Zerfalls einer von ständischen Traditionen geprägten Gesellschaft, dem alten ordo, um die Suche nach einer neuen Ordnung, einem gesellschaftlichen Zustand geht, der nach den Forderungen der Gerechtigkeit gestaltet sein sollte.

Bei dieser Suche ist der Weg länger geworden. Aus dem klassischen Zweischritt, nach dem Gerechtigkeit die Erfüllung des (Natur- bzw. göttlichen) Rechts ist, ist ein Dreischritt geworden: aus dem Naturrecht eruiert man, was gerecht ist, und fordert dieses von den gesellschaftlichen Gruppen (Messner) oder vom Staat ein (Gundlach, Oswald von Nell-Breuning). Da dabei die naturrechtliche Begründung immer schwächer wird und ihre Konturen verliert, können in einer pluralen Gesellschaft die verschiedensten Interessen im Namen der Gerechtigkeit vertreten und ihre Durchsetzung versucht werden. Diese Schwierigkeiten bei der Suche nach einer gerechten Ordnung lassen sich nicht dadurch lösen, daß man statt auf das „Naturgerechte" nun auf das „Menschengerechte" setzt. Denn welche Gerechtigkeit wird dem Menschen mehr gerecht: die Besitzgerechtigkeit, die Leistungsgerechtigkeit, die Chancengerechtigkeit oder die Bedürfnisgerechtigkeit? Unter einen Hut sind sie nicht zu bringen[21].

Damit zeigt sich eine weitere Folge dieses Wandels. Während bei Thomas die (naturrechtlich gestützte) Ordnung die Grundlage für das „gerechte Handeln" war, soll nun gerechtes Handeln zu einem gesellschaftlichen Zustand führen, der den in einer Gesellschaft lebenden Menschen gerecht wird[22]. Das aber wird dadurch erschwert, weil dabei meist individuelle (Gruppen-)Interessen dominant sind, während soziale, das Gemeinwohl betreffende eher in den Hintergrund treten. Unterschiedliche Interessen lassen sich aber nur im Diskurs auf einen Nenner bringen, wenn man sich auf etwas allen Wichtiges (Restbestände des Naturrechts) einigen kann; andernfalls kommt es zu Kompromissen auf der Basis des Nutzenkalküls. Wir werden damit leben müssen, wenn uns nicht die Natur wieder fester bei der Hand nimmt.

---

21 W. Kerber/K. Westermann/B. Spörlein, Gerechtigkeit. In: Christlicher Glaube in moderner Gesellschaft, Teilband 17. Freiburg, Basel, Wien 1981, 8–75, passim 44–59.

22 Moraltheologische Ansätze greifen dazu auf den biblischen Gerechtigkeitsbegriff zurück und betonen den Tugendaspekt der Gerechtigkeit. Ordnungstheoretisch steht dieser Ansatz auf wenig festen Füßen. Vgl. F. Böckle, Gerechtigkeit in katholisch-theologsicher Sicht. In: K. Homann (Hrsg.), Aktuelle Probleme der Wirtschaftsethik, Berlin 1992, 13–27 (= Schriften des Vereins für Sozialpolitik, Gesellschaft für Wirtschafts- und Sozialwissenschaften; N.F., Bd. 211) und Ph. Schmitz, „Gerechtigkeit". Moraltheologische Erwägungen zu einem strapazierten Begriff. In: Theologie und Philosophie 62 (1987) 563–579.

3.2.3 Auf dem Weg zur Friedensethik

Aspekte der Entwicklung der evangelischen Sozialethik in der BRD seit 1945

I. Die EKD im Jahre 1945

Es muß späteren Historikern vorbehalten bleiben, die Bedeutung des Jahres 1945 mit dem Zusammenbruch des nationalsozialistischen Regimes, mit dem Verschwinden des Deutschen Reiches in den Grenzen von 1937 und dem Beginn einer 40-jährigen Trennung in einen westdeutschen und einen ostdeutschen Staat zu bewerten. Dasselbe gilt natürlich auch für die Geschichte der evangelischen Kirche in Deutschland. Zwei Fakten lassen sich allerdings schon heute feststellen.

1. In der Geschichte der deutschen evangelischen Kirche als Volkskirche bedeutet das Jahr 1945 im Westen des Landes keinen wesentlichen Einschnitt. Die volkskirchlichen Strukturen, die in den Jahren 1933 bis 1945 tendenziell bedroht waren, überstanden den Umbruch sowohl in geistiger als auch in organisatorischer Hinsicht in erstaunlichem Maße. Vorstellungen von Wirklichkeit und Theorie der Kirche, wie sie innerhalb der Bekennenden Kirche nach 1934 entwickelt und aufgebaut worden waren, überlebten „die Machtergreifung" der Mitglieder der Bekennenden Kirche in den Landeskirchen nach 1945 nicht. Das ist um so erstaunlicher, als man auch bei einer nicht übermäßig kritischen Würdigung der protestantischen Kirche feststellen muß, daß es die evangelische Theologie in ihrer mehr als 400-jährigen Geschichte eigentlich nicht vermocht hat, einen Kirchenbegriff zu entwickeln, der der Wirklichkeit der Volkskirche adäquat ist und der diese Wirklichkeit abdeckt.[1] Das Gros der evangelischen Pfarrer arbeitete und arbeitet auch heute mit einem Kirchenbegriff, der auf die Gemeinde im neutestamentlichen Sinne oder im Sinne der Confessio Augustana zugeschnitten ist. Die Volkskirche lag und liegt als Realität irgendwie daneben, obwohl sich diese Pfarrer nach wie vor im Dienst dieser Volkskirche faktisch verzehren, indem sie für Amtshandlungen zur Verfügung stehen für Menschen, die sich überwiegend nicht zu der Kerngemeinde zählen. Im Dienst der Volkskirche halten sie Religionsunterricht an öffentlichen Schulen, leben sie

---

1 Eine Ausnahme bildet die Theologie P. Tillichs, in der sich fruchtbare Ansätze für eine solche Theorie finden lassen. Es ist dies ein erstaunliches Phänomen, insofern Tillich diese Theorie weithin in den USA erarbeitet hat, wo es nur anders geartete Kirchenstrukturen gibt.

von der Kirchensteuer, die vielfach von Menschen bezahlt wird, die sich nicht zu der Gemeinde zählen.

Martin Niemöller, Symbolgestalt der Bekennenden Kirche, wurde einmal, als er bereits Kirchenpräsident der Evangelischen Kirche in Hessen und Nassau war, gefragt, wie er die Kirchensteuer mit dem Begriff von Kirche als bekennende Gemeinde zusammenbringen könne; er antwortete etwa: Solange mir die Kirchensteuer die Möglichkeit gibt, einen Pfarrer auf dem hinteren Westerwald predigen zu lassen, nehme ich sie dankbar an. Volkskirchliche Strukturen fanden schon immer ihre letzte Rechtfertigung in dem Missionsbefehl. Dieser Begründungszusammenhang ist gerechtfertigt, insofern es sich in der Tat nicht leugnen läßt, daß die Volkskirche unter anderem das Ergebnis von wirkungsvoller Predigt und Mission ist.

2. Auch wenn die volkskirchlichen Strukturen das Jahr 1945 weithin unverändert überlebten, so bedeutet dieses Jahr doch einen entscheidenden Einschnitt für die protestantisch-ethische Theorie. Sie betrifft drei Bereiche: (a) das Verhältnis von Kirche und Staat; (b) die theologische Theorie vom Wesen des Staates und schließlich (c) die Struktur protestantischer Sozialethik überhaupt. Hier hat sich die Erfahrung des totalitären, der Kirche feindlich gegenüberstehenden Systems deutlich ausgewirkt. Natürlich vollzogen sich diese neuen Theorieentwicklungen und Verhältnisbestimmungen nicht schlagartig und natürlich reichen ihre Wurzeln auch über die Diskussionen der Zwanziger Jahre zurück. Aber sie gewinnen nach 1945 einen neuen Stellenwert in der theologisch-ethischen Diskussion und werden in der Folgezeit für die Weiterentwicklung der Kirche und deren Einfluß auf Politik und Gesellschaft bis in die Gegenwart hinein von großer Bedeutung. Die Theorien, die die gegensätzlichen Positionen zum Ausdruck bringen und um die sich kirchengeschichtlich relevante und kirchenpolitisch aktive Gruppierungen scharen, lassen sich mit Hilfe der beiden Stichworte „Lehre von den beiden Reichen oder Regimenten" und der „Lehre von der Königsherrschaft Christi" charakterisieren.[2]

Die Lehre von den beiden Regimenten geht von der auf Augustin und Martin Luther zurückzuführenden Vorstellung aus, daß Gott die Welt auf zwei Weisen regiert, nämlich mit Gesetz und Evangelium. In dem Reich zur Linken gilt das Gesetz, das von der Kirche zu verkündigen ist, und das der Staat in der Gestalt des ihm verliehenen Schwertes repräsentiert. Ziel dieses Handelns ist es, eine Leben-ermöglichende und Leben-gestaltende Ordnung zu schaffen. Geht die Funktion des Leben-ermöglichen und Leben-gestalten auch teilweise auf andere gesellschaftliche Strukturen über, so haben sie sich ebenso wie der Staat sowohl an die im Wesen der Gesellschaft vorhandenen (Naturrecht) als auch an die im göttlichen Gesetz gegebenen Mittel zu halten.

Dieser Theorie liegen zwei Überzeugungen zugrunde: (a) es gibt der Schöpfung zugrunde liegende natürliche Ordnungen, die sich innerhalb der

---

2   Zu beiden Theoriekomplexen gibt es eine Fülle von Literatur in den einschlägigen Ethiken.

verschiedenen weltlichen Bereiche als Sachgerechtigkeit darstellen; (b) diese Ordnungen können mit Hilfe der Vernunft erkannt und vom Menschen verwirklicht werden. Es gibt also ein sachgemäßes Handeln in der Welt, zu dem Christen und Nichtchristen befähigt sind. Allerdings wird der Christ diese „Sachlichkeit" der Ordnungen nicht zu einer Eigengesetzlichkeit sich verselbständigen lassen.

Die Lehre von der Königsherrschaft Christi ist Hintergrund und Gegenstand u.a. der Barmer Theologischen Erklärung, in der es heißt, daß der Staat berufen ist, für die Ordnung in der Welt zu sorgen, aber zugleich deutlich gemacht wird, daß diese Ordnung unter der Herrschaft Christi stehen muß. Es gibt deshalb keine Bereiche in der Welt, in denen für die Christen nicht das Gesetz Christi verbindlich wäre, in denen sie sich auf die reine Gesetzlichkeit der Ordnungen als Rechtfertigung für ihr Handeln berufen könnten.

II. Bereiche der Entwicklung sozialethischer Reflexion

1. Die Kritik am Staat

Zum erstenmal in der Geschichte der protestantischen Theologie und Ethik kommt es in den Jahren nach 1945 zu einer, zum Teil äußerst massiven und kräftigen Kritik am Staat. Die Achtung vor der Obrigkeit, die Obrigkeitshörigkeit des deutschen Protestantismus, ist durch die Ereignisse zwischen 1933 und 1945, wenn auch nicht überall, so doch in vielen wesentlichen Punkten gebrochen. Dieses Phänomen hat allerdings eine problematische Vorgeschichte. In der Zeit nach 1919 wurde der republikanische Staat von großen Teilen der deutschen evangelischen Pfarrerschaft und der deutschen Protestanten nicht nur in Frage gestellt, sondern es wurde ihm die von Gott gewollte Staatlichkeit abgesprochen. Diese kritische Haltung war sicherlich auch mitverantwortlich für den Zusammenbruch der Weimarer Republik.

Nach 1945 bezog sich die Distanz und dann auch die Kritik am Staat zunächst auf die Frage, ob der nach 1949 gegründete westdeutsche Staat überhaupt als Staat anerkannt werden dürfe. Martin Niemöllers Diktum von der Bundesrepublik, die im Vatikan gezeugt und in Washington geboren worden sei, machte die Runde und fand mancherlei Anerkennung. Die kritische Distanz wurde verstärkt durch den Verdacht, daß in diesem westdeutschen Staat katholische Staatstheorie vertreten und katholische Politik in besonderem Maße betrieben würde und daß im Zusammenhang mit den beginnenden europäischen Bestrebungen das Reich Karl's des Großen mit den Zentren Rom, Paris und Aachen, ersetzt durch Bonn, wieder auferstehen sollte.

In diesem Zusammenhang muß auch die theologische Kritik an der neu gegründeten CDU erwähnt werden, die besonders auf evangelischer Seite gepflegt wurde. Die Frage, ob es so etwas wie eine „christliche Politik" und ob es darüber hinaus eine „christliche Partei" geben könne, wurde heftig diskutiert.

Dabei kam es zu einer ersten merkwürdigen Verschiebung der Argumentationsstränge zwischen den kirchlich-theologisch und kirchenpolitischen Fronten. Die Anhänger einer mehr oder weniger ausgeprägten und ausgearbeiteten Zwei-Reiche-Lehre standen für eine wie immer geartete und begründete „christliche Politik"; hingegen stellten die Gegner, die für die Lehre der Königsherrschaft Christi eintraten, eine solche Möglichkeit zutiefst in Frage. In der Theorie einigte man sich im wesentlichen im Blick auf diese Frage, indem die erstere Gruppe es vorzog, den Terminus „christliche Politik" durch den Begriff einer „Politik aus christlicher oder evangelischer Verantwortung" zu ersetzen. Auf der anderen Seite wurde der Zusammenhang von Glaube und Handeln im politischen Bereich als wesentlich anerkannt.[3] Die Konstellation blieb bestehen und der Streit um die gegensätzlichen Positionen eskalierte im Zusammenhang mit der Auseinandersetzung über die Wiederbewaffnung und die Aufstellung deutscher Truppen und den – allerdings akademischen – Streit um die Ausrüstung der Bundeswehr mit atomaren Waffen. In diesem Zusammenhang kam es es zu einer erneuten Verschiebung der Fronten. Auf Seiten der Befürworter der Politik der damaligen Bundesregierung unter Konrad Adenauer zog man sich gewissermaßen auf die Zwei-Reiche-Lehre zurück und trat dafür ein, daß für politische Entscheidungen allein die Fachleute der Politik, nämlich die Politiker, zuständig seien. Nur sie hätten das Sachwissen, Theologen und Kirchenleute seien mangels der zur Entscheidung notwendigen Informationen nicht zuständig. Es könne deshalb auch nicht das Amt der Theologen sein, zu politischen Sachfragen Stellung zu nehmen.[4]

Auf der anderen Seite wurde die Gegenposition vertreten und begründet. Es wurde ein durchgängiger Begründungszusammenhang zwischen den theologischen und den zur Entscheidung anstehenden Sachfragen hergestellt. Kernaussage war, daß der Glaube bestimmte Entscheidungen verbiete und andere gebiete. Wer für eine atomare Bewaffnung einträte, sündige oder leiste der Sünde auf jeden Fall Vorschub. Man sah im Vertreter der gegensätzlichen politischen Ansicht den Menschen mit einem anderen Glauben. Die Auseinandersetzung kam gewissermaßen zu ihrem Höhepunkt auf der EKD-Synode von Spandau. Damals war die Kirche nahe vor einer Spaltung. Sie wäre sicher in der

---

3   In diesem Zusammenhang spielte K. Barths berühmte Schrift aus dem Jahre 1946 „Christengemeinde – Bürgergemeinde" eine interessante Rolle. In dieser Schrift zeichnete Barth nicht nur sein Modell der analogen Kreise von Christengemeinde und Bürgergemeinde auf, sondern entwickelte im gewissem Sinne eine normative Ethik, indem er von dem, was die Christengemeinde ist, auf die Art und Weise schloß, in der sich die Bürgergemeinde verhalten soll. Die Schrift wurde von den „Barthianern" mit großem Mißmut behandelt. Sie wurde mir gegenüber einmal als der „eigentliche Sündenfall Barths" bezeichnet.

4   Ein prominenter Vertreter dieser Richtung war der für die Öffentlichkeitsarbeit zuständige Referent im Kirchenamt der EKD in Hannover, E. Wilkens. Allerdings vertrat auch H. Thielicke diese Sicht der Dinge, wenn auch in abgeschwächter Form.

ein oder anderen Form vollzogen worden, wenn es nicht auch noch um die Einheit der EKD zwischen Ost und West gegangen wäre. Der sachliche Streit wurde dadurch kirchenpolitisch entschärft.

Ein sehr differenzierter theologischer Begründungszusammenhang findet sich in der hoch politischen Denkschrift über „Die Lage der Vertriebenen und das Verhältnis des deutschen Volkes zu seinen östlichen Nachbarn" aus dem Jahr 1965. Bis in die Zeit der großen Montagsgebete in der ehemaligen DDR 1989/90 ist diese Denkschrift ohne Zweifel die wirkungsvollste Stellungnahme der EKD zur politischen und gesellschaftlichen Entwicklung nach 1945 geblieben. Ohne sie und die ihr folgenden scharfen Auseinandersetzungen in EKD und Bundesrepublik wäre es wohl nur schwer zu einer neuen Ostpolitik gekommen. Diese Denkschrift bereitete den Boden für die Brandt'sche Außenpolitik. Es ist faszinierend, ein solches Schriftstück knapp 30 Jahre nach seiner Entstehung wieder einmal zu lesen und seine Wirkungen zu bedenken. Zwar können wir heute die Linien des „Wandels durch Annäherung" noch nicht im einzelnen nachzeichnen, aber es kann kein Zweifel sein, daß die Reflexion des theologischen Begriffs der „Versöhnung" der Versöhnung zwischen den Völkern den Weg bereitet hat.[5]

2. Von der Staatsethik zur Sozialethik

Ein zweiter großer Wandel vollzieht sich im Rahmen protestantischer Ethik, indem aus der bis weit in das 20. Jahrhundert hinein ausgearbeiteten und vertretenen Staatsethik eine Sozial- oder Gesellschaftsethik wird. Mehr als 400 Jahre lebte die Theorie protestantischer Sittlichkeit in Deutschland[6] davon, daß Staat und Gesellschaft als identische Begriffe angesehen wurden und daß christliche Ethik deshalb den Staat und sein Handeln als wesentlichen Gegenstand der Reflexion anzusehen hatte. Der Staat aber war der Souverän, den man sich in seinem Wesen als christlichen Staatsmann vorstellte, und seine ihm verpflichtete und ihn repräsentierende Verwaltung. Die Christen waren dieser Obrigkeit gegenüber in erster Linie zum Gehorsam verpflichtet. Struktur und Grenzen des Verhältnisses zwischen Staat und Obrigkeit reflektierte die theologische Ethik.

---

5 In ihrer umfassenden, die Friedensproblematik auf eine neue Ebene der theologischen Reflexion hebenden Monographie haben W. Huber und H.-R. Reuter diese Denkschrift leider nur im Vorbeigehen behandelt (vgl. W. Huber / H.-R. Reuter, Friedensethik, Stuttgart 1990, S. 320).

6 Im Rahmen dieses kurzen Beitrags kann auf die wichtigen Unterschiede zwischen dem Wesen und der Geschichte lutherischer und calvinistischer Staats- und Gesellschaftslehre leider nicht eingegangen werden. Man muß nur darauf hinweisen, daß die erstere nicht nur in der Schweiz, in Frankreich, den Niederlanden, England und den USA kraftvolle Wirkungen entfaltet hat, sondern auch in Deutschland durchaus ihre Spuren hinterließ. Man denke nur an die Arbeit von Männern wie Althusius und den Reichsfreiherrn vom Stein.

Sozialethik wird in dieser Theorie gewissermaßen als Staatslehre von oben nach unten gedacht, so wie es Verantwortung nur von oben nach unten gibt. Der Fürst ist für sein Land verantwortlich, der Bürgermeister für seine Stadt, der Hausvater für sein Haus. Die Tatsache, daß M. Luther eine solche Staatsethik u.a. in seinem Großen Katechismus unter dem 4. Gebot abhandelt, hat das Verständnis von Sozialethik als Staatsethik bis in die Weimarer Zeit hinein geprägt. So schreibt Theodor Haering z. B. in seiner 1926 veröffentlichten christlichen Ethik: „Weil das Recht überhaupt die unentbehrliche Voraussetzung der Liebe ist, so hat der Staat als die Gemeinschaft des Rechts an und für sich eine ganz besondere Würde, die nicht ebenso unmittelbar den Kultgemeinschaften zukommt. Und mit Grund hat man darauf hingewiesen, welche Bedeutung er eben als Rechtsgemeinschaft für die Erziehung der sittlichen Persönlichkeit hat, und wie um solcher Bedeutung willen die christliche Ethik dem demokratischen Prinzip huldigt, wenn man bei diesem Wort nicht an den öden Ausgleich der Gesellschaft zu einer geistarmen Masse, sondern an die Selbständigkeit der staatlichen Gesinnung und Betätigung denkt."[7] Zwar kann auch Haering nicht an der sozialen Frage vorbeigehen, aber sie tritt zurück im Verhältnis zu dem Nachdruck, der auf die Staatsgesinnung der Christen gelegt wird. Die Zurückhaltung gegenüber der Demokratie als Staatsform kennzeichnet auch noch die im Jahre 1954 veröffentlichte große politische Ethik des Erlanger Sozialethikers Walter Künneth.[8] Zwar lassen sich Elemente demokratischer Prinzipien in den nach 1945 neu geschaffenen Kirchenordnungen erkennen, und selbstverständlich stehen die Landeskirchen dem Staat der Bundesrepublik und den einzelnen Ländern, mit denen sie Staatskirchenverträge abschließen, positiv gegenüber,[9] aber erst im Jahre 1985 legt die Evangelische Kirche in Deutschland mit der Denkschrift „Evangelische Kirche und freiheitliche Demokratie – Der Staat des Grundgesetzes als Angebot und Aufgabe"[10] eine positive Stellungnahme zur demokratischen Staatsordnung vor. Diese Denkschrift, die inhaltlich nicht viel Neues über die bekannten politologischen Theorien zur Staatsform der Demokratie hinaus aufweist, ist aus dem angegebenen Grund von erheblicher kirchenpolitischer Bedeutung. Dennoch wird man den späten Zeitpunkt ihres Erscheinens als symptomatisch für die Entwicklung des protestantischen Staatsverständnisses ansehen müssen.

Für die Entwicklung der evangelischen Sozialethik nach 1945 waren Gründung und Arbeit der evangelischen Akademien sehr wichtig. Sie wurden zu Zentren der institutionalisierten sozialethischen Reflexion. „Ist die Dauerreflexion institutionalisierbar?" hatte der Soziologe Helmut Schelsky im Blick auf

---

7   Th. Haering, Das christliche Leben – Ethik, Stuttgart, 3. Aufl., 1926, S. 475.
8   W. Künneth, Politik zwischen Dämon und Gott, Berlin 1954, bes. S. 170ff.
9   Das problematische Verhältnis der evangelischen Landeskirchen der ehemaligen DDR zum Staat und das Konzept der „Kirche im Sozialismus" kann hier nicht behandelt werden.
10 Gütersloh 1985.

die Arbeit der Akademien gefragt.[11] Seine Frage war von theoretischer und praktischer Skepsis gegenüber dem Phänomen „Evangelische Akademie" geprägt. Ca. 35 Jahre später läßt sich seine Frage dahingehend vorsichtig beantworten, daß die sozialethische Reflexion auf theologischer Basis in diesen Institutionen zum Teil ihren Ort innerhalb des deutschen Protestantismus gefunden hat. Das gilt, auch wenn die Akademien nach wie vor weithin ohne eine allgemein anerkannte, theologische Basis arbeiten.

Über die Jahre sind so etwas wie Akademiegemeinden entstanden. Zu ihnen gehört ein großer Kreis von Menschen, die zwar regelmässig Veranstaltungen der Akademien besuchen, sich aber von der Ortsgemeinde weithin fernhalten. Zum Teil bezahlen sie wahrscheinlich auch keine Kirchensteuer mehr, sehen aber in der Arbeit der Akademien einen für Kirche und Gesellschaft wesentlichen Dienst. In ähnlicher Weise gilt dies wohl auch für einen Teil der Teilnehmer an den evangelischen Kirchentagen.

In den Programmen der Akademien werden die gesellschaftlich relevanten Themen in unterschiedlicher Weise aufgegriffen, bei den Tagungen werden sie reflektiert und in der ein oder anderen Weise sicherlich auch zur gesellschaftlichen Gestaltung vorbereitet. Insofern die disziplinierte Reflexion gesellschaftlicher Probleme nicht nur für die Ethik wesentlich, sondern auch für eine offene, demokratisch verfaßte Gesellschaft existentiell notwendig ist, kann man nicht umhin, in der Arbeit der Akademien einen genuinen Ausdruck der demokratischen Gesellschaft und der Volkskirche zu sehen.

Es war und es ist sozialethische Reflexion, die in den Akademien geschieht und in vielfachen Publikationen einen mehr oder weniger systematischen Ausdruck gefunden hat. Dabei ist das Ineinandergreifen von theologischer und gesellschaftlicher Theorie in ihren unterschiedlichen Aspekten eine ständig neue Aufgabe und ein vielfach nicht gelöstes Problem. Kirchenpolitisch findet dieses Problem immer wieder seinen Ausdruck in dem häufig in den Synoden vorgetragenen Vorwurf, die Arbeit der Akademien sei nicht „fromm" und „kirchlich" genug, Theologie fände in den Programmen nur einen untergeordneten Platz und es genüge nicht, wenn man den Teilnehmern der Tagungen nur eine Andacht am Morgen anbiete, aber die theologische Dimension der gesellschaftlichen Realität im übrigen unberücksichtigt bleibe.

Damit ist nun zugleich ein Problem angesprochen, das sich in dem der Akademiearbeit verwandten Bereich evangelischer Stellungnahmen zu gesamtgesellschaftlichen Problemen wiederfindet. Es geht um die schon erwähnten Denkschriften der EKD, die von den Beratungskammern des Rates der EKD zu unterschiedlichen Problembereichen vorgelegt werden. Auch in diesen Arbeiten ist die Integration von theologischen Erkenntnissen und Sachaussagen oft problematisch. Vielfach ist diese Integration nicht gelungen, sondern der theologische Rahmen und die Sachaussage stehen relativ unverbunden nebeneinander.

---

11 H. Schelsky, Ist die Dauerreflexion institutionalisierbar? Zum Thema einer modernen Religionssoziologie, Zeitschr. f.ev.Ethik, 1/1957, S. 153–174.

Die angegebenen Sachverhalte weisen daraufhin, daß es in der evangelischen Sozialethik bis heute noch keine umgreifende und allgemein akzeptierte Methode und Begrifflichkeit gibt. Anders gesagt: Bis heute steht noch das Ergebnis einer umfassenden Diskussion des Phänomens der „sachlichen Entscheidung" vor dem Hintergrund der Kritik an der Zwei-Reiche-Lehre aus.

In diesem Zusammenhang muß die neue Wirtschaftsethik von dem kürzlich verstorbenen Schweizer Sozialethiker Arthur Rich erwähnt werden, da er einen umfassenden Versuch vorlegt, dieses Problem im Blick auf die Kriterien ökonomischen Handelns zu lösen.[12] Allerdings gelingt es ihm auch nicht, zu einer überzeugenden Begrifflichkeit durchzustoßen und den Beitrag der Wirtschaftswissenschaften im Gegenüber zur sozialethischen Begrifflichkeit darzustellen.

Die Arbeit der Akademien einerseits, die volkskirchliche Verflochtenheit in die Gesellschaft und ihre Probleme andererseits haben zu einer Reihe von Einzelveröffentlichungen auf den verschiedenen Gebieten staatlich-politischen und allgemein gesellschaftlichen Handelns geführt, in denen und mit deren Hilfe die sozialethische Reflexion weitergeführt wurde. Dabei kam es im Gefolge der studentischen Bewegungen der Sechziger Jahre natürlich auch zu einer breiten Beschäftigung mit dem Marxismus, die teilweise auch zu heftigen Kontroversen führte. Parallel dazu wurden Anstöße aus Befreiungstheologie und feministischer Theologie aufgenommen.

Relativ stärker als andere Bereiche sozialethischer Theoriefindung entwickelte sich in den vergangenen 20 Jahren der Bereich der Ethik in der Medizin. Die Fragen des Schwangerschaftsabbruchs und des Selbstmords haben die theologischen Ethiker schon immer bewegt. Die Organtransplantation und das gesamte Gebiet der Gentechnik haben neue Fragen aufgeworfen, die eine intensive Diskussion innerhalb und außerhalb des Faches erzeugten. Aber auch hier wird man einen breiten Konsens hinsichtlich der Methoden, der Begrifflichkeit und der inhaltlichen Bestimmungen der zentralen Begriffe vermissen.

Insgesamt kann man im Blick auf die Zeit seit 1945 zusammenfassen: Es gibt eine Fülle von neuen Ansätzen und Reflexionen. Es gibt auch eine Pluralität von theologischen Begründungen von Ethik, aber es gibt keine einheitliche deutsche Sozialethik.

3. Die Friedensproblematik

Gewissermaßen die Schnittmenge der Ethik des politischen Handelns und der Ethik gesellschaftlicher Bereiche ist die Friedensethik. Sie ist ein echtes Kind der Zeit nach dem Zweiten Weltkrieg, denn sie entstand aus dem schockartigen Erlebnis der Niederlage, des Untergang des 3. Reiches und dem Zerbrechen des Deutschen Reiches. Dabei ist die dritte Dimension sicherlich im Blick auf den deutschen Protestantismus besonders wichtig geworden. Es gab wahr-

---

12   A. Rich, Wirtschaftsethik, Gütersloh, Bd.I 1985, Bd.II 1990.

scheinlich 1945 wenige deutsche evangelische Pfarrer, die die Niederlage des nationalsozialistischen Systems als existenzielle und zentrale theologische Bedrohung empfanden; es gab wahrscheinlich auch nur noch wenig Theologen, die mit dem 3. Reich im Jahre 1945 ihre Hoffnungen untergehen sahen. Es gab aber sicherlich viele Pfarrer, die den Untergang Deutschlands als den des letzten preußisch- protestantischen Landes und die Teilung als persönliche Niederlage empfanden. Ob sie die Ereignisse in den Kategorien der Strafe Gottes interpretierten, ist wahrscheinlich, soweit sie es wagten, geschichtstheologisch darüber zu reflektieren. Immerhin hat Martin Niemöller in der Debatte um die Wiederbewaffnung immer wieder davon gesprochen, daß Gott dem deutschen Volk zweimal die Waffen aus der Hand geschlagen habe, und daß es deshalb nicht erlaubt sei, sie wieder aufzunehmen. Dieses Argument fand sich auch bei Theologen wieder, die im allgemeinen differenzierter argumentieren.[13] Da der Anlaß der Diskussion die Wiederbewaffnung und dann die Frage einer atomaren Rüstung waren, überwogen zunächst auch die politisch begründeten Voten. Eine theologische Begründung des Friedensbegriffs gab es nicht, sie kommt in der theologischen und der theologisch-ethischen Literatur bis dahin kaum vor. Das klingt unglaublich, ist aber ein Faktum. Für viele andere Nachweise mag hier das Nachschlagewerk „Religion in Geschichte und Gegenwart" stehen, das man wohl als das zentrale protestantische Lexikon des ausgehenden 19. und der ersten Hälfte des 20. Jahrhunderts ansehen kann. In keiner der drei Auflagen ist dem Begriff des Friedens ein längerer Artikel gewidmet.[14]

Als weiteres Beispiel mag die Theologie Paul Tillichs dienen. Paul Tillich war ein politisch höchst interessierter, motivierter und reflektierender Theologe. Obwohl er im Verlauf des Zweiten Weltkrieges natürlich die Friedensproblematik vielfach reflektieren mußte – man denke nur an seine Reden aus den USA an das Deutsche Volk – spielt der Begriff des Friedens in seinen theologisch-ethischen Schriften keine wesentliche Rolle, obgleich er sich von der Sache her an vielen Stellen hätte einbringen lassen.

Die eigentliche theologisch-ethische Auseinandersetzung mit der Friedensproblematik beginnt Ende der fünfziger Jahre, als die „Forschungsstätte der evangelischen Studiengemeinschaft" (FEST) politisch Stellung nimmt. Die

---

13 M. Niemöller war ohne Zweifel in der Auseinandersetzung um die Wiederbewaffnung die theologisch und politisch herausragende Figur. Er wurde in seiner theologischen Argumentation unterstützt von Theologen wie H. Gollwitzer, J. Iwand, K. Herbert, H. Mochalski und den Mitglieder der Württemberger theologischen Sozietät. Organe dieser Bewegung waren vor allem die Zeitschriften „Die junge Kirche" und „Die Stimme der Gemeinde".

14 Natürlich gab es einzelne Theologen, die versuchten, dem allgemeinen Trend deutschen protestantischen Denkens entgegenzuwirken. Zu ihnen gehörten nicht nur die Angehörigen der sogenannten „Friedenskirchen", die den Einsatz von Gewalt in jedem Falle ablehnten, sondern auch die religiösen Sozialisten oder Männer wie F. Siegmund-Schultze, die in der ökumenischen Bewegung aktiv waren. Hervorzuheben ist auch D. Bonhoeffers berühmte Friedensrede bei der Konferenz in Fanö (vgl. D. Bonhoeffer, Ges. Schriften, Band I, München 1978, S. 216–219.)

FEST war von dem Philosophen Georg Picht und dem Physiker Günter Howe als Forschungsstelle der EKD gegründet worden. Ursprünglich wollte sie sich vorwiegend dem Gespräche zwischen Theologie und Naturwissenschaften widmen. Im Rahmen der heftigen Auseinandersetzungen in den fünfziger Jahren wurde sie von dem Militärbischof D. Hermann Kunst um eine Stellungnahme gebeten. Das Ergebnis war die Schrift „Atomzeitalter – Krieg und Frieden"[15], in der die sogenannten „Heidelberger Thesen" begründet wurden. In diesen wurde der Begriff der Komplementarität in die Diskussion eingeführt. Damit gemeint ist, daß im Rahmen einer Interimsethik die Gleichzeitigkeit gegensätzlicher Handlungsweisen möglich ist. „Waffenverzicht und Bereithaltung von Atomwaffen werden nicht einfach als gleichrangig gefaßt, sondern als asymmetrische Momente eines geschichtlichen Prozesses gedacht."[16] Die Auseinandersetzung um die Formel beherrschte die nachfolgende Diskussion; sie endete in dem Schlagwort „Friedensdienst mit und ohne Waffen", das für einen gewissen Waffenstillstand in der evangelischen Kirche in der Sache des Friedens stand.

In den Achziger Jahren lebte die Diskussion noch einmal auf, als es um die „Nachrüstung" ging. Dabei war bemerkenswert, daß es zu keinen wesentlich neuen Argumenten in der Sache kam, so daß man als Resümee festhalten kann: In der über 30jährigen Diskussion um den Friedensbegriff ist eine Fülle von Material erarbeitet, der Begriff für die Theologie auch vielfach fruchtbar gemacht worden; es ist aber daraus noch keine umgreifende sozialethische Neubesinnung geworden.

Es ist hier nicht der Ort, um das aufgezeigte Defizit zu füllen. Nur wenige Bemerkungen sollen den Versuch einer systematischen Weiterführung darstellen.

Die protestantisch-ethische Diskussion leidet indirekt unter der Fortführung der lutherischen Zwei-Reiche-Lehre insofern, als es zu einer Zuordnung von Individual- und Sozialethik über die Begriffe Liebe und Recht kommt. Der Staat, der das Schwert führt, ist für die Ordnung – eine Friedensordnung zwar – zuständig. Aber sein Instrument ist das Schwert, die Gewalt und das Recht. Der Frieden kann nur Ergebnis seines Handelns sein, das aber hinter dem Mittel, nämlich der Ordnungsgewalt zurücktritt.

Diese Zuordnung hat der protestantischen Ethik den Blick für eine grundlegende neutestamentliche Wahrheit verstellt. Im Kontext der neutestamentlichen Botschaft sind Liebe und Frieden gleichrangige Charismata, die beide unter dem eschatologischen Vorbehalt stehen.[17] Sie sind in der Wirklich-

---

15 G. Howe (Hrsg.), Atomzeitalter – Krieg und Frieden, 2. Aufl., Frankfurt/Berlin, 1963. Die Heidelberger Thesen gehen auf einen Entwurf C.-F. von Weizsäckers zurück.

16 W. Huber/H.-R. Reuter, Friedensethik, op.cit., S. 171.

17 Vgl. zu dem Folgenden meinen Aufsatz: Liebe – Frieden, einige differenzierende Bemerkungen zu einem kritischen Thema. Wiener Blätter zur Friedensforschung, 22/23, 1979/80, S. 47–51.

keit der Welt vorhanden und dennoch für die Zukunft angesagt. Damit gewinnen sie eine gegenseitige Beziehung derart, daß die Liebe die individualethische Dimension des Friedens und der Friede die sozialethische Dimension der Liebe ist.

Nun kann der Friede – und die gesamte Diskussion in der Friedensforschung bestätigt dies – nicht gedacht werden ohne die Dimension der Gerechtigkeit, genauso wenig wie die Liebe gedacht werden kann ohne die Dimension der Wahrhaftigkeit. Gerechtigkeit und Wahrhaftigkeit verhalten sich wie Frieden und Liebe. Die Gerechtigkeit ist die sozialethische Dimension der Wahrhaftigkeit und die Wahrhaftigkeit ist die individualethische Dimension der Gerechtigkeit. Auch hier handelt es sich um Gnadengaben, die unter dem eschatologischen Vorbehalt stehen. Sie sind da und dennoch im Kommen.

Die neutestamentliche Begrifflichkeit und ihre systematische Ordnung können helfen, das Verhältnis von Individual- und Sozialethik im protestantischen Denken neu zu gestalten. Dies durchzuführen, muß der Zukunft vorbehalten bleiben.

3.2.4 „Friede zwischen den Religionen – De pace fidei"

Das Konzept des Nikolaus von Kues, ein Weg des Verstehens und der Verständigung?

Geschichtlicher Kontext

Den Anstoß zu der wirkungsgeschichtlich bedeutsamen Schrift des Nikolaus Cusanus gab die Eroberung Konstantinopels (29. Mai 1453) durch den türkischen Sultan Mehmed II. Damit ergibt sich für unsere Darstellung ein passender Weg des Vorgehens. Am Anfang steht das epochale Ereignis im Ringen zwischen dem damaligem Westen und Osten, seine Vorgeschichte, sein Verlauf und sein „Nachbeben" in der westeuropäischen Welt. Im Hauptteil ist die Schrift „De pace fidei" in ihrem Inhalt zu skizzieren. Abschließend kann ein Blick auf die Wirkungsgeschichte zu gegenwartsbezogenen Fragestellungen überleiten, soweit sich dies nahelegt.

Der Verlust Konstantinopels lag schon lange „in der Luft". Manuel der Paläologe (1391–1425), als Geisel in türkischem Gewahrsam am Hofe Bajesids lebend, war auf die Nachricht vom Tode seines kaiserlichen Vaters entflohen und nach Konstantinopel geeilt. Nach seiner Heimkehr in Byzanz schnell anerkannt, zog er die sofortige Belagerung Konstantinopels von 1397 auf sich, die nur durch einen (siegreichen) Feldzug des Sultans gegen Kaiser Sigismund unterbrochen wurde. Die Bedingungen von 1397 aber werfen schon ein ungutes Licht auf die Zukunft: Kaiser Manuel mußte neben einem jährlichen Tribut von 10 000 Goldstücken eine Moschee für die Türken unter der autonomen Gerichtsbarkeit eines eigenen Kadi erbauen und einen von Bejids verordneten Mitkaiser annehmen. Manuels Bitt-Reisen 1400–1402 um Hilfe des Abendlandes wurden von England, Frankreich, Italien und Deutschland mit unverbindlichen Ehrenerweisen beschieden.[1]

Sein Sohn und Nachfolger Johannes II. Paläologus (1425 bis 1448) suchte die Hilfe in der Union mit Rom. Durch eine Synode in Konstantinopel von der griechischen Seite her vorbereitet, begann nach ehrenvollem Empfang

---

[1] Zu Vorgeschichte und Hintergründen vgl. E. Meuthen, Das 15. Jahrhundert, München u. a. 1980, S. 56f., in: Grundriß der Geschichte, Hrsg. J. Bleicken u.a. (zit.: Meuthen, 15.Jh.). Ders., Der Fall von Konstantinopel und der lateinische Westen, in: Mitteilungen und Forschungsbeiträge der Cusanus-Gesellschaft 16, Mainz 1984, 35–60 (zit.: Meuthen, Fall). Ders., Nikolaus von Kues, Münster 1982, S. 53f. (zit.: Meuthen, Kues). Sehr eingehend auch: J. B. von Weiß, Von Rudolf von Habsburg bis Columbus, Graz u. a. 1894, 72–89, in: ders., Weltgegeschichte VII (zit. Weiß VII). Zitate aus den Mitteilungen und Forschungsbeiträgen der Cusanusgesellschaft werden nebst Autor mit MFCG 1 usw. zitiert.

durch Papst Eugen IV. in Ferrara das Unionskonzil, das am 6. 7. 1438 in der Kathedrale von Florenz mit der Vereinigung beider Kirchen abgeschlossen wurde. Beispielhaft wirkt auf uns die Begrüßung zwischen Papst und Patriarch – nach schwieriger Vorabstimmung stehend und in brüderlicher Umarmung vorgenommen –, nicht so günstig die mit genauester Meßlatte überprüfte Höhe von päpstlicher Kathedra und kaiserlichen Thronhöhen.[2] Hier ist nun auch der Ort, auf die Vorbereitung des Unionskonzils durch die römische Delegation zu blicken, die 1437 den Kaiser und den Pariarchen von Konstantinopel zu Schiff nach Venedig zu begleiten hatte. Neben Nikolaus Cusanus war ihr bedeutendster Teilnehmer der Grieche Bessarion, Bischof von Nikomedien. Von Konstantinopel brachte Nikolaus eine griechische Handschrift von drei Konzilien (Konstantinopel III. und IV. und Nizäa II., 7. – 9. Jh.) mit, die für die Unionsverhandlungen über das „filioque" des Glaubensbekenntnisses wichtige Auskünfte gaben.[3] Die vordringlichste Aufgabe der Delegation in Konstantinopel lag in der Zerstreuung der letzten griechischen Vorbehalte. Nikolaus brachte aus der Hauptstadt Ostroms nachhaltige Eindrücke mit. Anschaulich wurde ihre Gefährdung schon in dem Schutz durch die 300 Armbruster, die in der Abwesenheit des Kaisers die Besatzung der Stadt zu verstärken hatten. Diese wurden von der Delegation aus Kreta abgeholt.[4] Die Durchschlagskraft ihrer Waffen übertraf noch die Pulverbüchsen ihrer Zeit. In der Handhabung der Feuerwaffen aber standen die Türken auf der Höhe des technischen Standards.

Kaiser und Patriarch fanden beim griechischen Volk als „Henotiker" (= Vertreter der Einigung) wenig Anhang. Fanatische Mönche zogen der Einheit mit den Römern das Leben unter dem Halbmond vor. Kaiser Johannes II. war kurz vor seinem Tod von der Einigung zurückgetreten. Um sich der Hilfe des Westens zu versichern, ließ sein Nachfolger Konstantin XII. Paläologus (auch Dragases genannt) die Einigung mit Papst Nikolaus II. am 12. 12. 1452 feierlich in der Sophienkirche erneuern.[5] Aber auch in der Stunde der höchsten Bedrängnis fand sie keine Resonanz im Volke. Als die Belagerung begann, stand den 5000 waffenfähigen Bürgern aus 300 000 Bewohnern (sic!) Konstantinopels der Genuese Justiniani mit einer Kernschar von 600 Mann und 5000 Mann Hilfstruppen zur Seite. Mehmed umschloß die Stadt am 6. 4. 1453 mit einem Heere von etwa 400 000 Kriegern. Die Belagerung und Verteidigung der Stadt ist hier nicht das Thema. Dennoch sollen die technischen Leistungen nicht ganz übergangen werden. Da ist einmal die Riesenkanone des Ungarn Orban, die größte der damaligen Welt, die aber bereits am 8. Tage zerbarst und ihren Erfinder zerriß. Da ist der Landtransport von 80 großen Schiffen zu nennen, die Mehmed in einer einzigen Nacht in das goldene Horn überführte. Da ist der Bau der großen Meeresbrücke von Pera zu seinem Hauptquartier zu

2   Weiß VII, 54–57.
3   Meuthen, Kues, (s.o. Anm. 1) 51f.
4   A. a. O., 53f.
5   Weiß VII, 82–89. Dort auch die folgenden Fakten.

bewundern – eine Meisterleistung seiner Ingenieure und Pioniere. Da wäre auch noch einmal die verheerende Wirkung des „griechischen Feuers" zu erwähnen, eines entfernten Gegenstücks zur Napalm-Masse.

Die Nachricht vom Verlust der herrlichen Stadt traf am 29. Juni 1453 in Venedig ein. Sie verband sich bald mit Nachrichten über türkische Greueltaten, die wir ausführlicher schildern müßten, gehörten sie nicht zur Topik solcher Ereignisse. In zwei Punkten konvergierten die Nachrichten: Im heroischen Tod des oströmischen Kaisers und seiner Mitstreiter auf verlorenem Posten und in der Notwendigkeit eines Kreuzzuges gegen die Türken, deren Greuel die angemessene Bestrafung verlangten.[6] Doch scheint dem Gedanken die tiefere Überzeugungskraft gefehlt zu haben. Auf den von Enea Silvio organisierten Reichstagen von Regensburg, Frankfurt und Wiener Neustadt (1454/55) überdeckten die Fürsten ihr Disengagement nur durch hohes Pathos.[7] Auch das Kaisertum – trotz kaiserlicher Residenz des 1452 gekrönten Friedrich III. im bald gefährdeten Graz – schien mit der Kraftlosigkeit der Fürsten zu wetteifern.

Wie weit auch Angst vor Mehmeds Macht mitspielte, kann aus der Erleichterung über die Erfolge des Franziskaners Capistrano geschlossen werden, der sich bei Belgrad mit dem schnell zusammengeführten Kreuzheer unter der Führung des ungarischen Reichsgubernators Johann Hunyadi gegenüber dem Sultan siegreich behaupten konnte (1456).[8]

Dem Kreuzzugs-Motiv sollten die „Türkenfeste" dienen. Ihr bekanntestes glanzvolles Exempel wurde in Lille mit dem Fasanenschwur zum Türkenfeldzug geleistet (1454). Doch überschritt das von Huizinga beschriebene Fest[9] nirgends den Kontext reiner Lustbarkeit von Volk und Fürsten. Keiner schien vom tödlichen Ernst der Stunde tief genug berührt. Wer aber den Blick auf Rom lenkte und sich des hinreißenden Aufrufs von Urban II. in Clermont (1095) erinnerte, stieß auf ein Papsttum, das vom moralischen Verlust des „abendländischen Schismas" und seiner drei Päpste, die sich noch vor kurzem mit gegenseitigem Bannfluch zu vernichten suchten, mit einem beispiellosen Luxus und exzessiver Mißwirtschaft aber sich selbst in Wahrheit weit tiefer ruiniert hatten und, – von den Reformkonzilien in die Defensive gedrängt, – sich kaum des längst geäußerten Verdachtes erwehren konnten, das beschädigte Papsttum suche nur einen Vorwand, um Ansehen und Geldeinnahmen zurückzugewinnen.[10]

Heute aber sehen wir die Initiativen jener Päpste (Nikolaus V., Calixt III., Pius II. – des genannten Enea Silvio –) mit ihren Aufrufen, Reisen und Rüstungen doch anders. Unter dem Letztgenannten sammelte Nikolaus von Kues das nach Ancona strömende Kriegsvolk, um es den venezianischen Schif-

---

6   Meuthen, Fall, 37–43.
7   A. a. O., 46ff.
8   A. a. O., 48ff.
9   A. a. O., 50ff.
10 Meuthen, 15. Jh., 74–89 (Kap. Kirche und Frömmigkeit).

fen entgegenzuführen. Ende Juni brach ein dem Tode naher Pius II. nach Ancona auf, wo er als Haupt des Kreuzzuges in See stechen wollte. In Todi in Umbrien blieb der vom Fieber niedergeworfene Nikolaus Cusanus zurück. Er starb – real und symbolisch – „auf halbem Wege" am 11. August 1464; er starb ohne das visionäre Finale, das sein päpstlicher Freund noch haben durfte, als er den Horizont vor Anconas Küste von den heraneilenden Segeln Venedigs bedeckt sah.[11] Er starb am 14. August 1464. Beide wirken in ihrem fast zeitgleichen Tod wie Sehende unter Schlafenden. Das Unternehmen selbst sollte sich verlaufen.[12] Die päpstliche Vision fiel in sich zusammen.

Dreifache Türkennot war von ihnen signalisiert worden: existentiell, kulturell und religiös. Aber gerade das dreifache Grauen befähigt uns heute, die Friedens-Vision des deutschen Kardinals in ihrer zeitüberlegenen Größe zu sehen. Nikolaus von Kues half einerseits bei der Vorbereitung zum Kreuzzug. Andererseits bedachte er nach dem Falle Konstantinopels intensiv das Thema;

Über den Frieden zwischen den Religionen

Überblick

Am 21. Juli 1453 hatte der kaiserliche Rat Enea Silvio die Kunde des Falls von Konstantinopel vom Kaiserhof in Graz an Nikolaus nach Brixen, dem Bischofssitz des Kardinals, weitergeleitet.[13] Am 21. September 1453 hatte dieser die Schrift de pace fidei abgeschlossen. Ihre Einleitung gibt Anlaß und Antrieb des Unnehmens wieder, während ihr letzter Satz Grundgedanken und Grundabsicht des visionären Religionsgesprächs resümiert. Über beides soll hier ein erster Zugang zum Gehalt des Werkes gesucht werden.

„Bei der Eroberung Konstantinopels ließ kürzlich der Sultan der Türken die schlimmsten Grausamkeiten geschehen. Auf die Kunde davon entbrannte ein Mann, der jene Stätten aus eigener Anschauung kannte, zu einem solchen Eifer für Gott, daß er den Erschaffer des Alls unter inständigen Seufzern darum bat, er möge in seiner Güte doch der Verfolgung Einhalt gebieten, die da wegen der Religionsverschiedenheiten im Ritus so außerordentlich wüte. Da tat sich dem davon Ergiffenen nach einigen Tagen – vielleicht weil er unaufhörlich darüber grübelte – eine Schau auf, . . . "[14]

Diese Schau vermittelt die Gedanken von einigen Weisen, die aus eigener Erfahrung mit den Verschiedenheiten der Religionen vertraut sind. Sie kennen also ihre eigene und die anderen Religionen. Sie sind aber auch mit überir-

---

11 Ders., Kues, 130f.
12 Ebd.
13 Ders., Fall, 35ff.
14 „Fuit ex hiis, quae apud Constantinopolim proxime saevissime acta per Turkorum regem divulgabantur, quidam vir zelo Dei accensus, qui loca illarum regionum aliquando viderat, ut plurimis gemitibus oraret omnium creatorem quod persecutionem, quae ob diversum

dischem Wissen erfüllt, da sie – dem irdischen Leben abgeschieden – im Rat der Himmlischen und vor dem Allmächtigen zusammenkommen, wo die Nachrichten vom Stöhnen der Unterdrückten sich Gehör verschaffen: „Es waren sehr viele, die solche Klagen von überall auf der Erde her überbrachten."[15] Nichts ist daran, das einen religiösen Menschen von heute unberührt lassen könnte. Nichts ist nur Vergangenheit. Das Gespräch soll auf eine irgendwie **realisierbare Konkordanz** zulaufen, die einen ewigen Frieden auf ehrlichen und angemessenen Wegen erreichen lasse – so glaubt es Nikolaus von Kues.

„. . . im Namen aller den **einen** Glauben annehmen und auf diesem einen ewigen **Frieden** aufbauen, damit im **Frieden der Schöpfer** aller gepriesen werde."[16] Mit diesen Worten schließt der Dialog „de pace fidei".[17] Es soll der Beschluß aller auf Erden sein, denen die Weisen den Auftrag der himmlisch-irdischen Eintracht vermittelt haben: Friede im Glauben durch Einheit im Wesentlichen der Religion, wie es J. Stallmach formuliert.[18]

Gebet und Grübeln sind die Wege, die zur der Vision führen, daß in aller Verschiedenheit der „Riten" (Sie sind der Inbegriff aller irgendwie erfaßbaren Äußerungen des religiösen Lebens bis hin zum Bereich des Institutionellen) doch eine Religion und ein Glauben herrschen. Unter dem Stöhnen der Hingemordeten aus allen Ländern der Erde erleuchtet der ewige Logos die Weisen mit der Einsicht in die verborgene Einheit aller Glaubenden, seien sie Opfer oder Verfolger.[19]

Mit dem letzten Satz sind die Voraussetzungen berührt, die Cusanus dem Religionsgespräch zugrundelegt: Da ist zunächst die Rückbeziehung auf den Ursprung aller Wirklichkeit im absoluten Göttlichen, dem eine **Grundgestalt** des auch praktischen Lebens in der Verschiedenheit der Ausdrucksformen (rituum) entsprechen muß. Die eine Fragerichtung geht dann auf die Grundlagen religiösen Denkens (praesupposita). Diese Rückfrage hat schon eine erhellende und scheidende Funktion, da sich die Voraussetzungen auch zum Teil als unbegründet, falsch oder nicht fundamental genug erweisen können. So ist der

---

ritum religionum plus solito saevit, sua pietate moderetur. Accidit, ut post dies aliquot, forte ex diuturna continuata meditatione, visio quaedam eidem zeloso manifestaretur . . . "
5 (3) Nikolaus von Kues, De pace fidei/Der Friede im Glauben. Dt. Übersetzung von Rudolf Haubst, Trier 1982, S. 5 (zit.: Friede). Bei den folgenden Zitaten zuerst notiert, während die in Klammer gesetzte zweite Ziffer die authentische wissenschaftliche Ausgabe von 1970 angibt: Nicolai de Cusa, De pace fidei, Hamburg 1970, in: Nicolai des Cusa opera omnia iussu et autoritate academiae litterarum Heidelbergensis ad codicum fidem edita. Bd. VII (Hrsg.: Raymundus Klibanski und Hildebrandus Bacour, O.S.B.).

15 Friede 6 (4).
16 A. a. O., 57f. (62f.).
17 Ebd.
18 J. Stallmach, Einheit der Religion – Frieden unter den Religionen, in: MFCG 16 (1984), S. 61.
19 Ebd. 61ff.

Rückgriff auf die zu ermittelnde eine Ursprünglichkeit vielleicht nicht ohne Hoffnung. Schon hier ist Cusanus, weil er von der Überlegenheit und Wahrheitsfülle des katholischen Glaubens überzeugt ist, gegen das relativistische und indifferentistische Mißverständnis geschützt. Ebenso deutlich ist er aber vom Absolutismus des „alleinseligmachenden" Glaubens geschieden. Das vorgestellte Religionsgespräch ist sokratischer Natur. Jeder nähert sich in der Erforschung der eigenen Voraussetzungen der einen und ganzen Wahrheit.[20] Diese Annäherung ist keine landläufige „Bekehrung", sondern eine Selbstfindung in der je eigenen **und** doch gemeinsamen Wahrheit.[21] Sodann tritt aber schon jenes Moment hervor, das bereits die Toleranzauffassung späterer Jahrhunderte streift. Cusanus läßt den Völkerapostel sagen: „Wo sich in der Art und Weise keine Einmütigkeit finden läßt, möge man den Nationen – unter Wahrung von Glauben und Frieden – ihre Andachtsübungen (devotiones) und Ausdrucksformen (ceremonialia) lassen. Die religiöse Hingabe (devotio) wächst vielleicht sogar bei einer gewissen Verschiedenheit . . ."[22] Nikolaus läßt nun den Gedanken des edlen Wettstreits folgen, der uns später im „Nathan" G. E. Lessings begegnet.[23]

Der erstaunlich „moderne" Gedanke leitet über zur zweiten Grundidee: Religion als Vollendungsgestalt.[24] Untrennbar mit der Reflexion der eigenen Voraussetzungen ist die „Läuterung" verbunden, kirchlich gesprochen: die Reform. Über die Reflexion der eigenen Grundlagen kommt jede Religion der Vollendung ihrer ureigenen Ansätze näher. Daß Nikolaus mit diesem Gedanken auch seine Kirche meint, ist durch sein rastloses Leben verbürgt.[25] Der zur Milde und zum friedlichen Ausgleich neigende Kardinal war als Reformer kompromißlos.[26] Ein Großteil der Schwierigkeiten und Anfeindungen waren bestimmt von Widerständen gegen sein Reformwerk, der Erneuerung der Kirche an Haupt und Gliedern.[27] Hier wirkte Nikolaus Cusanus oft verständnislos gegenüber den Neigungen und Schwächen der Menschennatur: Er nahm die Laien zur Hilfe, um Orden und Konvente zu disziplinieren.[28] Die Zügelung eines reformunwilligen Konvents mußten Soldaten erzwingen.[29] Um diesen

---

20 Ebd.
21 Ebd.
22 Friede 57 (62): „Ubi non potest conformitas in modo reperiri, permittantur nationes – salva fide et pace – in suis devotionibus et cerimonialibus. Augebitur etiam fortassis devotio ex quadam diversitate, (quando quaelibet natio conabitur ritum suum studio et diligentia splendidiorem efficere, ut aliam in hoc vincat et sic meritum maius assequatur apud Deum et laudem in mundo.")
23 Ebd. (Vgl. den lateinischen Schlußsatz Anm. 22.)
24 Siehe Anm. 18, 68–75.
25 Meuthen, Kues 24f.
26 A. a. O., 88f.: Meuthen rechnet hier sogar mit der Unfähigkeit des zur Macht gelangten Bischofs, andere zu verstehen.
27 A. a. O., 116f.
28 A. a. O., 89.

Zug zu würdigen, müßte man auf andere Reformatoren sehen, von Zwingli bis Calvin.[30] In unserem – nur entfernten Zusammenhang – des interreligiösen Dialogs beleuchtet das Leben des moselländischen Kardinals die Bereitschaft, auch in der eigenen Kirche zu beginnen.

Grundideen

Dieser die Einheit der Kirchen besiegelnde Dialog soll nach Nikolaus Cusanus in Jerusalem stattfinden, sei es als himmlisches oder noch irdisches Zentrum der interreligiösen Einheit gedacht. Irdisch, aber endzeitlich sieht es auch W. Solowjow.[31]

Das methodische Vorgehen des Cusanus stellt sich im Begriff der „Handleitung" oder „Hinführung" (manuductio) vor, die – von der Reflexion über die eigenen Voraussetzungen ausgehend – in systemüberschreitenden Schritten die vollere Wahrheit sucht.[32] Diese „Handleitung" sei an vier Beispielen erörtert:
1. Die Hinführung der Polytheisten zum reinen Montheismus –
2. Die Hinführung der streng monotheisten Religionen (also der Juden, Muslime u.a.) zum „Dreieinen Gott" –
3. Die Hinführung vom Heilsverlangen des religiösen Menschen zum Inkarnationsgeheimnis Christi –
4. Der Glaube an den gnadenhaften Heilswillen Gottes rechtfertigt den Menschen vor und unabhängig von allen Werken.

1. Die Hinführung der Polytheisten zum reinen Monotheismus[33]

Der rein philosophische Dialog des göttlichen Logos mit dem Griechen als dem Vertreter des Weisheitsstrebens vollzieht sich in mehreren Schritten. Zunächst setzt das alle Philosophen einende Streben nach Weisheit die Existenz der Weisheit als seine notwendige Grundlage (praesuppositum) voraus. Die in sich ruhende Weisheit kann nur eine sein, da vor jeder Vielheit die Einheit vorauszusetzen ist. Wenn die in der Vielfalt der Weltwirklichkeit anwesende Weisheit letztlich nur eine ist, muß sie die ungeschaffene und göttliche Weisheit selbst sein. An ihr können die Weisen und alle Weltdinge in ihrer Vielheit nur partizipieren.[34] Der vom Weisheitsverlangen ausgehende Gedankenschritt ist im Dialog zwischen dem göttlichen Wort und dem Griechen geführt, dann mit dem

---

29 H. Hallauer, Die Schlacht am Enneberg – Neue Quellen zur moralischen Wertung des Nikolaus von Kues, Trier 1969, 18f. Zum Für und Wider der Urteile vgl. 19–35.
30 Z. B. bei W. Nigg, Das Buch der Ketzer, Zürich 1949, 367–374, bes. 372.
31 W. Solowjew, Übermensch und Antichrist, Freiburg 1958, 125ff.
32 Friede 11 (11): Monotheismus; 19 (18): Trinität; 28 (30): Inkarnation; 36 (39): ewiges Leben; 46 (50): Rechtfertigung durch Glauben.
33 Ebd. 11–19 (11–19).
34 Ebd. 16ff. (16ff.).

„Italer" zum Monotheismus hin weitergeführt und endlich vom „Araber" unter den Einwand gestellt worden, die Vielheit der Götter werde nur um der Vielfalt menschlicher Anliegen willen festgehalten. Das göttliche Wort entkräftet den Einwand mit der Vorrangigkeit und Kraft des Erlösers über alle „Erlöser" durch Teilhabe und findet die abgeleitete Hilfe und Erhörung im Eintreten und im Schutz der Heiligen erfüllt.[35]

Mit dem „Inder" wird der vom göttlichen Wort begonnene Dialog auf das Problem götzendienerischer Bilderverehrung verlagert. Die Orakel werden von Cusanus entweder auf astrologische Künste, die er unproblematisiert läßt (!), oder auf zweideutige Aussagentricks oder auf dämonischen Betrug zurückgeführt. Unter Hinweis auf offenkundige und nachweislich geschehene Betrügereien gibt sich auch der Inder schon bald überwunden.[36]

Es ist hier nicht der Ort, auf die platonischen Voraussetzungen des Cusanischen Denkens einzugehen. Er selbst hat sie an anderer Stelle ausführlicher entfaltet.[37] So mag nur darauf hingewiesen sein, daß man die in „De pace fidei" berührten Gedanken eher als Skizze seiner (neu)platonischen Ansätze sehen sollte.

2. Die Hinführung der streng monotheisten Religionen (also der Juden, Muslime) zum Dreieinen Gott[38]

Auf seine letzten Konzessionen läßt der Inder sogleich seine Bemerkung folgen, daß es viel schwerer sein werde, das Geheimnis des Dreieinen Gottes monotheistisch zu erklären. Damit ist der Anspruch der folgenden Gedanken auf die gebührende Ebene gehoben, zugleich aber auch das zentrale Geheimnis des Christenglaubens in das Religionsgespräch eingebracht. Der Inder hat den Einwand hier sehr situationsgerecht gestellt, weil er mit dem Vorwurf, im Zentralgeheimnis des Christenglaubens eine Art von Polytheismus sehen zu müssen, auch den jüdischen und muslimischen Vertreter verteidigen zu können glaubt.[39] Polytheismus oder Monotheismus wäre beim Ausschluß der Trinität dann eine erschöpfende Alternative.

Gegenüber dem muslimischen und jüdischen Monotheismus führt Cusanus eine Trinitätsüberlegung ein, die man im Kontext des Gottesbildes als Ineinsfallen der Gegensätze (coincidentia oppositorum) in allem geschaffenen Sein denken muß: Vielheit, Ungleichheit und Trennung. Das konkrete geschaffene Sein ist die Vielheit von Dingen, die in der letzten Besonderheit voneinander abweichen und ungleich sind. In Vielheit und Andersheit stehen sie sich gegenüber, sind also je für sich getrennt.[40] In Gott aber ist diese Vielheit zur

---

35 Ebd.
36 Ebd. 18f, (18–21).
37 Z. B. Nicolaus von Kues, Über den Ursprung, Heidelberg 1967.
38 Friede 19–27 (20–26).
39 Ebd. 19f. (18–21).

absoluten Einheit „eingefaltet", die Ungleichheit zur restlosen Übereinstimmung gebracht und die Trennung in die engmöglichste Verbindung aufgehoben.[41] Unschwer ist zu sehen, daß der gewählte Ansatz in der göttlichen Koinzidenz der geschöpflichen Gegensätze bei größter Betonung der Einheit nach zwei weiteren Bestimmungen ruft, die zwar mit dem Wesen Gottes identisch sein, aber doch auch ihren Eigenstand (Subsistenz) besitzen müssen: Gleichheit und Verbindung.[42]

Die Notwendigkeit dieser Bestimmungen in Gott ergibt sich wieder aus der platonischen Überlegung, daß die Einheit der Vielheit, die Gleichheit der Unähnlichkeit, die Verbindung der Trennung wesensmäßig vorausgeht.[43] Da es aber keine drei vorausgehende Ewige geben kann, fallen diese Bestimmungen im Wesen Gottes ineins.

Der Ausgangspunkt gemeinsamer Grundüberlegungen liegt also in der Struktur der Weltdinge: in ihrer durch die Vielheit hindurch aufleuchtenden, tieferen Einheit, in ihrer durch alle Verschiedenheit hindurch wahrnehmbaren Harmonie auf der Basis der Übereinstimmung und der mit der Eigenexistenz vorausgesetzten Verknüpfung. Die Stringenz seiner Überlegungen hat Cusanus grundlegend in jenem Werk erörtert, in dem er alle über die negative Theologie hinausgehenden Thesen als wohlbegründete Annahmen qualifiziert (De coniecturis). Im Kontext traditioneller Terminologie könnte man von Konvenienz- oder Angemessenheitsgründen sprechen.[44] Ob das Konvergenzdenken J. H. Newmans hier eine wissenschaftstheoretische Verständnishilfe bieten kann, wird gefragt werden dürfen.[45]

Neben den trinitarischen Hinweisen aus dem Koran[46] und dem auch von den Muslimen akzeptierten Alten Testament[47] sei nur die an islamische Vorstellungen angelehnte „Lebendigkeit" Gottes oder seine „Fruchtbarkeit" herangezogen.[48] Die cusanische Trias der Menschenseele aus „Geist" (mens), Weisheit und Liebe wird ausgeweitet zur Aussage, daß alles geschaffene Sein das Bild schöpferischer Gotteskraft in sich trage und so auf „seine Weise Fruchtbarkeit" in naher oder entfernter Ähnlichkeit mit der unendlich fruchtbaren Dreieinheit" besitzt, „die alles erschaffen hat".[49] R. Haubst resümiert die Gedankenstruktur in Klarheit: „Vor und über aller Vielheit, Verschiedenheit und Tren-

---

40 Ebd. 20 (20f.).
41 Hauptsächlich im Kap. 8 = 21–24 (21–26) enthalten.
42 Ebd.
43 Ebd.
44 Dazu sind die einschlägigen Ausführungen der systematischen Theologie zu befragen.
45 Zur grundlegenden Funktion des Konvergenzdenkens in allen Bereichen des Wissens vgl. J. de Vries, Grundfragen der Erkenntnis, München 1980, 73–101. J. H. Newman, An Essay in Aid of a Grammar of Assent, dt.: Entwurf einer Zustimmungslehre (Hrsg. M. Laros, W. Becker), Mainz 1961.
46 MFCG 16, 150–159.
47 Ebd. 146–150.
48 Ebd. 153.
49 Ebd. 156.

nung in der Schöpfung ist Gott als die absolute **Einheit, Gleichheit und Verbindung** der Urgrund sowie das Urbild und das endgültige Ziel von allem. In dieser Perspektive der Koinzidenz der absoluten Ursprungs-Einheit, -Gleichheit und -Verbindung in Gott spiegele sich aber letztlich auch das uns in sich selbst verborgene Geheimnis, das Verhältnis der drei Personen, die personale Dreieinheit in Gott selbst wider, und zwar deutlicher als in den drei Namen, mit denen das christliche Bekenntnis Gott schon im Neuen Testament anschaulicher, aber im Hinblick auf den Polytheismus auch mißverständlicher („Vater, Sohn und Heiliger Geist") zum Ausdruck bringe.[50]

Möge Cusanus es mit eigenen Worten sagen: „Nicht in der Wesenheit, sondern in der Beziehung (in relatione) ist eine andere die Einheit, eine andere die Gleichheit und eine andere die Verknüpfung."[51] Nach Zurückweisung der zahlenmäßigen Unterscheidung (numeralis distinctio) als einer wesenhaften (d. essentialis) Bestimmung von der innertrinitarischen Wirklichkeit erhebt sich Cusanus zur Höhe seiner spekulativen Aussage, wenn er folgert: „Je geeinter eine Kraft ist, um so mächtiger ist sie; je geeinter sie aber ist, um so einfacher ist sie. Wenn also die göttliche Wesenheit allmächtig ist, ist sie völlig einfach und dreieinig. Denn ohne die Dreieinheit wäre sie nicht der einfachste, stärkste und allmächtigste Ursprung."[52]

3. Die Hinführung vom Heilsverlangen des religiösen Menschen nach dem ewigen Leben zum Inkarnationsgeheimnis in Christus[53]

Hier ist nicht der Ort, die komplexen Überlegungen des Nikolaus Cusanus zum christologischen Zentralgeheimnis nachzuvollziehen. Es genügt, einen Weg zu gehen, mit dem er von einer verbreiteten Vorstellung in den nichtchristlichen Religionen zum gottmenschlichen Sein Jesu Christi vorstößt.[54] Gott allein, so lautet der Ansatz, „ist ewig und unsterblich".[55] Die sterbliche Menschennatur kann letztlich nur durch eine wesensmäßige Einung mit der göttlichen im ewigen Leben Fuß fassen. Sonst wäre es als eine reine Setzung prinzipiell widerrufbar. Erst in der wesensmäßigen Einung mit der Natur Gottes faßt die Menschennatur exemplarisch dort Fuß, wo Unsterblichkeit wesensmäßig beheimatet ist. Das ist aber nur dann gegeben, wenn die menschliche Natur exemplarisch in der göttlichen subsistiert.[56] Das sieht Cusanus allein in

---

50 A. a. O., 164.
51 Friede 23 (24f.): „Hinc non in essentia, sed in relatione videtur, quomodo alia est unitas, alia aequalitas, alia connexio."
52 Friede 23 (24). „Virtus quanto unitior, tanto fortior; quanto autem unitior, tanto simplicior. Unde cum essentia divina sit omnipotens, est simplicissima et trina. Sine enim trinitate non foret principium simplicissimum, fortissimum et omnipotens."
53 Friede 36–46 (39–50).
54 Da dieser Weg erfahrungsnäher erscheint als der spekulativ-inkarnatorische Ansatz des Cusanus, gleichwohl aber die Inkarnation impliziert, ziehen wir ihn vor.
55 Friede 36 (39).

der hypostatischen Union des Gottmenschen Jesus Christus erfüllt. Wie der Magnet das Eisen trotz seiner Tendenz auf den Mittelpunkt der Erdkugel in die Gegenrichtung „nach oben" zu beeinflussen vermag, so ist die Menschennatur durch ihre vollkommene Einung mit Gott gleichsam einem neuen „Kraftzentrum" verbunden: zunächst in Christus selbst, der von Wesen Auferstehung ist, dann in den Menschen, die durch die gnadenhafte Kraft ihres Glaubens an seinem gottmenschlichen Leben teilhaben.[57] Die wesenhaft geistige Dimension dieses Lebens wird in deutlicher Abhebung von gar zu sinnenhaften Paradiesesvorstellungen dem „Deutschen" in den Mund gelegt. Christus kann als solcher nur auferwecken, weil auch sein Menschsein wesenhaft vergöttlicht ist: also als Gottmensch.[58] So liefert das zentrale Heilsgeheimnis, das nach des Cusanus eigener Erfahrung den Juden und Muslimen schwerer zu vermitteln sei als die Dreieinheit Gottes[59], die wesensgemäße und tiefste, deshalb unwiderrufbare Begründung für das tiefste Verlangen des Menschen nach Erfüllung im absoluten, ewigen und grenzenlosen Leben selbst.[60] Es bedarf hier wohl kaum des Hinweises, daß für Cusanus die hypostatische Union selbst im freien göttlichen Heilsentschluß wurzelt. Nikolaus Cusanus will die Hoffnung aller Glaubenden offenbar tief im innersten Wesen des Dreieinen Gottes verankern.

4. Der Glaube an den gnadenhaften Heilswillen Gottes rechtfertigt den Menschen vor und unabhängig von allen Werken[61]

Der „Tartar" stößt sich an der Vielfalt der religiösen Riten und Gesetze, die sehr zum Gespött werden kann: Beschneidung, Kastenmale und Taufen, Mono- und Polygamie, Essen der eigenen Opfer und vieles mehr. Paulus als dem Apostel der Völker fällt nun die Aufgabe zu, die verwirrende Vielfalt auf den einen Glaubensgrund hin zu durchdringen: „Es muß gezeigt werden, daß ‚nicht auf Grund von Werken' (Röm 3, 20), sondern ‚aus dem Glauben' (Röm 1, 17) das Heil der Seele gewährt wird. Denn ‚Abraham', der Vater des Glaubens aller Glaubenden – seien sie Christen, Araber oder Juden – glaubte Gott und dieser Glaube wurde ihm als Gerechtigkeit angerechnet' (Röm 4, 3 u. ö.); die Seele des Gerechten aber wird das ewige Leben erben. Wird das zugegeben, dann verwirren jene Verschiedenheiten der Riten nicht; denn als sinnliche Zeichen der Glaubenswahrheit sind sie (die Riten) eingesetzt und rezipiert. Die Zeichen (signa) nehmen die Veränderung an, nicht das, was bezeichnet wird (non signatum)."[62]

Die Heilswirksamkeit des Glaubens erklärt der Völkerapostel so: „Wenn

56 Friede 37 (40).
57 Friede 38 (41).
58 Friede 38 (40).
59 Friede ebd.
60 Von der geistigen Teilhabe und Verbindung mit dem unendlichen Gottesleben werden auch die allzu-irdischen Vorstellungen des Koran von der paradiesischen „Seligkeit" kritisch beleuchtet. Friede 44 (48).
61 Friede 46–57 (50–61).
62 Friede 46–56 (51–61).

Gott etwas aus seiner reinen Freigebigkeit (liberalitate) und Gnade verspricht, muß man dann nicht dem, der mächtig, alles zu geben, und wahrhaftig ist, glauben?[63]

In einem weiteren Schritt zeigt Paulus, daß Abrahams Glaube, indem er beim Isaaksopfer an der Heilsverheißung nicht irre wird, schon Auferstehungsglaube ist, der sich in Christus überbietend erfüllt. Seine allgemeine Auferweckungsmacht erweist ihn als Inhaber der Fülle des Lebens und der Gottheit. Der Glaube an ihn muß ein gestalteter Glaube (fides formata) sein, so daß aus ihm die Werke der Liebe hervorbrechen können, die Cusanus in der goldenen Regel der Bergpredigt formuliert findet.

So ist der Boden bereitet für die Überlegungen, die sich nun mit der Frage der Beschneidung verbinden, die bei Juden, Muslimen und vielen anderen vollzogen wird. Sie ist nur durch den Glauben heilsbedeutsam, nicht in sich.[64] Die Taufe ist indes nicht nur Ausdruck des Glaubens, sondern in sich heilsvermittelnd und somit in der Wesensintention des Glaubens mitumfaßt.[65]

Die Friedensthematik des Verfassers von „De pace fidei" tritt eindrucksvoll in den Überlegungen hervor, mit denen Cusanus hinsichtlich der Beschneidung ernsthaft die Möglichkeit in die Erwägung einbezieht, daß selbst eine Mehrheit in der Menschheit sich freiwillig in der Annahme (recipiendo) der Beschneidung einer Minderheit anschließen könne, wenn es dem Frieden dienlich sei.[66] Doch hält er der Schwierigkeiten wegen es für besser, hier den Frieden zu sichern im Glauben und im Gesetz der Liebe, „indem man die Riten allseits anerkennt" (ritum hinc inde **tolerando** – Vf.).

Sakramentale und ekklesiale Aspekte werden unter den gleichen Gesichtspunkten als Teilhabe am Leben Gottes transparent.[67]

Würdigung von „De pace fidei"

---

63 Friede 47 (51).
„Si Deus promitteret aliqua ex mera sua liberalitate et gratia, nonne ei, qui potens est dare omnia et verax est credendum est?" 47 (52). „Oportet ut ostendetur non es operibus, sed es fide salvationem animae praestari." (Ebd.) „In hoc igitur justificatur, quia ex hoc solo assequatur repromissionem, quia credit Deo es expectat, ut fiat verbum Dei." Ebd.

64 Friede 51 (55f).

65 Friede 52 (57): „Baptismus est sacramentum fidei. Qui enim credit in Christo Jesu posse assequi aliquam justificationem, ille credit per ipsum ablationem peccatorum." ... „Sunt baptismales lotiones ob religionis devotionem tum apud Hebräos quam Arabes, quibus non erit difficile lotionem a Christo institutam ob fidei promissionem recipere."

66 Friede 52 (56): „Ymmo cum maior pars mundi sit sine circumcisione, attento quod circumcisio non est necessitatis, quod tunc se minor pars conformen faciat maiori parti, cui unitur in fide, ob pacem servandam opportunum judico." ... „Arbitror autem praxim hujus difficilem. Sufficiat igitur pacem in fide et lege dilectionis firmari, ritum hinc inde tolerari."

67 So namentlich im 19. Kapitel: 56f. (61ff.): „Oportet infirmitati hominum plerumque condescendere, nisi vergat contra aeternam salutem. Nam exactam querere conformitatem in omnibus est potius pacem perturbare." Friede 56 (61).

Eine abschließende Stellungnahme kann zunächst in Abgrenzung von anderen möglichen und wirklichen Modellen interreligiöser Annäherung durch Verstehen oder Verständigung zu ermitteln suchen, was Nikolaus Cusanus nach Ausweis seines Werkes nicht gewollt hat und aus seinem geistigen Kontext nicht intendiert haben kann. Mit der notwendigen Abgrenzung erhebt sich die – nicht mehr historische – Frage nach den Anregungen, die wir nach mehr als einem halben Jahrtausend seinem Werk noch zu entnehmen vermögen.

Man hat in „De pace fidei" den Triumph jener Vernunftreligion gesehen, die später von der Aufklärung, besonders aber von G. E. Lessing eindrucksmächtig verkörpert wurde. Danach habe der Kardinal die Gleichwertigkeit aller Religionen vertreten und eine, so sagte man, geläuterte, undogmatische und philosophische Religiosität gelehrt. – Zwar gibt es auch nach Cusanus einen solchen philosophischen Kern. Denn schon das Streben nach Weisheit, das dem Menschen unverlierbar eingeprägt ist, setzt die Existenz einer höchsten Weisheit voraus. Dieses Streben durchzieht die Vielfalt der Religionen und begründet die Zusammengehörigkeit und Harmonie in all ihrer Verschiedenheit. Aber gerade diese gemeinsamen Voraussetzungen ermöglichen und erleichtern es, daß alle Religionen den christlichen Glauben als den in Wahrheit zutreffenden eigentlichen Glauben erkennen können. Anders gesagt: Alles verschiedenartige und ungenügende Wissen von Gott zielt zuletzt auf die eine Wahrheit, die Christus ist.[68] So kann es kein Zufall sein, daß das Religionsgespräch vor und mit Christus stattfindet. Keineswegs soll damit geleugnet oder auch nur bezweifelt werden, daß G. E. Lessings „Nathan der Weise" in der Wirkungsgeschichte des Nikolaus Cusanus seinen Ort findet.[69] Die Abgrenzungen von den Positionen der letztlichen Wesensgleichheit aller Religionen, die – genau gesehen – die Haltung der Toleranz wieder entbehrlich machen würde, ruft aber zugleich nach der Abgrenzung von einer konträr entgegengesetzten Position, die sich allein im Besitz der Wahrheit zu wissen glaubt.

„De pace fidei" wehrt sich eindeutig gegen die Vereinnahmung durch jene herkömmliche Bekehrungsmentalität, wie sie dem Bischof von Reims bei der Taufe des Frankenherzogs Chlodwig zugeschrieben wird: „Stolzer Sigambrer, beuge dein Haupt! Verbrenne, was du angebetet, bete an, was du verbrannt hast!"[70] Diese Haltung könnte schon eher als bei Cusanus der Mentalität seines Papstes entsprechen, der den Sultan durch Versprechungen zu bewegen versuchte, den katholischen Glauben anzunehmen.[71] Die Hinführung durch

---

68 Dazu R. Haubst, Der Leitgedanke der Repraesentatio in der Cusanischen Ecclesiologie. MFCG 9, Mainz 1971, S. 140–159.

69 G. Heinz-Mohr, Friede im Glauben. Die Vision des Nikolaus von Kues. MFCG 9, 166–184, hier: 171ff. Zum wirkungsgeschichtlichen Konnex vgl. R. Klibanski, Die Wirkungsgeschichte des Dialogs „De pace fidei" In: MFCG 16, 113–159, zu G. E. Lessing: 122ff.

70 Gregor von Tours, II, 31: „Mitis depone colla, Sicamber, adora, quod incendisti, incende, quod adorasti!"

eine Vertiefung der eigenen Voraussetzungen auf der Seite des Dialogpartners weist **zumindest** auf die Papst Gregor dem Großen zugeschriebene Akkommodationsmethode.[72] Im neuen soll das alte aufgehoben und zugleich bewahrt sein, vielleicht auch „hinaufgehoben" und geläutert. Das wäre die abgemilderte Form des Bekehrungsmodells. Einige Momente könnten in diese Richtung weisen: Der Logos als Entscheidungsinstanz kann nur jene Religion privilegieren, die seine unmittelbare personale Selbstoffenbarung empfing. Die Hinführung (manuductio) bezieht sich auf die Grundwahrheiten des christlichen Glaubens: die spezifischen und die mit bestimmten Religionen gemeinsamen. Zu den spezifischen zählen die Trinität, die Gottgleichheit des Logos und seine Menschwerdung, zu den mit dem Judentum und dem Islam gemeinsamen der Monotheismus und die Ablehnung jedes Götzendienstes.

Doch greift auch dieses Modell in entscheidenden Momenten zu kurz. Die christliche Verkündigung ist doch entscheidend bestimmt durch die Verständigungsformen des Dialoges, die soweit nur eben möglich, auf den Konsens zielen. Die „Konkordanz", um die auf den „konziliaren" Konzilien[73], aber auch sonst gerungen wurde, wäre in der Tat am besten von der Konsenstheorie her zu verstehen, wo immer ein Konsensbemühen klar über Ausgrenzungs- und Verdammungsurteile zu dominieren suchte. Das ist mit letzter Klarheit wenigstens auf dem Vaticanum II zu sehen. Im Sinne einer Konsenstheorie könnten auch jene Sätze verstanden werden, die bei aller Verschiedenheit religiöser Äußerungen doch die fundamentale Gemeinsamkeit im Aufblick zum Göttlichen und Absoluten sehen wollen.[74] Wenn wir indes auf die häufig anzutreffende Voraussetzung dieses Modells blicken – Relevanz des übergreifend Verbindenden und Irrelevanz des Besonderen –, dann stoßen wir sofort auf den Anspruch der manuductio, zum letztentscheidend Göttlichen in der Dreieinheit vorstoßen zu müssen – gemäß der Weisung des Logos. Ein Konsensmodell im Sinne der Aufklärung ist so für Cusanus inakzeptabel. Es würde alle Besonderheiten als zweitrangig oder unwesentlich abwerten. Für die christliche Überzeugung ist aber gerade im Mysterium der Trinität ein letztes, fundamentales und zugleich **einheitsstiftendes Spezifikum** gesehen. Damit ist übergeleitet zu einer letzten Problematik im Cusanischen Konzept.

Wenn nunmehr also auch mit unaufhebaren Verschiedenheiten zu rechnen ist, dann will der Kardinal sie doch wenigstens als versöhnte Verschiedenheit in den interreligiösen Dialog einbringen. Das ist am Beispiel des Korans zu zeigen: Hier erhebt der christliche Theologe aus einschlägigen Texten die Lebendigkeit Allahs, während er andererseits die Dreieinheit Gottes als höchst-

---

71 Meuthen, Fall, MFCG 16, 52 Anm. 78: Pius II. an Mehmed. Vgl. auch a. a. O., 60.
72 Beda, Hist. eccl. I, Kap. 3, 26. Gregor, Epist. 29.
73 Als konziliare Konzilien bezeichnet Meuthen das Konzil von Konstanz (1414–1418) und das von Basel (1431), während das Unionskonzil von Ferra-Florenz wieder zu den entscheidend papstbestimmten Konzilien überleitete.
74 J. Stallmach, Einheit der Religion – Friede unter den Religionen. MFCG 16, 61ff.

mögliche Manifestation göttlicher Lebendigkeit zeigen will, aber doch ganz eingebunden in die Wesenseinheit des monotheistischen Gottesbildes.[75]

Doch ist nicht zu übersehen, daß die geniale Vision des Nikolaus von Kues als Ganzes nicht oder nur schwer in die differenzierten Modelle der Gegenwart einzuordnen ist. Sie steht gleichsam noch vor ihnen, bezieht aber doch gerade aus diesen Umständen ihre Unmittelbarkeit und Spontaneität. Sie ist mit wahrer Leidenschaft konzipiert, die nur aus der persönlichen tiefen Mitbetroffenheit ganz zu verstehen ist. Hinter ihr steht das Leiden an einer Welt, die ihren unerlösten Charakter im Verlust der göttlichen Einheit offenbart. Ihr Zustand manifestiert sich ihm in einer zerrissenen und reformbedürftigen Kirche ebenso wie im Unfrieden unter den Religionen.

Im Hinblick auf das Primat eines verbindenden Weltethos aller Überzeugungen, das von den Glaubensverschiedenheiten weg wenigstens im Handlungsentwurf Einheit gewinnen möchte[76], wäre aus der gewonnenen Sicht wohl zu vermuten: Im Bereich der alternativlosen Überlebensfragen scheint es eine pragmatische Überlegenheit zu haben. Sobald dieser Hintergrund verschwindet, können die Verschiedenheiten hervorbrechen und die gewonnene Einheit elementar bedrohen. Versöhnte Verschiedenheit dürfte unersetzbar bleiben.[77]

---

75 Vgl. K. Kremer, Die Hinführung (manuductio) von Polytheisten zum einen, von Juden und Muslimen zum Dreieinen Gott. MFCG 16, 150–156.

76 H. Küng, Projekt Weltethos, München [4]1992, bes. 46–56.

77 Das Konzept der versöhnten Verschiedenheit wird von W. Seibel im ökumenischen Feld als einzige realistische Möglichkeit diskutiert. Es scheint, daß diese Überlegungen auch in modifizierter Form auf den interreligiösen Dialog anzuwenden sind. So ergeben sich: 1. Das Abkehrmodell; 2. das akkommodative Bekehrungsmodell; 3. das Konsensmodell des „kleinsten Nenners" (Aufklärung bzw. Projekt Weltethos); 4. das Modell der versöhnten Verschiedenheit; 5. das Konkordanzmodell als Realutopie bzw. eschatologische Größe, d. h. als regulative Idee oder als göttliche Verheißung. Vgl. W. Seibel, Einheit der Kirchen, in: Stimmen der Zeit, 2/1993, 73f.

3.3 Friedensethische Überlegungen zu einer neuen europäischen Friedensordnung

VALENTIN ZSIFKOVITS

3.3.1 Die Menschenrechte als Fundament einer neuen europäischen Friedensordnung

1. Einleitung

Der Balkankonflikt samt seinen Greueltaten, mit denen man im Europa des zu Ende gehenden 20. Jahrhunderts nicht gerechnet hatte, zeigt neben vielen anderen Aspekten die Tragik des Fehlens eines funktionierenden europäischen Friedens- und Sicherheitssystems. Im Vakuum, das nach dem Scheitern des Kommunismus und seiner Regime in Ost- und Südosteuropa entstanden ist, sind ethnische und ideologische Konflikte aufgebrochen, ohne daß ein neues funktionierendes regionales Friedens- und Sicherheitssystem vorhanden gewesen wäre, das eine Eindämmung und Humanisierung der genannten Konflikte hätte bewerkstelligen können. Innerhalb eines solchen Systems hätte neben vielen anderen friedensfördernden und friedenssichernden Maßnahmen als ultima ratio eine von den Systemmitgliedern getragene, glaubwürdige kollektive Gewaltandrohung bzw. intelligente und flexible Gewaltanwendung den serbischen Aggressor abschrecken bzw. an seiner Aggression hindern können. An Stelle dessen hat die internationale Gemeinschaft ein jämmerliches Bild der Hilflosigkeit geboten, das den Aggressor ermutigte, seine Strategie grausamer Aggression und ethnischer Säuberung bei gleichzeitiger Aufrechterhaltung taktischer Verhandlungen fortzusetzen. Dabei ist es auch nicht glaubwürdig, daß es hauptsächlich die Angst vor einem 2. Vietnam oder einem 2. Libanon war und ist, was vor einer militärischen Intervention zurückschrecken ließ und läßt. Denn die Gegebenheiten im ehemaligen Jugoslawien sind doch andere als in Vietnam oder im Libanon. In Wahrheit dürfte es hauptsächlich die mangelnde Solidarität sein, die ein Sterben oder sonstiges Leiden für Kroatien und Bosnien den Politikern und anderen Bürgern der Interventionsstaaten schwer einsichtig macht.

Damit ist ein Grundwert angesprochen, der für das Thema „Menschenrechte als Fundament einer europäischen Friedensordnung" von großer Bedeutung ist, nämlich die Solidarität. Menschenrechte hängen nämlich in der Luft bzw. bleiben bloßes „Papierrecht", wenn sie nicht von akzeptierten, internalisierten und praktizierten Grundwerten getragen und begleitet sind. Diesem Sachverhalt wollen wir später eigens eine besondere Beachtung schenken. Doch zunächst soll etwas zu einer neuen europäischen Friedensordnung als solcher bemerkt werden.

2. Neue europäische Friedensordnung

Definiert man Frieden negativ als die Abwesenheit von Krieg und organisierter Gewaltanwendung, von Kriegsursachen und Kriegsvorbereitung, positiv als die Ruhe einer gerechten und dynamischen Freiheitsordnung, oder anders ausgedrückt, als die Existenzsicherung und Existenzentfaltung aller Menschen mit vorrangiger Beachtung der Verwirklichung der Menschenrechte, dann hat eine europäische Friedensordnung die Aufgabe zu erfüllen, das Zusammenleben und Zusammenwirken der Menschen, Gruppen und vor allem Staaten Europas derart zu gestalten, daß das so definierte Ziel des Friedens optimal verwirklicht werden kann. Neu wird eine solche europäische Friedensordnung vor allem insofern sein, als sie der geänderten Situation in Ost- und Südosteuropa gerecht werden muß, also insbesonders dem Wegfall der bisherigen Bedrohung durch den sogenannten Ost-West-Konflikt und dem Entstehen neuer Konfliktpotentiale und Instabilitäten.

3. Die Schlußakte von Helsinki und die Charta von Paris als Menschenrechtsmarksteine für ein neues Europa?

In den Schlußakten der Konferenz über Sicherheit und Zusammenarbeit in Europa vom 1. August 1975 ist in Punkt VII. von der Achtung der Menschenrechte und Grundfreiheiten, einschließlich der Gedanken-, Gewissens-, Religions- oder Überzeugungsfreiheit die Rede. Es heißt dort, die Teilnehmerstaaten würden die Menschenrechte und Grundfreiheiten einschließlich der Gedanken-, Gewissens-, Religions- oder Überzeugungsfreiheit für alle ohne Unterschied der Rasse, des Geschlechts, der Sprache oder der Religion achten. Weiter heißt es dort, die Teilnehmerstaaten würden die wirksame Ausübung der zivilen, politischen, wirtschaftlichen, sozialen, kulturellen sowie der anderen Rechte und Freiheiten, die sich alle aus der dem Menschen innewohnenden Würde ergeben und für seine freie und volle Entfaltung wesentlich sind, fördern und entfalten. Den Minderheiten wird der Schutz bezüglich der Gleichheit vor dem Gesetz und bezüglich des tatsächlichen Genusses der Menschenrechte und Grundfreiheiten versprochen. Mit Blick auf den Frieden wird gesagt, daß die Achtung der Menschenrechte und Grundfreiheiten einen wesentlichen Faktor für den Frieden darstelle. Zum Abschluß des Punktes VII der Schlußakte wird die Bereitschaft der Teilnehmerstaaten bekräftigt, auf dem Gebiet der Menschenrechte und Grundfreiheiten in Übereinstimmung mit den Zielen und Grundsätzen der Charta der Vereinten Nationen und mit der Allgemeinen

Erklärung der Menschenrechte zu handeln und die Verpflichtungen erfüllen zu wollen, „wie diese festgelegt sind in den internationalen Erklärungen und Abkommen auf diesem Gebiet, soweit sie an sie gebunden sind, darunter auch in den Internationalen Konventionen über die Menschenrechte."[1]

Die KSZE-Schlußakte wurde am 1. 8. 1975 auf der Gipfelkonferenz der Staats- und Regierungschefs der 35 Teilnehmerstaaten in Helsinki unterzeichnet. Die Teilnehmerstaaten waren: Belgien, Bulgarien, Dänemark, die Deutsche Demokratische Republik, die Bundesrepublik Deutschland, Finnland, Frankreich, Griechenland, der Heilige Stuhl, Irland, Island, Italien, Jugoslawien, Kanada, Liechtenstein, Luxemburg, Malta, Monaco, die Niederlande, Norwegen, Österreich, Polen, Portugal, Rumänien, San Marino, Schweden, die Schweiz, Spanien, die Tschechoslowakei, die Türkei, Ungarn, die Union der Sozialistischen Sowjetrepubliken, das Vereinigte Königreich, die Vereinigten Staaten von Amerika, Zypern.[2]

Seither haben einige Folgekonferenzen stattgefunden. Auf dem KSZE-Sondergipfel von Paris unterzeichneten die 34 KSZE-Staaten (ohne DDR) am 21. 11. 1990 die „Charta von Paris für ein neues Europa", in der sich die Staaten zur Demokratie und Rechtsstaatlichkeit und zur Achtung der Menschenrechte sowie zur Förderung freundschaftlicher Beziehungen untereinander verpflichteten. Die wichtigste diesbezügliche Passage dieser Charta lautet: „Wir verpflichten uns, die Demokratie als einzige Regierungsform unserer Nationen aufzubauen, zu festigen und zu stärken. In diesem Bestreben werden wir an folgendem festhalten:

Menschenrechte und Grundfreiheiten sind allen Menschen von Geburt an eigen; sie sind unveräußerlich und werden durch das Recht gewährleistet. Sie zu schützen und zu fördern ist vornehmste Pflicht jeder Regierung. Ihre Achtung ist wesentlicher Schutz gegen staatliche Übermacht. Ihre Einhaltung und uneingeschränkte Ausübung bilden die Grundlage für Freiheit, Gerechtigkeit und Frieden.

Demokratische Regierung gründet sich auf den Volkswillen, der seinen Ausdruck in regelmäßigen, freien und gerechten Wahlen findet. Demokratie beruht auf Achtung vor der menschlichen Person und Rechtsstaatlichkeit. Demokratie ist der beste Schutz für freie Meinungsäußerung, Toleranz gegenüber allen gesellschaftlichen Gruppen und Chancengleichheit für alle.

Die Demokratie, ihrem Wesen nach repräsentativ und pluralistisch, erfordert Verantwortlichkeit gegenüber der Wählerschaft, Bindung der staatlichen Gewalt an das Recht sowie eine unparteiische Rechtspflege. Niemand steht über dem Gesetz.

Wir bekräftigen, jeder einzelne hat ohne Unterschied das Recht auf: Gedanken-, Gewissens- und Religions- oder Glaubensfreiheit, freie Meinungsäußerung, Vereinigung und friedliche Versammlung, Freizügigkeit;

---

1 Schlußakte der Konferenz über Sicherheit und Zusammenarbeit in Europa vom 1. August 1975, in: Europa-Archiv, Folge 17 (1975) D 437 – D 484, D 442.
2 Ebd. D 437.

niemand darf: willkürlich festgenommen oder in Haft gehalten werden, der Folter oder anderer grausamer, unmenschlicher oder erniedrigender Behandlung oder Strafe unterworfen werden;

jeder hat auch das Recht: seine Rechte zu kennen und auszuüben, an freien und gerechten Wahlen teilzunehmen, auf ein gerechtes und öffentliches Verfahren, wenn er einer strafbaren Handlung beschuldigt wird, allein oder in Gemeinschaft mit anderen Eigentum innezuhaben und selbständig Unternehmen zu betreiben, seine wirtschaftlichen, sozialen und kulturellen Rechte auszuüben.

Wir bekräftigen, daß die ethnische, kulturelle, sprachliche und religiöse Identität nationaler Minderheiten Schutz genießen muß und daß Angehörige nationaler Minderheiten das Recht haben, diese Identität ohne jegliche Diskriminierung und in voller Gleichheit vor dem Gesetz frei zum Ausdruck zu bringen, zu wahren und weiterzuentwickeln.

Wir werden gewährleisten, daß dem einzelnen wirksame innerstaatliche wie internationale Rechtsmittel gegen jede Verletzung seiner Rechte zur Verfügung stehen. Die uneingeschränkte Achtung dieser Gebote ist das Fundament, auf dem wir das neue Europa aufbauen wollen. Unsere Staaten werden zusammenarbeiten und einander unterstützen, um zu gewährleisten, daß die Entwicklung der Demokratie nicht mehr rückgängig gemacht werden kann."[3]

4. Menschenrechtsvoraussetzungen

Wenn man nun die Menschenrechtsbekenntnisse der Schlußakte und der Charta von Paris einerseits und die brutale Realität des „Jugoslawienkonflikts" samt dessen grauenhaften Verletzungen von Menschenrechten andrerseits betrachtet und sich daran erinnert, wie kläglich der in Helsinki vorgesehene Prozeß der Streitbeilegung im „Jugoslawienkonflikt" versagt hat, dann ist man geneigt zu fragen, ob diese Menschenrechtsbekenntnisse das Papier wert sind, auf dem sie geschrieben sind. Damit wird aber auch eine rechtssoziologische Binsenweisheit deutlich: daß nämlich Rechte nicht schon kraft einer Satzung, noch weniger kraft eines Bekenntnisses, wirksam werden, sondern daß es dazu entsprechender Voraussetzungen vor allem gesinnungsethischer und strukturethischer Art bedarf. In unserem Fall ist dabei folgenden Voraussetzungen besondere Aufmerksamkeit zu schenken.

a) Notwendigkeit der Verankerung von Menschenrechten im Bewußtsein der Menschen

Sollen die Menschenrechte Fundament einer neuen europäischen Friedensordnung sein, müssen diese Menschenrechte im Bewußtsein möglichst aller Men-

---

3 Erklärung des KSZE-Treffens der Staats- und Regierungschefs in Paris vom 21. November 1990: Charta von Paris für ein neues Europa, in: Europa-Archiv, Folge 24 (1990) D 656 – D 664, D 656f.

schen dieses Europas verankert sein, die Menschenrechte müssen von möglichst vielen Gruppen dieses Europas im Programm und in der Praxis getragen werden, und es müssen vor allem die Staaten dieses neuen Europas in ihren Rechtsordnungen und in ihrer Politik diese Menschenrechte beachten. Nun gibt es diesbezüglich nicht wenige Defizite und Probleme.

Schon was das Bewußtsein der Menschen anlangt, ist dieses immer wieder auch in Europa vom Egoismus und von verschiedenen Ideologien beeinflußt und geprägt. Rechte im allgemeinen und Menschenrechte im besonderen werden vielfach nur als eigene Ansprüche betrachtet, ohne entsprechende Bereitschaft, die diesbezüglichen Ansprüche der anderen zu respektieren und zu fördern, und ohne zu bedenken, daß Rechten auf der einen Seite ein pflichtgemäßes Verhalten auf der anderen Seite entsprechen muß. Des weiteren ist das grundlegende Recht auf Leben auch im Bewußtsein von Europäern vom Schatten des nicht entsprechenden Ernstnehmens dieses Rechtes in bezug auf das ungeborene Leben bedroht. Man muß dabei gar nicht nur an die Position etwa des auch in Europa gelesenen australischen Ethikers Peter Singer oder des Mainzer Rechtsprofessors Norbert Hoerster denken, die ein Lebensrecht des Ungeborenen bestreiten und nicht einmal dem Neugeborenen ein strenges Lebensrecht zugestehen. Schlimm genug ist auch die faktische Mißachtung des Lebensrechts von Ungeborenen durch die Tötung so vieler Ungeborener bei der Abtreibung. Und was die Tageszeitung „Die Presse" in ihrer Ausgabe von 16. Januar 1989 berichtet, ist auch keine Botschaft von besonders hoher Wertschätzung des Menschen. In dieser Meldung stand nämlich zu lesen: „Zwei von drei Schweden halten Menschen und Tiere für gleichwertig, nur 27 Prozent meinen, daß der Mensch höherwertig sei als alle anderen Lebewesen."

Eine weitere Schwächung der Voraussetzungen für das Wirksamwerden der Menschenrechte als Fundament einer neuen europäischen Friedensordnung stellt die ideologische Uminterpretierung bzw. Instrumentalisierung und damit Entwertung der Menschenrechte dar. Das bekannteste Beispiel dafür war die Menschenrechtsdeutung von seiten des Marxismus-Leninismus. Während innerhalb der freiheitlich-demokratischen Staatsauffassungen Menschenrechte subjektive, individuelle Rechte des einzelnen darstellen, die ihm kraft seines Menschseins zustehen und auch dem Staat gegenüber geltend gemacht werden können, stellten im Marxismus-Leninismus Menschenrechte Gewährungen des Staates an den einzelnen zur Erfüllung seiner Funktion als Teil des Kollektivs dar. Es gab dort also keine angeborenen, unveräußerlichen Menschenrechte. Der Vorrang des Kollektivs vor dem einzelnen und die dominierende Rolle der sich im Besitz der objektiven Gesetzmäßigkeit der Geschichte wissenden und von daher die „wahren" Interessen der Gesellschaft und auch des einzelnen definierenden Partei verboten ein den freiheitlich-demokratischen Staatswesen eigentümliches Menschenrechtsverständnis. Die Grund- bzw. Menschenrechte hatten dem Aufbau der kommunistischen Gesellschaft zu dienen. So „garantierte" z. B. Art. 50 der Verfassung der UdSSR die Rede-, Presse-, Versammlungs-, Kundgebungs- und Demonstrationsfreiheit „zur Festigung und Entwicklung der sozialistischen Ordnung"[4]. Solcher Finalisierung und Instrumentalisierung der Menschenrechte diente auch die Theorie der Einheit (nicht nur Korrespondenz!) von Rechten und Pflichten, „die auf der ideologisch fixierten Annahme der grundsätzlichen Interessenidentität von Staat und Gesellschaft mit denen der Bürger basiert, da durch die proletarische Revolution und die Diktatur des Proletariats die Ausbeutung abgeschafft sei"[5], wie J. Marko feststellt. So konnten also Menschenrechte immer wieder mit dem Hinweis auf entsprechende Pflichten vorenthalten werden. Überhaupt stellte nach all dem die Verwirklichung des Kommunismus die beste Verwirklichung der Menschenrechte dar.

Solche Ideologisierung, Finalisierung und Instrumentalisierung ist freilich geeignet, die Idee der Menschenrechte zu pervertieren. R. Herzog hat recht, wenn er über dieses Menschenrechtsverständnis schreibt: „Es versteht sich von selbst, daß damit der ursprüngliche Sinn der Menschenrechte, wenigstens Minimalpositionen des Individuums gegenüber dem Staat und seinem gesellschaftlichen Gesamtsystem abzustecken, in sein Gegenteil verkehrt wird."[6]

Nun sind die kommunistischen Systeme des Marxismus-Leninismus in Ost- und Südosteuropa bis auf einige Reste Gott-sei-Dank zerbrochen, aber abgesehen von der Möglichkeit einer Rückkehr bzw. eines Rückfalls ist vor allem im Blick auf das Menschenrechtsverständnis nicht zu übersehen und nicht zu vergessen, daß die Menschen in den Bürokratien und sonstwo vielfach dieselben geblieben sind und daß sich das Bewußtsein der Menschen nicht von heute auf morgen plötzlich wandelt, sondern in einem eine gewisse Zeit in Anspruch nehmenden Prozeß. Auch die für ein echtes Menschenrechtsverständnis notwendige Erziehung zum demokratischen Recht und zum Respekt vor einem solchen Recht wird speziell in den Ländern des ehemaligen „realen Sozialismus" eine gewisse Zeit in Anspruch nehmen. Aber auch in den übrigen Ländern Europas ist immer wieder die mühevolle Arbeit an einer Kultur des Rechts vonnöten, speziell weil Materialismus, Individualismus und Egoismus auch hier die Verwirklichung der hinter den Menschenrechten steckenden Gerechtigkeitsidee bedrohen.

Im Blickpunkt von Ideologien als Gefährdungen der Voraussetzungen für das Wirksamwerden der Menschenrechte als Fundament einer neuen europäischen Friedensordnung stellt sich die Frage nach der Rolle der Religion in diesem Zusammenhang. Zunächst kann auch eine Religion vor allem partiell

4   Verfassung (Grundgesetz) der Union der sozialistischen Sowjetrepubliken vom 7. Oktober 1977 (Auszug), in: Heidelmeyer, W. (Hrsg.), Menschenrechte. Erklärungen, Verfassungsartikel, Internationale Abkommen, Paderborn ³1982, 160–172, 168.
5   Marko, J., Menschenrechte in Osteuropa, in: Politicum, 7. Jg., Dezember 1986, H. 31, 44–46, 44.
6   Herzog, R., Friede und Menschenrechte, in: Wilkens, E. (Hrsg.), Christliche Ethik und Sicherheitspolitik, Frankfurt/M. 1982, 89–99, 96.

von einer Ideologie „unterwandert" sein. Unter Ideologien kann man mit K. Salamun Gedankengebilde verstehen, die „gesellschaftlichen Gruppen als allgemeine Orientierungsraster bei der Interpretation der sozialen Wirklichkeit dienen, die Machtansprüche dieser Gruppen im politischen Leben legitimieren und die neben echten wissenschaftlichen Einsichten und neben offenen Wertungen, Normen und Handlungsappellen viele krypto-normative und falsche Vorstellungen enthalten, deren ungerechtfertigte Wahrheitsansprüche und Unwahrheiten auf eine interessenbedingte Befangenheit ihrer Produzenten und Verfechter zurückzuführen sind."[7]

Solche Ideologien, besonders auch die Ideologie absoluter Wahrheitsansprüche in irdischen Angelegenheiten, können sich auch in Religionen „einnisten" und zu einem Hemmschuh für Menschenrechte werden. Es sei in diesem Zusammenhang nur daran erinnert, daß zwar eines der ersten Menschenrechte, nämlich das Menschenrecht auf Gewissens- und Religionsfreiheit, mit dem Blut der christlichen Märtyrer erkämpft und erkauft wurde, daß aber das Christentum dann in seiner Geschichte dieses Menschenrecht nicht entsprechend ernst genommen hat und daß diesbezüglich erst am 2. Vatikanischen Konzil mit der Erklärung über die Religionsfreiheit „Dignitatis humanae" ein entsprechender Durchbruch erzielt wurde. Es sei ebenso daran erinnert, daß sich auch der Islam zumindest teilweise mit dem Menschenrecht auf Religionsfreiheit immer noch schwer tut[8], wiewohl es auch hier viele Bestrebungen vor allem auf der Basis der Wissenschaft gibt, ein friedensförderndes Menschenrechtsverständnis zu begründen, zu entwickeln und zu verbreiten.[9] Besonders fundamentalistische Gruppen[10] und Sekten[11] könnten beim Aufbau einer neuen Europäischen Friedensordnung menschenrechts- und friedenshemmend wirken.

Bedenkt man dazu noch die vielen „heiligen" oder besser gesagt „unheiligen" Kriege der Geschichte, dann könnte man zur Ansicht neigen, Religionen wären insgesamt mehr menschenrechts- und friedensgefährdend als menschenrechts- und friedensfördernd. Damit aber hier kein einseitiges und ungerechtes Urteil gefällt wird, muß in diesem Zusammenhang auf folgendes hingewiesen werden:

---

7 Salamun, K., Ideologische Aspekte von politischen Konflikten: Konfliktverschärfende Tendenzen von Ideologien, in: Zeitschrift für Wissenschaftsforschung. Sondernummer 1, Bd. 2, H. 4, November 1983, 21–33, 23.

8 Vgl. dazu Frisch, A., Menschenrechte: Christen und Muslime im Dialog, in: Herder Korrespondenz 47 (1993) 122–124, bes. 123.

9 Vgl. dazu z. B. Heinen, P. , Menschenrechte in der islamischen Diskussion, in: Orientierung, 57. Jg., Nr. 1 v. 15. Januar 1993, 5–6; Plechl, P. M., Monotheismus und Frieden. Christlich-islamischer „Rat der Weisen", in: Die Presse vom 2. April 1993, 3.

10 Zum Islamischen Fundamentalismus vgl. Bassam Tibi, Die fundamentalistische Herausforderung. Der Islam und die Weltpolitik, München 1992.

11 Zur Friedensgefährdung von Sekten vgl. Haack, F.-W., Glaube als Heil und Zerstörung, in: Zsifkovits, V. (Hrsg.), Religion – Krieg – Friede. Friedensfördernde und friedenshemmende Faktoren in verschiedenen Religionen, Wien 1991, 151–166.

– Was die Ideologiegefährlichkeit von Religionen betrifft, muß man zunächst daran erinnern, daß die friedensgefährdendsten Ideologien des bisher abgelaufenen 20. Jahrhunderts, nämlich der Nationalsozialismus und der Kommunismus speziell stalinistischer Prägung, keine Religionen, höchstens Ersatzreligionen waren. Das ist zumindest ein Hinweis darauf, daß es auch ohne und jenseits von Religion friedensgefährdende Ideologien gibt und daß nicht erwiesen ist, ob es ohne Religion insgesamt nicht mehr friedensgefährdende Ideologien gäbe als mit Religion. Denn Religion ist doch kein zufälliges Phänomen dieser Welt, sondern mit dem Menschen und der Welt samt ihren vielen Rätseln und Geheimnissen zuinnerst verbunden, so daß bei Wegfall von Religion ein entsprechendes Bedürfnis nach Ersatzformen auf- und durchbricht, die schon wegen ihres Ersatzcharakters auch in bezug auf Friedensgefährdung besonders problematisch zu sein scheinen. Dazu kommt noch, daß man folgendes nicht übersehen darf:

– Religion mit ihrem Transzendenz-, Heiligkeits- und Absolutheitsbezug vermag doch auch, friedensgefährdende irdische Macht zu relativieren, friedensgefährdenden Egoismus zu zügeln und vor allem letzte Verantwortung einem Höheren gegenüber zu begründen, weil letztlich nur Unbedingtes unbedingt zu verpflichten vermag. In diesem Zusammenhang ist doch auch die Aussage Dostojewskis in „Die Brüder Karamasoff" zu bedenken, wo es heißt: „Das Verbrechen muß nicht erlaubt sein, sondern als unvermeidlicher und vernünftiger Ausweg jedes Gottlosen anerkannt werden."[12]

– Sodann darf nicht die Vielzahl jener einzelnen und Gruppen in den verschiedenen Religionen vergessen werden, die sich unermüdlich in mahnenden Worten und Taten für Frieden und Menschenrechte einsetzten und einsetzen.

– Schließlich ist daran zu erinnern, daß z. B. die christliche Lehre von der Geschaffenheit des Menschen nach Gottes Bild und Gleichnis, von der Kindschaft aller Menschen in Gottes Vaterschaft, von der Geschwisterlichkeit aller Menschen mit und in Christus und von der Berufung aller Menschen zur Teilnahme am Leben des Dreifaltigen Gottes die tiefste Begründung und Motivation für Menschenrechte und Frieden darstellt.

Bei der immer wieder auftauchenden Frage nach der Rolle der christlichen Kirchen im neuen Europa und damit zusammenhängend nach der Notwendigkeit der Neuevangelisierung angesichts der Entchristlichung und Säkularisierung Europas muß ein wichtiger Ansatz in der Betonung der Bedeutung der christlichen Botschaft für Menschenrechte und Frieden gesehen und herausgestrichen werden.

Bedenkt man die zuvor diskutierten Defizite an Voraussetzungen für das Wirksamwerden der Menschenrechte als Fundament einer neuen europäischen Friedensordnung, muß man überhaupt die Bedeutung akzeptierter und inter-

---

12 Dostojewski, F. M., Die Brüder Karamasoff, Klagenfurt o.J., 54.

nalisierter Grundwerte bei möglichst vielen einzelnen und Gruppen als Basis und Nährboden für Menschenrechte hervorheben. Zentraler Grundwert ist dabei die menschliche Person. Alle übrigen Grundwerte lassen sich aus diesem zentralen Grundwert ableiten, und zwar entweder als wesentliche Elemente dieses zentralen Grundwertes oder als Instrumente zur Realisierung desselben. Im einzelnen sind dies: Freiheit, Gerechtigkeit (damit zusammenhängend: eine gewisse Gleichheit), Liebe, Wahrheit, Redlichkeit, Treue, Toleranz; Solidarität, Subsidiarität, Gemeinwohl, Friede; Ehe, Familie, Staat, Religionsgemeinschaft.

b) Demokratisierung

Als weitere Voraussetzung vor allem strukturethischer Art für das Wirksamwerden von Menschenrechten für den Frieden verdient die Demokratie als Staats-, Regierungs- und Lebensform erwähnt zu werden. Dabei ist die Demokratie günstig für Menschenrechte und günstig für den Frieden, was kein Zufall ist, weil Menschenrechte ein Wesenselement der Demokratie und des Friedens sind. Schon ein kurzer Blick auf die Statistik der Menschenrechtsverletzungen zeigt, daß Diktaturen kein guter Nähr- und Existenzboden für Menschenrechte sind. Darum muß beim Auf- und Ausbau einer neuen europäischen Friedensordnung der Demokratie als Staats- und Lebensform besondere Aufmerksamkeit geschenkt werden. Was den Konnex von Diktatur und Gewaltneigung und von Demokratie und Friedensneigung betrifft, so hat E.-O. Czempiel recht, wenn er schreibt: „Staaten sind herrschaftlich verfaßte soziale Kollektive, deren Verhalten nach außen von den Entscheidungsprozessen bestimmt wird, die vom Herrschaftssystem organisiert werden. Hier liegt die wichtigste Gewaltursache. Ein Staat wird um so eher zur organisierten militärischen Gewalt greifen, je autoritärer sein Herrschaftssystem gestaltet ist. Und umgekehrt: Je demokratischer das System, desto geringer die Gewaltneigung. Daß Demokratien friedlich und Diktaturen aggressiv sind, weiß schon das politische Alltagsbewußtsein, das sich durch Saddam Husseins Überfall auf Kuwait erneut bestätigt sieht. Es kann, als wichtigsten Beweis, das Ende des Ost-West-Konfliktes vorzeigen. Er fiel in dem Moment in sich zusammen, in dem in Osteuropa – und tendenziell in der Sowjetunion – demokratische Systeme die totalitäre Alleinherrschaft der kommunistischen Parteien abgelöst hatten."[13]

Wer übrigens nach einem weiteren empirischen Befund für die These von der Kriegsgefährlichkeit von totalitären Systemen bzw. Diktaturen sucht, dem sei der gefährlichste Diktator des bisher abgelaufenen 20. Jahrhunderts in Erinnerung gerufen, nämlich Adolf Hitler. Daran ändert auch die Tatsache nichts, daß Hitler unter Ausnutzung demokratischer Institutionen die Schwelle zur Diktatur erreicht hat, um sie dann zu überschreiten. Das letztgenannte Faktum macht vielmehr auf die Notwendigkeit aufmerksam, die Demokratie

---

13 Czempiel, E.-O., Demokratisierung und Symmetrie. Überlegungen zur Europäischen Friedensordnung, in: Merkur 45 (1991) H. 4, 305–317, 308.

immer aufs neue gegenüber ihrer vielfachen Bedrohung zu hüten, zu bewahren, zu verteidigen, zu festigen und immer wieder neu aufzubauen.

Im Interesse einer neuen Europäischen Friedensordnung muß also auch in den bisher demokratisch verfaßten Ländern Europas an einer ständigen Demokratiebelebung gearbeitet werden, was viel mühevolle Kleinarbeit erfordert. Letzteres gilt natürlich in erhöhtem Ausmaß für die bis vor kurzem diktatorisch regierten Staaten und Gesellschaften Ost- und Südosteuropas. Neben einer entsprechenden Kultur eines demokratischen Ethos wird man sich dabei vor allem auf unverzichtbare demokratische Elemente konzentrieren müssen, wie z. B.: auf eine echte horizontale Gewaltenteilung in die Legislative, Exekutive und Judikative; auf die „vertikale Gewaltenteilung" im Sinne des Subsidiaritätsprinzips als Freiheitssicherungsprinzip mit der Betonung der primären Eigenberechtigung, Eigenzuständigkeit und Eigenverantwortung des einzelnen und der dem einzelnen näheren und kleineren Sozialgebilde mit dem Imperativ der Hilfe zur Selbsthilfe und mit der Pflicht der übergeordneten Sozialgebilde zur Schaffung der Voraussetzungen für solche Eigentätigkeit und zum Einspringen bei Überforderung bzw. Versagen der einzelnen und der untergeordneten Sozialgebilde; auf die Sicherung und Förderung eines Mehrparteiensystems im Interesse eines fairen Konkurrenzkampfes zur besseren Verwirklichung des Gemeinwohls; damit zusammenhängend auf echt freie Wahlen sowie die Sicherung einer funktionsfähigen, dem Gemeinwohl verpflichteten Opposition zur Kontrolle der Regierung mit entsprechender Chance zu einem friedlichen Machtwechsel; auf die Unterstellung der Streitkräfte unter eine demokratische Führung; und nicht zuletzt auf eine der Idee der Gerechtigkeit und sich daran orientierenden Gesetzen und nicht etwa Parteizentralen verpflichtete Beamtenschaft.

Gerade das Stichwort Beamtenschaft erinnert daran, wie schwierig es ist, von einer kommunistisch-diktatorisch geprägten Gesellschaft zu einer echt demokratisch geprägten Gesellschaft zu gelangen. Denn kommunistisch erzogene Bürokraten werden ihr Bewußtsein, ihre „Seele", nicht von heute auf morgen ändern. Das gilt allgemein: Jahrzehntelange kommunistische Herrschaft samt ihrer Zerstörung von Ethos läßt sich nicht von heute auf morgen in demokratische Gesellschaftsstrukturen mit entsprechenden demokratischen Traditionen umwandeln. Dennoch gibt es gerade im Blick auf Menschenrechte und Frieden zur Demokratie keine Alternative.

Noch ein wichtiges Wesenselement der Demokratie muß gerade angesichts aufbrechender ethnischer Konflikte im Osten und Südosten Europas herausgestrichen werden, nämlich ein effektiver Minderheitenschutz, der Prüfstein echter Demokratie ist und in engem Konnex zur Idee der Menschenrechte steht.

Wie oben bereits erwähnt, enthält die KSZE-Schlußakte von Helsinki aus dem Jahre 1975 Schutzbestimmungen zugunsten von Minderheiten. In Punkt VII heißt es: „Die Teilnehmerstaaten, auf deren Territorium nationale Minderheiten bestehen, werden das Recht von Personen, die zu solchen Minderheiten gehören, auf Gleichheit vor dem Gesetz achten; sie werden ihnen jede Möglichkeit für den tatsächlichen Genuß der Menschenrechte und Grundfreiheiten gewähren und werden auf diese Weise ihre berechtigten Interessen in diesem Bereich schützen."[14] Die Minderheitenschutzbestimmung der Charta von Paris ist oben im Wortlaut angeführt. Im Internationalen Pakt über bürgerliche und politische Rechte aus dem Jahre 1966 ist in Art 27 festgelegt: „In Staaten mit ethnischen, religiösen oder sprachlichen Minderheiten darf Angehörigen solcher Minderheiten nicht das Recht vorenthalten werden, gemeinsam mit anderen Angehörigen ihrer Gruppe ihr eigenes kulturelles Leben zu pflegen, ihre eigene Religion zu bekennen und auszuüben oder sich ihrer eigenen Sprache zu bedienen."[15] Dieser Minderheitenschutz ist speziell auch deswegen wichtig, weil er in Spannung steht zu einem sehr wichtigen neueren kollektiven Menschenrecht, nämlich dem Selbstbestimmungsrecht der Völker, das sich in den Menschenrechtskonventionen und in den oben erwähnten Dokumenten von Helsinki und Paris artikuliert. – Es bleibt zu hoffen, daß in einem gemeinsamen Europäischen Haus die Minderheitenproblematik entschärft und einer befriedigenden Lösung zugeführt werden kann.

c) Gelungene Wirtschaft

Daß Menschenrechte etwas mit Wirtschaft zu tun haben, bezeugen augenscheinlich z. B. schon der Internationale Pakt über wirtschaftliche, soziale und kulturelle Rechte von 1966 und die Europäische Sozialcharta von 1961, wo eben wirtschaftliche Rechte als Menschenrechte artikuliert sind. So formuliert etwa die genannte Europäische Sozialcharta in Art 1 das Recht auf Arbeit, in Art 2 das Recht auf gerechte Arbeitsbedingungen, in Art 3 das Recht auf sichere und gesunde Arbeitsbedingungen, in Art 4 das Recht auf gerechtes Arbeitsentgelt, in Art 5 das Vereinigungsrecht, in Art 6 das Recht auf Kollektivverhandlungen. Solche Rechte wie überhaupt alle die Wirtschaft betreffenden Menschenrechte hängen nun in ihrem Wirksamwerden in nicht geringem Ausmaß von einer gelungenen Wirtschaft ab. Ganz augenscheinlich wird das z. B. beim Recht auf Arbeit, das bei einer florierenden Wirtschaft ganz anders erfüllt werden kann als bei einer stagnierenden und darniederliegenden Wirtschaft. Die vergleichenden Arbeitslosenzahlen in unterschiedlichen Wirtschaftsregionen etwa Europas belegen dies ja sehr dramatisch.

Wirtschaftliches Wohlergehen dient aber nicht nur mittels der günstigen Chance für Menschenrechte dem Frieden, sondern auch direkt. In Elendszonen lebende Menschen sind anfälliger für Aggressivität, Fanatismus, Radikalismus und Verführung. Versteht man außerdem Frieden positiv definiert als Existenzsicherung und Existenzentfaltung aller Menschen mit vorrangiger Beach-

---

14   Schlußakte D 442 (Anm. 1).
15   Internationaler Pakt über bürgerliche und politische Rechte vom 19. Dezember 1966, in: Heidelmeyer (Hrsg.), Die Menschenrechte, 298–308 (Anm. 4).

tung der Befriedigung ihrer vitalen Lebensbedürfnisse, dann wird klar, daß wirtschaftliches Wohlergehen viel mit Frieden zu tun hat.

Somit wird ein Gelingen der Wirtschaft in den Ländern Europas eine wichtige Voraussetzung einer neuen Europäischen Friedensordnung sein. Besonderes Sorgenkind sind hier bekanntlich die Länder der ehemaligen Kommandowirtschaften. Der Aufbau einer wettbewerbsgeordneten, arbeitsgerechten, sozial verpflichteten, ökologisch verantworteten, solidarischen und alles in allem gerechten Marktwirtschaft bleibt selbst in Ländern mit traditioneller Marktwirtschaft ein hohes Ziel. Daß das Erbe der kommunistischen Kommandowirtschaften in den Ländern Ost- und Südosteuropas hiefür eine noch ungünstigere Ausgangsposition darstellt, darf als allgemein bekannt vorausgesetzt werden. Trotz dieser Schwierigkeiten gibt es zur Marktwirtschaft im oben gekennzeichneten Sinn keine Alternative, gerade im Blick auf den Frieden, wenn natürlich auch ein solcher Übergang seine Zeit braucht. Denn eine durch wirtschaftliche Not begünstigte Rückkehr des Kommunismus und/oder ein durch Massenarmut verstärktes Aufbrechen bewaffneter Konflikte könnten speziell angesichts der in einigen dieser Länder gelagerten Nuklearkapazitäten nicht nur Europa, sondern die ganze Welt massiv gefährden. Daher liegt eine großzügige und solidarische Förderung der wirtschaftlich armen Länder Ost- und Südosteuropas beim Aufbau entsprechend gelungener Wirtschaften nicht nur im Interesse der unterstützten Länder, sondern auch im wohlverstandenen Eigeninteresse der reicheren Länder.

5. Institutionelle Durchsetzung von Menschenrechten

Warum in internationalen Pakten vereinbarte Menschenrechte dennoch sehr häufig nicht beachtet bzw. oft verletzt werden, dafür gibt es viele Erklärungsfaktoren. Im vorigen Abschnitt wurden einige davon erörtert. Ein weiterer Erklärungsgrund liegt im Mangel an internationalen Durchsetzungsverfahren und Durchsetzungsinstanzen. Für den Bereich der Europäischen Menschenrechtskonvention gibt es dafür die Europäische Kommission für Menschenrechte, das Ministerkomitee des Europarates und den Europäischen Gerichtshof für Menschenrechte. Diese Organe können wirksam werden, wenn der einzelne auf dem innerstaatlichen Rechtsweg eine Sicherstellung seiner durch die Konvention garantierten Rechte nicht erlangt hat. In erster Linie sind also die Vertragsstaaten dazu berufen, die in den Menschenrechtskonventionen vereinbarten Menschenrechte innerstaatlich umzusetzen und zu garantieren. Internationale Organe zum Schutz der Menschenrechte haben aber dennoch eine wichtige präventive und kurative Funktion. Allerdings ist ihre Wirksamkeit infolge der Souveränität der Vertragsstaaten eine beschränkte. Insgesamt hängt die internationale Durchsetzungschance von Menschenrechten mittels internationaler Organe und Verfahren stark auch von der Solidarität und vom Integrationsgrad der in einer „Konventionsgemeinschaft" zusammengehörenden Staaten ab.

Was nun die solidarische „Konventionsgemeinschaft" für Menschenrechte als Fundament einer neuen Europäischen Friedensordnung anlangt, so bieten sich für die Zukunft zwei Ansätze an: eine Erweiterung der EG oder ein engerer Zusammenschluß der KSZE-Staaten. Die Schweizerische Nationalkommission Justitia et Pax und das Institut für Sozialethik des SEK plädieren für die Priorität des „KSZE-Modells", wenn sie schreiben: „Aufgrund unserer ethischen Überlegungen ist für die Verwirklichung einer neuen europäischen Friedensordnung das **‚KSZE-Modell' eindeutig dem ‚EG-Modell'** (in dem im 2. Kapitel beschriebenen Sinn) vorzuziehen. Denn es berücksichtigt das Postulat der gleichberechtigten Teilnahme aller KSZE-Staaten an den sie betreffenden Entscheidungen, versucht kriegerische Auseinandersetzungen durch ein System kollektiver Sicherheit zu vermeiden beziehungsweise einzudämmen und scheint besser geeignet zu sein, das gegenwärtige Wohlstandsgefälle innerhalb Europas zu überwinden. Überdies verschiebt es die bisherige Grenze zwischen den Blöcken nicht einfach nach Osten, sondern bindet die Sowjetunion wie die Vereinigten Staaten in ein gesamteuropäisches Sicherheitssystem ein."[16] Für H. Schneider verdient das EG-Modell den Vorzug. Er schreibt u.a.: „Aber was noch zu Beginn der neunziger Jahre ernsthaft erhofft werden konnte, nämlich ein echter Qualitätswandel dieses Systems, im Zeichen der Vorstellung, die ‚Wiedererrichtung eines gemeinsamen Europas wird in der KSZE ihre allumfassende Architektur finden' – das ist nunmehr eine Idee von gestern."[17] Und an einer späteren Stelle schreibt er: „Weit und breit läßt sich nur die werdende Europäische Union als Sachwalter und Treuhänder der umfassenden europäischen Interessen erkennen. Sie wird sich einer unausweichlichen gesamteuropäischen Verantwortung stellen müssen."[18]

Ich schließe mich der Position von H. Schneider an und meine mit ihm, daß dazu auch eine geistige Umstellung, ein „neues Denken"[19], vonnöten sein wird. In dieser neuen gesamteuropäischen „Solidar- und Friedensgemeinschaft" müssen neben internationalen Organen und Verfahren zur Durchsetzung von Menschenrechten auch wirksame Mechanismen friedlicher Streitbeilegung und für den Fall, daß der Versuch friedlicher Streitbeilegung erfolglos bleibt, Maßnahmen kooperativer/kollektiver Sicherheit entwickelt werden.[20] Gelingt eine solche Solidar- und Friedensgemeinschaft, die auch einen weiteren Souveränitätsverzicht[21] der

---

16 Frieden in Europa. Eine Herausforderung für die Schweiz, hrsg. v. d. Schweizerischen Nationalkommission Justitia et Pax und dem Institut für Sozialethik des SEK, Bern 1991, 30f.

17 Schneider, H., Einleitungsreferat zur Arbeitsgruppe B: „Die politische Erneuerung Europas und der Beitrag der christlichen Soziallehre", in: Wiener Blätter zur Friedensforschung, Nr. 74, März 1/1993, 33–42, 35.

18 Ebd. 39.

19 Ebd. 39.

20 Vgl. dazu Senghaas, D., Friedliche Streitbeilegung und kollektive Sicherheit im neuen Europa, in: Europa-Archiv, Folge 10/1991, 311–317.

21 Zum weiteren notwendigen Souveränitätsverzicht vgl. Kimminich, O., Neue solidarische Weltordnung, in: Kimminich, O./Klose, A./Neuhold, L. (Hrsg.), Mit Realismus und Leidenschaft. Valentin Zsifkovits zum 60. Geburtstag, Graz 1993, 9–16, bes. 14.

Einzelstaaten miteinschließen muß, dann besitzen auch die Menschenrechte eine erhöhte Chance, als Fundament einer Neuen Europäischen Friedensordnung zu dienen. Dann kann sich auch die Aussage der Enzyklika Sollicitudo Rei Socialis Johannes Pauls II. bewahrheiten, nämlich: „Friede, die Frucht der Solidarität." (Art 39)

3.3.2 Europäische Friedensordnung und Friedensförderung

Friedensethische Voraussetzungen

Die intensive Auseinandersetzung mit der ethischen Verpflichtung nicht nur zur Friedenssicherung, sondern auch zur Friedensförderung aus christlicher Glaubensüberzeugung in den 1960er Jahren war zwar äußerlich ausgelöst von der durch die atomare Abschreckungsstrategie der Großmächte realistischen Möglichkeit einer Totalvernichtung der Menschheit. Sie beruhte aber zugleich auch auf der im Gefolge schon des Ersten und vor allem des Zweiten Weltkrieges gewachsenen Einsicht, daß Krieg nicht einfach Schicksal, und Frieden daher – so sehr er letztlich Gabe Gottes ist – auch Aufgabe des Menschen ist. Ideologiekritische Entlarvung von Klischees, wie sie sich etwa in Slogans, es sei „gut und ehrenvoll für das Vaterland zu sterben", seit der Antike festgesetzt hatten, erwiesen diese zudem als Instrumente zu imperialistischer Herrschaftsfestigung. Daraus ergab sich eine kritische Bewußtseinsbildung, die vor allem im Umfeld des II. Vatikanischen Konzils auch theologisch eine selbstkritische Besinnung zur Folge hatte. Dabei wurden zwar auch vorschnelle Pazifismen zutage gefördert; vor allem aber entwickelte sich eine differenzierte christlich-soziale und theologisch vertiefte Friedensethik, über deren Inhalt heute ein weitgehender Konsens unter Christen festgestellt werden kann.

Christlich motivierte Friedensförderung, die sich zudem konkret auf eine Weltregion bezieht, von der in unserem Jahrhundert zwei Weltkriege ausgingen, wird sich daher gerade die Ergebnisse dieser Auseinandersetzung als Voraussetzung für alle weiteren Überlegungen bewußt vor Augen zu stellen haben. Denn ohne diese anthropologisch-ethischen Vorgaben droht jede weitere friedensfördernde Strategie als tagespolitische Maßnahme sozusagen opportunistisch in der Luft zu hängen. Pragmatisch nur am einsichtigen Vorteil festgemacht, vermag sie nämlich nicht, was dennoch ihre eigentliche Aufgabe wäre, Grundlage für eine konsistente Friedenspolitik zu sein.

Dabei sind diese ethisch-anthropologischen Vorgaben in ihrer Letztbegründung zwar spezifisch christlich, also weltanschauungsgebunden. In ihrem Gehalt aber bleiben sie entsprechend der gesamten moraltheologischen Tradition bzw. deren naturrechtlich-schöpfungstheologischem Ansatz zugleich allgemeinmenschlicher Einsicht zugänglich, also offen für Argumente der Plausibilität. Als Ausgangspunkt für die Argumentation ist dann erstens festzuhalten: „Frieden" im umfassenden Sinn des biblischen „Schalom" ist zunächst Heil in der Zeit und steht im Zeichen des eschatologischen „Noch-Nicht". D.h. Frieden und Heil sind zwar noch nicht in der Fülle verwirklicht, aber doch „schon" innerweltlich wirklich-wirksames Heil. Damit bleiben sie aber auch noch von der Sünde immer neu gefährdet; selbst der Friede bleibt dem ruchlosen Egoismus (denn das heißt letztlich „Sünde") ausgesetzt. Friede ist daher, so sehr er zuerst Heilsgabe Gottes ist, doch zugleich auch Aufgabe des Menschen. Er ist ein zu förderndes und zu schützendes Gut. Entsprechend kann man also auch – politisch-praktisch wie theoretisch – nicht so tun, als ob die eschatologische Erfüllung schon erreicht oder gar durch menschliche Demarchen einfach machbar wäre. Ein Pazifismus, der solches als innerweltlich direkt erreichbare Möglichkeit vorspiegelt, widerspricht daher nicht nur jeder geschichtlich-realistischen Erfahrung, sondern auch dem christlichen Glaubensverständnis als solchem.

Entsprechend dieser Einsicht sind – und das ist als zweites festzuhalten – die Friedensforderungen der Bergpredigt „teleologisch", also als Zielgebote und nicht als deontologische, d. h. ausnahmslos geltende Tatgebote zu verstehen. Friedensstiftung als konstante Aufgabe kann folglich auch nicht schlechthin Gewaltverzicht ohne jede Berücksichtigung von Folgen (u.U. auch einer Gewaltsteigerung) verlangen. Vielmehr erheischt sie ein verantwortetes Abwägen aller Umstände und Konsequenzen. In der Vorläufigkeit der Jetztzeit bedeutet daher das eschatologische Ziel der Gewaltfreiheit größtmögliche Gewaltminimierung als Zielsetzung der Politik im allgemeinen wie vor allem auch in aller militärstrategischen Planung und Überlegung in Besonderheit.

Dies schließt dann drittens den tätigen (und so auch nicht bis zuletzt unbedingt gewaltlosen) Schutz unschuldiger Dritter und sogar die persönliche Notwehr nicht völlig aus, zumal dort nicht, wo die Bereitstellung solcher Schutzmaßnahmen als „Dissuasion" Gewalttat von vornherein verhindern hilft. Denn Dissuasion, die nur den Angriff auf das eigene Gemeinwesen und zudem auf eigenem Territorium gewaltsam verhindern will, ist nicht das gleiche wie Abschreckung als „Deterrence", die über die Bedrohung auch der Zivilbevölkerung des möglichen Gegners ihr Ziel zu erreichen versucht.

Diese grundsätzliche Auffassung über den Umgang mit Gewalt in Zeit und Geschichte bleibt sich in der christlichen Verkündigung seit dem Neuen Testament (vgl. Lk 3,14 oder Joh 18,24) bis zur Lehre des Zweiten Vatikanischen Konzils im wesentlichen gleich. Sie entspricht aber auch, hier allerdings ohne den theologisch-biblischen Zusammenhang, der allgemeinen menschlichen Erfahrung: „Pest, Hunger und Krieg" gelten zwar dem modernen Menschen nicht mehr einfach als unvermeidliche Schicksalsschläge. Aber er weiß doch auch, wie gefährdet der Friede in dieser Welt immer neu ist. Wie rasch scheinbar stabilisierte Entspannung erneut in bewaffnete Konflikte kippen kann, haben in neuester Zeit, d. h. nach der Entkrampfung im Ost-West-Verhältnis seit 1989 der Golf-Krieg, aber auch die Wirren in Jugoslawien wie den GUS-Staaten deutlich werden lassen.

Dennoch ist die Bemühung um Frieden nicht einfach sinnlos; politischer Einsatz dafür lohnt sich. Die Annäherung zwischen den amerikanischen Präsidenten Reagan und Bush bzw. ihrer Administration und dem russischen KPdSU-Generalsekretär Gorbatschow und seinen Nachfolgern in den GUS-Staaten haben die Weltsicherheit trotz dieser Rückschläge vergrößert; die UNO-Resolutionen von 1990 gegen die Skrupellosigkeit des irakischen Diktators Saddam Hussein waren trotz erheblicher Abstriche generell erfolgreich. Wenn auch – trotz aller Zurückhaltung – mit höheren Opfern als zunächst erwartet und ohne definitive Lösungen haben sie nämlich doch deutlich gemacht, daß die Weltgemeinschaft rücksichtslose Aggressionen nicht mehr einfach hinzunehmen bereit ist.

D.h. Gewaltminimierung scheint – wenn auch ohne Zweifel noch wesentlich weiter zu verbessern – auch im Weltmaßstab prinzipiell möglich. Gerade dieser Effekt ist aber ohne ein Drohpotential an Gewalt nicht durchsetzbar. Weder hätte die UdSSR nach all unserer Erkenntnis ohne den deutlich gemachten Willen der USA zur Nachrüstung im Nuklearbereich in den 1980er Jahren auf Verhandlungen mit den USA eingelenkt, noch war Saddam Hussein bereit, seinen Angriff ohne die massive Repression durch die alliierten Kräfte zurückzunehmen. Gewaltminimierung ist also offensichtlich nicht dasselbe wie pazifistisch totaler Gewaltverzicht. So treffend der Spruch des deutschen Schriftstellers Kurt Tucholski „Stell dir vor, es wäre Krieg und niemand ginge hin", auch tönen mag, realpolitisch ist er eine gefährliche Illusion. Dies zuzugeben bedeutet keinesfalls, eine Rückkehr zum Kalten Krieg anstreben zu wollen. Denn auch eine auf unbedingte Sicherung ausgelegte Hochrüstung ist kein Weg zur Friedenssicherung; Rüstungspotentiale sind letztlich nicht weniger gefährlich als naive Gewaltlosigkeit.

Zusammengenommen bedeutet dies: Die geschichtliche Erfahrung bestätigt das christliche Verständnis, ohne dieses als zwingend einzige Erklärung für eine Friedensethik vorzuschreiben. Dem christlich-ethischen Verständnis aus Glauben zu folgen, ist somit alles andere als unvernünftig, es vermag sogar weltpolitisch effektiv das Bemühen um eine realisierbare Friedensordnung zu stützen und weiter voranzubringen. Denn „neue Wege, von einer inneren Wandlung aus beginnend, müssen gewählt werden, um dieses Ärgernis [der durch Ungerechtigkeit aller Art bedingten Ungleichheiten und Spannungen unter den Völkern] zu beseitigen, die Welt von der drückenden Angst zu befreien und ihr den wahren Frieden zu schenken." Das heißt: „Um den Frieden aufzubauen, müssen vor allem die Ursachen der Zwietracht in der Welt, die zum Krieg führen, beseitigt werden, an erster Stelle die Ungerechtigkeiten. Nicht wenige entspringen allzu großen wirtschaftlichen Ungleichheiten oder auch der Verzögerung der notwendigen Hilfe." Was 1965 das Zweite Vatikanische Konzil in seiner Pastoralkonstitution „Gaudium et spes" (Nr. 81 u. 83) gefordert hatte, wiederholt 25 Jahre später der ökumenische konziliare Prozeß an seiner europäischen Versammlung in Basel von 1989, wenn dort (politisch nun schon weiter fortgeschritten) festgehalten wird: „Wir begrüßen die erzielten Ergebnisse und fordern die Politiker mit allem Nachdruck auf, diesen Weg beharrlich weiterzugehen und Chancen, die sich aus dem neuen Denken in der Sowjetunion und aus veränderten Einstellungen bei uns ergeben, aufmerksam zu prüfen und zu nutzen." (Schlußdokument: 3.221)

Als direkte ethische Folgerungen ergeben sich aus diesen Einsichten auf einer freilich noch sehr allgemeinen Ebene weitere Forderungen: So bedingt etwa das angedeutete Konzept der Dissuasion zwar die Bereitstellung, aber zugleich auch die kritische Kontrolle aller Schutz- und Verteidigungskräfte, (also ebenso der Polizei wie der Armee) auf Gewaltminimierung hin. Es ist daher sozialethisch-politisch immer neu zu fragen, ob diese Kräfte defensiv das Maß der gerade noch wirksamen Gewaltkontrolle bzw. der möglichen Verteidigung der einzelnen Staaten wie von Bündnisgemeinschaften (NATO, EG als WEU) nicht überschreiten und Eigengesetzlichkeiten zu entwickeln beginnen. Wie die kirchlichen Dokumente der letzten Jahre immer neu hervorgehoben haben, können letztlich Massenvernichtungswaffen in diesem Konzept folglich keinen Platz haben; ihre gezielte Abrüstung, die noch vor kurzem utopisch schien und nun realpolitisch eingesetzt hat, ist sozialethisch ebenso einsichtig wie ethisch unverzichtbar. Christliche Friedenssicherung darf sich allerdings (und zwar schon vom Schalombegriff her) nicht auf das Mittel der bewaffneten Dissuasion allein beschränken. Sie hat vielmehr parallel dazu stets auch Harmonie und Ausgleich aufbauende Maßnahmen zu fördern. So ist vor allem der sozialen Gerechtigkeit im nationalen wie im internationalen Rahmen Beachtung zu schenken; aber auch alle Initiativen zur Völkerverständigung wie die Mittel der klassischen Diplomatie verdienen gezielte Unterstützung. Entsprechende zivile Dienste gehören damit wesentlich zur Friedensarbeit. „Opus iustitiae pax", der Leitspruch Papst Pius XII., ist so zu Recht das Leitmotiv aller kirchlichen Äußerungen zur Friedensthematik im Verlauf der letzten Jahre.

Unter diesen Voraussetzungen ist dann aber auch die bewaffnete Friedenssicherung Teil der in unserer Weltgeschichte möglichen Gewaltminimierung, welcher die Christen gerade auch aus dem Glauben an das kommende Gottesreich ihre Mitarbeit nicht entziehen dürfen. Wehrdienst wie Zivildienst sind entsprechend keine Gegensätze, sondern komplementäre Aufgaben. Sie dürfen weder gegeneinander ausgespielt werden, noch sind sie notwendig auf verschiedene Personengruppen zu konzentrieren. Die Leistung von Wehrdienst ist kein Grund, sich vom Zivildienst dispensiert fühlen zu können, wie auch ein ziviler Dienst eine gewisse letzte Bereitschaft zum Wehrdienst eigentlich nicht ausschließen dürfte. Völlige Wehrdienstverweigerung aus Gewissensgründen (um „Kriegs"-Dienst kann es sich in diesem Konzept ohnehin keinesfalls handeln, weshalb dieser Ausdruck für einen „gewissenhaften Soldaten" eine Beleidigung darstellt und vermieden werden sollte) ist dann als Zeichenhandlung für die im Eschaton der Heilserfüllung zu erwartende Gewaltlosigkeit, also als Mahnung gegen alle Versuchung zur Gewalteskalation zwar zu achten, aber eine ethisch zwingende Forderung stellt sie auch unter christlichem Vorzeichen nicht dar. Auch darin herrscht von einigen Ausnahmen in den kleinen sog. Friedenskirchen (wie diejenige der Quäker oder Mennoniten) in den Verlautbarungen der Kirchen weitgehende Einigkeit. Denn bei aller unerläßlichen Reserve gegenüber jedem Einsatz von Gewalt darf nie übersehen werden, daß reiner Pazifismus kein eigentliches Element der Friedensförderung darstellt, weil er ja ruchloser Gewalt, mit der realistischerweise stets zu rechnen ist, nichts entgegenzusetzen hat bzw. dies anderen zu tun überläßt, die sich unter persönlichem Einsatz und unter der oft genug überheblichen Mißbilligung der Puristen trotzdem um die Bewältigung solcher Ruchlosigkeit zu kümmern bereit sind.

Neben der Sorge um diese bewußtseinsmäßige Grundlegung hat sich schließlich eine realistische Friedensförderung stets auch um eine epochal situationsbezogene Einschätzung der konkreten Weltlage zu kümmern. Dies gilt schon für die einzelnen Staaten; es gilt noch viel mehr für eine Staatengemeinschaft, wie sie etwa mit der EG in Europa zu existieren beginnt und mit ihrem wirtschaftlichen Potential zunehmend eine eigentliche Weltmacht darstellt. Friedensförderung geschieht niemals im luftleeren Raum. Ideale Zielsetzungen sind zwar als Stimulans für die konkrete Auseinandersetzung wichtig, sie dürfen aber die Konfrontation mit der Praxis gerade um ihrer eigenen Gültigkeit willen nie übergehen oder gar ersetzen wollen. Die Notwendigkeit einer die staatlichen Grenzen übersteigenden quasi polizeilichen Notwehr, deren Fehlen in den jugoslawischen Konflikten seit 1990 immer deutlicher und schmerzlicher bewußt wird, gehört zu solcher ethischer Einsicht aus der Erfahrung.

Daß auch da Form und Ausmaß des die Gewalttat kontrollierenden Gewaltpotentials weiterhin im Zeichen der Minimierung steht, und daher auch unter je neuen politischen Verhältnissen immer wieder darauf hin zu überprüfen ist, versteht sich nach dem Gesagten von selbst. Nach den weltpolitischen Veränderungen, die in den letzten Jahren gerade auch in Europa neue politische Strukturen und Chancen geschaffen haben, ergeben sich daraus aber auch regional politische Aufgaben, an welchen christliche Sozialethik mitzudenken sich verpflichtet fühlen muß.

Die neuen politischen Fakten

Zwar kann es nicht Aufgabe des Moraltheologen oder Sozialethikers sein, weltpolitische Veränderungen unter militärstrategischen Gesichtspunkten zu analysieren und zu beurteilen. Denn auch von der Theologie her stehen ihm dafür keine besonderen Einsichten oder Kriterien zur Verfügung. Zwar wurde solches vor allem unter Bezugnahme auf die apokalyptischen Schriften der Bibel immer wieder, meist allerdings von eher esoterischen Gruppen, versucht. Aber dies zeitigte oft politisch katastrophale Folgen, wie es etwa die Täuferwirren des frühen 16. Jahrhunderts in der europäischen Geschichte haben deutlich werden lassen. Unverzichtbar für ein friedensfördernd ethisch kompetentes sittliches Urteil ist dagegen die umsichtige Kenntnisnahme des jeweils aktuellen Zustandes der Gesellschaft wie der im Gang befindlichen Veränderungen. Denn konkrete sozialethische Beurteilung ist letztlich nichts anderes als der Versuch, aus dem Vergleich der vorgegebenen „Lage" mit der Zielsetzung größtmöglicher Verwirklichung von Menschlichkeit (also von Frieden und Gerechtigkeit im menschlichen Zusammenleben) Verhaltensweisen zu eruieren, welche Annäherungen an diese Zielsetzungen zu fördern vermögen, um so für die politischen Entscheidungen klärende Entscheidungshilfen bereitzustellen.

Dies bedeutet zugleich, daß ethische Urteile, sobald sie die prinzipielle Ebene der menschenrechtlichen Forderungen als allgemein bewährte Rahmenbedingungen für Menschlichkeit schlechthin konkretisierend übersteigen, keine absolute Gültigkeit mehr beanspruchen können, eben weil sie geschichtlich situationsbezogene Elemente enthalten und darum nicht mehr abstrakte Allgemeingültigkeit beanspruchen können. Auch bei sorgfältigster empirischer Erhebung ist ein konkreter Lagebefund nie ganz vollständig. D.h. die Möglichkeit, daß irgendein wirksamer Faktor übersehen wurde und so die Lagebeurteilung verkürzt oder verfälscht bleibt, ist nie völlig auszuschließen. Zudem enthalten solche Einschätzungen der konkreten Lage stets auch Elemente, die zukünftige Entwicklungen einschließen müssen und so wenigstens teilweise nicht verifiziert werden können. Alle konkreten Aussagen beruhen also auf Ermessensurteilen mit allen damit verbundenen Unsicherheiten. Eben dies ist dann gerade bei Überlegungen zur Friedensförderung, d. h. sowohl hinsichtlich der noch nötigen Rolle einer militärischen Absicherung wie vor allem hinsichtlich der Einschätzung der Ausgangslage im Blick auf prospektive Ordnungsvorstellungen zu berücksichtigen.

Dabei drängt sich bei der Lagebeurteilung Anfang der 1990er Jahre als herausragende Tatsache ohne Zweifel der in den letzten Jahren möglich gewordene Abbau der Ost-West-Spannungen auf, welche die osteuropäischen Staaten in die gesamteuropäische Kommunikation zurückfinden ließ und eine rasch voranschreitende wirtschaftliche Integration möglich und damit zur realpolitischen Aufgabe machte. Beide Elemente stehen deutlich im Zeichen der Einheit des Kontinents. Dies schließt bewaffnete Konflikte zwar noch längst nicht einfach aus. Dennoch läßt diese Entwicklung nur ein halbes Jahrhundert nach einer mörderischen Phase zweier Weltkriege unter europäischen Staaten eine gewaltsame Konfliktregelung wenigstens unter den früheren Hauptgegnern als so wenig denkbar erscheinen, wie man sich bislang einen Krieg unter einzelnen Bundesländern Deutschlands oder zwischen den einzelnen Schweizer Kantonen nicht mehr vorstellen konnte.

Dort aber wurde der mittlerweile anscheinend selbstverständliche Friede durch zahllose wirtschaftliche und kulturelle Vernetzungen über Jahrzehnte soweit gefördert, daß eine kriegerische Auseinandersetzung (außer bei unseligen Relikten von blindem Nationalismus in wirtschaftlich zurückgebliebenen Gebieten) niemand mehr als auch nur irgendwie nützlich erscheinen kann und als ein völlig irrationales Übel erfahren wird. Kaum je zuvor dürfte der europäischen öffentlichen Meinung die völlige Sinnlosigkeit von Krieg so sinnfällig plausibel und die Chancen für eine Friedensethik damit so groß gewesen sein. Selbst hier und dort wieder aufkeimende Gewalt wie etwa Versuche über Terror politische und über die Mafia auch wirtschaftliche Ziele zu erreichen, kann grundsätzlich (wenn auch noch nicht in jedem Fall wirksam genug) von Polizeikräften in zwischenstaatlicher Zusammenarbeit bewältigt werden und bedarf damit nicht des Einsatzes von staatlichen Armeen bzw. des traditionellen spezifisch soldatischen Dienstes. Damit können Kräfte freigesetzt werden, die wirtschaftlich für Konflikte abbauende Maßnahmen (von Entwicklungsprojekten bis hin zu kulturellem Austausch) friedensfördernd einsetzbar sind und daher auch eingesetzt werden sollten.

Militärische Einheiten als Symbole staatlicher Macht wie Ehrenkompanien oder Truppenvorbeimärsche wirken unter solchen Voraussetzungen zu Recht fragwürdig. Sie erscheinen als Relikte aus einer Zeit, wo Kriegsführung noch als normaler Teil der Außenpolitik galt. Manchen erscheinen jedoch sogar die Armeen als solche schlechterdings überflüssig, für die Friedenssicherung unnötig und der Friedenssicherung hinderlich. Selbst wo solche Perspektiven nicht unbedingt öffentlich ernsthaft propagiert werden, zeigen doch politische Demarchen wie etwa die „Initiative für Abschaffung der Armee", die 1989 in der Schweiz zwar klar abgelehnt wurde, aber doch bei einer erheblichen Minderheit Zustimmung fand, oder die regelmäßigen parlamentarischen Forderungen, im Staatshaushalt zuerst den Wehretat zu kürzen, aber auch undifferenzierte Forderungen nach Abrüstung, daß solche Szenarien durchaus als Realutopien empfunden werden. Ein umfassender Friede zumindest in Europa könnte, so meint man, auf diese Weise, wenn nur der ehrliche und desinteressierte Wille der Mächtigen es wollte, rasch und sicher erreicht werden.

Gegenteilige Fakten wie etwa der Aufmarsch von Teilen der Roten Armee gegen die Selbständigkeitsbestrebungen der baltischen Staaten 1990, der gescheiterte Staatsstreichversuch in der UdSSR im Sommer 1991, die ruchlose Annexion von Kuwait durch den irakischen Diktator Saddam Hussein zur gleichen Zeit, die Versuchung serbischer Kommunisten die Vorherrschaft in Jugoslawien mit militärischen Mitteln zu sichern usw. werden dann im Licht solcher Utopien verdrängt, obwohl solche Verdrängungen, „weil nicht sein kann, was nicht sein darf", allem anderen als einer friedensfördernden Perspektive dienen. Dabei sind entgegen aller historischen Erfahrung, aber auch entgegen dem biblischen Realismus, der mit dem Hang des Menschen zu skrupellosem Egoismus als der Urform von Sünde nüchtern rechnet, offenbar gerade auch christliche Kreise aus ihrer an sich durchaus berechtigten gläubigen Friedenshoffnung für solches Wunschdenken besonders anfällig.

Eine wirkliche und dauerhafte Friedensordnung darf aber nicht auf Wunschvorstellungen und Illusionen (auch nicht auf solchen aus scheinbar eschatologischer Hoffnung) aufbauen. Vielmehr muß sie, und zwar gerade aus sozialethischer, nüchterner und sachbezogener Verantwortung die harten Fakten menschlicher Unzulänglichkeit (d. h. vor allem die Versuchung zur

Gewaltanwendung zu eigenem Vorteil) in ihrem Ordnungskonzept ebenso berücksichtigen wie die geschichtlichen Erfahrungen einer erfolgreichen Eindämmung dieser Neigung zu Gewalt. Dies verbietet vor allem auch, sich allein auf vorschnelle, nur scheinbar friedensfördernde Maßnahmen zu verlassen: Völlige Abrüstung oder Konzessionen an Tyrannen, um durch Verzicht auf eigenes Recht Zurückhaltung des anderen zu erreichen und so den Frieden zu erhalten, gehören dazu. Skrupellose Aggressoren lassen sich durch solche eigentlich vertrauensbildende Vorschuß-Maßnahmen zwar gegen alle Vernunft (das eigentlich Böse ist eben an sich stets widervernünftig), aber aller Erfahrung nach offensichtlich nicht in Pflicht nehmen. Die Münchner-Konferenz vom 29. September 1938, in welcher Adolf Hitler das Sudetenland zur „Besänftigung" überlassen wurde, bleibt dafür nur das typischste Beispiel in unserem Jahrhundert. Diktatoren fühlen sich aller Regel nach im Gegenteil durch solche Maßnahmen erst recht ermuntert, ihre expansiven Pläne auch gewaltsam weiter zu verfolgen. Entsprechend verlangt eine wirkliche Friedensförderung, daß auch schon der Versuchung, ungestraft gewaltsam Vorteile erlangen zu können, gewehrt werden muß.

Dagegen lehrt die Erfahrung, daß der Aufbau von Vertrauen über freie Abmachungen und Bündnisse, sogar wenn sie zunächst auf recht handfesten Interessen aufbauen und die Souveränität und das Machtpotential der einzelnen Partner noch voll intakt lassen, die Gefahr von Gewaltanwendung abbauen helfen. Sie fördern Frieden, weil die Folgen von Krieg als nachteilig bzw. den Interessen eines jeden abträglich, nicht bloß theoretisch (was sehr leicht plausibel zu machen ist), sondern auch praktisch politisch einsichtig sind. Wo immer solch pragmatisches Vertrauen aufgebaut wird und sich festigt, wird aber auch die weitere Aufrüstung zunehmend uninteressant und entsprechend beginnt Abrüstung als reale Möglichkeit zu erscheinen. Je stabiler solche Bündnisse werden, desto mehr Vertrauen wird möglich oder, um es in wirtschaftswissenschaftlichen Kategorien zu sagen: Je mehr zunehmendes Vertrauen die Transaktionskosten (etwa zum Schutz vor möglicher Untreue des Partners) senkt, desto selbstverständlicher wird es. Die Konzentration des militärischen Gewaltpotentials zum Schutz nach außen bei einer übernationalen Bundesbehörde, die mit dem Gewaltmonopol ausgestattet ist, beginnt – die neuesten gesamteuropäischen Diskussionen in EG und KSZE zeigen es – erwägenswert zu werden, während für die restliche Eindämmung von Gewalttat zunehmend regional vernetzte und dazu eigens geschulte Polizeikräfte genügen können.

Ein geschichtlich besonders deutliches Beispiel für eine solche Entwicklung bietet die Entstehung des Schweizerischen Bundesstaates nach 1848: In jenem Jahr schlossen sich die konservativ katholischen Landkantone mit ihren eigenen Truppen gegen die liberalen Orte und ihre „Freischaren" zu einem militärischen „Sonderbund" zusammen und lösten damit einen Bürgerkrieg aus. Die Sonderbundtruppen wurden jedoch von den überlegenen „Städtern" rasch, aber schonend zersprengt und so geschlagen. Der daraufhin gegründete Bundesstaat bzw. dessen moderate Verfassung vermochte dann rasch soviel Vertrauen zu schaffen, daß – übrigens anders als die Polizei – die Armee (bis auf einige Restbestände, die bis heute bestehen) zur Bundessache werden konnte und der Gedanke eines Bürgerkrieges unter Kantonen heute so absurd erscheint, daß sogar das Faktum des damaligen Bürgerkriegs in Vergessenheit zu geraten beginnt. Wo aber Kriege vergessen, Friede zur Selbstverständlichkeit zu werden beginnt, ist Friedensförderung zum Normalfall und das sozialethische Ziel der Friedensförderung und -sicherung prinzipiell realistisch geworden.

In Europa haben die letzten Jahrzehnte seit dem Ende des Zweiten Weltkriegs eine analoge Entwicklung eingeleitet: Was im September 1946 mit der visionären Europarede von Winston Churchill in Zürich als noch „utopische" Idee lanciert wurde, wird immer mehr Wirklichkeit. Der mit den Römer Verträgen 1957 einsetzende Gemeinsame Markt schafft immer mehr eine ökonomische Vernetzung zum Vorteil aller und damit ein Vertrauen, das zwar zunächst noch keine europäische Verteidigungsgemeinschaft festschreibt, aber doch gewaltsame Konfliktregelungen auch zwischen klassischen „Erbfeinden" als schlechterdings undenkbar erscheinen läßt und mit den KSZE-Verhandlungen sogar ein über die Gemeinschaft hinausgreifendes, umfassendes Friedenskonzept als realistische Möglichkeit ins Auge zu fassen erlaubt. Abrüstungsvereinbarungen und -verhandlungen, zunächst zwischen den Supermächten hinsichtlich der Lang- und Mittelstreckenraketen, dann aber auch im konventionellen Bereich – in den sog. CFE-Wiener-Verhandlungen betreffen sie Europa sogar in besonderer Weise – stützen diese Hypothese. Die nach Auflösung des Ostblocks von totalitärem Druck befreiten mittel- und osteuropäischen Staaten aspirieren auf die Mitgliedschaft in der EG, deren wirtschaftliche Vernetzung aber neben den materiellen Vorteilen auch Kriege als für alle nur nachteilig erscheinen läßt und Frieden daher sozusagen „von selbst" fördert. Diese positive Perspektive läßt freilich leicht vergessen, daß dieser Abrüstungsphase eine zwar als Nachrüstung bezeichnete, real aber (und als solche vorab in der damaligen Bundesrepublik Deutschland auch heftig umstrittene) Hochrüstungsphase vorausging, die zusammen mit ihrem Afghanistan-Engagement vor allem die UdSSR wirtschaftlich offenbar so belastete, daß sie eine Änderung der Politik erzwang und (nach der Auflösung des osteuropäischen Satellitengürtels nach 1989) 1991 auch das Ende des östlichen Militärbündnisses, des sog. „Warschauer Paktes", nach sich zog.

Die Übersteigerung der Rüstungskosten, welche auch ein totalitäres Regime seinen Völkern nicht mehr zumuten konnte, förderte hier faktisch, wenn auch paradoxerweise den Frieden nachhaltiger als alle sog. basisnahen Friedenskonferenzen zuvor. Dies heißt aber nichts anderes, als daß erst die realistische Drohung mit Gewalt dem gewaltgestützten Imperialismus der totalitärdiktatorischen Großmacht Grenzen zu setzen vermochte und ihn unter Vermeidung von offener Gewalt (nicht ohne die gleichzeitige Rückversicherung durch den Aufbau der SDI-Abwehr-Strategie) zum Einlenken bewegte. So gefährlich es gerade für eine „Großmacht Europa" sein müßte, sich auf ein solches situativ wohl einmaliges und daher nicht verallgemeinerbares Vorgehen zur Friedenssicherung festzulegen, so sehr ist es doch auch Zeichen dafür, wie wenig gegen brutale Gewalt Verlaß auf gewaltlosen Pazifismus allein sein könnte.

Darüber hinaus zeigt die osteuropäische Entwicklung nach dem Zusammenbruch des sog. „realexistierenden" totalitären Sozialismus aber auch, wie ein solcher Totalitarismus latente Spannungen unter verschiedenen Ethnien, aber auch eine verbreitete wirtschaftliche Ausbeutung von Mensch und Umwelt nicht etwa löst, sondern – und nun erneut friedensgefährdend – bloß temporär unterdrückt. So läßt denn gerade die Überwindung straff totalitärer Ordnungsstrukturen im Übergang zu mehr demokratisch freiheitlichen politischen Ordnungen die wirtschaftlich desolaten Zustände wie alte nationale Spannungen und Probleme zutage treten, was dann existentielle Verunsicherungen und damit auch Sehnsüchte nach früheren, scheinbar besseren Zuständen aufkommen läßt. Man fühlt sich so gelegentlich nicht nur an das gegen Mose und Gott gerichtete Murren des aus der ägyptischen Sklaverei befreiten Volkes Israel auf seinem Zug durch die Wüste erinnert. Vielmehr entstehen damit auch politische Spaltungen und Wirren, die befürchten lassen, daß man bald nach der bewaffneten Wiederherstellung von Ruhe und Ordnung durch das von den Entwicklungen ohnehin frustrierte Militär rufen könnte, was dann erneut zu einer akuten Friedensbedrohung führen müßte.

Anders als in Westeuropa oder gar in den im innerstaatlichen Bereich lang etablierten förderativen Gemeinwesen ist gesamteuropäisch diese Friedensordnung mit entsprechenden garantierten Ausgleichsmechanismen und gesichertem Minderheitenschutz somit noch längst nicht so stabilisiert, daß auch unter dem Druck von nationalen, wirtschaftlichen u.ä. Frustrationen das Vertrauen auf die Wirksamkeit der Institutionen groß genug wäre, um jede andere, unter Umständen auch gewaltsame Form der Konfliktlösung als evident schlechthin ausschließen. Die Gefahr bewaffneter Auseinandersetzungen (und zwar auch mit der Möglichkeit, sich grenzüberschreitend auszubreiten) scheint damit in keiner Weise auch schon völlig gebannt. Die dissuasive Absicherung durch eine von der Bewaffnung her eindeutig defensive und demokratisch-rechtsstaatlich kontrollierte Streitmacht auf Seiten der schon stabil verfaßten Gemeinwesen und ihrer bündnismäßig gesicherten Vernetzung zu staatlichen Gemeinschaften mit entsprechender, ebenfalls gemeinsamer und politischer Kontrolle ist entsprechend politisch in keiner Weise schon obsolet. Sozialethisch ist sie daher als gewaltpräventives Moment internationaler (aber eigentlich nicht mehr militärischer, sondern schon im weitesten Sinn polizeilicher) Ordnungssicherung grundsätzlich gutzuheißen und doch zugleich gegen alle mögliche Versuchungen zur Verselbständigung stets auch kritisch zu begleiten. Vor allem aber muß zugleich durch Kontakte und Hilfestellungen, aber auch über vertrauensbildende politische wie wirtschaftliche Maßnahmen (also etwa über die Öffnung der EG-Grenze für freien Handel, aber auch den freien Bündniszutritt ohne Nachteile für Spät-Kommer) friedensfördernd agiert werden.

Dies bedeutet aber zusammengenommen, daß die realpolitischen Fakten eine europäische Friedensordnung für die Zukunft als durchaus realistische

Perspektive erscheinen lassen, wo Friede dann nicht bloß ein aus dem hochgerüsteten Gleichgewicht des Schreckens einigermaßen wahrscheinlich weiterdauerndes Schweigen der Waffen meint. Es ist vielmehr eine aus eingeübtem wirtschaftlichem, kulturellem wie politischem Austausch gewachsene Ordnung gegenseitigen Vertrauens, die eine bessere, weil für alle vorteilhaftere Weise des gegenseitigen Umgangs inklusive der Konfliktregelungen, erlaubt. Daß dabei den wirtschaftlichen Belangen, insbesondere dem Abbau von Protektionismen aller Art zugunsten einzelner Branchen in den reichen Ländern auf Kosten der schwächeren Partner in Osteuropa wie in der Dritten Welt eine für die Friedensstabilisierung langfristig entscheidende Bedeutung zukommt, steht (wenn auch leider bislang mit wenig praktischer Konsequenz) außer Zweifel. Eine so verfaßte Friedensordnung ist aber dennoch, so sehr sie ethisch begründetes und religiös wünschbares Ideal und Ziel ist, doch solid pragmatisch einsichtig, und zwar in einem solchen Maß, daß gerade diese pragmatische Komponente die Ordnung selber zu stabilisieren beginnt.

Solche vertrauensbildenden friedensfördernden Faktoren daher sorgfältig zu pflegen, auszubauen, aber auch abzusichern, ist daher klare sozialethische Verpflichtung, und zwar gerade auch, wo diese unter den christlichen Vorzeichen der biblischen Schalom-Perspektive steht. Insofern jedoch zu dieser Sicherung unter den gegebenen Umständen menschlicher Anfälligkeit für rücksichtslose Vorteilssuche ein polizeilicher, aber rechtsstaatlich kontrollierter Schutz nötig bleibt, gehört auch dieser zu dem, was auf dem gerade noch wirksamen Stand an Personal und Ausrüstung um des Friedens willen ethisch gefordert ist. So wenig dies als erstes zu nennen ist und so sehr die möglichste Abrüstung wie die politische Stabilisierung von wirtschaftlichen wie kulturellen Gerechtigkeitsstrukturen ethisches Postulat bleibt, so wenig ergibt sich daraus die Forderung nach einer totalen Abrüstung.

Langfristig müßte man sich dann freilich eine solche Ordnungsmacht als eine Art Welt-Innenpolizei vorstellen, die zunehmend die nationalen Armeen der immer mehr untereinander vernetzten Einzelstaaten ablösen könnte und sollte. Eben dies scheinen denn auch die Vorstellungen zu fordern, welche sich für die Forderung einer Friedensordnung in den letzten Jahrzehnten in der kirchlichen sozialethischen Lehrverkündigung, bis hin zur letzten Sozialenzyklika „Centesimus annus" (1991) herausgebildet haben und offensichtlich auch an realpolitischer Einsichtigkeit zu gewinnen beginnen, wie die etwa seit 1992 einsetzende Debatte um die Möglichkeit einer deutschen Beteiligung an UNO-Blauhelm-Aktionen anzudeuten scheint.

Die sozialethischen Zielvorstellungen der kirchlichen Lehrverkündigung

So sehr die kirchliche Lehrverkündigung unter dem Impuls der Friedensbotschaft des Evangeliums sich trotz aller Einbrüche in den Kreuzzügen, den Religionskriegen oder den Unterstützungen nationaler Kriegsaktionen usw. grundsätzlich doch dem Gewaltabbau und damit der Friedensförderung immer neu verpflichtet wußte, so wenig vermochte man sich diese Aufgabe früher im eigentlichen Sinn als sozialethischen, also als ordnungspolitischen Gestaltungsauftrag vorzustellen. Kriege galten vielmehr, Naturkatastrophen nicht unähnlich, als Schicksalsschläge und damit eventuell als Strafe Gottes, jedenfalls als Bewährungsprobe, die man hinzunehmen und zu bestehen hatte. Das Bemühen um waffenfreie Zonen und Zeiten, die sog. „Treuga Dei", aber auch die Theorien vom gerechten Krieg, die durch sittliche Voraussetzungen (nämlich Waffeneinsatz nur bei gerechten Gründen, mit angemessenen Mitteln und als letzte Möglichkeit) eindämmende Wirkungen zu erzielen trachteten, blieben letztlich punktuelle und damit wenig effektive Maßnahmen, welche erst noch außerhalb des direkten kirchlichen Wirkbereiches oft sogar der kriegerischen Konfliktbereinigung den Schein der Rechtfertigung zu geben vermochten.

Daß Kriegsverhinderung eine sozialpolitische Ordnungsaufgabe und damit gerade auch für Christen eine sittlich verbindliche Verpflichtung darstellen könnte, begann man erst mit der Neuzeit zu verstehen. Philosophisch hat diesbezüglich, wenn freilich praktisch zunächst kaum wirksam, Immanuel Kants Schrift „Zum ewigen Frieden" von 1795 Anstöße gegeben, während im Bereich der kirchlichen Verkündigung bei allem Einsatz für den Frieden im Ersten Weltkrieg durch die Päpste Pius X. und Benedikt XV. erst Pius XII. – beachtlich ist dazu schon sein Wahlspruch „opus iustitiae pax" – dem strukturellen Moment sein eigentliches Gewicht zuzumessen begann. Zum Schlüsseldokument für das Problem wurde schließlich die oben genannte Pastoralkonstitution des Zweiten Vatikanischen Konzils, „Gaudium et spes" von 1965, welche zunächst und ohne deshalb in einen naiven Pazifismus zu fallen, die allgemeine Ächtung des Kriegs als Mittel zur Erreichung politischer Ziele herausstellt. Deshalb wird auch der Verteidigung als Notwehr und dem diesem Ziel zugeordneten Dienst des Soldaten die sittliche Berechtigung ausdrücklich zugesprochen (Nr. 79).

Die bloße Abschreckung und der damit verbundene Rüstungswettlauf als friedenssichernde Momente sind dennoch zugleich deutlich relativiert: Obwohl Nationen zu diesem Mittel noch ihre Zuflucht nehmen, sei das sich daraus ergebende sog. Gleichgewicht des Schreckens noch „kein sicherer und wirklicher Friede" (Nr. 80). Vielmehr gelte es – und hier wird das sozialethisch-ordnungspolitische Moment nun vollends deutlich – „mit all unseren Kräften jene Zeit vorzubereiten, in der auf der Basis einer Übereinkunft zwischen allen Nationen jeglicher Krieg absolut geächtet werden kann". Das erfordere freilich, daß eine von allen anerkannte öffentliche Weltautorität eingesetzt wird, die über wirksame Macht verfügt, um für alle Sicherheit zur Wahrung der Gerechtigkeit und der Achtung ihrer Rechte zu gewährleisten. Politische wie wirtschaftliche Maßnahmen zum Abbau von wirtschaftlichen Ungleichgewichten und mangelnder Chancengleichheit als Formen von Ungerechtigkeit werden mit eben dieser Begründung und insofern sich Abrüstung erst unter dieser Voraussetzung rational riskieren läßt, sogar prioritär, angemahnt. D.h. noch bevor diese an sich wünschenswerte und letztlich unerläßlich nötige Welt-Autorität konstituiert werden kann, müssen die jetzigen internationalen höchsten Gremien sich intensiv um Mittel bemühen, die allgemeine Sicherheit besser zu gewährleisten.

Da der Friede aus dem gegenseitigen Vertrauen der Völker erwachsen und nicht durch den Schrecken der Waffen erzwungen werden sollte, sollten alle sich bemühen, dem Wettrüsten ein Ende zu machen. Man soll „wirklich mit der Abrüstung beginnen, nicht einseitig, sondern in vertraglich festgelegten gleichen Schritten und mit echten und wirksamen Sicherungen"(Nr. 82, mit Verweis auf die Enzyklika „Pacem in terris" [Nr. 112] von Johannes XXIII. aus dem Jahr 1963). Zugleich sollen wirtschaftlicher und kultureller Austausch sowie Hilfen, die das soziale Gefälle ausgleichen, in Subsidiarität und Solidarität vorangetrieben werden.

Daß dazu auch die Erkenntnisse der Friedens- und Konfliktforschung einzusetzen und Initiativen zu entsprechender Bildung der öffentlichen Meinung zu ergreifen seien, wird ausdrücklich beigefügt. Dabei ist sich das Konzil durchaus bewußt, daß diese formalpolitischen Maßnahmen für sich allein genommen zur Kriegsverhinderung nur dann zu genügen vermögen, wenn die tiefer liegenden Ursachen für den (u.U. sogar als Notwehr berechtigten) „Griff zur Gewalt gegen schreiende Ungerechtigkeit" im kulturellen und wirtschaftlichen Bereich ebenfalls angegangen werden. Deshalb wird schon im nächsten Abschnitt (Nr. 83) beigefügt: „Um den Frieden auszubauen, müssen vor allem die Ursachen der Zwietracht in der Welt, die zum Krieg führen, beseitigt werden, an erster Stelle die Ungerechtigkeiten. Nicht wenige entspringen allzu großen wirtschaftlichen Ungleichheiten oder auch der Verzögerung der notwendigen Hilfe. Andere entstehen aus Herrschsucht und Mißachtung der Menschenwürde".

Daß zum Abbau dieser friedensgefährdenden Grundübel die Stärkung der internationalen Initiativen und Institutionen unerläßlich ist, wird dabei ebenso klar herausgestellt (vgl. GS 82) wie die Verstärkung, welche die politischen Visionen und Ansätze durch die international enge, wirtschaftliche Zusammenarbeit erfahren können. Wesentlich weniger deutlich wird dabei freilich, daß dies zugleich Beschränkungen für die einzelstaatliche Souveränität und damit den Abbau traditionsreicher Empfindlichkeiten und Ängste bedingt, obwohl hinsichtlich einer globalen Wirtschaftsordnung das genannte Rundschreiben „Centesimus annus" (1991) dieses Moment ebenfalls anspricht. Während nämlich bislang die Erhaltung von eigenständiger Freiheit, Selbstbestimmung und Schutz vor Übervorteilung durch andere, stärkere oder auch nur aggressivere Mächte durchweg in der Absicherung durch eine notfalls stets einsatzbereite Armee gesehen wurde, gilt es nun in einem Prozeß des Umdenkens diese vermehrt durch den Aufbau von gegenseitigem Vertrauen zu gewährleisten. Wirksame Friedensförderung als gesellschaftlicher Ordnungsfaktor läßt sich ohne den Mut zu solchem internationalen Vertrauensvorschuß nicht vorstellen. Im Glauben an Jesus, den Christus, und das von seinem Eu-angelion angekündigte, schon angebrochene, aber in der Fülle noch ausstehende Gottesreich ist aber gerade der Christ zu solchem Mut besonders herausgefordert.

Daß dies Bedeutung und Prestige von Streitkräften mindert und sie vom Symbol staatlicher Souveränität zu dem werden läßt, was oben als eine besondere Form polizeilicher Sicherung umschrieben wurde, liegt auf der Hand, ist aber nicht nur kein Verlust, sondern sozialfunktional durchaus zu begrüßen. Zugleich bedingt eine solche Sicht, daß die Sicherheitsprobleme sich zunehmend vom militärischen Bereich auf denjenigen der internationalen Politik verlagern und diese zugleich zunehmend zu einer (regional evtl. noch aufgefächerten) Weltinnenpolitik wird, in welcher die genannten Protektionismen aller, auch wirtschaftlicher Art zum Schutz von lange Zeit etablierten Privilegien dann ebenso wenig Platz haben wie rationalistisch-zentralistische einheitsstaatliche Konzepte. Ein allseitig offener Föderalismus, der freilich für eine letzte Sicherung gegen Usurpation einzelner (z. B. nationalistischer Gruppen), aber auch gegen den Terror des gemeinen oder organisierten Verbrechens (wie etwa der Mafia) einer zentralen Behörde das Gewaltmonopol zubilligt, wird so – was hier im einzelnen nicht weiter ausgeführt werden kann – zum Gebot der Stunde. Trotz mancher Hemmnisse, die ein solches Monopol oft als Utopie erscheinen lassen, ist dieses doch die allein realistisch friedensfördernde Ordnungsvoraussetzung, die, obwohl heute realpolitisch ein Wunsch, doch ethisch schon unbedingt einzufordern ist.

Immerhin vermögen diese in einer noch sehr summarischen Analyse der aktuell historischen Entwicklungen zusammengetragenen Fakten doch zu zeigen, daß es Anzeichen dafür gibt, daß Sinn und Verständnis für das Konzept einer solchen zukunftsweisenden Friedensordnung trotz mancher Rückschläge im Wachsen begriffen sind. Dies bedeutet nicht, daß damit das von Jesus verkündete endzeitliche Gottesreich des unbedingten ewigen Friedens unmittelbar bevorstünde, wenn die Politik dies nur richtig wollte. Vor einem solchen utopisch unrealistischen Optimismus der Aufklärung (und dazu zählt auch Kant mit seinem Konzept vom „Ewigen Frieden") sollte sich zumindest der Christ, der um die Anfälligkeit des Menschen zur Sünde im genannten nüchternen Realismus der biblischen Botschaft weiß, hüten. Ebenso ist dann ein schlichter Pazifismus, der zumindest implizit dieses endzeitliche Ziel stets irgendwie vorwegnehmen zu können glaubt, sogar abgesehen von aller realpolitischen Naivität, keine christlich verantwortbare Haltung. Noch weniger aber würde dies für eine Haltung zutreffen, die glaubt, den Frieden über eine möglichst lückenlose Rüstung und Waffentechnik (und wären es sogar ausschließlich defensive Waffen) am besten fördern zu können. Friedensförderung bedarf zwar einer letzten Sicherung gegen ruchlose Gewalt. Ihr Schwergewicht aber liegt auf der Ebene von vertrauensbildenden politischen Maßnahmen, wie sie nach zerstörerischen Erfahrungen zweier Weltkriege sich in den letzten Jahren vor allem in Europa langsam herauszubilden begannen und als Verpflichtung immer mehr eingesehen werden.

Den Ansätzen, die sich zu deren Institutionalisierung weltweit und besonders in Europa ausmachen lassen, gehört daher die Zukunft und entsprechend das sozialethische Interesse, gerade auch der Christen als einzelnen wie als kirchlichen Glaubensgemeinschaften. Die Lehrdokumente der kirchenamtlichen Sprecher dieser Gemeinschaften machen deutlich, daß die daraus sich ergebende Verpflichtung mittlerweile deutlich erkannt ist. Auf ihre realpolitische Verwirklichung zu drängen und daran aktiv und bestmöglich mitzuwirken, ist daher die konkrete Aufgabe, die sich aus der Forderung des Evangeliums „Salz der Erde" zu sein, mit aller nur wünschbaren Klarheit ergibt.

Reihe „Theologie und Frieden"

Band 1
Thomas Hoppe
Friedenspolitik mit militärischen Mitteln
Eine ethische Analyse strategischer Ansätze
1986. 320 Seiten

Band 2
Ernst J. Nagel
Die Strategische Verteidigungsinitiative als ethische Frage
1986. 160 Seiten

Band 3
Franz Furger/Ernst J. Nagel (Hrsg.)
Die Strategische Verteidigungsinitiative im Spannungsfeld von Politik und Ethik
1986. 156 Seiten

Band 4
Gerhard Beestermöller
Thomas von Aquin und der gerechte Krieg
Friedensethik im theologischen Kontext der Summa Theologiae
1990. 260 Seiten

Band 5
Heinz-Gerhard Justenhoven
Francisco de Vitoria zu Krieg und Frieden
1990. 213 Seiten

Band 6
Gerhard Beestermöller/
Norbert Glatzel (Hrsg.)
Theologie im Ringen um Frieden
Einblicke in die Werkstatt theologischer Friedensethik
1995. 218 Seiten

Band 7
Francisco de Vitoria
Vorlesungen I
Völkerrecht, Politik, Kirche
Mit einer Einführung in Leben und Werke Vitorias von Ulrich Horst
Texte lateinisch/deutsch
Herausgegeben von Ulrich Horst,
Heinz Gerhard Justenhoven, Joachim Stüben
1995. Ca. 670 Seiten

Reihe „Beiträge zur Friedensethik"

Band 1
Friedo Ricken
Platon und Aristoteles über Krieg und Frieden
1988. 29 Seiten

Band 2
Maximilian Forschner
Stoa und Cicero über Krieg und Frieden
1988. 23 Seiten

Band 3
Ernst L. Grasmück
Äußerungen zu Krieg und Frieden in der Zeit der frühen Kirche
1989. 19 Seiten

Band 4
Wilhelm Geerlings
Die Stellung der vorkonstantinischen Kirche zum Militärdienst
1989. 19 Seiten

Band 5
Ernst J. Nagel
Die Friedenslehre der Katholischen Kirche
Eine Konkordanz kirchenamtlicher Dokumente
1990. 219 Seiten

Reihe „Bibliographie Theologie und Frieden"

Band 1.1
Monographien I
Herausgegeben vom Institut für Theologie und Frieden
2. Auflage 1985. 561 Seiten

Band 1.2
Thesaurus. Register
Herausgegeben vom Institut für Theologie und Frieden
2. Auflage 1985, 245 Seiten

Band 2.1
Zeitschriften I
Herausgegeben vom Institut für Theologie und Frieden
1993. 572 Seiten

Band 2.2
Thesaurus. Register
Herausgegeben vom Institut für Theologie und Frieden
1993. 196 Seiten